U0792319

普通高等教育土木与交通类“十二五”规划教材

建设法规

主 编 吕 成 王 薇
副主编 吴裕民 马新新 朱 淼 柳志军

中国水利水电出版社
www.waterpub.com.cn

内 容 提 要

本书的编写参考了相关专业的培养方向和课程设置大纲，结合“注册建造师”和有关工程师执业资格考试要求，力求以案释法，突出特色。本书内容包括建设法规制度、城乡规划法规、建筑法、招标投标法、建设工程勘察设计法规、建设工程从业资格制度、工程建设程序法规、合同法、建设工程质量与安全法规、房地产与物业管理法律制度、建设工程争议的处理、建设工程相关法律法规等。

本书可作为高等院校土木工程、交通工程及相关专业的教材，也可供工程技术人员参考。

图书在版编目（CIP）数据

建设法规/吕成，王薇主编．—北京：中国水利水电出版社，2011.8（2017.8重印）
普通高等教育土木与交通类“十二五”规划教材
ISBN 978-7-5084-8641-3

Ⅰ．①建… Ⅱ．①吕…②王… Ⅲ．①建筑法-中国-高等学校-教材 Ⅳ．①D922.297

中国版本图书馆CIP数据核字（2011）第154438号

书　　名	普通高等教育土木与交通类“十二五”规划教材 **建设法规**
作　　者	主编　吕成　王薇
出版发行	中国水利水电出版社 （北京市海淀区玉渊潭南路1号D座　100038） 网址：www.waterpub.com.cn E-mail：sales@waterpub.com.cn 电话：（010）68367658（营销中心）
经　　售	北京科水图书销售中心（零售） 电话：（010）88383994、63202643、68545874 全国各地新华书店和相关出版物销售网点
排　　版	中国水利水电出版社微机排版中心
印　　刷	北京瑞斯通印务发展有限公司
规　　格	184mm×260mm　16开本　22.75印张　540千字
版　　次	2011年8月第1版　2017年8月第3次印刷
印　　数	6001—9000册
定　　价	**39.00**元

前言

随着我国建设事业的迅猛发展，相关法律法规不断出台，特别是《中华人民共和国建筑法》、《中华人民共和国合同法》、《中华人民共和国招标投标法》、《建设工程质量管理条例》、《建设工程安全生产管理条例》、《安全生产许可证条例》及《最高人民法院关于审理建设工程施工合同纠纷案件适用法律问题的解释》等的发布施行，使我国建设法规得到了不断的丰富和完善。学习建设法规、掌握建设法规、遵守建设法规是每一个从事建设工程和相关领域的工作者应当具备的最基本的专业素养。

当前，国家住房与城乡建设部、人力资源与社会保障部共同组织的“注册建造师”执业资格考试，考试科目中就有“建设法规”。

“建设法规”是一门具有很强的理论性、综合性和实践性的课程。学好这门课程是学生专业学习和培养学生成为“未来工程师”的主要途径，是从业人员执业的最基本要求。本书的编写参考了相关专业的培养方向和课程设置大纲，结合“注册建造师”和有关工程师执业资格考试要求，力求以案释法，突出特色。

本书由徐州工程学院吕成、安徽建筑大学王薇担任主编，由徐州工程学院吕成统稿。

全书共12章，编写分工如下：

吕成（徐州工程学院）第1、第3、第6、第8章，第4章第2～4节，第11章第4、第5节，第12章第6节；

王薇（安徽建筑大学）第2、第5、第7章；

吴裕民（安徽建筑大学）第9章，第12章第1～5节；

马新新（安徽建筑大学）第10章；

柳志军（中国矿业大学）第11章第6、第7节；

朱淼、朱士永、滕道社（徐州工程学院）第4章第1、第5节，第11章第1～3节，第12章第7节。

本书由中国人民解放军理工大学杨效中主审，谨此表示衷心感谢。

在本书的编写过程中任静、房桂春及梁全波做了大量具体工作，在此一并表示感谢。同时，作者还大量参考了许多国内外专家学者的论著，谨向他们表示深深的感谢。由于建设法规的理论体系还在不断地丰富、发展和完善中，更主要的，由于编者水平所限，仓促之间，不妥之处，恳请读者提出宝贵意见，以便再版时完善。

编　者

2011年4月

目 录

第1章　建设法规制度

本章学习提示： 掌握法律体系和法的形式；掌握法律关系概念和三个构成要素；掌握自然人民事行为能力的分类；掌握其他相关的法律制度，如法人制度、代理制度、所有权与债权制度、担保制度和诉讼时效制度等。

建设法规是指国家立法机关或其授权的行政机关制定的在调整国家及其有关机构、企事业单位、社会团体、公民之间在建设活动中发生的各种社会关系的法律、法规的总称。建设法规所调整的范围是建设活动中发生的各种社会关系，包括：发生在国家行政管理机关和建设市场主体之间的行政管理关系、发生在建设市场主体之间的经济协作关系和其他民事关系等。

学习建设法规必须要掌握一定的建设法规基础。

1.1　法律体系和法的形式

在第十一届全国人大第四次会议上吴邦国委员长作全国人大常委会工作报告时说，一个立足中国国情和实际、适应改革开放和社会主义现代化建设需要、集中体现党和人民意志的，以宪法为统帅，以宪法相关法、民法商法等多个法律部门的法律为主干，由法律、行政法规、地方性法规等多个层次的法律规范构成的中国特色社会主义法律体系已经形成。

学习建设法规首先从熟悉法律体系开始。

1.1.1　法律体系

法律体系，也称部门法体系，是指一国的全部现行法律规范，按照一定的标准和原则，划分为不同的法律部门而形成的内部和谐一致、有机联系的整体。法律体系是一国国内法构成的体系，不包括完整意义的国际法即国际公法。法律部门也叫部门法，是根据一定标准和原则所划定的调整同一类社会关系的法律规范的总称。

当代中国的法律体系通常包括下列部门：宪法、民法、商法、经济法、行政法、劳动法与社会保障法、自然资源与环境保护法、刑法和诉讼法。

1. 宪法

宪法作为一个法律部门，在当代中国的法律体系中具有特殊地位，是整个法律体系的基础。它不但反映了当代中国法的本质和基本原则，也确定了其他法律部门的指导原则。

2. 民法

民法是调整平等主体的自然人、法人和其他组织之间的财产关系和人身关系的法律。财产关系是人们在占有、使用和分配物质财富过程中所有发生的社会关系，民法并非调整所有的财产关系，而只调整平等主体之间发生的财产关系，如所有关系、债权关系等。

我国民法部门主要由《中华人民共和国民法通则》和单行民事法律组成。《中华人民共和国民法通则》是民法部门的基本法。单行民事法律主要包括《中华人民共和国合同法》、《中华人民共和国担保法》、《中华人民共和国婚姻法》、《中华人民共和国继承法》、《中华人民共和国收养法》、《中华人民共和国商标法》、《中华人民共和国专利法》和《中华人民共和国著作权法》等。

3. 商法

商法是调整平等主体之间的商事关系或商事行为的法律。在明确提出建立市场经济体制以后，商法作为法律部门的地位才为人们所认识。我国的商法主要包括《中华人民共和国公司法》、《中华人民共和国证券法》、《中华人民共和国票据法》、《中华人民共和国保险法》、《中华人民共和国企业破产法》和《中华人民共和国海商法》等。

4. 经济法

经济法是国家从整体经济发展的角度，对具有社会公共性的经济活动进行干预、管理和调控的法律规范的总称。主要包括《中华人民共和国建筑法》、《中华人民共和国招标投标法》、《中华人民共和国反不正当竞争法》、《中华人民共和国税法》等。

5. 行政法

行政法是指行政主体在行使行政职权和接受行政法制监督过程中而与行政相对人、行政法制监督主体之间发生的各种关系，以及行政主体内部发生的各种关系的法律规范的总称。我国在行政管理领域要求国家行政机关及其工作人员认真依法行政，坚持法治原则，并接受各方面监督。这方面的法律制定工作将会更加重视。

6. 劳动法与社会保障法

劳动法是以调整劳动关系的法律。社会保障法是调整有关社会保障、社会福利的法律。这一法律部门在我国目前还较弱，需要进一步完善。主要包括《中华人民共和国劳动法》、《中华人民共和国工会法》和《中华人民共和国矿山安全法》等。

7. 自然资源与环境保护法

自然资源与环境保护法是调整因保护环境和自然资源、防治污染和其他公害而产生的各种社会关系的法律规范的总称。主要包括《中华人民共和国森林法》、《中华人民共和国草原法》、《中华人民共和国渔业法》、《中华人民共和国土地管理法》、《中华人民共和国水法》、《中华人民共和国矿产资源法》和《中华人民共和国风景名胜区管理暂行条例》等。

8. 刑法

刑法是规定犯罪、刑事责任和刑罚的法律，是掌握政权的统治阶极为了维护本阶级政治上的统治和经济上的利益，根据其阶级意志，规定哪些行为是犯罪并应当负刑事责任，给予犯罪人何种刑事处罚的法律。刑法这一法律部门中占主导地位是《中华人民共和国刑法》，同时还包括《中华人民共和国国家安全法》等一些单行法律、法规。

在有关经济、行政管理的法律（如《中华人民共和国商标法》、《中华人民共和国专利法》、《中华人民共和国文物保护法》等）中，规定了“依照”、“比照”刑法的有关规定追究刑事责任的条款，这些法律规范也是刑法的组成部分。

9. 诉讼法

诉讼法，又称诉讼程序法，是规范诉讼活动的法律。主要包括《中华人民共和国刑事诉讼法》、《中华人民共和国民事诉讼法》和《中华人民共和国行政诉讼法》等。

1.1.2 法的形式

法的形式指一定的国家机关依照法定职权和程序制定或认可的具有不同法律效力和地位的法的不同表现形式。根据《中华人民共和国宪法》和《中华人民共和国立法法》（以下简称《立法法》）及有关规定，我国法的形式主要有：

1. 宪法

宪法是国家的根本大法，是特定社会政治经济和思想文化条件综合作用的产物，它集中反映各种政治力量的实际对比关系，确认革命胜利成果和现实的民主政治，规定国家的根本任务和根本制度，即社会制度、国家制度的原则和国家政权的组织以及公民的基本权利义务等内容。国家内部政治力量的对比关系的变化对宪法的发展变化起着直接作用，同时国际关系也对宪法发展趋势有所影响。

一切法律、行政法规和地方性法规都不得和宪法相抵触。

2. 法律

法律包括广义的法律和狭义的法律。

广义的法律，泛指《立法法》调整的各类规范性文件；狭义的法律，仅指全国人大及其常委会制定的规范性文件。这里，我们仅指狭义的法律。

法律可以按照指定的机关及调整的对象和范围不同，分为基本法律和一般法律。

基本法律是由全国人民代表大会制定和修改的，规定和调整国家和社会生活中某一方面带有基本性和全面性的社会关系的法律。如《民法通则》、《刑法》等。

一般法律是由全国人民代表大会常务委员会制定和修改的，规定和调整除由基本法律调整以外的，涉及国家和社会生活某一方面的关系的法律。如《中华人民共和国招标投标法》、《中华人民共和国建筑法》等。

法律的效力低于宪法，但高于其他的法。

3. 行政法规

行政法规是指最高国家行政机关即国务院指定的规范性文件，如《中华人民共和国建设工程质量管理条例》、《中华人民共和国建设工程安全生产管理条例》、《安全生产许可证条例》、《建设工程勘察设计管理条例》和《建设项目环境保护条例》等。

行政法规效力低于宪法和法律。

4. 地方性法规

地方性法规指省、自治区、直辖市及省、自治区人民政府所在地的市和经国务院批准的较大的市的人民代表大会及常委会，在其法定权限内制定的法律规范性文件，如《黑龙江省建筑市场管理条例》、《北京市招标投标条例》、《内蒙古自治区建筑市场管理条例》等。

地方法规具有地方性，只在本辖区内有效，其效力低于法律和行政法规。

5. 行政规章

行政规章是指由国家行政机关指定的法律规范性文件，包括部门规章和地方政府规章。

部门规章是指由国务院各部、委制定的法律规范性文件，如《发文机关工程建设项目施工招标投标办法》、《发文机关评标委员会和评标方法暂行规定》、《发文机关建筑业企业资质管理规定》等。

部门规章的效力低于法律、行政法规。

地方政府规章是指由省、自治区、直辖市以及省、自治区人民政府所在地的市和国务院批准的较大市的人民政府所制定的法律规范性文件。

地方政府规章的效力低于法律、行政法规，低于同级或上一级地方性法规。

《立法法》第 86 条规定，地方性法规、规章之间不一致时，由有关机关依照下列规定的权限作出裁决：

（1）同一机关制定的新的一般规定与旧的特别规定不一致时，由制定机关裁决；

（2）地方性法规与部门规章之间对同一事项的规定不一致，不能确定如何适用时，由国务院提出意见，国务院认为应当适用地方性法规的，应当决定在该地方适用地方性法规的规定；认为应当适用部门规章的，应当提请全国人民代表大会常务委员会裁决；

（3）部门规章之间、部门规章与地方政府规章之间对同一事项的规定不一致时，由国务院裁决。

6. 最高人民法院司法解释规范性文件

最高人民法院对于法律的系统性文件和对法律使用的说明，对法院审判有约束力，具有法律规范的性质，在司法实践中具有重要的地位和作用。如《发文机关关于审理建设工程施工合同纠纷案件适用法律问题的解释》、《发文机关关于贯彻执行〈中华人民共和国民法通则〉若干问题的意见（试行）》等。

7. 国际条约

国际条约就是指我国作为国际法主体同外国缔结的双边、多边协议和其他条约、协定性质的文件，如《建筑业安全卫生公约》等。国际条约是我国法的一种形式。

此外，自治条例和单行条例、特别行政区法律等，也属于我国法的形式。

1.2 法律关系

1.2.1 法律与建设法律关系的概念

1. 法律关系的概念

法律关系就是指由法律规范所调整的人们之间以权利、义务为内容的社会关系。由此可见，法律关系产生的前提是法律规范；法律关系是庞大社会关系中的一种，是受到法律约束的社会关系；法律关系是人与人之间的合法关系。法律的直接内容就是规定人的权利和义务，不同的法律规范规定了人的不同的权利和义务，这些不同的权利和义务就形成了不同的法律关系。权利和义务是法律规范的直接内容，了解法律最大价值就在于明确自己享有哪些权利，应承担哪些义务，以及应如何行使权利和履行义务。

2. 建设法律关系的概念

建设法律关系则是指由建设法律规范所确认的，在建设业管理和建设协作过程中所产生的权利、义务关系。

建设法律关系是建设法律规范在社会主义国家经济建设与生活中实施的结果，只有当社会组织按照建设法律规范进行建设活动，形成具体的权利和义务关系时，才构成建设法律关系。建设法律关系是法律关系的一种，是在建设管理和协作过程中产生的由建设法规所确认和调整的权利义务关系。具体来说，就是上面所说的建设活动中发生的三大类社会关系。

1.2.2 建设法律关系的构成要素

建设法律关系是由建设法律关系主体、建设法律关系客体和建设法律关系内容构成的。

1. 建设法律关系主体

建设法律关系主体指参与建设活动，受建设法规调整，在法律上享有权利、承担义务的人。建设法律关系主体有自然人、法人和其他组织。如施工企业工作人员、建设单位、从事工程勘察设计的单位、施工企业、工程项目的投资者（建设单位）、国家机关等。由于建设活动参与者众多，因此建设法律关系的主体种类众多，这正是建设法律关系的重要特征之一。

（1）自然人。

自然人包括公民、外国人以及无国籍人。自然人从事民事活动要具有相应的民事行为能力。所谓民事行为能力是指民事主体通过自己的行为享有权利承担义务的能力。自然人的民事行为能力主要包括三类：完全民事行为能力、限制民事行为能力和无民事行为能力。

第一类：完全民事行为能力

《中华人民共和国民法通则》（以下简称《民法通则》）第 11 条规定，18 周岁以上的公民是成年人，具有完全民事行为能力，可以独立进行民事活动，是完全民事行为能力人。

16 周岁以上不满 18 周岁的公民，以自己的劳动收入为主要生活来源的，视为完全民事行为能力人。

第二类：限制民事行为能力

限制民事行为能力又称为限制民事能力或部分民事行为能力。

《民法通则》第 12 条第 1 款规定，10 周岁以上的未成年人是限制民事行为能力人，可以进行与他的年龄、智力相适应的民事活动。

不能完全辨认自己行为的精神病人，可以进行与他的精神健康状况相适应的民事活动，其他民事活动由他的法定代理人代理，或者征得他的法定代理人的同意。

第三类：无民事行为能力

《民法通则》第 12 条第 2 款规定，不满 10 周岁的未成年人是无民事行为能力人，由他的法定代理人代理民事活动。

《民法通则》第 13 条第 1 款规定，不能辨认自己行为的精神病人是无民事行为能力人，由他的法定代理人代理民事活动。

（2）法人。

法人是具有民事权利能力和民事行为能力，依法独立享有民事权利和承担民事义务的组织。

（3）其他组织。

根据《合同法》及相关法律法规规定，法人以外的其他组织也可以成为民事法律关系的主体，成为非法人组织。

2. 建设法律关系客体

建设法律关系客体是指建设法律关系的主体享有的权利和承担的义务所共同指向的事物。在通常情况下，建设主体都是为了某一客体，彼此才设立一定的权利、义务，从而产生建设法律关系。这里的权利、义务所指向的事物，便是建设法律关系的客体。

客体的表现形式一般有四种：财、物、行为和非物质财富。比如建设资金、为工程建设取得的贷款等就是财客体；建筑材料、建筑机械设备就是物客体；勘察设计、施工安装、检查验收等就是行为客体；建筑设计方案、装潢设计等就是非物质财富客体。

3. 建设法律关系的内容

建设法律关系的内容指建设法律关系主体享有的权利和承担的义务。如在一个建设工程合同所确立的法律关系中，发包方的权利是获得符合法律规定和合同约定的完工的工程，其义务是按照约定的时间和数量支付承包方工程款；承包方的权利是按照约定的时间和数量得到工程款，其义务是按照法律的规定和合同的约定完成工程的施工任务。建设法律关系的内容是建设主体的具体要求，决定着建设法律关系的性质，它是联结主体的纽带。

1.2.3 建设法律关系的产生、变更与消灭

建设法律关系不是从来就有的，而是由于一定的法律事实发生后才产生的，并且它也可以由于一定的法律事实的发生而改变甚至消灭。

建设法律关系的主体之间形成一定的权利义务关系，就产生了建设法律关系。如发包方和承包方签订了建设工程合同，双方产生了相应的权利义务，建设法律关系即告产生。

建设法律关系的主体、客体发生改变，必然导致其内容发生改变，此时建设法律关系就发生了变更。如在一个建设工程合同履行过程中，由于业主意图的改变，从而设计方案变更，施工也随之变更，原来的建设法律关系的内容就发生了变化。

建设法律关系主体之间的权利义务不复存在，建设法律关系即告消灭。消灭的原因可以是自然消灭、协议消灭或违约消灭。如一个建设工程合同履行完毕，发包方和承包方之间的建设法律关系就是自然消灭；建设工程合同双方协商一致取消已经订立的合同，双方的建设法律关系就因协议而取消。再如，建设工程合同的承包方可以因发包方不按合同支付工程款的违约行为而停止履行合同，该建设法律关系就因一方的违约而消灭。

1.3 相关法律制度

1.3.1 法人制度

1. 法人的概念

法人是具有民事权利能力和民事行为能力，依法独立享有民事权利和承担民事义务的组织。法人是相对于自然人而言的社会组织，非以生命为基础的人的集合体，国家赋予法

人以法律上的人格化（把一个组织当作是和公民一样的人，人格化的一个组织）。

法人的民事权利能力和民事行为能力，从法人成立时产生，到法人终止时消灭。

2. 法人的构成条件

（1）依法成立，必须经国家认可或以法定程序成立（法律上的合法性）；

（2）有必要的财产或经费（财产上的独立性）；

（3）有自己的名称、组织机构和场所（组织上的统一性，便于国家监督和管理）；

（4）能够独立承担民事责任（活动上的自主性）。

3. 法人的产生、变更和终止

法人产生的三种形式：依据国家法律规定或国家机关行政命令的程序而成立的机关和社会组织；经国家行政主管机关核准登记而成立的工商企业；根据国家公布的规范性文件的程序而成立的专门经济组织、学术组织和社会团体等。

法人的变更：变更组织机构（名称、法定代表人、分立合并）、宗旨、业务范围（经营性质、范围、方式等）。

法人的终止：依据法律、法令或行政机关的命令而撤销；完成了规定的使命或任务；法定存在期限届满；依法被撤销或解散；依法破产。

1.3.2 代理制度

1. 代理的概念

代理是指代理人在代理权限内，以被代理人的名义实施的，其代理后果由被代理人承担的法律制度。

2. 代理的种类

我国《民法通则》依据是代理权的来源的不同将代理分为三种，包括委托代理、法定代理和指定代理。

（1）委托代理：是指基于被代理人的委托而发生的代理关系。委托代理是最重要的代理种类。我国《民法通则》关于代理的条文主要是围绕委托代理规定的。委托代理适用于有完全民事行为能力人有代理需要的情形。

（2）法定代理：是依法律的规定发生代理权的代理。我国《民法通则》关于法定代理的规定主要集中在民事主体制度中的自然人的民事行为能力和监护制度中。法定代理适用于无民事行为能力和限制民事行为能力人需要代理人的情形。

（3）指定代理：是指按照人民法院或有关单位的指定发生代理权的代理。我国《民法通则》关于指定代理的规定亦集中在自然人的监护制度中。指定代理适用在有义务担任无民事行为能力和限制民事行为能力人的监护人有争议的情形。

3. 无权代理

（1）无权代理：行为人没有代理权而以他人名义进行的代理。

（2）表见形式：

1）没有代理权的代理，即无合法授权的“代理”行为。如假冒法定代理人（冒充未成年人的父母），没有得到法人授权却与第三人签订合同。

2）超越代理权的代理：比较常见的情况。甲委托乙买彩电，乙买了彩电加室外天线。

3）代理权终止以后的代理：甲委托乙收房租一年，一年后乙仍以甲的名义向房客收房租。

(3) 无权代理的法律后果。如果代理被追认，则无权代理人自始有代理权，由被代理人承担该行为的法律后果；如被代理人表示反对，则无权代理人对被代理人不发生法律效力，由行为人作为当事人承担该行为的法律后果，包括履行责任和赔偿责任；被代理人明知而不表示反对的，视为同意，构成表见代理，由被代理人承当该行为的法律后果；第三人享有催告权和撤销权。

(4) 滥用代理权：

1) 滥用代理权的概念和构成要件。滥用代理权是指违背代理权的设定宗旨和代理行为的基本准则，损害被代理人利益的行使代理权行为。构成滥用代理权须具备以下四个要件：①代理人拥有代理权；②代理人实施行使代理权的行为；③代理人的行为违背代理权的设定宗旨和基本准则；④代理人的行为损害了被代理人的利益。

2) 滥用代理权的行为：①自己代理和双方代理。自己代理，是指代理人以被代理人的名义与自己实施民事法律行为。代理人以被代理人名义与自己实施民事行为给被代理人造成损害的，应承担赔偿责任。双方代理，是指代理人以被代理人的名义与自己同时代理的其他被代理人实施民事行为。在这种情况下，代理人处于双方当事人的特别地位，故其给任何一方造成损害的，都应承担赔偿责任。②代理人与第三人恶意串通，损害被代理人利益。代理人和第三人串通，损害被代理人的利益的，由代理人和第三人负连带责任。

4. 委托代理的终止

有下列情形之一的，委托代理终止：①代理期间届满或者代理事务完成；②被代理人取消委托或者代理人辞去委托；③代理人死亡或代理人丧失民事行为能力；④作为被代理人或者代理人的法人终止。

值得一提的是，被代理人死亡委托代理是否终止。《最高人民法院关于贯彻执行〈中华人民共和国民法通则〉若干问题的意见》第 82 条规定，被代理人死亡后有下列情况之一的，委托代理人实施的代理行为有效：①代理人不知道被代理人死亡的；②被代理人的继承人均予承认的；③被代理人与代理人约定到代理事项完成时代理权终止的；④在被代理人死亡前已经进行、而在被代理人死亡后为了被代理人的继承人的利益继续完成的。

1.3.3 财产所有权和债权制度

1. 财产所有权

(1) 财产所有权概念和内容。

财产所有权是指所有人依法对自己的财产享有占有、使用、收益和处分的权利，包括占有权、使用权、收益权和处分权四项权能。所有权意味着所有权主体对物最充分、最完全的支配，是最完整的物权形式。财产所有权在本质上是一定社会的所有制形式在法律上的表现。

(2) 所有权的取得。

1) 原始取得：没收、生产、收益、添附、无主财产；

2) 继受取得：买卖、借贷、赠与、继承；

(3) 所有权的消灭。

所有权人丧失对所有物的权利，称为所有权的消灭。主要分为：

1）绝对消灭。这是指所有权（标的物）的灭失。不仅所有权人因而失去了所有权，其他人也失去了这种可能。

2）相对消灭。这是指某一特定主体失去了所有权，但其他人仍可以取得所有权。任何人的财产所有权均因死亡而消灭。

2. 债权

（1）债的概念。

债是按照合同的约定或者依照法律的规定，在当事人之间产生的特定的权利和义务关系，享有权利的人是债权人，负有义务的人是债务人。

（2）债的产生。

债的产生方式即债的发生原因，是指引起债产生的法律事实。根据法律规定，债的产生方式主要有以下几种：

1）合同之债。合同是指当事人之间设立、变更、终止债权债务关系的协议。合同是债发生最普遍、最重要的一种形式。

2）侵权之债。侵权行为是指行为人不法侵害他人的合法利益，并因此承担民事责任的行为。侵权行为发生，受害人有权请求侵权人予以赔偿，侵权人也有义务赔偿受害人的损失，由此形成债权债务关系。

3）无因管理之债。无因管理是指没有法定或约定的义务而为他人管理事务或提供服务的行为。无因管理属于法定之债。管理人可请求受益人支付一定的费用，管理人在管理中有重大过失的，应负赔偿责任。

4）不当得利之债。不当得利是指没有法律上的根据，使他人受损而自己得利的行为。不当得利也属于法定之债。受损人因此而享有了要求受益人返还财产的权利，并因此发生了债权债务关系。

5）其他根据。行为人向相对人作出为自己设定义务，使相对人取得某种权利的意思表示。如遗赠、扶养等。

当然，债的产生还有一些其他方式。例如，当事人在缔结合约过程中，因过失导致合同不成立、无效、被撤销或不被追认，使他人受到损失的行为会导致债的产生；紧急避险、执行职务等行为致人损害，也会产生债权债务关系。

1.3.4 担保制度

1. 担保的概念

担保是指当事人根据法律规定或者双方约定，为促使债务人履行债务实现债权人的权利的法律制度。合同的担保，仅指民商法关系中发生的、以保障债权的实现为目的的担保行为。《担保法》第 2 条规定，在借贷、买卖、货物运输、加工承揽等经济活动中，债权人需要以担保方式保障其债权实现的，可以依照本法规定设定担保。本法规定的担保方式为保证、抵押、质押、留置和定金。

提供担保的人，称为担保人；接受担保的人即债权人，称为担保权人；债务人称为被担保人。担保关系的发生以先于担保关系存在的合同关系为前提。担保是通过担保合同或担保条款来确定担保权利义务关系的。主合同就是规定债权人与债务人之间权利义务关系的协议，是担保关系存在的前提。确立担保关系的担保合同是主合同的从合同。主合同无效，担保合同无效；主合同有效，担保合同可能有效，也可能无效。

2. 合同担保的方式

(1) 保证。

1) 保证的概念和方式：是指保证人（合同当事人以外的第三方）和债权人约定，当债务人（被保证方）不履行债务时，保证人按照约定履行债务或承担责任的法律行为。

2) 保证人：保证人必须是具有代为清偿债务能力的法人、其他组织或公民。

《担保法》第 8 条规定：国家机关不得为保证人，但经国务院批准为使用外国政府或者国际经济组织贷款进行转贷的除外。

《担保法》第 9 条规定：学校、幼儿园、医院等以公益为目的的事业单位、社会团体不得为保证人。

《担保法》第 10 条规定：企业法人的分支机构、职能部门不得为保证人。企业法人的分支机构有法人书面授权的，可以在授权范围内提供保证。

3) 保证合同。保证合同是指保证人和债权人达成的明确相互权利义务，当债务人不履行债务时，由保证人承担代为履行或连带责任的协议。

4) 保证责任。保证的范围包括主债权及利息、违约金、损害赔偿金和实现债权的费用。保证合同另有约定的，按照约定执行。当事人对保证范围无约定或约定不明确的，保证人应对全部债务承担责任。

5) 保证方式。保证的方式有两种：一般保证和连带责任保证。当事人对保证方式没有约定或约定不明确的，按连带责任保证承担保证责任。

《担保法》第 16 条规定，保证的方式有：①一般保证；②连带责任保证。

《担保法》第 17 条规定，当事人在保证合同中约定，债务人不能履行债务时，由保证人承担保证责任的，为一般保证。一般保证的保证人在主合同纠纷未经审判或者仲裁，并就债务人财产依法强制执行仍不能履行债务前，对债权人可以拒绝承担保证责任。

6) 保证期间：《担保法》第 25 条规定：一般保证的保证人与债权人未约定保证期间的，保证期间为主债务履行期届满之日起六个月。

债权人未在合同约定的或法律规定的保证期间内对债务人主张权利（申请仲裁或提起诉讼），保证人可免除保证责任；如债权人已主张权利的，保证期间适用于仲裁（诉讼）时效中断的规定。

连带责任保证的保证人与债权人未约定保证期间的，债权人有权自主债务履行期届满之日起六个月内要求保证人承担保证责任。在合同约定或法律规定的保证期间内，债权人未要求保证人承担保证责任的，保证人免除保证责任。

(2) 抵押。

1) 抵押的概念：是指债务人或者第三人以不转移对财产的占有的方式，用以债务履行的担保方式。债务人不履行债务时，债权人有权依照本法规定以该财产折价或者以拍卖、变卖该财产的价款优先受偿。

2) 抵押物：轻易不会灭失。

《担保法》第 24 条规定，下列财产可以抵押：①抵押人所有的房屋和其他地上定着物；②抵押人所有的机器、交通运输工具和其他财产；③抵押人依法有权处分的国有的土地使用权、房屋和其他地上定着物；④抵押人依法有权处分的国有的机器、交通运输工具和其他财产；⑤抵押人依法承包并经发包方同意抵押的荒山、荒沟、荒丘、荒滩等荒地的土地使用权；⑥依法可以抵押的其他财产。抵押人可以将上述财产一并抵押。

3）抵押效力：抵押担保的范围包括主债权及利息、违约金、损害赔偿金和实现抵押权的费用。抵押合同另有约定的，按照约定执行。

（3）质押。

1）质押的概念：是指债务人或者第三人将其动产移交债权人占有，将该动产作为债权的担保。债务人不履行债务时，债权人有权依照本法规定以该动产折价或者以拍卖、变卖该动产的价款优先受偿。债务人或者第三人为出质人，债权人为质权人，移交的动产为质物。

2）质押的种类：质押包括动产质押和权利质押两种。

3）质押合同：出质人和质权人应当以书面形式订立质押合同。质押合同自质押物移交于质权人占有时生效。动产质押合同应当包括以下内容：

被担保的主债权种类、数额；债务人履行债务的期限；质物的名称、数量、质量、状况；质押担保的范围；质押移交的时间；当事人认为需要约定的其他事项。质押合同不完全具备上述规定内容的，可以补正。

（4）留置。

1）留置的概念：债权人按照合同约定占有债务人的动产，债务人不按照合同约定的期限履行债务的，债权人有权依照本法规定留置该财产，以该财产折价或者以拍卖、变卖该财产的价款优先受偿。

2）留置担保的范围：《担保法》第 83 条规定，留置担保的范围包括主债权及利息、违约金、损害赔偿金、留置物保管费用和实现留置权的费用。

3）留置权的产生：留置权以债权人合法占用对方财产为前提。《担保法》第 84 条规定，因保管合同、运输合同、加工承揽合同发生的债权，债务人不履行债务的，债权人有留置权。

4）留置的期限和留置权的实现：

《物权法》第 236 条规定，留置权人与债务人应当约定留置财产后的债务履行期间；没有约定或者约定不明确的，留置权人应当给债务人两个月以上履行债务的期间，但鲜活易腐等不易保管的动产除外。债务人逾期未履行的，留置权人可以与债务人协议以留置财产折价，也可以就拍卖、变卖留置财产所得的价款优先受偿。

留置财产折价或者变卖的，应当参照市场价格。

《物权法》第 237 条规定，债务人可以请求留置权人在债务履行期届满后行使留置权；留置权人不行使的，债务人可以请求人民法院拍卖、变卖留置财产。

《物权法》第 238 条规定，留置财产折价或者拍卖、变卖后，其价款超过债权数额的部分归债务人所有，不足部分由债务人清偿。

（5）定金。

1）定金的概念：定金是当事人一方为证明合同的订立和保证合同的履行，而向对方支付一定数额的货币。《担保法》第 89 条规定，当事人可以约定一方向对方给付定金作为债权的担保。债务人履行债务后，定金应当抵作价款或者收回。给付定金的一方不履行约定的债务的，无权要求返还定金；收受定金的一方不履行约定的债务的，应当双倍返还定金。

2）定金合同：定金应以书面形式约定，作为主合同的一部分或订立专门的定金合同。当事人在定金合同中应该约定交付定金的期限及数额。定金合同从实际交付定金之日起生效。

《担保法》第 91 条规定，定金的数额由当事人约定，但不得超过主合同标的额的百分之二十。

此外，《合同法》第 116 条规定，如果当事人在合同中既约定了定金，又约定了违约金，一方违约时，对方可以选择适用违约金条款或者定金条款。

1.3.5　时效制度

1. 时效概念

时效，是指一定的事实（民事权利受到侵害）持续一定期间后，发生取得权利或消灭权利的法律后果的制度。在传统民事立法上，时效包括两类：取得时效和消灭时效。

取得时效指财产的占有人以所有的意思（即以所有人的名义），善意地、公开地、和平地持续占有他人财产达到法定期间，即依法取得对该项财产所有权的法律制度。

消灭时效指权利人在法定期间内不行使请求权，其权利即归于消灭的法律制度。

我国民法没有采取传统民法所规定的取得时效和消灭时效制度，而是采用了诉讼时效制度。诉讼时效和消灭时效在性质上十分相近，但诉讼时效是从受到侵犯的民事权利进行诉讼保护的法定期间这一角度加以规定的。

2. 诉讼时效及效果

诉讼时效指权利人在法定期间内不行使请求权，即依法丧失依诉讼程序强制义务人履行义务的权利的法律制度。

（1）诉讼时效期间届满的法律效果是权利人丧失胜诉权，即丧失通过法院用审判方法强制义务人履行义务的权利。

（2）法律有关诉讼时效的规定属于强制性规范，当事人不得就诉讼时效的延长、缩短等自行约定，也不得事先抛弃时效利益。

值得一提的是，超过诉讼时效期间当事人实体权利不消灭。《民法通则》第 138 条规定，超过诉讼时效期间，当事人自愿履行的，不受诉讼时效的限制。

3. 诉讼时效的种类

根据我国《民法通则》及相关法律规定，诉讼时效分为 4 类。

（1）一般诉讼时效。一般诉讼时效又称普通诉讼时效，指由民法统一加以规定，普遍适用于一般的民事法律关系的诉讼时效。我国《民法通则》第 135 条规定，一般诉讼时效期间为 2 年。

（2）特殊诉讼时效。特殊诉讼时效指由法律、法令、条例特别规定的，适用于某些特定的民事法律关系的诉讼时效，由民法加以列举规定。如我国《民法通则》第 136 条规定，下列情形诉讼时效期间为 1 年：①身体受到伤害要求赔偿的；②出售质量不合格的商品未声明的；③延付或拒付租金的；④寄存的财物被丢失或损毁的。

（3）特殊诉讼时效。特殊诉讼时效是由特别法规定的诉讼时效。例如，国际货物买卖合同和技术进出口合同争议为 4 年；海上货物运输向承运人要求赔偿的请求权为 1 年。

4）权利的最长保护期限：从权利被侵害之日起不超过 20 年。

4. 诉讼时效的起算、中止和中断

（1）时效的起算。根据《民法通则》第 137 条的规定，诉讼时效期间从权利人知道或者应当知道其权利被侵害时起计算。如果从权利受到侵害时起，超过 20 年的，即使权利人不知道其权利受到侵害，也不能受到法律保护。

（2）时效的中止。

诉讼时效的中止指诉讼时效进行期间，由于某种法定事由的出现，致使权利人无法行使请求权，因而法律规定暂时停止诉讼时效的进行，待阻碍事由消失后，诉讼时效又继续进行计算。

我国《民法通则》第 139 条规定，诉讼时效期间的最后六个月内，因不可抗力或者其他障碍不能行使请求权的，诉讼时效中止。从中止时效的原因消除之日起，诉讼时效期间继续计算。

（3）诉讼时效的中断。

诉讼时效的中断指在诉讼时效进行期间，因权利人行使权利的行为，使已经进行的时效期间全部归于无效，待法定事由消除后，时效期间又重新开始计算。

我国《民法通则》第 140 条规定，诉讼时效因提起诉讼、当事人一方提出要求或者同意履行义务而中断。从中断时起，诉讼时效期间重新计算。

能够引起诉讼时效中断的法定事由包括：①起诉。起诉指权利人以提起诉讼的方式要求法院强制义务人履行义务；②请求。请求指权利人直接请求义务人履行义务的催告通知；③承认。承认指义务人对权利人承认其权利存在的表示，亦即义务人表示同意履行义务。

1.4 案例分析

【案例分析 1】

1. 案情

甲将自己的一些优质木材交与乙制作一套家具，约定制作费 2000 元，等到家具制作完毕后，甲却无力支付制作费用，于是，乙留置了该家具，并通知甲在一个月内支付费用，甲未作表示，一个月期限届至，甲仍然没有支付。问：乙能否行使留置权，将家具折价变卖或者拍卖？

2. 分析

本案主要涉及留置权的实现条件。

根据《物权法》的规定，留置权人与债务人应当约定留置财产后的债务履行期间；没有约定或者约定不明确的，留置权人应当给债务人两个月以上履行债务的期间，但鲜活易腐等不易保管的动产除外。债务人逾期未履行的，留置权人可以与债务人协议以留置财产折价，也可以就拍卖、变卖留置财产所得的价款优先受偿。结合本案，甲、乙并未约定留置财产后的债务履行期间，乙仅仅给甲一个月的宽限期，低于法律规定至少两个月的期限，所以，乙在一个月的期限到期后并不能行使留置权，如将家具折价、变卖或者拍卖，他应该至少再给甲一个月的宽限期。两个月的宽限期，甲仍未履行，乙可以留置和债权价值相当的家具，并就其折价、变卖或者拍卖得到的价款优先受偿。

【案例分析 2】

1. 案情

某画院王某是著名国画家，他的每幅山水画都能卖到上千元。某画廊向王某订购了 10 幅山水画，双方约定两个月内交货，画廊交给王某定金 3000 元。

事隔不久，海外有人约请王某出国讲学，他忙于办出国手续，一直不能安心作画。手续办好后，又须立即出国，王某即对自己的两个研究生说："这 10 幅画就分给你们俩了，我把我的印章留给你们，你俩临摹出我的 10 幅画，盖上我的印鉴，就说是我画的，那 7000 元报酬就算给你们润笔啦！"

王某出国后，画廊来取画。王某的两个研究生将他们作的 10 幅画交给了画廊，收取了 7000 元报酬。画廊将这 10 幅画挂在画廊，一位港商看中其中两幅，重金购买后带回香港，请人鉴赏，发现是别人临摹的，提出要退货，引起纠纷。

某画廊起诉到人民法院，要求王某依约亲笔再作 10 幅画，并赔偿因此对画廊造成的损失。王某答辩说："我委托他人代为作画，青出于蓝而胜于蓝，谁说我的学生就不如我？"因而拒绝赔偿。

2. 分析

画廊向画家订画，从法律上看，这是一种定作合同法律关系。画作为一种特殊的艺术作品，是特定物。在艺术品交易活动中，作者是谁直接关系到艺术品的价格，因此关系十分重大。

画家王某将画廊向自己订购的画委托自己的学生代理作画，这违背了定作合同关系，是错误的。在许多事情上均可以委托他人替自己去完成，为什么在这件事上就不可以委托他人代为履行呢？

从民法理论上来看，这是代理的适用范围问题。我国《民法通则》第 63 条规定，公民、法人可以通过代理人实施民事法律行为。在现实生活中，这是适用最多的代理行为。凡民事法律行为，除法律规定必须由本人亲自实施外，都可以通过代理人代理进行。除此之外，代理还主要适用于诉讼行为、非诉讼事件的行为，以及行政和财政等其他具有法律意义的行为。

我国《民法通则》第 63 条规定，依照法律规定或者按照双方当事人约定，应当由本人实施的民事法律行为，不得代理。这是指那些具有人身性质的民事法律行为、当事人无权进行的行为及其他违法行为。有些民事法律行为本身是当事人之间基于相互间的人身信任关系才进行的，所以当事人可以约定必须由本人亲自实施。国画的创作本身是一种事实行为，从习惯和定作法律关系的特殊要求看，不能适用代理。

最高人民法院《关于贯彻执行〈民法通则〉的若干问题的意见》第 78 条规定，凡是依法或者依双方的约定必须由本人亲自实施的民事行为，本人未亲自实施的，应当认定行为无效。据此，法院判决王某必须依约为画廊重作 10 幅国画，并赔偿因此给画廊造成的经济损失。

思　考　题

1. 什么是建设法规？
2. 什么是法律关系和建设法律关系？
3. 建设法规由哪些层次的法律法规构成？
4. 什么是法人？法人成立的条件有哪些？
5. 建设法律关系的构成要素有哪些？
6. 无权代理有哪些表现形式？
7. 什么叫债？债的产生有几种形式？
8. 担保有哪几种？
9. 法律上对诉讼时效中止、诉讼时效中断有哪些规定？

第2章　城乡规划法规

本章学习提示：掌握城市、城乡规划和城乡规划区，了解城乡规划法的基本框架，熟悉城乡规划的体系与方针原则，熟悉城乡规划法的修改，掌握“一书两证”的概念、实施与管理，了解临时用地和临时建设的概念、实施与管理，熟悉城乡规划的监督检查和法律责任，了解新区开发和旧城改建，了解城市规划中的公共参与，掌握风景名胜区和历史文化名城的保护规划原则，了解风景名胜区和历史文化名城规划管理，熟悉城乡规划法的配套行政法规和规章。

2.1　概　　述

2.1.1　基本概念

1. 城、乡的概念

(1) 城市。

城乡规划法规中所称的城市，是指国家按行政建制设立的直辖市、市、镇。

按照市区和近郊区非农业人口的数量，我国将城市分为大、中、小三级。市区和近郊区非农业人口在50万人以上的为大城市。20万人以上50万人以下的为中等城市。不满20万人的为小城市。

(2) 村庄。

城乡规划法规中所称的村庄，是指农村村民居住和从事各种生产的聚居点。

(3) 集镇。

城乡规划法规中所称的集镇是指乡、民族乡人民政府所在地和经县人民政府确认由集市发展而成的作为农村的一定区域经济、文化和生活服务中心的非建制镇。

2. 城乡规划

城乡规划是指为了实现一定时期内城市、村庄和集镇的经济和社会发展目标，确定城市、村庄、集镇的性质、规模和发展方向，合理利用城乡土地，协调城乡空间布局和各项建设的综合部署和具体安排。

2.1.2　城乡规划法的立法概况

广义的城市规划法是指调整城市、镇及村庄规划制定、实施和管理过程中各种经济社会关系的法律规范的总称。

狭义的城乡规划法是指2007年10月28日由中华人民共和国第十届全国人民代表大会常务委员会第三十次会议通过的《中华人民共和国城乡规划法》（以下简称《城乡规划法》），于2008年1月1日实施，包括总则、城乡规划的制定、城乡规划的实施、城乡规划的修改、监督检查、法律责任、附则共7章、70条。此前指导我国城市规划的《中华人民共和国城市规划法》同时废止。城乡规划法是仅次于宪法，处于第二位阶的法律，是城乡规划与建设领域的核心法律，也是其他配套章程的前提。在现有的法规中，不违背《城乡规划法》的，仍然适用；与《城乡规划法》相违背的，按照《城乡规划法》有关规定执行。

2.1.3 城乡规划法的立法指导思想

制定《城乡规划法》的指导思想是：按照贯彻落实科学发展观和构建社会主义和谐社会的要求，统筹城乡建设和发展，确立科学的规划体系和严格的规划实施制度，正确处理近期建设与长远发展、局部利益与整体利益、经济发展与环境保护、现代化建设与历史文化保护等关系，促进合理布局，节约资源，保护环境，体现特色，充分发挥城乡规划在引导城镇化健康发展、促进城乡经济社会可持续发展中的统筹协调和综合调控作用。

2.1.4 城乡规划法的适用范围

《城乡规划法》第2条规定："制定和实施城乡规划，在规划区内进行建设活动，必须遵守本法。"

城乡规划法的规划区是指城市、镇和村庄的建成区以及因城乡建设和发展需要，必须实行规划控制的区域。规划区的具体范围由有关人民政府在组织编制的城市总体规划、镇总体规划、乡规划和村庄规划中，根据城乡经济社会发展水平和统筹城乡发展的需要划定。

《城乡规划法》第3条规定："城市和镇应当依照本法制定城市规划和镇规划。城市、镇规划区内的建设活动应当符合规划要求。县级以上地方人民政府根据本地农村经济社会发展水平，按照因地制宜、切实可行的原则，确定应当制订乡规划、村庄规划的区域。在确定区域内的乡、村庄，应当依照本法制订规划，规划区内的乡、村庄建设应当符合规划要求。

城乡规划法适用范围包括两个方面：①城市和镇应当依据城乡规划法制订城市规划和镇规划。这里的城市规划和镇规划既包括了总体规划，也包括了详细规划。城市和镇需要依据城乡规划法的规定编制符合地方特色的规划，并且在城市、镇规划区内的建设活动应当遵守其城乡规划的要求，不能任意作出改变或者撤销。②某些确定区域内的乡、村庄，应当依照城乡规划法制订规划，并且规划区内的乡、村庄建设应当符合其规划要求。这里的乡、村庄不是指所有的乡和村庄，而是指县级以上地方人民政府根据本地农村经济社会发展水平，按照因地制宜、切实可行的原则，确定应当制订乡规划、村庄规划的区域。

2.2 《城乡规划法》的基本框架

《城乡规划法》共7章、70条，对制定和实施城乡规划的重要原则和全过程的主要环节作出了基本的法律规定，成为我国各级政府和城乡规划主管部门工作的法律依据，也是人们在城乡发展建设活动中必须遵守的行为准则。

2.2.1 总则

共11条，主要对本法的立法目的和宗旨，适用范围、调整对象、城乡规划制定和实施的原则、城乡规划与其他规划的关系、城乡规划编制和管理的经费来源保障，以及城乡规划组织编制和管理与监督管理体制等作出了明确的规定。

2.2.2 城乡规划的制定

共16条，主要对城乡规划的组织编制和审批机构、权限、审判程序，省域城镇体系规划、城市和镇总体规划、乡规划和村庄规划等应当包括的内容，以及对城乡规划编制单位应具备的资格条件和基础资料，城乡规划草案的公告和公众、专家和有关部门参与等作了明确的规定。

2.2.3 城乡规划的实施

共18条，主要对地方各级人民政府实施城乡规划时应遵守的基本原则，城市、镇、乡和村庄各项规划、建设和发展实施规划时应遵守的原则、近期建设规划，建设项目选址规划管理、建设用地规划管理、建设工程规划管理、乡村建设规划管理、临时建设和临时用地规划管理等及其建设项目选址意见书、建设用地规划许可证、建设工程规划许可证、乡村建设规划许可证的核发，以及规划条件的变更，建设工程竣工验收和有关竣工验收资料的报送等作了明确的规定。

2.2.4 城乡规划的修改

共5条，主要对省域城镇体系规划、城市总体规划、镇总体规划、控制性详细规划、乡规划、村庄规划的修改组织编制与审批机关、权限、条件、程序、要求，近期建设规划的修改，建设项目选址意见书、建设用地规划许可证、建设工程规划许可证或乡村建设规划许可证发放后城乡规划的修改，修建性详细规划、建设工程设计方案总平面的修改要求等作了明确的规定。

2.2.5 监督检查

共7条，主要对城乡规划编制、审批、实施、修改的监督检查机构、权限、措施、程序、处理结果以及行政处分、行政处罚等作了明确的规定。

2.2.6 法律责任

共12条，主要对有关人民政府及其负责人和其他直接负责人，在城乡规划编制、审批、实施、修改中所发生的违法行为，城乡规划编制单位所出现的违法行为，建设单位或者个人所产生的违法建设行为的具体行政处分、行政处罚等作了明确的规定。

2.2.7 附则

共1条，规定了本法自2008年1月1日起施行，《中华人民共和国城市规划法》同时废止。

2.3 城乡规划的制定

2.3.1 城乡规划的体系与原则

1. 城乡规划的体系

《城乡规划法》第2条规定，本法所称城市规划，包括城镇体系规划、城市规划、镇规划、乡规划和村庄规划。城市规划、镇规划分为总体规划和详细规划。详细规划分为控制性详细规划和修建性详细规划。第 12 条、第 13 条又规定了全国城镇体系规划和省域城镇体系规划。第 34 条还规定了近期建设规划。这就形成了本法所法定的城乡规划体系，见图 2-1。

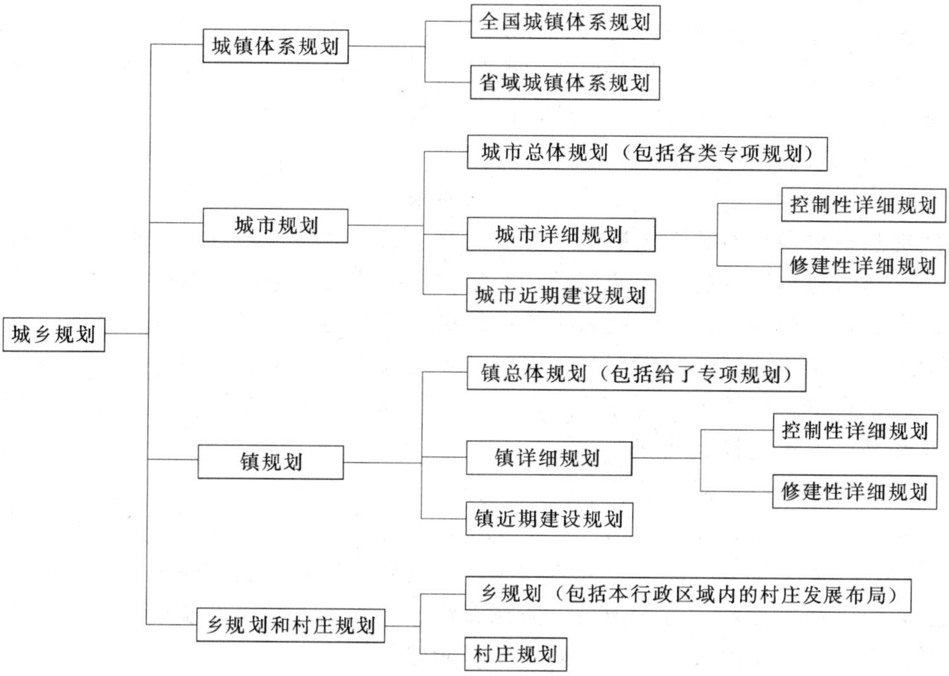

图 2-1 《城乡规划法》规定的城乡规划体系

2. 城乡规划的原则

《城乡规划法》第 4 条规定，制定和实施城乡规划，应遵循城乡统筹、合理布局、节约土地、集约发展和先规划后建设的原则，改善生态环境，促进资源、能源节约和综合利用，保护耕地等自然资源和历史文化遗产，保持地方特色、民族特色和传统风貌，防止污染和其他公害，并符合区域人口发展、国防建设、防灾减灾和公共卫生、公共安全的需要。

(1) 城乡统筹、合理布局、节约土地、集约发展的原则。

以科学发展观统筹城乡区域协调发展，在充分发挥城市中心辐射带动作用，促进大中小城市和小城镇协调发展的同时，合理安排城市、镇、乡村空间布局，贯彻科学用地、合理用地、节约用地的方针，不浪费每一寸土地资源，走集约型可持续的具有中国特色的城镇化和城乡健康发展道路。

(2) 先规划后建设的原则。

城乡规划是对一定时期内城乡的经济和社会发展、土地利用、空间布局以及各项建设的综合部署、具体安排和实施管理。它对于城乡建设、管理、发展具有指导、调整、综合和科学合理安排的重要作用，是城乡各项建设发展和管理的依据和“龙头”。城乡各项建设活动必须依照城乡规划进行，否则，就会带来城乡建设的盲目、无序、混乱，后患无穷。因此，必须坚持先规划、后建设的原则，同时要杜绝边建设边规划、先建设后规划、无规划乱建设的现象发生，以保证城乡建设科学、合理、有序、可持续进行和健康发展。

（3）环保节能、保护耕地的原则。

高度重视对自然资源的保护，切实考虑城乡环境保护问题，努力改善生态环境和生活环境，加强对环境污染的防治，促进各种资源、能源的节约和综合利用，落实节能减排、节地、节水等措施，防止污染和其他公害的发生，确保我国 18 亿亩的耕地数量不能减少、质量不能下降，绝不能以任何借口侵蚀，以保障城乡规划建设能够获得最大的经济效益、社会效益和环境效益。

（4）保护历史文化遗产和城乡特色风貌的原则。

切实加强对世界自然和文化遗产、历史文化名城、名镇、名村的保护，以及对历史文化街区、文物古迹和风景名胜区的保护，包括对非物质文化遗产的保护，努力保护和保持城乡的地方特色、民族特色和传统风貌，维护历史文化遗产的真实性和完整性，正确处理经济社会发展与文化遗产保护的关系，不搞城乡建设形象的千篇一律，体现城乡风貌的各具特色，提倡在继承的基础上发展创新，以实际行动来继承、弘扬和发展中华民族的优秀传统文化和城乡发展建设成就。

（5）公共安全、防灾减灾的原则。

城乡是人们赖以生存、生活居住和工作就业，即安身立命、安居乐业的地方，公共安全极其重要。这就要充分考虑区域人口发展，合理确定城乡发展规模和建设标准，努力满足防火、防爆、防震抗震、防洪防涝、防泥石流、防暴风雪、防沙漠侵袭等防灾减灾的需要，以及社会治安、交通安全、卫生防疫和国防建设、人民防空建设等各方面的保障安全要求，以及考虑相应的公共卫生、公共安全预警救助措施，创造条件以保障城乡人民群众生命财产安全和社会的和谐安定。

2.3.2　城乡规划的内容

《城乡规划法》对城乡规划的主要规划内容作了明确的规定。

1. 省域城镇体系规划

包括城镇空间布局和规模控制，重大基础设施的布局，为保护生态环境、资源等需要严格控制的区域等。

2. 城市、镇总体规划

包括城市、镇的发展布局，功能分区，用地布局，综合交通体系，禁止、限制和适宜建设的地域范围，各类专项规划等。其中，规划区范围、规划区内建设用地规模、基础设施和公共服务设施用地、水源地和水系，基本农田和绿化用地、环境保护、自然与历史文化遗产保护以及防灾减灾等内容，属于强制性内容。

城市、镇总体规划应当明确规划期限，规划期限一般为 20 年。城市总体规划还应对城市更长远的发展作出预测性安排。

3. 乡规划和村庄规划

包括规划区范围，住宅、道路、供水、排水、供电、垃圾收集、畜禽养殖场所等农村生产、生活服务设施、公益事业等各项建设的用地布局、建设要求，以及对耕地等自然资源和历史文化遗产保护、防灾减灾等具体安排。乡规划还应当包括本行政区域内的村庄发展布局。

2.3.3 城乡规划的编制与审批程序

《城乡规划法》对城乡规划的编制和审批程序作出了明确的规定。

1. 全国城镇体系规划

由国务院城乡规划主管部门会同国务院有关部门组织编制，并由国务院城乡规划主管部门报国务院审批。

2. 省域城镇体系规划

由省、自治区人民政府组织编制，经本级人民代表大会常务委员会审议后附审议意见及修改情况一并报送国务院审批。

3. 直辖市城市总体规划

由直辖市人民政府组织编制，经本级人民代表大会常务委员会审议后附审议意见及修改情况一并报送国务院审批。

4. 城市总体规划

省、自治区人民政府所在地的城市以及国务院确定的城市的总体规划，由城市人民政府组织编制，经本级人民代表大会常务委员会审议后附审议意见及修改的情况，并由省、自治区人民政府审查同意后，报送国务院审批。其他城市的总体规划，由城市人民政府组织编制，经本级人民代表大会常务委员会审议后附审议意见及修改情况一并报送省、自治区人民政府审批。

5. 镇总体规划

县人民政府所在地镇的总体规划，由县人民政府组织编制，经本级人民代表大会常务委员会审议后附审议意见及修改情况一并报送上一级人民政府审批。其他镇的总体规划，由镇人民政府组织编制，经镇人民代表大会审议后附审议意见及修改情况一并报送上一级人民政府审批。

6. 乡规划、村庄规划

由乡、镇人民政府组织编制，报上一级人民政府审批。村庄规划应经村民会议或者村民代表会议同意后报上一级人民政府审批。

7. 城市控制性详细规划

由城市人民政府城乡规划主管部门组织编制，经本级人民政府批准后，报本级人民代表大会常务委员会和上一级人民政府备案。

8. 镇的控制性详细规划

县人民政府所在地镇的控制性详细规划，由县人民政府城乡规划主管部门组织编制，经县人民政府批准后，报本级人民代表大会常务委员会和上一级人民政府备案，其他镇的控制性详细规划，由镇人民政府组织编制，报上一级人民政府审批。

9. 修建性详细规划

城市、镇重要地块的修建性详细规划，由城市、县人民政府城乡规划主管部门和镇人民政府组织编制。

2.3.4 城乡规划编制工作单位

城乡规划组织编制机关应当为委托具有相应资质等级的单位承担城乡规划的具体编制工作。

从事城乡规划编制工作应当具备下列条件，并经国务院城乡规划主管部门或者省、自治区、直辖市人民政府城乡规划主管部门依法审查合格，取得相应等级的资质证书后，方可在资质等级许可的范围内从事城乡规划编制工作：

(1) 有法人资格。

(2) 有规定数量的经国务院城乡规划主管部门注册的规划师。

(3) 有规定数量的相关专业技术人员。

(4) 有相应的技术装备。

(5) 有健全的技术、质量、财务管理制度。

另外，规划师执业资格管理办法，由国务院城乡规划主管部门会同国务院人事行政部门制定。编制城乡规划必须遵守国家有关标准。

2.3.5 城乡规划的修改

1. 城乡规划修改的条件

经依法批准的城乡规划，是城乡建设和规划管理的依据，具有法律效力，必须严格遵守，未经法定程序不得修改。但属于下列情形之一的，组织编制机关可按照规定的权限和程序修改省域城镇体系规划、城市总体规划、镇总体规划：

(1) 上级人民政府制定的城乡规划发生变更，提出修改规划要求的。

(2) 行政区划调整确需修改规划的。

(3) 因国务院批准重大建设工程确需修改规划的。

(4) 经评估确需修改规划的。

(5) 城乡规划的审批机关认为应当修改规划的其他情形。

2. 城乡规划修改的程序

(1) 修改省域城镇体系规划、城市总体规划、镇总体规划前，组织编制机关应当对原规划的实施情况进行总结，并向原审批机关报告。修改涉及总体规划强制性内容的，应当先向原审批机关提出专题报告，经同意后方可编制修改方案。

修改后的省域城镇体系规划、城市总体规划、镇总体规划，应当依照本法第 13 条、第 14 条、第 15 条、第 16 条规定的审批程序报批。

(2) 修改控制性详细规划的，组织编制机关应当对修改的必要性进行论证，征求规划地段内利害关系人的意见，并向原审批机关提出专题报告，经原审批机关同意后，方可编制修改方案。控制性详细规划的修改涉及总体规划的强制性内容的，应当先修改总体规划。

修改后的控制性详细规划，应当依照本法第 19 条、第 20 条规定的审批程序报批，要求按原规划的审批程序重新报批。

(3) 修改修建性详细规划的，确需修改的，应当采取听证会等形式，听取利害人关系人的意见。因修改给利害关系人合法权益造成的损失的，应当依法给予补偿。

（4）修改乡规划、村庄规划，应当依照本法第22条规定，经村民会议或者村民代表会讨论同意。在选址意见书、建设用地规划许可证、建设工程规划许可证或者乡村建设规划许可证发放后，因依法修改城乡规划给被许可人合法权益造成损失的，应当依法给予补偿。

修改后的乡规划、村庄规划，应当依照本法第22条规定的审批程序报批。

（5）城市、县、镇人民政府修改近期建设规划的，应当将修改后的近期建设规划报总体规划审批机关备案。

2.4 城乡规划的实施与管理

2.4.1 城乡规划实施的概念和方法

城乡规划经法定程序批准生效后，即具有了法律效力，城乡规划区内的任何土地利用及各项建设活动，都必须符合城乡规划设计，满足城乡规划的要求，使生效的城乡规划得以实现，这即是城乡规划的实施。

为保证城乡规划的实施，城乡规划一经批准，就应向全社会公布，以便广大人民群众了解城乡规划的具体内容，将它作为各项建设活动的准则，自觉按照城乡规划的要求进行建设活动，并对各类违背城乡规划的违法行为进行监督，及时举报。

此外，《城乡规划法》还规定了在工程建设的不同阶段，建设单位需向城乡规划管理部门申领选址意见书、建设用地规划许可证、建设工程规划许可证等文件后，方可进行有关建设活动的制度。在制度上保证了每项建设工程都必须接受城乡规划管理部门的审核检查，从而保证城乡规划的全面实施。

2.4.2 城乡规划实施管理的基本原则

城乡规划实施是一项政策性、综合性、复杂性、系统性、实践性、协调性、科学技术性很强的行政管理和行政服务工作，直接关系着城乡规划的能否依法实施，责任重大。因此，进行城乡规划实施管理工作，必须坚持以下基本原则。

1. 法制化原则

城市、镇、乡和村庄规划区内的土地利用和各项建设活动，一定要依照《城乡规划法》的有关规定进行规划实施管理，实现依法行政，依法办事，纳入法制化的轨道。充分运用法制管理手段是搞好城乡规划实施管理工作的根本保证。

2. 程序化原则

城市、镇、乡和村庄规划区内的使用土地和各项建设活动，都必须依照《城乡规划法》所规定的申请、审查或审核、征询意见、报批和核发有关法律凭证以及加强批后管理等环节和程序来施行，防止施政过程中的随意性、滥用职权、越权审批和暗箱操作等违法行为产生。

3. 协调的原则

城乡规划实施管理的工作过程，是一个以科学发展观和构建和谐社会为指导，依法对城市、镇、乡和村庄规划区内的土地利用和各项建设活动进行合理布局和统筹安排过程，需要协调各有关方面的利益和要求，理顺各有关方面的关系，包括城乡规划行政主管部门与其他相关行政主管部门之间的业务关系，实现分工合作，协调配合，各分其责，从而提高城乡规划实施管理的工作效率和水平。

4. 公开化原则

行政权力公开透明运行是保证权力正确行使的重要环节。经批准的城乡规划公布后，任何单位和个人都无权擅自改变。为保证和督促城乡规划实施管理能够依法按照规划要求进行，实现公开、公平、公正执法，实行政务公开是一个非常重要的环节和措施。

5. 科学性原则

《城乡规划法》规定城乡规划的实施应当根据当地经济社会发展水平，量力而行；应当合理确定建设规模和时序；应当因地制宜、节约用地；应当与经济和技术发展水平相适应；应当组织有关部门和专家定期对规划实施情况进行评估，并采取论证会、听证会或者其他方式征求公众意见等，强调了城乡规划实施管理的科学合理性原则。

2.4.3　选址意见书制度

1. 选址意见书的概念

选址意见书是指建设工程（主要是新建的大、中型工业与民用项目）在立项过程中，由城乡规划主管部门出具的该建设是否符合城乡规划要求的意见书。

《城乡规划法》第 36 条规定："按照国家规定需要有关部门批准或者核准的建设项目，以划拨方式提供国有土地使用权的，建设单位在报送有关部门批准或者核准前，应当向城乡规划主管部门申请核发选址意见书。其他的建设项目不需要申请选址意见书。"

2. 选址意见书的内容

（1）建设项目基本情况。

包括建设项目的名称、性质、用地与建设规模，供水、能源的需求量、运输方式与运输量，废水、废气、废渣的排放方式和排放量等。

（2）建设项目选址的依据。

包括经批准的项目建议书，建设项目建在拟建地址与城乡规划布局是否协调，与交通、通信、能源、市政、防灾规划是否衔接与协调，该建设项目对城市环境可能造成的污染，与城市生活居住及公共设施规划、城市环境保护规划和风景名胜、文物古迹保护规划是否协调等。

（3）建设项目选址、用地范围和具体规划要求。

3. 选址意见书的核发程序

（1）选址申请。

建设单位在编制建设项目设计任务时，应向建设项目所在地的县、市、直辖市人民政府规划行政主管部门提出建设项目选址申请。

（2）参加选址。

城乡规划行政主管部门与计划部门、建设单位等有关部门一同进行建设项目的选址工作，包括现场勘察，共同商讨，对不同的拟建地址进行比较分析，听取有关部门、单位的意见。

（3）选址审查。

城乡规划行政主管部门经过调查研究，分析和多方案比较论证，根据城市规划要求对该建设项目选址进行审查。必要时应组织专家论证会或听证会进行慎重研究或者听取公众意见。

(4) 核发选址意见书。

城乡规划主管部门经过选址审查后，核发选址意见书，核发选址意见书实行分级管理规划。

2.4.4 建设用地规划许可证

1. 建设用地规划许可证的概念

建设用地规划许可证是城乡规划行政主管部门依据城乡规划的要求和建设项目的用地需要，向提出用地申请的建设单位或个人核发的确定建设用地的位置、面积、界限的法定凭证。在城市、镇规划区内进行建设需要用地的，必须得到批准的建设用地规划许可证，它是申请工程开工的必备证件。

《城乡规划法》第37条规定："建设单位在取得建设用地规划许可证后，方可向县级以上人民政府土地主管部门申请用地，经县级以上人民政府审批后，由土地主管部门划拨土地。"

2. 建设用地规划许可证的核发程序

(1) 用地申请。

由建设单位或个人，持国家批准建设项目的有关文件，向城乡规划主管部门提出用地申请。

(2) 现场踏勘、征求意见。

城乡规划主管部门在受理申请后，应会同有关部门与建设单位一起到选址现场进行调查、踏勘。同时，还应征求环境保护、消防安全、文物保护、土地管理等部门的意见。

(3) 提供设计条件。

在用地申请初审通过后，城乡规划主管部门将向建设单位或个人提供建设用地地址与范围的红线图，并提出规划设计条件和要求。

(4) 审查总平面图、核定用地面积。

建设单位根据城乡规划主管部门提供的设计条件完成总平面图设计后，应将总平面图及其相关文件报送城乡规划主管部门，以审查其用地性质、规模和布局方式、运输方式等是否符合城乡规划的要求及合理用地、节约用地的原则，并根据城乡规划设计用地定额指标和该地块具体情况，审核用地面积。

(5) 核发建设用地规划许可证。

经审查合格后，城乡规划主管部门即向建设单位或个人核发建设用地规划许可证。

2.4.5 建设工程规划许可证制度

1. 建设工程规划许可证的概念

建设工程规划许可证是城乡规划行政主管部门向建设单位或个人核发的确认其建设工程符合城乡规划要求的证件。它是申请工程开工的必备证件。

《城乡规划法》第40条规定："在城市、镇规划区内进行建筑物、构筑物、道路、管线和其他工程建设的，建设单位或者个人应当向城市、县人民政府城乡规划主管部门或者省、自治区、直辖市人民政府确定的镇人民政府申请办理建设工程规划许可证。"

2. 建设工程规划许可证核发程序

(1) 领证申请。

建设单位或个人应持设计任务书、建设用地规划许可证、土地使用权证等有关批准文件向城乡规划主管部门提出核发建设工程规划许可证申请。

(2) 初步审查。

城乡规划主管部门受理申请后，应对建设工程的性质、规模、布局等是否符合城乡规划要求进行审查，并应征求环保、环卫、交通、通信等部门及相关行政主管部门的意见。

(3) 核发规划设计要点通知书。

城乡规划主管部门根据审查结果和工程所在地段详细规划的要求，向建设单位或个人核发规划设计要点通知书、提供规划设计要求。

(4) 核发设计方案通知书。

建设单位或个人根据规划设计要点通知书完成方案设计后，应将设计方案（应不少于两个）有关图纸、文件报送城乡规划主管部门。城乡规划主管部门在各个方案的总平面布置、交通组织情况、工程周围环境关系和个体设计体量、层次、造型等进行审查比较，确定设计方案后，将核发设计方案通知书，并提出规划修改意见。

(5) 核发建设工程规划许可证。

建设单位或个人根据设计方案通知书的要求完成施工图设计后，应将注明勘察设计证书编号的总平面图，个体建筑设计的平、立、剖图，基础图，地下室平面图、剖面图等施工图，送城乡规划主管部门审查。经审查批准后，核发建设工程规划许可证。

3. 建设工程审批后的管理

建设工程审核批准后，城乡规划主管部门要加强监督检查工作，主要包括验线、现场检查和竣工验收。

(1) 验线。

建设单位应当按照建设工程规划许可证得要求防线，并经城乡规划主管部门验线后方可施工。

(2) 现场检查。

现场检查，是指城乡规划管理工作人员进入有关单位或施工现场，了解建设工程的位置、施工等情况是否符合规划设计条件。在检查中，任何单位和个人都不得阻挠城乡规划管理人员进入现场或者拒绝提供与规划管理有关的情况。城乡规划行政管理人员有为被检查者保守技术秘密或者业务秘密的义务。

(3) 竣工验收。

《城乡规划法》规定："县级以上地方人民政府城乡规划主管部门按照国务院规定对建设工程是否符合规划条件予以核实。未经核实或者经核实不符合规划条件的，建设单位不得组织竣工验收。"竣工验收是工程项目建设程序中的最后一个阶段。规划部门参加竣工验收，是对建设工程是否符合规划设计条件的要求进行最后把关，以保证城乡规划区内各项建设符合城乡规划。

城乡规划区内的建设工程竣工验收后，建设单位应当在 6 个月内将竣工资料报送城乡规划主管部门。

2.4.6 临时建设和临时用地规划管理

1. 临时建设和临时用地的概念

(1) 临时建设。

临时建设是指经城市、县人民政府城乡规划主管部门批准，临时建设并临时性使用，必须在批准的使用期限内自行拆除的建筑物、构筑物、道路、管线或者其他设施等建设工程。

临时建设有以下四个特征：

1) 时间特征明显，使用期限一般不超过两年。

2) 简易结构特征明显，不得建设成为永久性或者半永久性建筑物、构筑物等。

3) 在临时建设使用期限内，如果国家建设需要时，一般应无条件拆除。

4) 临时建设应当在批准的使用期限内自行拆除。

5) 临时建设规划批准证件到期后，该批准证件自行失效。如果需要继续使用时，应当重新申请临时建设规划批准证件。

《城乡规划法》规定："在城市、镇规划区内进行临时建设的，应当经城市、县人民政府城乡规划主管部门批准。临时建设影响近期建设规划或者控制性详细规划的实施以及交通、市容、安全等的，不得批准。临时建设应当在批准的使用期限内自行拆除"。

(2) 临时用地。

临时用地许可证是指由于建设工程施工、堆料、安全或其他原因，需要在城市、镇规划区内经批准后临时使用的土地。

临时用地的特征有以下三点：

1) 时间特征明显，《中华人民共和国土地管理法》第 57 条规定："临时使用土地期限一般不超过两年。"

2) 禁止在批准临时使用的土地上建设永久性建筑物、构筑物和其他设施。

3) 临时用地批准证件到期后，该批准证件自行失效。如果需要继续使用时，应当重新申请临时用地批准证件。

(3) 临时建设和临时用地规划管理。

临时建设和临时用地规划管理，就是指城市、县人民政府城乡规划主管部门，对于在城市、镇规划区内进行临时建设和临是使用土地，实行严格控制和审查批准，行使规划许可工作职责的总称。常规临时建设和临时用地往往是同时出现的，临时建设需要临时占地，在临时用地范围内，只能修建临时建设工程。临时建设和临时用地需要占用城镇特定的公共空间，对城镇日常运行、规划的实施等都会产生一定的影响，除因特殊需要外，必须进行严格控制和规划管理。

2. 临时建设和临时用地规划管理的任务

《城乡规划法》第 44 条规定，"临时建设影响近期建设规划或者控制性详细规划的实施以及交通、市容、安全等的，不予批准。"这就指明并强调了临时建设和临时用地规划管理的基本原则和主要任务。

(1) 保证近期建设规划和控制性详细规划的顺利实施。

临时建设和临时用地规划管理的首要任务就是依申请合理安排临时建设和临时用地，

使其对近期建设规划和控制性详细规划以及修建性详细规划的实施不构成影响，既有利于临时建设和临时用的需要，又能保证城乡规划的顺利实施。

（2）统筹兼顾，因地制宜，避免对交通、市容、安全等带来影响。

统筹兼顾，因地制宜提出城乡规划行政主管部门的管理和控制要求，尽可能避免对交通、消防、公共安全、市容市貌和环境卫生等造成干扰性影响，更不能影响城镇局部地段的正常生产、生活秩序。

（3）考虑周边环境要求，妥善解决矛盾、影响和利益问题。

通过临时建设和临时用地规划管理的过程，也是全面考虑周边环境要求，协调和解决有关问题的过程，城乡规划行政主管部门应当尽到自己的责任。

3. 临时建设和临时用地规划管理的程序

《城乡规划法》第 44 条规定，临时建设和临时用地规划管理的具体办法，由省、自治区、直辖市人民政府制定的地方政府规章来确定。一般来讲，临时建设和临时用地规划管理的程序，应当包括临时建设和临时用地申请、规划审批、核发批准证件等。

（1）申请。

建设单位或者个人在城市、镇规划区内从事临时活动，应当向城乡规划行政主管部门提交临时建设申请报告以及临时建设场地权属证件或者临时用地批准证件，同时还应提交临时建筑设计图纸等。

临时用地的申请，同样应当提交临时用地申请报告，以及有关文件、资料、图纸（临时用地范围示意图，包括临时用地上的临时设施布置方案）等。

（2）审核。

城乡规划行政主管部门受理临时建设申请后，可到拟建临时建设的场地进行现场踏勘，并依据近期建设规划或者控制性详细规划对其审核，同时要对临时建筑设计图纸进行审查。如果是临时管线工程，则以临时管线的使用要求进行审核。

临时用地的审核，同样应当审核其是否影响近期建设规划或者控制性详细规划的实施以及交通、市容、安全等，审核临时用地的必要性和可行性，并审核临时用地范围示意图，包括临时用地上的临时设施布置方案等。

（3）批准。

城乡规划行政主管部门对临时建设的申请报告、有关文件、材料和设计图纸经过审核同意后，核发临时建设批准证件，实施规划行政许可。如果该临时建设影响近期建设规划或者控制性详细规划实施以及交通、市容、安全等，不得批准。说明理由，给予书面答复。

临时用地的批准，同样是经审核同意后，核发临时用地批准证件。如果不予批准，说明理由，给予书面答复。

2.5　城乡规划的监督检查和法律责任

2.5.1　城乡规划的监督检查

1. 行政监督

包括县级人民政府及其城乡规划主管部门对下级政府及其城乡规划主管部门执行城乡

规划编制、审批、实施、修改的监督检查。也包括县级以上地方人民城乡规划主管部门对城乡规划实施情况进行的监督检查，并对有权采取的措施作出了明确的规定。

2. 人民代表大会对城乡规划工作的监督

人民代表大会对政府的工作具有监督职能，地方各级人民政府应当向本级人民代表大会常务委员会或者乡、镇人民代表大会报告城乡规划的实施情况，并接受监督。

3. 公众对城乡规划工作的监督

县级以上人民政府及其城乡规划主管部门的监督检查，县级以上地方各级人民代表大会常务委员会或者乡、镇人民代表大会对城乡规划工作的监督检查，其监督检查情况和处理结果应当依法公开，以便公众查阅和监督。

2.5.2 城乡规划的法律责任

《城乡规划法》明确规定了违反《城乡规划法》所应承担的法律责任。主要有以下几点：

(1) 对有关人民政府违反《城乡规划法》的行为所应承担的行政法律责任，按照第57条、第58条的规定，包括责令改正、通报批评和行政处分。

(2) 对城乡规划行政主管部门违反《城乡规划法》的行为所应承担的行政法律责任，按照第60条的规定，包括责令改正、通报批评和行政处分。

(3) 对县级以上人民政府有关部门违反《城乡规划法》的行为所应承担的行政法律责任，按照第61条的规定，包括责令改正、通报批评和行政处分。

(4) 对城乡规划编制单位违反《城乡规划法》的行为所应承担的行政法律责任，按照第62条、第63条的规定，包括责令限期改正、罚款、责令停业整顿、降低资质等级、吊销资质证书、依法赔偿等。

(5) 对于城镇违法建设行为所应承担的法律责任，按照第64条的规定，未取得建设工程规划许可证或者未按照建设工程规划许可证的规定进行建设的，由县级以上地方人民政府城乡规划主管部门责令停止建设；尚可采取改正措施消除对规划实施的影响的，限期改正，处建设工程造价百分之五以上百分之十以下的罚款；无法采取改正措施消除影响的，限期拆除，不能拆除的，没收实物或者违法收入，可以并处建设工程造价百分之十以下的罚款。

(6) 对于乡村建设的违法行为所应承担的法律责任，按照第65条的规定，在乡、村庄规划区内未依法取得乡村建设规划许可证或者未按照乡村建设规划许可证的规定进行建设的，由乡、镇人民政府责令停止建设、限期改正；逾期不改正的，可以拆除。

(7) 对于建设单位的违法行为所应承担的法律责任，按照第66条的规定，建设单位或者个人有下列行为之一的，由所在地城市、县人民政府城乡规划主管部门责令限期拆除，可以并处临时建设工程造价一倍以下的罚款：

1) 未经批准进行临时建设的。

2) 未按照批准内容进行临时建设的。

3) 临时建筑物、构筑物超过批准期限不拆除的。

(8) 对于建设单位或者个人临时建设违法所应承担的法律责任，按照第67条的规定，建设单位未在建设工程竣工验收后6个月内向城乡规划主管部门报送有关竣工验收资料的，由所在地城市、县人民政府城乡规划主管部门责令限期补报；逾期不补报的，处一万元以上五万元以下的罚款。

（9）强制措施。按照第 68 条的规定，城乡规划主管部门作出责令停止建设或者限期拆除的决定后，当事人不停止建设或者逾期不拆除的，建设工程所在地县级以上地方人民政府可以责成有关部门采取查封施工现场、强制拆除等措施。

（10）按照第 69 条的规定，违反本法规定，构成犯罪的，依法追究刑事责任。

2.6　新区开发和旧城改建

2.6.1　城市新区开发和旧城改建的概念

1. 城市新区开发

新区开发是指按照城市总体规划的部署，在城市现有建成区以外的区域，进行集中成片、综合配套的开发建设活动。它包括以下几个方面：

（1）新区的开发建设。

（2）经济技术区的开发建设。

（3）卫星城镇的开发建设。

（4）新工矿区的开发建设。

《城乡规划法》第 30 条规定，城市新区的开发和建设，应当合理确定建设规模和时序，充分利用现有市政基础设施和公共服务设施，严格保护自然资源和生态环境，体现地方特色。

在城市总体规划、镇总体规划确定的建设用地范围以外，不得设立各类开发区和城市新区。

2. 旧区改建

城市旧区是城市在长期历史发展演变过程中逐步形成的进行各项政治、经济、文化、社会活动的居民聚集区。城市旧区改建是指按照城市统一规划，对城市旧区的布局、结构以及各项设施进行有计划、有步骤地保护、利用、充实和更新，使之适应城市经济和社会发展整体需要的建设活动。

《城乡规划法》第 31 条规定，旧城区的改建，应当保护历史文化遗产和传统风貌，合理确定拆迁和建设规模，有计划地对危房集中、基础设施落后等地段进行改建。

历史文化名城、名镇、名村的保护以及受保护建筑物的维护和使用，应当遵守有关法律、行政法规和国务院的规定。

2.6.2　城市新区开发和旧城改建的原则

正确处理新区开发和旧城改建之间的关系，必须坚持统一规划、合理布局、因地制宜、配套建设的原则。

1. 统一规划

统一规划是搞好城市建设的前提和基础，新区开发和旧城改建都必须遵循统一规划的原则。新区建设要与旧城原有条件的保持、维护、利用、改建相结合。在维护、利用、改建旧区中建设新城。城市原有建筑物、基础设施等能够利用的就要充分利用和维护；不得利用又对整个城市的发展有妨碍的就要坚决拆除。把新区开发和旧区改建纳入到城市规划的整体中综合考虑，这样既使得新区开发和旧区改建的布局合理，也使整个城市的布局趋向合理。

2. 合理布局

合理布局是城市规划的核心，新区开发和旧城改建要注重整体布局的协调、合理。在实施城市规划管理的过程中，城市各项建设的选址、定点必须从有利于城市长远发展的角度出发，保证城市的安全，防止对城市环境的污染和破坏，保持生态平衡，保证城市各项功能的协调。如果建设项目的选址和定点不当，将给城市的发展和城市居民的生产和生活带来长期的、难以消除的影响和损害，甚至给国家造成巨大的经济损失。

3. 因地制宜、配套建设

在统一规划、合理布局的基础上，因地制宜、配套建设才符合经济原则。例如先完成地下设施，然后再进行地上建筑物的建设，而且各个部门、相关单位要互相协作，否则就会造成先后秩序的颠倒，造成极大的浪费。

2.7 城市规划中的公众参与

城市规划是一项全社会的事业，城市规划的实施是由社会整体共同进行的，因此，城市社会中各个方面的参与及其态度、意愿等，是城市规划能否得到有效实施的关键。

2.7.1 公众参与在城乡规划中的意义

城市规划的实施需要社会共同的遵守和共同参与，因此这就必然涉及法律保障和社会运作机制等方面的内容，而法律法规的制定以及社会运作机制等本身就是社会选择的结果。由此而言，社会公众对城市规划的认知程度、对城市规划作用的认识以及公众对城市规划编制时的参与程度及其作用等，往往决定了公众是否有意愿来遵守和执行城市规划，同时也决定了城市规划实施阶段的参与情况。

在城市规划实施阶段，由于不同的利益团体从自身的利益出发来认识公共利益和集体利益，除了自身所从事的建设性活动之外，还会通过对城市规划实施管理、对具体项目建设的监督等途径来参与到规划实施的过程之中，从而对城市规划实施产生影响。

2.7.2 城乡规划中信息公布和反馈

公众参与、规划公布与信息反馈贯穿规划编制的全过程。城市经济发展、空间布局、基础设施、人居环境无不与社会各阶层、各部门，以及每一个市名密切相关，规划公布往往激发不同社会阶层的公众参与规划的愿望与热情，而公众参与与信息反馈促进规划编制进一步完善与深化。

规划初期，通过当天电视、报纸、信息网及时报道本市城市规划编制消息，规划设计单位向民众发放相关调查内容的抽样调查表，政府城市规划行政主管部门通过各种行业渠道，征求对规划编制的要求。规划编制方案阶段、成果阶段除相关信息报道外，在适宜的时候，用适宜的方式将规划内容公布，征求各行业部门与广大市民的意见，收集各方面的反馈信息。

公众参与、规划公布于信息反馈不仅是规划编制管理中促进市民对规划、对政府决策的理解和支持不可缺少的重要环节，也是进一步调动社会各界和市民建设城镇积极性和城镇建设适应市场经济的一项举措，同时也是进一步提高规划实效性和可操作性的重要保证。

2.8　风景名胜区、历史文化名城规划和管理

除城乡建设由城乡规划法调整以外，我国还颁布了《风景名胜区条例》、《文物保护条例》以及《历史文化名城名镇名村保护条例》，对风景名胜区和历史文化名城的建设和保护作了规定。

2.8.1　风景名胜区的规划和管理

1. 风景名胜区的概念

风景名胜区是指依法审定的具有观赏、文化和科学价值，自然景物、人文景物比较集中，环境优美，具有一定规模和范围，可供人们游览、休息或进行科学、文化活动的区域。我国的风景名胜区分为国家重点、省、市（县）三级，分别由同级人民政府审定公布。

2. 风景名胜区的规划管理原则

风景名胜区规划管理实行“科学规划、统一管理、严格保护、永续利用”的原则。其中“科学规划”是实现“永续利用”的途径与措施；“统一管理”是实现“永续利用”的手段和保证；“严格保护”是实现“永续利用”的基础和前提；“永续利用”是规划管理的终极目标与核心。

3. 风景名胜区规划编制管理

（1）风景名胜区规划内容与层次。

风景名胜区规划是管理和建设工作的重要依据。对风景名胜区进行规划管理，必须依法编制风景名胜区规划。风景名胜区规划分为总体规划和详细规划两个层次。

1）总体规划。

总体规划的编制应当体现人与自然和谐相处、区域协调发展和经济社会全面进步的要求，坚持保护优先、开发服从保护的原则，突出风景名胜资源的自然特性、文化内涵和地方特色。包括以下内容：风景资源评价；生态资源保护措施、重大建设项目开局、开发利用强度；风景名胜区的功能结构和空间布局；禁止开发和限制开发的范围；风景名胜区的游客容量；有关专项规划。

2）详细规划。

详细规划应当符合总体规划。详细规划应当根据核心景区和其他景区的不同要求编制，确定基础设施、旅游设施、文化设施等建设项目的选址、布局与规模，并明确建设用地范围和规划设计条件。

（2）风景名胜区规划编制管理和审批。

1）根据《风景名胜区条例》第 16 条规定，国家级风景名胜区规划由省、自治区人民政府建设主管部门或者直辖市人民政府风景名胜区主管部门组织编制。省级风景名胜区规

划由县级人民政府组织编制。

2）根据《风景名胜区条例》第19条、第20条规定，国家级风景名胜区的总体规划，由省、自治区、直辖市人民政府审查后，报国务院审批。省级风景名胜区的总体规划，由省、自治区、直辖市人民政府审批，报国务院建设主管部门备案。

国家级风景名胜区的详细规划，由省、自治区人民政府建设主管部门或者直辖市人民政府风景名胜区主管部门报国务院建设主管部门审批。省级风景名胜区的详细规划，由省、自治区人民政府建设主管部门或者直辖市人民政府风景名胜区主管部门审批。

（3）风景名胜区规划编制年限和要求。

1）《风景名胜区条例》第14条规定，风景名胜区应当自设立之日起2年内编制完成总体规划。总体规划的规划期一般为20年。

2）《风景名胜区条例》第23条规定，风景名胜区总体规划的规划期届满前2年，规划的组织编制机关应当组织专家对规划进行评估，作出是否重新编制规划的决定。在新规划批准前，原规划继续有效。

3）经批准的风景名胜区规划不得擅自修改。确需对风景名胜区总体规划中的风景名胜区范围、性质、保护目标、生态资源保护措施、重大建设项目布局、开发利用强度以及风景名胜区的功能结构、空间布局、游客容量进行修改的，应当报原审批机关批准；对其他内容进行修改的，应当报原审批机关备案。

4）风景名胜区详细规划确需修改的，应当报原审批机关批准。

（4）风景名胜区规划编制单位的资质。

根据《风景名胜区条例》第17条规定，编制风景名胜区规划，应当采用招标等竞争的方式选择具有相应资质等级的单位承担。

风景名胜区的规划，在所属人民政府的领导下，由主管部门负责组织编制。风景名胜区内的一切景物和自然环境，必须严格保护，不得破坏和随意改变，注意保持历史原貌。在风景名胜区及其外围保护地带内的各项建设，都应当与景物相协调，不得建设破坏景观、污染环境、妨碍游览的设施。在游人集中的游览区内，不得建设宾馆、招待所以及休养、疗养机构。风景名胜区及其外围保护地带内的林木和自然环境，不分权属都应按照规划进行抚育管理，不得砍伐。确需要进行更新（如遇虫灾）、抚育性砍伐的，须经地方主管部门批准。

4. 风景名胜区规划实施管理

（1）禁止在风景名胜区内进行的活动。

根据《风景名胜区条例》第26条规定，开山、采石、开矿、开荒、修坟立碑等破坏景观、植被和地形地貌的活动；修建储存爆炸性、易燃性、放射性、毒害性、腐蚀性物品的设施；在景物或者设施上刻画、涂污；乱扔垃圾。同时规定风景名胜区管理机构不得从事以营利为目的的经营活动，不得将规划、管理和监督等行政管理职能委托给企业或者个人行使。

（2）禁止在风景名胜区内进行的建设。

根据《风景名胜区条例》第21条规定，风景名胜区规划未经批准的，不得在风景名胜区内进行各类建设活动。

《风景名胜区条例》第27条规定，禁止违反风景名胜区规划，在风景名胜区内设立各类开发区和在核心景区内建设宾馆、招待所、培训中心、疗养院以及与风景名胜资源保护无关的其他建筑物；已经建设的，应当按照风景名胜区规划，逐步迁出。

(3) 严格控制在风景名胜区内进行的活动。

《风景名胜区条例》第 27 条规定，在风景名胜区内进行下列活动，应当经风景名胜区管理机构审核后，依照有关法律、法规的规定报有关主管部门批准：设置、张贴商业广告；举办大型游乐等活动；改变水资源、水环境自然状态的活动；其他影响生态和景观的活动。

风景名胜区内的建设项目应当符合风景名胜区规划，并与景观相协调，不得破坏景观、污染环境、妨碍游览。

在风景名胜区内进行建设活动的，建设单位、施工单位应当制订污染防治和水土保持方案，并采取有效措施，保护好周围景物、水体、林草植被、野生动物资源和地形地貌。

(4) 严格控制在风景名胜区内进行的建设。

《风景名胜区条例》第 28 条规定，在风景名胜区内从事本条例第 26、第 27 条禁止范围以外的建设活动，应当经风景名胜区管理机构审核后，依照有关法律、法规的规定办理审批手续。

在国家级风景名胜区内修建缆车、索道等重大建设工程，项目的选址方案应当报国务院主管部门核准。

5. 风景名胜区规划监督管理

《风景名胜区条例》第 31 条规定，国家建立风景名胜区管理信息系统，对风景名胜区规划实施和资源保护情况进行动态监测。国家级风景名胜区所在地的风景名胜区管理机构应当每年向国务院建设主管部门报送风景名胜区规划实施和土地、森林等自然资源保护的情况；国务院建设主管部门应当将土地、森林等自然资源保护的情况，及时抄送国务院有关部门。

2.8.2　历史文化名城、名镇、名村的规划和管理

1. 历史文化名城、名镇、名村的概念

2002 年 10 月第九届全国人大常委会第三十次会议修订通过《文物保护法》规定：保存文物特别丰富并且具有重大历史价值或者革命纪念意义的城市，由国务院核定公布为历史文化名城。

文物是指遗存在社会上或埋藏在地下的历史文化遗物，它包括内容很多，从建设规划角度理解，我们注重的文物主要是指革命遗址、纪念建筑物、古文化遗址、古墓葬、古建筑、石窟寺、石刻等。

国务院建设主管部门会同国务院文物主管部门选择已批准公布的具有重大历史、艺术、科学价值的历史文化名镇、名村，确定为中国历史文化名镇、名村。

2. 历史文化名城、名镇、名村的申报

申报历史文化名城、名镇、名村的城市、镇、村庄，必须具备以下条件：

(1) 保存文物特别丰富。

(2) 历史建筑集中成片。

(3) 保留着传统格局和历史风貌。

(4) 历史上曾经作为政治、经济、文化、交通中心或者军事要地，或者发生过重要历

史事件，或者其传统产业、历史上建设的重大工程对本地区的发展产生过重要影响，或者能够集中反映本地区建筑的文化特色、民族特色。

申报历史文化名城的，在所申报的历史文化名城保护范围内还应当有 2 个以上的历史文化街区。历史文化街区应当具备以下条件：①有比较完整的历史风貌；②构成历史风貌的历史建筑和历史环境要素基本上是历史存留的原物；③历史文化街区用地面积不小于 1 公顷；④历史文化街区内文物古迹和历史建筑的用地面积宜达到保护区内建筑总用地的 60%以上。

部分历史文化名城、名镇、名村见表 2－1～表 2－4。

表 2－1　　　历史文化名城

第一批（1982 年）	第二批（1986 年）	第三批（1994 年）	第一批（1982 年）	第二批（1986 年）	第三批（1994 年）
承德	天津	正定	绍兴	宁波	衢州
南京	日喀则	乐山	广州	亳州	赣州
曲阜	张掖	建水	遵义	南昌	邹城
扬州	喀什	咸阳	拉萨	南阳	浚县
江陵	上海	同仁	苏州	襄樊	岳阳
桂林	沈阳	祁县		阆中	梅州
昆明	淮安	集安		镇远	琼山
西安	寿县	长汀		丽江	泸州
北京	漳州	聊城		榆林	江孜
泉州	安阳	郑州		银川	天水
洛阳	武汉	钟祥		呼和浩特	代县
杭州	重庆	佛山		平遥	哈尔滨
长沙	自贡	柳州		常熟	临海
成都	保定	邯郸		歙县	青岛
大理	韩城	都江堰		福州	淄博
延安	敦煌	巍山		济南	随州
大同	武威	汉中		商丘	肇庆
景德镇	徐州	新绛		潮州	雷州
开封	镇江	吉林		宜宾	

表 2－2　　　历史文化名镇

第一批（2003 年）	第二批（2005 年）	第三批（2007 年）	第四批（2009 年）
山西省灵石县静升镇	河北省蔚县暖泉镇	河北省永年县广府镇	北京市密云县古北口镇
江苏省昆山市周庄镇	山西省临县碛口镇	山西省襄汾县汾城镇	天津市西青区杨柳青镇
江苏省吴江市同里镇	辽宁省新宾满族自治县永陵镇	山西省平定县娘子关镇	河北省邯郸市峰峰矿区大社镇
江苏省苏州市吴中区甪直镇	上海市金山区枫泾镇	黑龙江省海林市横道河子镇	河北省井陉县天长镇

续表

第一批（2003 年）	第二批（2005 年）	第三批（2007 年）	第四批（2009 年）
浙江省嘉善县西塘镇	江苏省苏州市吴中区木渎镇	上海市青浦区朱家角镇	山西省泽州县大阳镇
浙江省桐乡市乌镇	江苏省太仓市沙溪镇	江苏省高淳县淳溪镇	内蒙古自治区喀喇沁旗王爷府镇
福建省上杭县古田镇	江苏省太仓市沙溪镇	江苏省昆山市千灯镇	内蒙古自治区多伦县多伦淖尔镇
重庆市合川县涞滩镇	江苏省泰兴市黄桥镇	江苏省东台市安丰镇	辽宁省海城市牛庄镇
重庆市石柱县西沱镇	浙江省湖州市南浔区南浔镇	浙江省绍兴市越城区东浦镇	吉林省四平市铁东区叶赫镇
重庆市潼南县双江镇	浙江省绍兴县安昌镇	浙江省宁海县前童镇	吉林省吉林市龙潭区乌拉街镇
	浙江省宁波市江北区慈城镇	浙江省义乌市佛堂镇	黑龙江省黑河市爱辉镇
	浙江省象山县石浦镇	浙江省江山市廿八都镇	上海市南汇区新场镇
	福建省邵武市和平镇	安徽省肥西县三河镇	上海市嘉定区嘉定镇
	江西省浮梁县瑶里镇	安徽省六安市金安区毛坦厂镇	江苏省昆山市锦溪镇
	河南省禹州市神垕镇	江西省鹰潭市龙虎山风景区上清镇	江苏省江都市邵伯镇
	河南省淅川县荆紫关镇	河南省社旗县赊店镇	江苏省江都市邵伯镇
	湖北省监利县周老嘴镇	湖北省洪湖市瞿家湾镇	江苏省常熟市沙家浜镇
	湖北省红安县七里坪镇	湖北省监利县程集镇	浙江省仙居县皤滩镇
	湖南省龙山县里耶镇	湖北省郧西县上津镇	浙江省永嘉县岩头镇
	广东省广州市番禺区沙湾镇	广东省开平市赤坎镇	浙江省富阳市龙门镇
	广东省吴川市吴阳镇	广东省珠海市唐家湾镇	浙江省德清县新市镇
	广西灵川县大圩镇	广东省陆丰市碣石镇	安徽省歙县许村镇
	重庆市渝北区龙兴镇	广西壮族自治区昭平县黄姚镇	安徽省休宁县万安镇
	重庆市江津市中山镇	广西壮族自治区阳朔县兴坪镇	安徽省宣城市宣州区水东镇
	重庆市酉阳土家族苗族自治县	海南省三亚市崖城镇	福建省永泰县嵩口镇
	四川省邛崃市平乐镇	重庆市北碚区金刀峡镇	江西省横峰县葛源镇
	四川省大邑县安仁镇	重庆市江津市塘河镇	山东省桓台县新城镇
	四川省阆中市老观镇	重庆市綦江县东溪镇	河南省开封县朱仙镇
	四川省宜宾市翠屏区李庄镇	四川省双流县黄龙溪镇	河南省郑州市惠济区古荥镇
	贵州省贵阳市花溪区青岩镇	四川省自贡市沿滩区仙市镇	河南省确山县竹沟镇

续表

第一批（2003年）	第二批（2005年）	第三批（2007年）	第四批（2009年）
	贵州省习水县土城镇	四川省合江县尧坝镇	湖北省咸宁市汀泗桥镇
	云南省禄丰县黑井镇	四川省古蔺县太平镇	湖北省阳新县龙港镇
	甘肃省宕昌县哈达铺镇	贵州省黄平县旧州镇	湖北省宜都市枝城镇
	新疆鄯善县鲁克沁镇	贵州省雷山县西江镇	湖南省望城县靖港镇
		云南省剑川县沙溪镇	湖南省永顺县芙蓉镇
		云南省腾冲县和顺镇	广东省东莞市石龙镇
		西藏自治区乃东县昌珠镇	广东省惠州市惠阳区秋长镇
		甘肃省榆中县青城镇	广东省普宁市洪阳镇
		甘肃省永登县连城镇	海南省澹州市中和镇
		甘肃省古浪县大靖镇	海南省文昌市铺前镇
		新疆维吾尔自治区霍城县惠远镇	海南省定安县定城镇
			重庆市九龙坡区走马镇
			重庆市巴南区丰盛镇
			重庆市铜梁县安居镇
			重庆市永川区松溉镇
			四川省巴中市巴州区恩阳镇
			四川省成都市龙泉驿区洛带镇
			四川省成都市龙泉驿区洛带镇
			四川省广元市元坝区昭化镇
			四川省合江县福宝镇
			四川省资中县罗泉镇
			贵州省安顺市西秀区旧州镇
			贵州省平坝县天龙镇
			云南省孟连县娜允镇
			西藏自治区日喀则市萨迦镇
			陕西省铜川市印台区陈炉镇
			甘肃省秦安县陇城镇
			甘肃省临潭县新城镇

表2-3　　历史文化名村

第一批（2003年）	第二批（2005年）	第三批（2007年）	第四批（2009年）
北京市门头沟区斋堂镇爨底下村	北京市门头沟区斋堂镇灵水村	北京市门头沟区龙泉镇琉璃渠村	河北省涉县偏城镇偏城村
山西省临县碛口镇西湾村	河北省怀来县鸡鸣驿乡鸡鸣驿村	河北省井陉县于家乡于家村	河北省蔚县涌泉庄乡北方城村
浙江省武义县俞源乡俞源村	山西省阳城县北留镇皇城村	河北省清苑县冉庄镇冉庄村	山西省汾西县僧念镇师家沟村
浙江省武义县武阳镇郭洞村	山西省介休市龙凤镇张壁村	河北省邢台县路罗镇英谈村	山西省临县碛口镇李家山村
安徽省黟县西递镇西递村	山西省沁水县土沃乡西文兴村	山西省平遥县岳壁乡梁村	山西省灵石县夏门镇夏门村
安徽省黟县宏村镇宏村	内蒙古土默特右旗美岱召镇美岱召村	山西省高平市原村乡良户村	山西省沁水县嘉峰镇窦庄村
江西省乐安县牛田镇流坑村	安徽省歙县徽城镇渔梁村	山西省阳城县北留镇郭峪村	山西省阳城县润城镇上庄村
福建省南靖县书洋镇田螺坑村	安徽省旌德县白地镇江村	山西省阳泉市郊区义井镇小河村	浙江省龙游县石佛乡三门源村
湖南省岳阳县张谷英镇张谷英村	福建省连城县宣和乡培田村	内蒙古自治区包头市石拐区五当召镇五当召村	安徽省黄山市徽州区呈坎镇呈坎村
广东省佛山市三水区乐平镇大旗头村	福建省武夷山市武夷乡下梅村	江苏省苏州市吴中区东山镇陆巷村	安徽省泾县桃花潭镇查济村
广东省深圳市龙岗区大鹏镇鹏城村	江西省吉安市青原区文陂乡渼陂村	江苏省苏州市吴中区西山镇明月湾村	安徽省黟县碧阳镇南屏村
陕西省韩城市西庄镇党家村	江西省婺源县沱川乡理坑村	浙江省桐庐县江南镇深澳村	福建省福安市溪潭镇廉村
	山东省章丘市官庄乡朱家峪村	浙江省永康市前仓镇厚吴村	福建省屏南县甘棠乡漈下村
	河南省平顶山市郏县堂街镇临沣寨（村）	安徽省黄山市徽州区潜口镇唐模村	福建省清流县赖坊乡赖坊村
	湖北省武汉市黄陂区木兰乡大余湾村	安徽省歙县郑村镇棠樾村	江西省安义县石鼻镇罗田村
	广东省东莞市茶山镇南社村	安徽省黟县宏村镇屏山村	江西省浮梁县江村乡严台村
	广东省开平市塘口镇自力村	福建省晋江市金井镇福全村	江西省赣县白鹭乡白鹭村
	广东省佛山市顺德区北滘镇碧江村	福建省武夷山市兴田镇城村	江西省吉安市富田镇陂下村
	四川省丹巴县梭坡乡莫洛村	福建省尤溪县洋中镇桂峰村	江西省吉安市富田镇陂下村
	四川省攀枝花市仁和区平地镇迤沙拉村	江西省高安市新街镇贾家村	江西省宜丰县天宝乡天宝村
	贵州省安顺市西秀区七眼桥镇云山屯村	江西省吉水县金滩镇燕坊村	山东省即墨市丰城镇雄崖所村

续表

第一批（2003年）	第二批（2005年）	第三批（2007年）	第四批（2009年）
	云南省会泽县娜姑镇白雾村	江西省婺源县江湾镇汪口村	河南省郏县李口乡张店村
	陕西省米脂县杨家沟镇杨家沟村	山东省荣成市宁津街道办事处东楮岛村	湖北省宣恩县沙道沟镇两河口村
	新疆鄯善县吐峪沟乡麻扎村	湖北省恩施市崔家坝镇滚龙坝村	广东省恩平市圣堂镇歇马村
		湖南省江永县夏层铺镇上甘棠村	广东省连南瑶族自治县三排镇南岗古排村
		湖南省会同县高椅乡高椅村	广东省汕头市澄海区隆都镇前美村
		湖南省永州市零陵区富家桥镇干岩头村	广西壮族自治区富川瑶族自治县朝东镇秀水村
		湖南省永州市零陵区富家桥镇干岩头村	四川省汉川县雁门乡萝卜寨村
		广东省东莞市石排镇塘尾村	贵州省赤水市丙安乡丙安村
		广东省中山市南朗镇翠亨村	贵州省从江县往洞乡增冲村
		广西壮族自治区灵山县佛子镇大芦村	贵州省开阳县禾丰布依族苗族乡马头村
		广西壮族自治区玉林市玉州区城北街道办事处高山村	贵州省石阡县国荣乡楼上村
		贵州省锦屏县隆里乡隆里村	云南省石屏县宝秀镇郑营村
		贵州省黎平县肇兴乡肇兴寨村	云南省巍山县永建镇东莲花村
		云南省云龙县诺邓镇诺邓村	宁夏回族自治区中卫市香山乡南长滩村
		青海省同仁县年都乎乡郭麻日村	新疆维吾尔自治区哈密市回城乡阿勒屯村

表 2-4　　历史文化名镇名村（第五批，2010年公布）

山西 12	天镇县新平堡镇、阳城县润城镇，入选的村为晋源区店头村、阳泉市大阳泉村、泽州县西黄石村、高平市苏庄村、沁水县湘峪村、宁武县王化沟村、太谷县北洸村、灵石县冷泉村、万荣县阎景村、新绛县光村
福建 11	宁德市蕉城区霍童镇、平和县九峰镇、武夷山市五夫镇、顺昌县元坑镇、长汀县三洲乡三洲村、新罗区适中镇中心村、屏南县棠口乡漈头村、连城县庙前镇芷溪村、长乐市航城街道琴江村、泰宁县新桥乡大源村、马尾区亭江镇闽安村
浙江 9	建德市大慈岩镇新叶村、金华市婺城区汤溪镇寺平村、金华市金东区傅村镇山头下村、永嘉县屿北村、乐清市南阁村、宁海县许家山村、景宁县鹤溪镇

续表

江苏 5	无锡市荡口镇、无锡市江阴长泾镇、无锡市礼舍村、苏州市吴中区东山镇、张家港市凤凰镇
江西 5	龙南县关西镇关西村、婺源县浙源乡虹关村、金溪县双塘镇竹桥村、浮梁县勒功乡沧溪村、吉安市吉州区兴桥镇钓源村
湖北 3	潜江市熊口镇、咸宁赤壁市赵李桥镇羊楼洞村、恩施州宣恩县椒园镇庆阳坝村
四川 3	屏山县龙华镇、富顺县赵化镇、犍为县清溪镇、自贡市富顺县赵化镇
海南 3	三亚市崖城镇保平村、定安县龙湖镇高林村、文昌市会文镇十八行村
湖南 3	辰溪县五宝田村、绥宁县寨市镇、泸溪县浦市镇
云南 2	洱源县凤羽镇、蒙自市新安所镇
广东 2	南海西樵上金瓯松塘村、中山市黄圃镇
河北 2	武安市冶陶镇、邯郸市涉县固新镇
安徽 2	休宁县商山乡黄村、黟县碧阳镇关麓村
甘肃 1	榆中县青城镇
上海 1	嘉定区南翔镇
陕西 1	商洛市柞水县凤凰镇

3. 历史文化名城名镇名村的保护规划

（1）保护规划编制与期限。

历史文化名城批准公布后，历史文化名城人民政府应当组织编制历史文化名城保护规划；历史文化名镇、名村批准公布后，所在地县级人民政府应当组织编制历史文化名镇、名村保护规划。保护规划应当自历史文化名城、名镇、名村批准公布之日起 1 年内编制完成。

历史文化名城、名镇保护规划的规划期限应当与城市、镇总体规划的规划期限相一致；历史文化名村保护规划的规划期限应当与村庄规划的规划期限相一致。

保护规划报送审批前，保护规划的组织编制机关应当广泛征求有关部门、专家和公众的意见；必要时，可以举行听证会。保护规划报送审批文件中应当附具意见采纳情况和理由；经听证的，还应当附具听证笔录。

（2）保护规划审批及备案。

保护规划由省、自治区、直辖市人民政府审批。

保护规划的组织编制机关应当将依法批准的历史文化名城保护规划和中国历史文化名镇、名村保护规划，报国务院建设主管部门和国务院文物主管部门备案。

（3）保护规划公布和修改。

保护规划的组织编制机关应当及时公布依法批准的保护规划。

经依法批准的保护规划，不得擅自修改；确需修改的，保护规划的组织编制机关应当向原审批机关提出专题报告，经同意后，方可编制修改方案。修改后的保护规划，应当按照原审批程序报送审批。

4. 历史文化名城名镇名村保护规划管理

（1）历史文化名城名镇名村保护规划的基本要求。

1）历史文化名城、历史文化街区、名镇、名村应当整体保护，保持传统格局、历史风貌和空间尺度，不得改变与其相互依存的自然景观和环境。

2）地方人民政府应当根据当地经济社会发展水平，按照保护规划，控制历史文化名城、历史文化街区和村镇的人口数量，改善历史文化名城、历史文化街区和村镇的基础设施、公共服务设施和居住环境。

3）在历史文化名城、历史文化街区、名镇、名村保护范围内从事建设活动，应当符合保护规划的要求，不得损害历史文化遗产的真实性和完整性，不得对其传统格局和历史风貌构成破坏性影响。

（2）历史文化名城名镇名村保护规划的原则。

1）保护历史真实载体的原则。

2）保护历史环境的原则。

3）合理利用、永续利用的原则。

（3）历史文化名城名镇名村保护规划的内容。

1）保护原则、保护内容和保护范围。

2）保护措施、开发强度和建设控制要求。

3）传统格局和历史风貌保护要求。

4）历史文化街区、名镇、名村的核心保护范围和建设控制地带。

5）保护规划分期实施方案。

（4）历史文化名城名镇名村保护规划的方法。

1）历史文化名城的规划管理应建立历史文化名城、历史文化街区和文物保护单位三个层次的保护体系。最基本的有效方法是划定保护区和控制地带，对保护范围界限内的建设活动提出相应的规划控制和建设要求。同时保护传统格局、风貌和空间尺度，古城保护与新区建设相结合，以及遗产保护与旅游开发相结合，也是行之有效的主要方法。

2）编制历史文化名镇名村保护规划，依法实施规划管理。保护规划应当确定历史文化名镇名村的保护内容，划定保护范围、核心保护范围和建设控制地带，针对不同层次的保护对象，采用不同的保护方式和保护措施。

城市传统格局、历史风貌和空间尺度的保护。历史文化名城所在地政府应当根据当地经济社会发展水平，按照保护规划，控制历史文化名镇名村的人口数量，改善历史文化名镇名村的基础设施、公共服务设施和居住环境。在历史文化名镇名村保护范围内从事建设活动，应当符合保护规划的要求，不得损害历史文化遗产的真实性和完整性，不得对其传统格局和历史风貌构成破坏性影响。

（5）历史文化名城名镇名村的建设管理。

1）在历史文化名城、历史文化街区、名镇、名村保护范围内禁止开山、采石、开矿等破坏传统格局和历史风貌的活动；禁止占用保护规划确定保留的园林绿地、河湖水系、道路等；禁止修建生产、储存爆炸性、易燃性、放射性、毒害性、腐蚀性物品的工厂、仓库等；禁止在历史建筑上刻画、涂污。

2）在历史文化名城保护范围内进行下列活动，应当保护其传统格局、历史风貌和历史建筑；制定保护方案，经城市、县人民政府城乡规划主管部门会同同级文物主管部门，并依据有关法律、法规的规定办理相关手续。①改变园林绿地、河湖水系等在自然状态的活动；②在核心保护范围内进行影视摄制、举办大型群众性活动；③其他影响传统格局、历史风貌或者历史建筑的活动。

3）历史文化街区、名镇、名村核心保护范围内的历史建筑，应当保持原有的高度、体量、外观形象及色彩等。除新建、扩建必要的基础设施和公共服务设施外，在历史文化街区、名镇、名村核心保护范围内不得进行新建、扩建活动。

4）在历史文化街区、名镇、名村核心保护范围内，新建、扩建必要的基础设施和公共服务设施的，城市、县人民政府城乡规划主管部门核发建设工程规划许可证、乡村建设规划许可证前，应当征求同级文物主管部门的意见。

5）在历史文化街区、名镇、名村核心保护范围内，不得拆除历史建筑；拆除历史建筑以外的建筑物、构筑物或者其他设施的，应当经城市、县人民政府城乡规划主管部门会同同级文物主管部门批准。

6）在历史文化街区紫线范围内禁止进行下列活动：①违反保护规划的大面积拆除、开发；②对历史文化街区传统格局和风貌构成影响的大面积改建；③损坏或者拆毁保护规划确实保护的建筑物、构筑物和其他设施；④修建破坏历史文化街区传统丰满的建筑物、构筑物和其他设施；⑤占用或者破坏保护规划确定保留的园林绿地、河湖水系、道路和古树名木等；⑥其他对历史文化街区和历史建筑的保护构成破坏性影响的活动。

7）城市、县人民政府应当在历史文化街区、名镇、名村核心保护范围内的主要出入口设置标志牌。任何单位和个人不得擅自设置、移动、涂改或者损毁标志牌。

2.8.3　村庄、集镇建设的规划和管理

1. 村庄、集镇的概念

村庄是指农村村民居住和从事各种生产的聚居点。集镇是指乡、民族乡人民政府所在地和经县级人民政府确认由集市发展而成的作为农村一定区域经济、文化和生活服务中心的非建制镇。

2. 村庄、集镇的规划和管理

村庄、集镇规划分为村庄、集镇总体规划和村庄、集镇建设规划两类，皆由乡级人民政府负责组织编制报县级人民政府批准。报批前，村庄规划须经村民会议讨论同意，而村庄总体规划和两类集镇规划，都须经乡级人民代表大会审查同意。

村庄、集镇规划期限，由省、自治区、直辖市人民政府根据本地区实际情况规定。

2.9　城乡规划法的配套行政法规和规章

自《中华人民共和国城市规划法》1990 年 4 月 1 日施行以来，我国城市规划的法制建设逐步健全与完善，相继颁布了若干与《中华人民共和国城市规划法》配套的行政法规与规章及规范性文件。期间对一些配套法规和规章还进行了修订。

2.9.1　行政法规

1.《村庄和集镇规划建设管理条例》

为加强村庄、集镇的规划建设管理，改善村庄、集镇的生产、生活环境，促进农村经

济和社会发展，1993 年 6 月 29 日国务院以第 116 号令颁布了《村庄和集镇规划建设管理条例》，并于同年 11 月 1 日起施行。

本条例适用于指定和实施村庄、集镇规划以及在村庄、集镇规划区内进行居民住宅、乡（镇）村企业、乡（镇）村公共设施和公益事业等的建设。国家征用集体所有的土地进行的建设除外。条例所称村庄，是指农村村民居住和从事各种生产的聚居点，所城集镇，是指乡、民族乡人民政府所在地和经县级人民政府确认由集市发展而成的作为农村一定区域经济、文化和生活服务中心的非建制镇。在城市规划区内的村庄、集镇规划的制定和实施，依照城市规划法及其实施条例执行。

2.《历史文化名城名镇名村保护条例》

为了加强历史文化名城、名镇、名村的保护与管理，继承中华民族优秀历史文化遗产，国务院以第 524 号令颁布了 2008 年 4 月 2 日经国务院第 3 次常务会议通过的《历史文化名城名镇名村保护条例》，自 2008 年 7 月 1 日起施行。

本条例适用于历史文化名城、名镇、名村的申报、批准、规划、保护。

2.9.2 部门规章及规范性文件

1.《城市规划编制办法》

为了更好地执行《城市规划法》（现为《城乡规划法》，下同），促进城市规划的编制规范化，提高城市规划的科学性，1990 年原建设部在原《城市规划编制办法》的基础上，结合当时城市规划的实际情况，修订了《城市规划编制办法》，并经原建设部 1991 年 9 月 2 日第十四次部常务会议通过正式发布实施。2005 年新制定的《城市规划编制办法》在 10 月 28 日经原建设部第 76 次常务会议讨论通过后，于 2005 年 12 月 31 日发布，自 2006 年 4 月 1 日起施行，同时 1991 年 9 月 3 日原建设部颁布的《城市规划编制办法》废止。

本办法适用范围为按照国家行政建制设立的市编制城市规划，同时县人民政府所在地镇的城市规划编制。

2.《城镇体系规划编制审批办法》

为了推动城镇体系规划的编制和审批工作，原建设部于 1994 年 8 月 11 日在 14 次部常务会议通过了《城镇体系规划编制审批办法》，8 月 15 日公布，自 1994 年 9 月 1 日起施行。

本办法所称城镇体系，是指一定区域范围内在经济社会和空间发展上具有有机联系的城镇群体。

3.《建制镇规划建设管理办法》

为了加强建制镇规划建设管理，根据《城市规划法》、《城市房地产管理法》等法律、行政法规的规定，1995 年 6 月 29 日原建设部发布了《建制镇规划建设管理办法》，自 1995 年 7 月 1 日起施行。

本办法所称建制镇，是指国家按行政建制设立的镇，不含县城关镇。建制镇规划区，是指镇政府驻地的建成区和因建设及发展需要实行规划控制的区域。建制镇规划区的具体范围，在建制镇总体规划中划定。

4.《村镇规划编制办法》

为规范村镇规划的编制，提高村镇规划的质量，根据《城市规划法》和《村庄和集镇规划建设管理条例》，原建设部于 2000 年 2 月 14 日发布《村镇规划编制办法》（试行），自发布之日起施行。

本办法适用于村庄、集镇，县城以外的建制镇可以按照本办法执行，农场、林场的各基层居民点的规划亦可以参照本办法编制。

5.《历史文化名城保护规划编制要求》

1994 年，国务院以国发〔1994〕3 号文批转了原建设部、国家文物局《关于审批第三批国家历史文化名城和加强保护管理请示的通知》。为切实贯彻落实国务院通知精神，1994 年 9 月 5 日，原建设部、国家文物局发布了《历史文化名城保护规划编制要求》。

6.《城市总体规划审查工作规则》

为了贯彻《国务院关于加强城市规划工作的通知》（国发〔1996〕18 号）和《中共中央、国务院关于进一步加强土地管理切实保护耕地的通知》（中发〔1997〕11 号）精神，加强对国务院审批的城市总体规划的审查工作，规范工作程序，提高工作质量和效率，原建设部制定了《城市总体规划审查工作规则》，1994 年 4 月 22 日，国务院办公厅批准了《城市总体规划审查工作规则》。

7.《城市国有土地使用权出让转让规划管理办法》

随着城市国有土地使用制度的不断深化改革，国家为了合理开发、利用、经营土地，按照土地所有权和使用权分离的原则，实行城市国有土地使用权出让、转让制度。为了加强城市国有土地使用权出让、转让的规划管理，保证城市规划实施、科学、合理利用城市土地，根据《城市规划法》、《土地管理法》、《城镇国有土地使用权出让和转让暂行条例》和《外商投资开发经营成片土地暂行管理办法》等，于 1992 年 12 月 4 日制定、发布了《城市国有土地使用权出让转让规划管理办法》，并于 1993 年 1 月 1 日起施行。

本办法适用在城市规划区内城市国有土地使用权出让、转让必须遵守本办法。

8.《开发区规划管理办法》

为了加强对开发区的规划管理，促进开发区的土地合理利用和各项建设合理发展，根据《城市规划法》，原建设部发布了《开发区规划管理办法》，自 1995 年 7 月 1 日期施行。

本办法所称开发区是指由国务院和省、自治区、直辖市人民政府批准在城市规划区内设立的经济技术开发区、保税区、高新技术产业开发区、国家旅游度假区等实行国家特定优惠政策的各类开发区。

9.《近期建设规划工作暂定办法》

2002 年国务院下发了国发〔2002〕13 号文《国务院关于加强城乡规划监督管理的通知》。该通知从端正城市建设指导思想，明确近期城市建设重点，加强城市规范性的高度，突出强调了近期建设规划工作和城市规划强制性内容的重要性。原建设部、中央编办、国家计委、财政部、监察部、国土资源部、文化部、国家旅游局、国家文物局《关于贯彻落实〈国务院关于加强城乡规划监督管理的通知〉的通知》（建规〔2002〕204 号），将认真做好近期建设规划工作，尽快明确城市规划强制性内容，作为全面落实《通知》要求的重要组成部分，提出严格的时限要求。为了促进近期建设规划工作，规范城市规划强制性内容，原建设部制定了《近期建设规划工作暂行办法》（以下简称《办法》）和《城市规划强制性内容暂行规定》（建规〔2002〕218 号），要求各地依据《办法》和《规定》，切实抓紧组织制定近期建设规划和明确城市规划强制性内容工作。

10.《城市规划强制性内容暂行规定》

本规定所称强制性内容，是指省域城镇体系规划、城市总体规划、城市详细规划中涉及区域协调发展、资源利用、环境保护、风景名胜资源管理、自然与文化遗产保护、公众利益和公共安全等方面的内容。

11.《城市紫线管理办法》

为了加强对城市历史文化街区和历史建筑的保护，根据《城市规划法》、《文物保护法》和国务院有关规定，原建设部制定了《城市紫线管理办法》，2003年11月15日原建设部第22次常务会议审议通过，自2004年2月1日起施行。

本办法所称城市紫线，是指国家历史文化名城内的历史文化街区和省、自治区、直辖市人民政府公布的历史文化街区的保护范围界线，以及历史文化街区外经县级以上人民政府公布保护的历史建筑的保护范围界线。本办法所称紫线管理是划定城市紫线和对城市紫线范围内的建设活动实施监督、管理。

12.《城市绿线管理办法》

为建立并严格实行城市绿线管理制度，加强城市生态环境建设，创造良好的人居环境，促进城市可持续发展，原建设部制定了《城市绿线管理办法》，2002年9月9日原建设部第63次常务会议审议通过，随后发布，自2002年11月1日起施行。

本办法所称城市绿线，是指城市各类绿地范围的控制线。本办法所称城市，是指国家按行政建制设立的直辖市、市、镇。

13.《城市蓝线管理办法》

为了加强对城市水系的保护与管理，保障城市供水、防洪防涝和通航安全，改善城市人居生态环境，提升城市功能，促进城市健康、协调和可持续发展，根据《城市规划法》、《水法》、原建设部制定了《城市蓝线管理办法》，2005年11月28日经原建设部第80次常务会议讨论通过，自2006年3月1日起施行。

本办法所称城市蓝线，是指城市规划确定的江、河、湖、库、渠和湿地等城市地表水体保护和控制的地域界线。城市蓝线的划定和管理，应当遵守本办法。

14.《城市黄线管理办法》

为了加强城市基础设施用地管理，保障城市基础设施的正常、高效运转，保证城市经济、社会健康发展，根据《城市规划法》，原建设部制定了《城市黄线管理办法》，于2005年11月8日经原建设部第78次常务会议讨论通过，自2006年3月1日起施行。

本办法所称城市黄线，是指对城市发展全局有影响的、城市规划中确定的、必须控制的城市基础设施用地的控制界线。本办法适用于城市黄线的划定和规划管理。

15.《城市地下空间开发利用管理规定》

开发利用城市地下空间是合理利用城市空间资源、提高城市效益的重要途径。为了加强对城市地下空间开发利用的管理，合理开发城市地下空间资源，适应城市现代化和城市可持续发展建设的需要，依据有关法律、法规，原建设部于1997年10月7日制定、发布了《城市地下空间开发利用管理规定》，自1998年1月1日起施行。2001年11月20日原建设部对《城市地下空间开发利用管理规定》进行了修正。

本规定适用范围为城市规划区。本规定所称的城市地下空间，是指城市规划去内地表以下的空间。编制城市地下空间规划，对城市规划区范围内的地下空间进行开发利用，必须遵守本规定。

16.《城市抗震防灾规划管理规定》

为了提高城市的综合抗震防灾能力，减轻地震灾害，根据《城市规划法》、《防震减灾法》等有关法律、法规，原建设部 2003 年 9 月 19 日以原建设部令第 117 号颁布了《城市抗震防灾规划管理规定》，自 2003 年 11 月 1 日起施行。

本规定所称的抗震设防区，是指地震基本烈度六度及六度以上地区（地震动峰值加速度不小于 0.05 克的地区）。在抗震设防区的城市，编制与实施城市抗震防灾规划，必须遵守本规定。

17.《停车场建设和管理暂行规定》

为加强停车场的建设和管理，改善道路交通状况，保障交通安全畅通，根据有关规定，公安部和原建设部制定了《停车场建设和管理暂行规定》，于 1989 年 1 月 1 日起施行。

本规定适用于城市、重点旅游区停车场的建设和管理。本规定所称停车场，是指供各种机动车和非机动车停放的露天或室内场所。分为专用停车场和公共停车场。专用停车场是指主要供本单位车辆停放的场所和私人停车场所；公共停车场是指主要为社会车辆提供服务的停车场所。

18.《城建监察规定》

为加强城市的规划、建设、管理，保证国家和地方城市规划、建设、管理的法律、法规、规章的正确实施，依据有关法律、法规，1992 年 6 月 3 日原建设部以第 20 号令颁布了《城建监察规定》，自 1992 年 11 月 1 日起施行。1996 年 9 月 22 日原建设部发布《关于修改〈城建监察规定〉的决定》。

本规定适用于国家按行政建制设立的直辖市、市、镇。本规定所称城建监察，是指对城市规划、市政工程、公用事业、市容环境卫生、园林绿化等的监督、检查和管理，以及法律、法规授权或者行政主管部门委托实施行政处罚的行为。国务院建设行政主管部门负责人全国城建监察工作。县级以上地方人民政府建设行政主管部门负责本行政区域内的城建监察工作。

19.《城市规划编制单位资质管理规定》

为加强城市规划编制单位的管理，规划城市规划编制工作，保证城市规划编制质量，原建设部于 2001 年 1 月 23 日颁发了《城市规划编制单位资质管理规定》，自 2001 年 3 月 1 日起施行。原建设部 1992 年颁发的《城市规划设计单位资格管理办法》及 1993 年颁发的《城市规划设计单位资格管理补充规定》同时废止。

20.《注册城市规划师执业资格制度暂行规定》

为了加强城市规划专业技术人员的执业准入控制，保障城市规划工作质量，维护国家、社会和公众的利益，根据《城市规划法》以及职业资格证书制度的有关规定，人事部、原建设部于 1999 年 4 月 7 日发布了《注册城市规划师执业资格制度暂行规定》，自发布之日起施行。

本规定所称注册城市规划师是指通过全国统一考试，取得注册城市规划师执业资格证书，并经注册登记后从事城市规划业务工作的专业技术人员。

2.10 案 例 分 析

【案例分析 1】

原告：李某

被告：徐州市规划管理局（下称规划局）

1. 案情

1992～1994 年，李某前邻张某在未经市政规划部门批准的情况下采取分层施工的方法，沿李家两层小楼前 20 米处建房，损害了李家的采光、通风权益。因此，李某曾多次要求徐州市规划管理局依法处理。1994 年，张在原建筑基础上加盖二层时，李某出面阻止并砸坏了一根新建水泥柱，张诉至法院要求恢复原状、赔偿损失。受诉法院经审理判令李某赔偿人民币 16.24 元，并驳回了张某恢复原状的诉讼请求。同年 8 月间，李某再次前往徐州市规划局某区规划管理办公室，反映张某非法加盖二层楼房问题并要求处理。规划局于同年 10 月 26 日作出并向张某送达了《关于张某违法建筑的处罚决定》，要求张某拆除第二层，但未向原告李某送达。张某收到该处罚决定后未自动履行，规划局也因未在法定期限 3 个月内申请人民法院强制执行，而使该行政决定对张某违法建筑的处罚落空。

原告李某于 1995 年 4 月 22 日以规划局不履行规划管理职责为由向徐州市某区人民法院提起行政诉讼，请求人民法院判决被告徐州市规划局履行法定职责，作出具体行政行为，对张某违法建筑予以拆除，以保护原告的合法权利。

被告辩称：原告曾来规划局反映前邻张某非法加盖二层楼的问题，但被告已经于 1994 年 10 月 26 日下发了 1994〔144〕号《关于张某违法建筑的处罚决定》，并于同日将该决定送达张某。后原告没有主动查问，被告认为张某已经自动履行处罚决定，两家矛盾已经解决。1995 年 4 月底，被告接到原告的起诉状后，申请法院强制执行 1994〔144〕号文，但法院以超出申请执行的期限为由而不予强制执行。

2. 案件审理

徐州市某区人民法院经审理认为，被告规划局系地方人民政府城市规划行政主管部门，主管本行政区域内的城市规划管理工作，对本行政区域内的建筑行为依法负有管理职责。本案原告认为其前邻张某未经批准擅自建筑楼房而严重影响其采光、通风的合法权益，请求被告依法处理是正确的，被告对原告的请求不仅应当作出明确的答复和处理，而且在违章建筑责任人不自觉履行处罚决定的情况下亦应依职权在法定期限内申请人民法院强制执行，以确保原告的合法权益不受侵害。依照《中华人民共和国城市规划法》第 9 条第 2 款、第 10 条、第 32 条、第 40 条及《中华人民共和国行政诉讼法》第 2 条、第 11 条第 1 款第 5 项之规定，徐州市某区人民法院于 1995 年 6 月 28 日作出判决：责成被告徐州市规划局在本判决生效后 30 日内对原告李某的请求作出具体行政行为。

一审判决送达后，本案原、被告在法定期限内均未提起上诉。

3. 案例分析

本案中，徐州市规划管理部门虽然对张某违法建筑的行为作出行政处罚决定并责令其拆除违法加盖的二楼，但规划部门既未认真督促张某自觉履行，亦未在规定期限内申请人民法院强制执行，从而实际上使该处罚决定归于无效。《城市规划法》第 42 条规定，当事人逾期不申请复议也不向人民法院起诉又不履行处罚决定的，由作出处罚决定的行政机关申请人民法院强制执行均系规划管理部门的法定职责。《行政诉讼法》第 54 条规定，被告不履行或者拖延履行法定职责的，人民法院应判决其在一定期限内履行。本案中，某区人民法院责成被告徐州市规划局在本判决生效后 30 日内对原告李某的请求作出具体行政行为的判决是正确的。

【案例分析 2】

上诉人：（原审原告）：刘某等 48 人（均为上海市永嘉路 580 弄居民）

被上诉人：（原审被告）：上海市城市规划管理局

第三人：上海京剧院

1. 案情

1998 年 5 月 8 日，上海市规划局向京剧院核发了沪规建基〔1998〕159 号建设工程（地下建筑部分）规划许可证，许可京剧院在上海东平路 9 号建造艺术家公寓的地下部分。规划许可证载明，经审核，规划许可下列建筑工程（地下建筑部分），特发此通知。建设单位：京剧院；建设地址：某区东平陆 9 号；建设工程项目：艺术家公寓；建筑物名称：艺术家公寓；桩基结构：灌注桩，规格：ϕ600 毫米，根数：179；地下室结构：剪力墙，深度：3.9 米，面积 966 平方米。同年 9 月 28 日，刘某等 48 位居民具状诉至法院，以永嘉新村属上海市近代优秀建筑，市规划局批准京剧院在该建设控制地带建造高层住宅，违法《上海市城市规划条例》的有关规定。且该建筑物现已建至地面以上，严重影响居民的生活环境等为由，请求撤销该许可。

2. 案件审理

原审法院认为，市规划局根据京剧院所持上海是文化局及有关部门的批准文件，依据《中华人民共和国城市规划法》第 32 条，《上海市城十规划条例》第 6 条、第 54 条，《上海市城市规划管理技术规定》第 61 条之规定，向京剧院核发的沪规建基〔1998〕159 号建设工程规划许可证合法。刘某等要求撤销该许可证的理由，均指艺术家公寓的地上建筑部分，故对其起诉请求，不予支持。遂于 1998 年 12 月 28 日根据《中华人民共和国诉讼法》第 54 条第 1 款之规定，作出判决：维持市规划局 1998 年 5 月 8 日核发给京剧院沪规建基〔1998〕159 号建设工程（地下建筑部分）规划许可证的具体行政行为。案件受理费人民币 100 元，由刘某等 48 人负担。判决后，刘某等不服，上诉于上海市第一中级人民法院。

刘某等上诉称，他们现居住的永嘉新村是经市政府批准的上海市近代保护建筑之一，被上诉人市规划局批准京剧院在该保护地带内建造 15 层的高层建筑，违反了《上海市城市规划条例》第 36 条，《上海市优秀近代建筑保护管理办法》第 16 条的规定。上海是文化局批准京剧院建造的是综合楼，而系争许可证则是建造艺术家公寓，故被上诉人市规划局审核有误。艺术家公寓是完整的建筑物，且现已建造了 10 层，原审法院对系争许可证予以片面理解，认为居民的起诉理由均指艺术家公寓地上建筑不当。被上诉人市规划局批准京剧院建造艺术家公寓违反法定程序。原审判决错误，请求撤销原判及被上诉人市规划局所核发的系争许可证。被上诉人市规划局辩称，系争许可证是指许可京剧院建造艺术家公寓的地下部分，地上部分建筑的许可证尚未核发，故系争许可证未侵犯居民的合法权益。第三人京剧院同意维持原判。

二审法院认为，被上诉人市规划局许可建设艺术家公寓地下建筑部分工程。上诉人刘某等居住的房屋与该地下建筑部分相邻，但上诉人所诉影响永嘉新村近代保护建筑居住环境等起诉理由与该地下建筑部分的许可证基本不存在实际的法律上的利害关系，且该许可建设地下建筑部分工程并非最终建设许可行为。上诉人的起诉不符合行政诉讼法规定的起诉条件。原审法院判决应属违反法定程序。至于艺术家公寓实际已进行了地面以上的建设一节，尚不属本案诉讼请求撤销沪规建基〔1998〕159号许可证的审理范围。上诉人的上诉请求，本院不予支持。据此，根据最高人民法院《贯彻执行〈中华人民共和国行政诉讼法〉若干问题的意见（试行）》第114条“人民法院审理行政案件”以及最高人民法院《关于适用〈中华人民共和国民事诉讼法〉若干问题的意见》第186条“人民法院依照第二审程序审理的案件，认为依法不应由人民法院受理的，可以由第二审人民法院直接裁定撤销原判，驳回起诉”的规定，依法裁定如下：撤销上海市某区人民法院〔1998〕某行初字第72号行政判决，即维持被告上海市城市规划管理局1998年5月8日核发给第三人上海京剧院沪规建基〔1998〕159号建设工程（地下建筑部分）规划许可证的具体行政行为；驳回刘某等48人的起诉。

3. 案例分析

根据《城市规划法》第32条的规定，在城市规划区内新建、扩建各改建建筑物等工程设施，应当取得建设工程规划许可证。本案中，上海市京剧院未经取得规划许可证（地上建筑部分）建设艺术家公寓地上部分的行为，违反了《城市规划法》的有关规定，城市规划管理局应当依法对其进行处罚。

本案原告刘某等48人起诉被驳回的原因在于其诉讼请求不符合法律规定。根据《城市规划法》第40条的规定，对违法建筑物进行查处是城市规划行政主管部门的法定职责。本案原告应当先请求被告城市规划管理局依法履行其查处违法建筑的法定职责，然后根据以下情况提出不同的诉讼请求：

（1）如果被告拒绝履行或者拖延履行的，原告可以以被告不作为向人民法院提起行政诉讼，人民法院依法应当受理。如果人民法院认定被告确实不履行或者拖延履行法定职责的，应当判决其在一定期限内履行法定职责。

（2）如果原告不服被告因此而作出的具体行政行为，原告可以以该具体行政行为侵犯其合法权益为由向人民法院起诉，人民法院依法也应当受理。

思　考　题

1. 城乡规划法的体系包括哪些内容？

2. 城乡规划的原则有哪些？

3. 从事城乡规划编制工作单位应具备的条件有哪些？
4. 城乡规划法的修改条件是什么？
5. 简述“一书两证”的具体实施与管理。
6. 简述历史文化名城、名镇、名村的申报条件。
7. 列举五种以上城乡规划法的配套行政法规和规章。

第3章　建　筑　法

本章学习提示： 熟悉《建筑法》的结构；熟悉建筑许可制度；掌握施工许可证的申请条件和相关管理制度；掌握建筑工程发包与承包；掌握关于分包的规定；掌握工程监理概念、依据、内容和权限；熟悉建筑安全生产管理、建筑工程质量管理的内容。

3.1　建筑法的概念和调整对象

建筑法有广义和狭义之分。广义的建筑法包含着所有与工程建设相关的法律、法规和规章。而狭义的建筑法指《中华人民共和国建筑法》（以下简称《建筑法》）。

《建筑法》于1997年11月1日由中华人民共和国第八届全国人民代表大会常务委员会第二十八次会议通过，于1997年11月1日发布，自1998年3月1日施行。

《建筑法》共八章八十五条，主要内容包括：总则、建筑许可、建筑工程发包与承包、建筑工程监理、建筑安全生产管理、建筑工程质量管理、法律责任和附则。

《建筑法》是之后颁发的一系列与工程建设相关的法规和规章的法律基础。所以，《建筑法》的一些主要的规定在这些法规和规章中都有所体现。

《建筑法》的第2条规定："在中华人民共和国境内从事建筑活动，实施对建筑活动的监督管理，应当遵守本法。这里所称建筑活动，是指各类房屋建筑及其附属设施的建造和与其配套的线路、管道、设备的安装活动。"

建筑法的调整对象主要有两种社会关系：一是从事建筑活动过程中所形成的一定的社会关系；二是在实施建筑活动管理过程中所形成的一定的社会关系。从性质上来看，前一种属于平等主体的民事关系，即平等主体的建设单位、勘察设计单位、建筑安装企业、监理单位、建筑材料供应单位之间在建筑活动中所形成的民事关系；后一种属于行政管理关系，即建设行政主管部门对建筑活动进行的计划、组织、监督的关系。

3.2　建　筑　许　可

国家实行建筑许可管理制度。建筑许可就是指建设行政主管部门或者其他有关行政主管部门准许、变更和终止公民、法人和其他组织从事建筑活动的具体行政行为。

建筑许可的表现形式为施工许可证、批准证件（开工报告）、资质证书、执业资格证书等。《建筑法》规定的建筑许可包括建筑工程施工许可和从业资格许可两种。

3.2.1　建筑工程施工许可制度

建筑工程施工许可制度是建设行政主管部门根据建设单位的申请，依法对建筑工程是否符合法定的开工条件进行审查，对符合条件者颁发施工许可证，允许建筑单位开工建设的一种制度。

1. 施工许可证的申请

1）施工许可证的申请时间。

施工许可证的申请时间，应当在施工准备工作基本就绪之后，组织施工之前申请。施工许可证的申请者是建设单位（也可称业主或者项目法人），因为做好各项施工准备工作，是建设单位的义务。

2）施工许可证的申请范围。

根据《建筑法》第 7 条规定："建筑工程开工前，建设单位应当按照国家有关规定向工程所在地县级以上人民政府建设行政主管部门申请领取施工许可证；但是，国务院建设行政主管部门确定的限额以下的小型工程除外。按照国务院规定的权限和程序批准开工报告的建筑工程，不再领取施工许可证。"目前，国务院建设行政主管部门对限额以下的小型工程尚未确定，国务院对开工报告亦未作出明确规定，这些需要在将来制定《建筑法》的配套法规时具体加以规定。

2. 建筑工程施工许可证的审批

施工许可证由工程所在地县级以上人民政府建设行政主管部门审批。具体由哪一级建设行政主管部门审批，则要视工程的投资额大小和投资额来源的不同而定。建设行政主管部门应当在接到申请后的 15 日内，对符合条件的申请者颁发施工许可证。

3. 申请领取施工许可证的条件

施工许可证的申请条件，是指申请领取施工许可证应当达到的要求。施工许可证申请条件的确定是为了保证建筑工程开工后，组织施工能够顺利进行。根据《建筑法》第 8 条的规定，建设单位申请领取施工许可证时，应当具备下列前提条件：

（1）已经办理建筑工程用地批准手续。

根据《城市房地产管理法》、《中华人民共和国土地管理法》的有关规定，建设单位从国家手中取得建筑工程用地土地使用权，可通过出让和划拨两种方式。建设单位取得由县级以上人民政府颁发的土地使用权证书表明已经办理了该建筑工程用地批准手续。

（2）在城市规划区的建筑工程，已经取得规划许可证。

根据《中华人民共和国城市规划法》的相关规定，在城市、镇规划区内进行建设需要申请用地的，建设单位在依法办理用地批准手续之前，必须先取得该工程的建设用地规划许可证。建设用地规划许可证是城市规划行政主管部门根据城市规划的要求和建设项目用地的实际需要，向提出建设用地申请的建设单位或个人核发的确定建设用地的位置、面积、界限的证件。

在城市、镇规划区内进行建筑物、构筑物、道路、管线和其他工程建设的，建设单位或个人应当向城市、县人民政府城乡规划主管部门或省、自治区、直辖市人民政府确定的镇人民政府申请办理建设工程规划许可证。建设工程规划许可证是城市规划行政主管部门向建设单位或个人核发的确认其建设工程符合城市规划要求的证件。

（3）需要拆迁的，其拆迁进度符合施工要求。

这里的拆迁一般是指房屋拆迁。房屋拆迁是指根据城市规划和国家专项工程的迁建计划以及当地政府的用地文件，拆除和迁移建设用地范围内的房屋及其附属物，并由拆迁人对原房屋及其附属物的所有人或使用人进行补偿和安置的行为。根据《城市房屋拆迁管理条例》的规定，拆迁房屋的单位取得房屋拆迁许可证后，方可实施拆迁。拆迁人应当在房屋拆迁许可证确定的拆迁范围和拆迁期限内，实施房屋拆迁。房屋拆迁主要经过申请、审批、房屋拆迁行政公告、签订拆迁协议、实施拆迁等程序。

（4）已经确定建筑施工企业。

建筑工程的施工必须由具备相应资质的建筑施工企业来承担。在建筑工程开工前，建设单位必须确定承包该建筑工程的建筑施工企业。建设单位确定建筑施工企业可以通过直接发包或招标发包两种方式。招标发包又可分为公开招标和邀请招标两种形式。建设单位通过以上方式确定建筑施工企业后，双方应当签订建筑工程承包合同，明确双方的责任、权利和义务。《建筑工程施工许可管理办法》进一步规定了施工企业无效的情形：①按照规定应该招标的工程没有招标；②应该进行公开招标的工程没有公开招标；③肢解发包工程；④将工程发包给不具备相应资质条件的。

（5）有满足施工需要的施工图纸及技术资料。

施工图纸是实现建筑工程的最根本的技术文件，是施工的依据。这就要求设计单位按照工程的施工顺序和施工进度，安排好施工图纸的配套交付计划，保证满足施工的需要。

技术资料是建筑工程施工的重要前提条件。掌握客观、准确、全面的技术资料，是建筑工程质量和安全的重要保证。因此，在建筑工程开工前，必须要有满足施工需要的技术资料。技术资料包括地形、地质、水文、气象等自然条件资料和主要原材料、燃料来源、水电供应和运输条件等技术经济条件资料。技术资料可以通过勘察、调查等方式取得。

（6）有保证工程质量和安全的具体措施。

建设单位在领取施工许可证或者开工报告之前，应按照国家有关规定办理工程质量监督手续；建设行政主管部门在审核发放施工许可证时，应当对建设工程是否有安全措施进行审查，对没有安全施工措施的，不得颁发施工许可证。

（7）建设资金已经落实。

建筑工程开工后顺利实施的关键就是建设资金的落实。近几年有些建设单位违反工程建设程序，在建设资金没有落实或资金不足的情况下，盲目地上新建设项目，强行要求建筑施工企业带资承包工程和垫款施工，转嫁投资缺口，造成拖欠工程款数额急剧增加。这不仅仅干扰了国家对固定资产投资的宏观调控以及工程建设的正常进行，严重影响提高投资效益，也加重了建筑施工企业生产经营的困难。因此，在建筑工程开工前，建设资金必须足额落实。对此，《建筑工程施工许可管理办法》规定：①建设工期不足 1 年的，到位资金原则上不得少于工程合同价的 50%，建设工期超过 1 年的，到位资金原则上不得少于工程合同价的 30%；②建设单位应当提供银行出具的到位资金证明，有条件的可以实行银行付款担保函或其他第三方担保。

（8）法律、行政法规规定的其他条件。

建筑工程申领施工许可证，除了应具备以上所讲的 7 项条件之外，还应具备其他法律、行政法规规定的有关建筑工程开工的条件。例如，根据《消防法》，对于按规定需要进行消防设计的建筑工程，建设单位应当将其消防图纸报送公安消防机构审核；未经审核或审核不合格的，建设行政主管部门不得发放施工许可证，建设单位不得施工。

为了保证施工许可证申领的统一性和权威性，本项规定只有由全国人大及其常委会制定的法律和国务院制定的行政法规，才可以增加施工许可证的其他条件，其他法规如部门规章、地方性法规、规章均不得规定增加施工许可证的申领条件。

上述 8 方面的内容是建设单位申请领取施工许可证的必要条件，这 8 项条件须同时具备，缺一不可。

4. 施工许可证的管理

（1）施工许可证的有效期限。

根据《建筑法》第 9 条规定，建设单位应当自领取施工许可证之日起 3 个月内开工。建设单位因客观原因可以向发证机关申请延期开工，但不得无故拖延开工，延期以两次为限，每次期限均为 3 个月。既不开工又不申请延期或者超过延期时限的，施工许可证自行废止。

（2）中止施工和恢复施工。

根据《建筑法》第 10 条规定，在建的建筑工程因故中止施工的，建设单位应当在中止施工之日起 1 个月内，向发证机关报告，并按照规定做好建设工程的维护管理工作。建筑工程恢复施工时，应当向发证机关报告；中止施工满 1 年的工程恢复施工前，建设单位应当报发证机关核验施工许可证。

（3）建筑工程开工报告。

开工报告制度是我国建设领域长期实施的一项制度。根据《建筑法》第 11 条规定，按照国务院有关规定批准开工报告的建筑工程，因故不能按期开工或者中止施工的，应当及时向批准机关报告情况。因故不能按期开工超过 6 个月的，应当重新办理开工报告的批准手续。

3.2.2 从业资格制度

随着技术的进步和生活质量的提高，社会对建设工程的技术水准和质量要求越来越高，使得工程建设过程日趋复杂，已远非一般人员所能胜任，必须由掌握一定的工程建设专业知识和具有一定工程建设实践经验的技术人员及其所组建的单位来承担。正因为如此，世界上绝大多数国家都对从事建设活动的主体的资格作了严格的限定。我国也不例外，很早就实行了严格的单位执业资格认证制度，对各种建筑企事业单位的资质等级标准和允许执业了严格的单位执业资格认证制度，对各种建筑企事业单位的资质等级标准和允许执业范围作出了明确的规定。《建筑法》第 13 条规定，从事建筑活动的建筑施工企业、勘察单位、设计单位和工程监理单位，按照其拥有的注册资本、专业技术人员、技术装备和已完成的建筑工程业绩等资质条件，划分为不同的资质等级，经资质审查合格，取得相应等级的资质证书后，方可在其资质等级许可的范围内从事建筑活动。

随着改革开放的深入和市场经济的建立，单纯实行执业单位资质管理的不足也日益显现出来：一是只管住了单位资质，而对具体执业人员没有要求，出现高资质单位承接任务，而由低素质、低水平的人员来完成的问题，使工程建设的质量和水平难以保证；二是一些高水平的专业人员，由于其所在单位资质较低的限制，其聪明才智和业务能力难以发挥；三是工程建设的相应责任，只能落实到单位，对具体从业人员的责任却难以追究，一有问题就是集体负责，表面上是大家共同负责，实际上却是大家都不负责。另外，大多数发达国家和地区都实行了工程建设执业人员资格注册制度，已经成为建筑行业管理的国际惯例，如果我们不实行这一制度，就会成为我国进入国际市场的障碍。为此，我国目前正在加速建设工程个人执业资格制度的建立。《建筑法》第14条规定，从事建筑活动的专业技术人员，应当依法取得相应的执业资格证书，并在执业资格证书许可的范围内从事建筑活动。在现阶段，我国工程建设从业资格制度是单位执业资质和个人执业资格并存的模式。

3.3 建筑工程发包与承包

3.3.1 发包

建设工程发包是指建设单位（业主）采用一定的方式，在政府管理部门的监督下，遵循公开、公正、公平的原则，择优选定设计、勘察、施工等单位的活动。

1. 建设工程发包的方式

根据《建筑法》的规定，建设工程的发包方式分为招标发包和直接发包。《建筑法》第19条规定，建筑工程依法实行招标发包，对于不适用招标发包的可以直接发包。

（1）建设工程招标发包。

建设工程的招标发包，主要适用《招标投标法》及其相关规定。《招标投标法》第3条规定了必须进行招标的工程建设项目的范围。在该范围内且达到国家规定的规模标准的工程建设项目的勘察、设计、施工、监理、重要设备和材料的采购都必须依法进行招标。有关建设工程招投标的具体规定，详见第4章的内容。

（2）建设工程直接发包。

建设工程直接发包是，发包方与承包方直接进行协商，以约定工程建设的价格、工期和其他条件的交易方式。《建筑法》第22条规定，建设工程实行直接发包的，发包单位应将工程发包给具有相应资质条件的承包单位。

2. 提倡总承包、禁止肢解发包

建设工程的总承包方式承包的内容不同，分为工程总承包和施工（或勘察、设计）总承包。工程总承包指从事工程总承包的企业受业主委托，按照合同约定对工程项目的勘察、设计、采购、施工、试运行（竣工验收）等实行全过程或若干阶段的承包。施工总承包是我国常见且较为传统的工程承包方式，其主要特征是设计、施工分别由两家不同的承包单位承担。

工程总承包的具体方式、工作责任和内容等，由发包单位与工程总承包企业在合同中约定。我国目前提倡的工程总承包主要有设计—采购—施工（EPC），设计—施工总承包（D—B），设计—采购总承包（E—P），采购—施工总承包（P—C）等方式。

肢解发包是指建设单位将应当由一个承包单位完成的建筑工程肢解成若干部分发包给不同承包单位的行为。《建筑法》规定，建筑工程的发包单位可以将建筑工程的勘察、设计、施工、设备采购一并发包给一个工程总承包单位；也可以将建筑工程勘察、设计、施工、设备采购的一项或者多项发包给一个工程总承包单位；但是，不得将应当由一个承包单位完成的建筑工程肢解成若干部分发包给几个承包单位。

建筑工程总承包单位可以将承包工程中的部分工程发包给具有相应资质条件的分包单位。但是，除总承包合同中约定的分包外，必须经建设单位认可。施工总承包的，建筑工程主体结构的施工必须由总承包单位自行完成。建筑工程总承包单位按照总承包合同的约定对建设单位负责，分包单位按照分包合同的约定对总承包单位负责。总承包单位和分包单位就分包工程对建设单位承担连带责任。

3.3.2 承包

建筑工程承包是指承包单位（勘察设计、施工安装单位）通过一定的方式取得工程项目建设合同的活动。

1. 工程承包单位的资质等级许可制度

《建筑法》第26条第1款规定，承包建筑工程的单位应当持有依法取得的资质证书，并在其资质等级许可的业务范围内承揽工程。为了规范建筑施工企业的市场行为，严格建筑施工企业的市场准入，《建筑法》第26条第2款对违反资质许可制度的行为作出如下规定：

（1）禁止建筑施工企业超越本企业资质等级许可的业务范围承揽工程。

（2）禁止以任何形式使用其他建筑施工企业的名义承揽工程。

（3）禁止建筑施工企业以任何形式允许其他单位或个人适用本企业的资质证书，营业执照，以本企业的名义承揽工程。

外资建筑企业只允许在其资质等级许可的范围内承包下列工程：

（1）全部由外国投资、外国赠款、外国投资及赠款建设的工程。

（2）由国际金融机构资助并通过根据贷款条款进行的国际招标授予的建设项目。

（3）外资等于或者超过50％的中外联合建设项目；外资少于50％，但因技术困难而不能由中国建筑企业独立实施，经省、自治区、直辖市人民政府建设行政主管部门批准的中外联合建设项目。

（4）由中国投资，但因技术困难而不能由中国建筑企业独立实施的建设项目，经省、自治区、直辖市人民政府建设行政主管部门批准，可由中外建筑企业联合承揽。

中外合资经营建筑业企业、中外合作经营建筑业企业应当在其资质等级许可的范围内承包工程。

2. 联合承包

《建筑法》第27条规定，大型建筑工程或者结构复杂的建筑工程，可由两个以上的承包单位联合共同承包。共同承包的各方对承包合同的履行承担连带责任。两个以上不同资质等级的单位实行联合共同承包的，应按照资质等级较低的单位的业务许可范围承揽工程。

组成联合体的成员单位投标前必须要签订共同投标协议，明确约定各方拟承担的工作和责任，并将共同投标协议连同投标文件一并提交给招标人。依据《工程建设项目施工招标投标办法》，联合体投标未付联合体各方共同投标协议的，由评标委员会初审后按废标处理。

3. 分包

分包是指总承包单位将其所承包的工程中的专业工程或者劳务作业发包给其他承包单位完成的活动。

分包分为专业工程分包和劳务作业分包。

《建筑法》第29条规定，建筑工程总承包单位可以将承包工程中的部分工程发包给具有相应资质条件的分包单位；但是，除总承包合同中约定的分包外，必须经建设单位认可。施工总承包的，建筑工程主体结构的施工必须由总承包单位自行完成。

建筑工程总承包单位按照总承包合同的约定对建设单位负责；分包单位按照分包合同的约定对总承包单位负责。总承包单位和分包单位就分包工程对建设单位承担连带责任。

据此可以说，除总承包合同中约定的分包外，必须经建设单位认可。然而，认可分包商与指定分包商是不同的。在国外，可以存在指定分包商。例如，《FIDIC施工合同条件》中就有指定分包商。但是，指定分包商在国内是违法的。《房屋建筑和市政基础设施工程施工分包管理办法》第7条规定，建设单位不得直接指定分包工程承包人。《工程建设项目施工招标投标办法》第66条也规定，招标人不得直接指定分包人。

《建筑法》明确规定，禁止总承包单位将工程分包给不具备相应资质条件的单位。禁止分包单位将其承包的工程再分包。依据《建筑法》上述规定，《建设工程质量管理条例》第78条第2款进一步将违法分包界定为如下几种情形：

(1) 总承包单位将建设工程分包给不具备相应资质条件的单位的。

(2) 建设工程总承包合同中未有约定，又未经建设单位认可，承包单位将其承包的部分建设工程交由其他单位完成的。

(3) 施工总承包单位将建设工程主体结构的施工分包给其他单位的。

(4) 分包单位将其承包的建设工程再分包的。

4. 禁止转包

转包是指承包单位承包建设工程后，不履行合同的责任与义务，将其承包的建设工程倒手转让给他人或将其承包的全部建设工程肢解以后以分包的名义分别转给其他单位承包。因此，《建筑法》规定，禁止承包单位将其承包的全部建筑工程转包给他人；禁止承包单位将其承包的全部建筑工程肢解以后以分包的名义分别转包给他人；禁止总承包单位将工程分包给不具备相应资质条件的单位；禁止分包单位将其承包的工程再分包。

由于转包行为严重扰乱了建筑市场的秩序，具有较大的危害性，因此，转包人应对其行为承担法律责任。《建筑法》第67条第1款规定："承包单位将承包的工程转包的，或者违反本法规定进行分包的，责令改正，没收违法所得，并处罚款，可以责令停业整顿，降低资质等级；情节严重的，吊销资质证书。"

除此之外，转包行为属法律禁止行为，转包合同无效。转包人对因转包工程不符合规定的质量标准造成的损失，与接受转包的单位承担连带责任。

3.4 工 程 监 理

3.4.1 概述

工程监理，是指具有相应资质的监理单位接受项目法人的委托，依照法律、行政法规及有关的技术标准、设计文件和建设工程承包合同，对项目实施微观的监督管理。

《建筑法》第30规定，国家推行建筑工程监理制度。国务院可以规定实行强制监理的建筑工程的范围。第31条规定，实行监理的建筑工程，由建设单位委托具有相应资质条件的工程监理单位监理。建设单位与其委托的工程监理单位应当订立书面委托监理合同。2000 年 1 月 30 日国务院颁发的《建设工程质量管理条例》中，对工程监理的范围和责任也作了相应的规定。除此之外，原建设部及其他部委也制定了部门规章和规范性文件对工程监理活动作出了具体规定。

3.4.2 工程监理的原则

《建筑法》第 32 条规定："建筑工程监理应当依照法律、行政法规及有关的技术标准、设计文件和建筑工程承包合同，对承包单位在施工质量、建设工期和建设资金使用等方面，代表建设单位实施监督。"由此可见，依法监理、科学公正是建设工程监理的原则。

由于西方发达国家开展建设监理的历史非常悠久，积累了丰富的经验，已经形成稳定、严密和规范的体系。我国的建设监理尚处于开创和发展阶段，还要充分研究和借鉴国际通行的做法和经验，吸取其有益之处。因此，参照国际惯例也是我国建设工程监理应遵从的原则。

3.4.3 强制监理的工程范围

2000 年 1 月 30 日施行的《建设工程质量管理条例》第 12 条规定了必须实行监理的建设工程范围。在此基础上，《建设工程监理范围和规模标准规定》（2001 年 1 月 17 日原建设部令第 86 号发布）对必须实行监理的建设工程作出了更具体的规定。

1. 国家重点建设工程

国家重点建设工程，是指依据《国家重点建设项目管理办法》所确定的对国民经济和社会发展有重大影响的骨干项目。

2. 大中型公用事业工程

大中型公用事业工程，是指项目总投资额在 3000 万元以上的下列工程项目：

（1）供水、供电、供气、供热等市政工程项目。

（2）科技、教育、文化等项目。

（3）体育、旅游、商业等项目。

（4）卫生、社会福利等项目。

（5）其他公用事业项目。

3. 成片开发建设的住宅小区工程

成片开发建设的住宅小区工程，建筑面积在 5 万平方米以上的住宅建设工程必须实行监理；5 万平方米以下的住宅建设工程，可以实行监理，具体范围和规模标准，由省、自治区、直辖市人民政府建设行政主管部门规定。

为了保证住宅质量，对高层住宅及地基、结构复杂的多层住宅应当实行监理。

4. 利用外国政府或者国际组织贷款、援助资金的工程

利用外国政府或者国际组织贷款、援助资金的工程范围包括：

（1）使用世界银行、亚洲开发银行等国际组织贷款资金的项目；

（2）使用国外政府及其机构贷款资金的项目；

（3）使用国际组织或者国外政府援助资金的项目。

5. 国家规定必须实行监理的其他工程

国家规定必须实行监理的其他工程是指：

（1）项目总投资额在3000万元以上关系社会公共利益、公众安全的下列基础设施项目：

1）煤炭、石油、化工、天然气、电力、新能源等项目；

2）铁路、公路、管道、水运、民航以及其他交通运输业等项目；

3）邮政、电信枢纽、通信、信息网络等项目；

4）防洪、灌溉、排涝、发电、引（供）水、滩涂治理、水资源保护、水土保持等水利建设项目；

5）道路、桥梁、地铁和轻轨交通、污水排放及处理、垃圾处理、地下管道、公共停车场等城市基础设施项目；

6）生态环境保护项目；

7）其他基础设施项目。

（2）学校、影剧院、体育场馆项目。

3.4.4 工程监理的依据、内容和权限

1. 工程监理的依据

《建筑法》第32条第1款规定，工程监理应当依照法律、行政法规及有关的技术标准、设计文件和建筑工程承包合同，对承包单位在施工质量、建设工期和建设资金使用等方面，代表建设单位实施监督。

2. 工程监理的内容

工程监理在本质上是项目管理。其监理的内容自然与项目管理的内容是一致的。其内容包括三控（进度控制、质量控制和成本控制）、三管（信息管理、合同管理和安全管理）、一协调（组织协调）。

但是，由于监理单位是接受建设单位的委托，其权限来自于建设单位的授权。因此，《建筑法》第33条规定，实施建筑工程监理前，建设单位应当将委托的工程监理单位、监理的内容及监理权限，书面通知被监理的建筑施工企业。

3. 工程监理的权限

《建筑法》第32条第2款、第3款分别规定了工程监理人员的监理权限和义务：

（1）工程监理人员认为工程施工不符合工程设计要求、施工技术标准和合同约定的，有权要求建筑施工企业改正。

（2）工程监理人员发现工程设计不符合建筑工程质量标准或者合同约定的质量要求的，应当报告建设单位要求设计单位改正。

3.5 建筑安全生产管理

工程建设安全生产是指建筑生产过程中要避免人员、财产的损失及对周围环境的破坏。它包括建筑生产过程中施工现场的人身安全，财产设备安全，施工现场及附近的道路、管线和房屋的安全，施工现场和周围的环境保护及工程建成后的使用安全等方面的内容。生产与安全是既相互促进，又相互制约的统一体。保证安全会增加生产成本，加大生产难度，但安全得到保证以后又会促进生产，增长效益。

建筑生产有着产品固定、人员流动，露天作业、高处作业，施工条件较差，不安全因素较多等特点，这些因素还随着工程的进展不断交化，因而生产规律性差、事故隐患多。所以在世界各国，建筑业都是事故多发行业之一。

据调查分析，生产过程中人的不安全行为是造成安全事故的主要原因，也是最直接的原因。因此，建立完善的安全生产制度，加强对建筑生产活动的监督管理是避免建筑生产事故，保护人身财产安全的基本保证。

3.5.1 工程建设安全生产的立法现状

工程建设的安全生产是工程建设管理的一项重要内容。“管建设必须管安全”是工程建设管理的重要原则。国务院及有关主管部门多次发出通知，强调要大力加强工程建设中的安全管理。国务院建设行政主管部门制定了一系列的工程建设安全生产法规和规范性文件，主要有：1980年国家建工总局颁发的《建筑安装工人安全技术操作规程》；城乡建设环境保护部1982年8月颁发的《关于加强集体所有制建筑企业安全生产的暂行规定》；1983年5月颁发的《国营建筑企业安全生产工作条例》；1989年9月由原建设部颁发的《工程建设重大事故报告和调查程序规定》；1991年7月，原建设部颁发的《建筑安全生产监督管理规定》，2003年6月1日起施行《安全生产许可证条例》；2004年1月9日发布《国务院关于进一步加强安全生产的决定》；2004年1月13日施行《安全生产许可证条例》；2007年施行的《生产安全事故报告和调查处理条件》。

3.5.2 工程建设安全生产的相关制度

1. 工程建设安全的责任制度

建筑企业要加强安全生产的领导，尊重科学，严格管理，应当逐级建立安全责任制度。

企业经理（厂长）和主管生产的副经理（副厂长）对本企业的劳动保护和安全生产负总的责任。其责任是：

认真贯彻执行劳动保护和安全生产政策，法规和规章制度；定期向企业职代会报告企业安全生产情况和措施；制定企业各级干部的安全责任制等制度；定期研究解决安全生产中的问题；组织审批安全技术措施计划并贯彻实施；定期组织安全检查和开展安全竞赛等活动，对职工进行安全和遵章守纪教育；督促各级领导干部和各职能单位的职工做好本职范围内的安全工作；总结与推广安全生产先进经验；主持重大伤亡事故的调查分拆，提出处理意见和改进措施，并督促实施。

企业总工程师（技术负责人）对本企业劳动保护和安全生产的技术工作负总的责任。

项目经理、施工队长、车间主任应对本单位劳动保护和安全生产工作负具体领导责任。

工长、施工员对所管工程的安全生产负直接责任。

企业中的生产、技术、材料供应等各职能机构，都应在各自业务范围内，对实现安全生产的要求负责。

2. 专职人员责任制度

企业应根据实际情况，建立安全机构，并按照职工总数配备相应的专职人员，负责安全管理工作和安全监督检查工作。其主要的职责是：

(1) 贯彻执行有关安全技术劳动保护法规。

(2) 做好安全生产的宣传教育和管理工作，总结交流推广先进经验。

(3) 经常深入基层，指导下级安全技术人员的工作，把握安全生产情况，调查研究生产中的不安全问题，提出改进意见和措施。

(4) 组织安全活动和定期安全检查。

(5) 参加审查施工组织设计（施工方案）和编制安全技术措施计划，并对贯彻执行情况进行督促检查。

(6) 与有关部门共同做好新工人、特种工种工人的安全技术训练、考核、发证工作。

(7) 进行工伤事故统计、分析和报告，参加工伤事故的调查和处理。

(8) 禁止违章指挥和违章作业，遇有严重险情，有权暂停生产，并报告领导处理。

3. 工程建设安全的教育制度

要广泛开展安全的宣传教育，使各级领导和广大职工群众真正认识到安全生产的重要性、必要性。懂得安全生产、文明生产的科学知识。牢固树立“安全第一”的思想，自觉地遵守各项安全生产法规和规章制度。

企业要建立经常性的安全教育和培训考核制度，具体包括：

(1) 新工人（包括合同工、临时工、学徒工、实习和代培人员）必须进行公司安全教育。教育内容包括安全技术知识、设备性能、操作规程、安全制度和严禁事项，并经考试合格后，方可进入操作岗位。

(2) 电工、焊工、架工、司炉工、爆破工、机械工及起重机、打校机和各种机动车辆司机等特殊工种工人，除进行一般安全教育外，还要经过本工种的安全技术教育，经考核合格发证后，方可获准独立操作；每年还要进行一次复查。

(3) 采用新技术、新工艺、新设备施工和调换工作岗位时，要对操作人员进行新技术操作和新岗位的安全教育，未经教育不得上岗操作。

(4) 定期轮训企业各级领导干部和安全干部，使其提高政策与思想水平，熟悉安全技术、劳动卫生业务知识，做好安全工作。

4. 工程建设安全的检查、监督制度

企业除应经常进行安全生产检查外，还要组织定期检查、监督。企业每季、工区每月、施工队每半月组织一次检查。检查要发动群众、要有领导干部、技术干部和工人参加，边检查，边整改。

每次检查要有重点、有标准，要评比记分，列入本单位考核内容。

检查以自查为主，互查为辅。以查思想、查制度、查纪律、查领导、查隐患为主要内容。要结合季节特点，开展防洪、防雷电、防坍塌、防高处坠落、防煤气中毒等“五防”检查。对查出的隐患不能立即整改的，要建立登记、整改、检查、销项制度。要制定整改计划，定人、定措施、定经费、定完成日期。在隐患没有消除前，必须采取可靠的防护措施，如有危及人身安全的紧急险情，应立即停止作业。

安全生产监督机构根据同级人民政府建设行政主管部门的委托，依据有关的法规、标准，对本行政区城内安全生产实施监督管理。

5. 工程建设安全的劳动保护制度

(1) 工程建设的劳动保护。

必须切实加强管理、保证职工在生产过程中的安全和健康促进生产的发展。企业要努力改善劳动条件注意劳逸结合，制定以防止工伤事故、职工中毒和职业病为内容的安全技术措施长远规划和年度计划，并组织实施。

要加强季节性劳动保护工作。夏季要防暑降温，冬季要防寒防冻，防止煤气中毒；雨季和台风来临之前，应对临时设施和电气设备进行检修；沿河流域的工地要做好防洪抢险准备；而雪过后要采取防滑措施。

建筑施工企业在施工过程中应遵守有关安全生产的法律、法规和建筑行业安全规章、规程。企业法定代表人、项目经理、生产管理人员和工程技术人员不得违章指挥，强令职工冒险作业而发生重大伤亡事故或造成其他严重后果的，要依法追究其刑事责任。作业人员有权对影响人身健康的作业程序和作业条件提出改进意见，有权获得安全生产所需的防护用品。作业人员对危及生命安全和人身健康的行为有权提出批评、检举和控告。

《建筑法》还规定："建筑施工企业必须为从危险作业的职工办理意外伤害保险，支付保险费。"这就是说，只要是从事危险作业的人员，不论是固定工，还是合同工；不论是正式工，还是农民工，其所在的建筑施工企业都必须为其办理意外伤害保除，并支付保险费。这种保险是强制的，它从法律上保障了职工的意外伤害经济补偿权利。

(2) 女职工和未成年工的特殊保护。

根据女职工的不同生理特点和未成年工的身体发育情况，有必要对其进行特殊保护。禁止安排女职工从事矿山井下、国家规定的第四级体力劳动强度的劳动和其他禁忌从事的劳动。不得安排女职工在经期从事高处、低温、冷水作业和国家规定的第三级体力劳动强度的劳动。不得安排女职工在怀孕期间从事国家规定的第三级体力劳动强度的劳动和孕期禁忌从事的劳动。对怀孕 7 个月以上的女职工，不得安排其延长工作时间和夜班劳动。女职工生育享受不少于 90 天的产假。不得安排女职工在哺乳未满 1 周岁的婴儿期间从事国家规定的第三级体力劳动强度的劳动和哺乳期间禁忌从事的其他劳动，不得安排其延长工作时间和夜班劳动。

我国法律严禁雇用未满 16 周岁的童工，对于已满 16 周岁但尚未成年的职工，不得安排其从事矿山井下、有毒有害、国家规定的第四级体力劳动强度的劳动和其他禁忌从事的劳动。用人单位应当对未成年工定期进行健康检查。

6. 工程安全保障制度

(1) 工程安全及施工现场安全保障制度。

保证建造过程中的工程及施工现场安全及工程建成后的使用安全，也是工程建设安全生产的重要内容。

我国有关法规对此也作了明确规定。

(2) 工程安全保障制度。

《建筑法》规定；"建筑工程设计应当符合按照国家规定制定的建筑安全规程和技术规范，保证工程的安全性能。"如因未按安全标准进行设计，依情节轻重，将受到没收非法所得、罚款、停业整顿、降低资质等级、吊销资质证书、经济赔偿等处罚．构成犯罪的，将依法追究刑事责任。

《建筑法》还规定："涉及建筑主体和承重结构变动的装修工程，建设单位应当在施工前委托原设计单位或者具有相应资质的设计单位提出设计方案；没有设计方案的，不得施工。"随着经济发展和人们生活水平的提高，对原有房屋的重新装修已成为非常普遍的事情。但装修不仅要美观、舒适，更应保证建筑的安全，决不能野蛮装修、盲目装修。建筑法规定装修在涉及建筑主体和承重结构时，建设单位必须委托设计单位重新设计，否则，将被罚款，并承担经济赔偿责任甚至刑事责任。

至于房屋拆除，也带要一定的技术和安全保障条件，否则也会发生重大安全事故，为此，必须由具备保证安全条件的建设施工单位承担，并由其负责人对安全负责。

（3）工程施工现场的安全保障制度。

1）施工现场的安全管理。施工现场是建筑企业进行建筑生产的基地。杂乱的施工条件、快速的人机流、开敞的施工环境，"扰民"和"民扰"同时存在。这一切使得生产过程中的不安全因素极多。因此，施工现场的安全管理也是建筑安全生产中最为重要的环节。为此，《建筑法》规定："建筑施工企业在编制施工组织设计时，应当根据建筑工程的特点制定相应的安全技术措施；对专业性较强的工程项目，应当编制专项安全施工组织设计，并采取安全技术措施。""建筑施工企业应当在施工现场采取维护安全、防范危险、防火灾等措施；有条件的，应当对施工现场实行封闭管理。"

2）施工现场周边环境的安全管理。建筑施工多为露天作业、高处作业，常常要进行深基开挖。因此对周围环境，特别是毗邻的建筑物、构筑物及地下管线的安全可能造成损害，建设单位与建筑施工企业有义务、也有责任采取相应的安全防护措施，以保证周边环境的安全。《建筑法》规定："建设单位应当向建筑施工企业提供与施工现场相关的地下管线资料，建筑施工企业应当采取措施加以保护。""施工现场对毗邻的建筑物、构筑物和特殊作业环境可能造成损害的，建筑施工企业应当采取安全防卫措施。"当可能损坏道路、管线、电力、邮电通信等公共设施时，建设单位必须按有关规定事先办理申请批准手续。"建筑施工企业应当遵守有关环境保护和安全生产方面的法律、法规的规定，采取控制和处理施工现场的各种粉尘、废气、废水、固体废物以及噪声、振动对环境的污染和危害的措施"。当工程施工需要临时停水、停电、中断道路交通及需要进行爆破作业的，必须先行申请，经有关部门批准后方可实行，以保障人民的正常生活及生命财产的安全。

3.5.3 工程建设安全事故的报告和调查处理制度

工程建设安全事故的报告和调查处理制度内容详见本书 9.7.3。

3.6 建筑工程质量管理

3.6.1 概述

建设工程质量是指国家现行的有关法律、法规、技术标准、设计文件和合同中对工程的安全、适用、经济、美观等特性的综合要求。影响建设工程质量的因素有很多，如设计、材料、施工机具、地质条件、施工工艺、操作方法、人员素质、管理水平等。应当明确的是，工程质量是由形成工程实体的工作过程中的每一个环节决定的。因此，对于工程质量的控制和管理不能仅仅停留在事后，而是应在工程质量形成的过程中对参建单位的建设活动进行规范化管理。

建设工程的质量优劣直接关系社会公众的生命财产安全，世界各国历来高度重视对工程质量的管理和控制，形成了政府强制严格监督工程质量的国际惯例。我国建设法规对建设工程质量管理也作出了严格的规定。《中华人民共和国建筑法》第六章、2000年1月30日国务院颁布的《建设工程质量管理条例》、《建设工程勘察质量管理办法》（2002年）等都是有关建设工程质量管理的法规。除此之外还有大量技术性法规、地方性法规对工程质量进行严格控制。

对于建设工程的质量，有关法规不仅仅规定了工程建设各参与者的责任，还规定了政府对建设工程质量所应承担的职责。

3.6.2　政府对建设工程质量的监督管理

我国由国务院建设行政主管部门负责全国建设行政管理，铁路、交通、水利等部门分别对专业建设工程进行监督管理。县级以上人民政府建设行政主管部门在本行政区域内实行建设工程质量监督管理。但工程质量监督工作是一项专业性强而且十分复杂的工作，因此建设工程质量的监督管理职责可以由建设行政主管部门或者其他有关部门委托的具有独立法人资格的工程质量监督机构承担。工程质量监督机构必须拥有一定数量的质量监督工程师，有满足工程质量监督检查工作所需要的工具和设备。

按照《建设工程质量管理条例》的规定，建设工程实行质量事故报告制度和工程质量检举、控告、投诉制度。建设工程发生质量事故后，有关单位应当在24小时内向当地建设行政主管部门和其他有关部门报告。事故发生后隐瞒不报、谎报、故意拖延报告期限的、故意破坏现场的、阻碍调查工作正常进行的、无正当理由拒绝调查组查询或者拒绝提供与事故有关情况、资料的，以及提供伪证的，由其所在单位或上级主管部门按有关规定给予行政处分；构成犯罪的，由司法机关依法追究刑事责任。任何单位和个人对建设工程的质量事故、质量缺陷都有检举、控告、投诉权。国务院建设行政主管部门、各省、自治区、直辖市建设行政主管部门负责工程质量的投诉管理工作。有关法规还规定了上述投诉管理机构的具体职责和义务。

《建筑法》和《建设工程质量管理条例》还规定了建设工程质量的验评及奖励制度。建设工程按照现行的国家标准、行业标准进行验评。国家还实行建设工程竣工验收制度。交付验收的工程必须符合法定的标准。建设工程经竣工验收合格后，方可交付使用。为鼓励建筑企业加强管理、提高工程质量，国家还实行优质工程奖励制度，对质量优秀的建设工程的设计和施工单位进行奖励。

3.6.3　工程建设各方的质量责任和义务

建设单位是建设工程的投资人。我国工程质量法律规范规定了建设单位的质量责任与义务主要包括：建设单位应当将工程发包给具有相应资质等级的单位，不得将工程肢解发包；建设单位对工程建设应进行必要的监督、管理，对于国家规定强制实行监理的工程，应委托具有相应资质等级的工程监理单位进行监理；建设单位不得明示和暗示设计单位或施工单位违反工程建设强制性标准，降低工程质量；建设单位不得迫使承包方以低于成本的价格竞标，不得任意压缩合理工期；施工图设计文件未经审查批准的，建设单位不得交付施工；建设单位应按照国家有关规定组织竣工验收，建设工程验收合格的，方可交付使用，等等。

工程的勘察、设计单位应当依法取得相应等级的资质证书，并在其资质等级许可的范围内承揽工程；勘察、设计单位不得转包或者违法分包所承揽的工程；勘察、设计单位必须按照工程建设强制性标准进行勘察、设计，并对其勘察、设计的质量负责；设计单位在设计文件中选用的建筑材料、建筑构配件和设备，应当注明规格、型号、性能等技术指标，其质量要求必须符合国家规定的标准；设计单位应当参与建设工程质量事故分析，并对因设计造成的质量事故，提出相应的技术处理方案等。

工程的施工单位应当依法取得相应等级的资质证书，并在其资质等级许可的范围内承揽工程，禁止施工单位超越本单位资质等级许可的业务范围或者以其他施工单位的名义承揽工程，施工单位不得转包或者违法分包工程；施工单位应当建立质量责任制，确定工程项目的项目经理、技术负责人和施工管理负责人；建设工程实行总承包的，总承包单位应当对全部建设工程质量负责；总承包单位依法将建设工程分包给其他单位的，分包单位应当按照分包合同的约定对其分包工程的质量向总承包单位负责，总承包单位与分包单位对分包工程的质量承担连带责任；施工单位必须按照工程设计图纸和施工技术标准施工，不得擅自修改工程设计，不得偷工减料；施工单位必须按照工程设计要求、施工技术标准和合同约定，对建筑材料、建筑构配件、设备和商品混凝土进行检验，检验应当有书面记录和专人签字；未经检验或者检验不合格的，不得使用；施工单位必须建立、健全施工质量的检验制度，严格工序管理，作好隐蔽工程的质量检查和记录。隐蔽工程在隐蔽前，施工单位应当通知建设单位和建设工程质量监督机构；施工人员对涉及结构安全的试块、试件以及有关材料，应当在建设单位或者工程监理单位监督下现场取样，并送具有相应资质等级的质量检测单位进行检测；施工单位对施工中出现质量问题的建设工程或者竣工验收不合格的建设工程，应当负责返修等。特别需要注意的是，《建设工程质量管理条例》第41条规定：建设工程在保修期限内发生质量问题的，施工单位应当履行保修义务，并对造成的损失承担赔偿负责。该条规定中的“质量问题”，既包括因施工造成的质量缺陷，还包括因勘察设计、材料等原因造成的质量缺陷。施工单位应当对因上述原因造成的质量缺陷负责维修。

工程监理单位应当依法取得相应等级的资质证书，并在其资质等级许可的范围内承担工程监理业务，禁止工程监理单位超越本单位资质等级许可的范围或者以其他工程监理单位的名义承担工程监理业务，工程监理单位不得转让工程监理业务；工程监理单位应当依照法律、法规以及有关技术标准、设计文件和建设工程承包合同，代表建设单位对施工质量实施监理，并对施工质量承担监理责任；工程监理单位应当选派具备相应资格的总监理工程师和监理工程师进驻施工现场；监理工程师应当按照工程监理规范的要求，采取旁站、巡视和平行检验等形式，对建设工程实施监理。

3.7 案　例　分　析

【案例分析1】

1. 案情

某建筑公司与某学校签订一教学楼施工合同，明确施工单位要保质保量保工期完成学校的教学楼施工任务。工程竣工后，承包方向学校提交了竣工报告。学校为了不影响学生上课，还没组织验收就直接投入了使用。使用过程中，校方发现了教学楼存在的质量问题，要求施工单位修理。施工单位认为工程未经验收，学校提前使用出现质量问题，施工单位不应再承担责任。试问：

(1) 本案中的建设法律关系三要素分别是什么？

(2) 应如何具体地分析该工程质量问题的责任及责任的承担方式，为什么？

2. 分析

(1) 本案中的建设法律关系主体是某建筑公司和某学校。客体是施工的教学楼。

内容是主体双方各自应当享受的权利和应当承担的义务，具体而言是某学校按照合同的约定，承担按时、足额支付工程款的义务，在按合同约定支付工程款后，该学校就有权要求建筑公司按时交付质量合格的教学楼。

建筑公司的权利是获取学校的工程款，在享受该项权利后，就应当承担义务，即按时交付质量合格的教学楼给学校，并承担保修义务。

(2) 因为校方在未组织竣工验收的情况下就直接投入了使用，违反了工程竣工验收方面的有关法律法规。

所以，一般质量问题，应由校方承担。但是，若涉及结构等方面的质量问题，还是应按照造成质量缺陷的原因分解责任。因为承包方已向学校提交竣工报告，说明施工单位的自行验收已经通过，学校教学楼仅供学校日常教学使用，不存在不当使用问题，所以，该教学楼的质量缺陷是客观存在的。承包方还是应该承担维修义务，至于产生的费用应由有关责任方承担，协商不成，可根据仲裁协议请求仲裁或诉讼。

【案例分析2】

1. 案情

某大型商业中心工程项目业主A与某一级施工企业B和某甲级监理公司C分别签订了工程施工合同和施工阶段监理合同，工程施工后发生以下一些事件。

(1) 事件一：在修建国际商品展销中心工程的基础施工中，由于班组违章作业，使已经过监理人员检验合格的基础钢筋发生了位移质量事故，在浇筑混凝土不久后，被监理方发现并及时口头指示后书面通知承包方立即停工处理和整改。整改完成后，经监理方重新检验确认合格后，指令复工，继续进行基础混凝土施工。由此造成的经济损失由承包方承担，工期拖期不予延长，监理方还将此事故及处理情况向业主作了报告。而业主代表书面提出：出现质量事故，监理公司也应负一定责任，要求扣除1%的监理费作为罚金。

(2) 事件二：在地下管道施工中，管道铺设完毕后，承包方曾书面通知监理方要求检查管道铺设质量。但监理方收到质量验收通知单后，在合同约定的时间内并未前来检验，也未提出延期检查的书面要求。因此，承包方即将管沟予以回填。为此，监理方书面指令要求承包方将管沟重新挖开，以便检验管道质量。承包方按监理方要求对管沟进行剥露，经监理方检查后，确认管道铺设质量未达到设计图纸和合同要求，也不符合标准和规范要求，管道接合部位严重漏水。因此，监理方要求承包方返工。承包方按要求进行了管道的返工处理，经监理方检验质量合格予以确认后，将管沟重新回填。为此，承包方提出除管道返工费用由于是承包方原因造成的质量不合格应自己承担外，要求发包方补偿再度剥露费用（包括重新开挖、回填以及更新由于重挖造成的部分管道损坏的费用）76000 元和工期延长 8 天。

（3）事件三：在修建该商业中心的东方广场和商业大厦和商业大厦工程中，开挖基础坑时，发现大量化石和古人类文明遗址，经有关部门及专家鉴定为远古类人猿活动遗址，有重大科研价值，经国家有关部门与业主协商决定在该进行发掘工作，并与承包方协商后决定由承包方抽调部分力量参与文物发掘工作。经 40 天，发掘工作基本完成。为此，承包方向发包方提出要求：补偿参与科研发掘工作的直接费 48 万元，由于工程暂停和延期所造成的劳力和机械设备闲置等损失 32 万元；补偿 20％管理费和 10％利润；延长工期 40 天。

问题：

针对背景材料中描述的 3 个事件，分别提出以下 3 个方面与之相对应的问题：

（1）你作为监理方是否接受业主代表的要求？为什么？

（2）①承包方在管道未经监理检查并认可其质量的情况下，能否回填和覆盖？管沟合法回填的前提条件是什么？②承包方提出的发包主补偿管沟再度剥露的费用和工期延长的要求是否合理？为什么？监理方应如何处理？

（3）①当在施工中发现地下化石及文物后，监理单位应按照什么程序处理？②承包方提出的费用补偿及延长工期的要求是否合理？为什么？

2. 分析

（1）事件一。

监理方不能接受这一要求。因为承包方违章作业造成的质量事故，不是由于监理的错误指令造成的，不属于监理方责任。因而扣 1％监理费作为罚金是不合理的，不能接受。

（2）事件二。

1）承包方在管道铺设在未经监理方检查和认可其质量合格的情况下，可以回填和覆盖，但必须具备如下的前提条件：①承包方自检合格后，在验收前 48 小时已书面通知监理方检查验收；②监理人员没有在合同约定的时间内到场检验，而且在不能按时到场检验的情况下，又未能提前 24 小时向承包方提出书面的延期检查要求。

在一般情况下，承包方合法回填管沟的前提条件是：①自检质量合格；②要过监理方检查并书面确认工程质量合格，符合国家或行业规范、标准以及设计文件和施工合同的要求；③在按合同约定的要求时间内，承包方已书面通知监理方检查，监理方未能按约定时间到场检查，也未能提前提示延期检查的要求。

2）承包方向发包方提出补偿管沟剥露的费用和延长工期的要求不合理。因为通常不论隐蔽工程是否已经过验收，当监理工程师提出剥露或开孔重新检验隐蔽工程的情况下，承包方都应按工程师的要求进行剥露。至于因剥露而发生费用及时间的补偿，则要看检验的结果来决定：若检验合格，则发包方应承担由此发生的全部追回合同价款，赔偿承包方损失，并相应顺延工期；若检验不合格，则发包方应承担由此发生的全部追加合同价款，工期不予顺延。所以监理工程师对本例的处理应当是：根据《施工合同》（示范文本）第 18 条规定，建筑工程费用不予以补偿，工期不予顺延。

（3）事件三。

1）施工中发现文物、化石及其他有考古、地质研究等价值的物品时，承包方应立即保护好现场，并于 4 小时内书面通知监理工程师。监理工程师应于收到书面通知后 24 小时内报告当地文物管理部门，并按有关管理部门的要求采取妥善的保护措施。必要时，可下达书面的暂停施工的指令。此外，监理方还应与承包方相配合，一方面要做好保护工作，另一方面要采取措施，高潮尽量减少由于暂停施工给工程和承包方带来的损失。

2）承包方向发包方提出补偿因发现文物、化石而发生的费用和损失以及延长工期的要求是合理的，因为一般在发生上述情况下，发包方应承担由此发生的费用，延误的工期相应顺延。

思　考　题

1.《建筑法》的调整对象有哪些？

2. 什么是建筑许可？《建筑法》规定的建筑许可包括哪几种？

3. 申请领取施工许可证应当具备哪些条件？

4. 简述施工许可证的管理规定。

5. 建筑业企业的资质是如何分类和划分资质等级的？

6. 我国在建筑行业将实行哪几种执业人员的执业资格制度？

7. 什么是建设工程的发包与承包？它有哪些方式？

8.《建筑法》对建设工程承发包都作了哪些规定？

9. 简述违法分包的情形。

10. 什么是工程监理？我国必须实行监理的建设工程有哪些？

11. 简述工程建设各方的质量责任和义务。

第4章　招 标 投 标 法

本章学习提示：了解招投标法律体系；掌握必须招标的项目范围和规模标准；掌握招标程序的法律规定；掌握联合体投标及投标程序；掌握开标时投标文件无效的几种情况；掌握建设工程开标、评标和定标的规定；掌握评标委员会的法律规定；了解违反《招标投标法》等相关法律法规应负的法律责任。

4.1　招　　标

4.1.1　招标投标法概述

《中华人民共和国招标投标法》（以下简称《招标投标法》）由中华人民共和国第九届人民代表大会常务委员会第十一次会议于1999年8月30日通过，自2000年1月1日起施行。

《招标投标法》共包括68条，分别从招标、投标、开标、评标和中标等各个主要阶段对招标投标活动作出了规定。

4.1.2　招标的概念与原则

1. 建设工程招标的概念

建设工程招标的概是指招标人就拟建工程发布通告，以法定的方式吸引潜在投标人参加竞争，并从中择优选择中标人的法律行为。

从法律上，由于招标缺少合同成立的重要条件——价格，所以，它不构成合同签订程序中的要约，而只是一种要约邀请。但这不意味着招标人可以不受其招标行为的约束，根据《合同法》规定，招标人一旦进入招标程序，就应承担缔约责任，同时，他还要受到建筑市场管理的相关法规的约束。

2. 建设工程招标的原则

《招标投标法》第5条规定，招投标活动所应遵循的公开、公平、公正和诚实信用的原则。

所谓“公开”原则，就是要求招标投标活动具有较高的透明度，首先要求招标信息公开；其次要求招标投标过程公开。如招标信息、招标程序、开标过程、评标标准和程序以及中标结果公开，使每一个投标人获得同等的信息，知悉招标的一切条件和要求。

所谓“公平”原则，就是要求在招标投标活动中，双方当事人的权利、义务大致相等，合情合理。招标人不得以任何理由排斥或者歧视任何投标人。

所谓“公正”原则，就是要求招标人要对每一个投标人一视同仁，给予所有的投标人平等的机会，按事先公布的程序和标准进行评标，公正地对待每一个投标人。

诚实信用，这是所有民事活动都应遵循的基本原则之一。它要求当事人应以诚实、守信的态度行使权利、履行义务，保证彼此都能得到自己应得的利益，同时不得损害第三人和社会的利益，不得规避招标、串通投标、泄露标底、骗取中标等。

4.1.3　必须招标的项目范围和规模标准

1. 必须招标的工程建设项目范围

《招标投标法》第 3 条的规定，在中华人民共和国境内进行下列工程建设项目包括项目的勘察、设计、施工、监理以及与工程建设有关的重要设备、材料等的采购，必须进行招标：

(1) 大型基础设施、公用事业等关系社会公共利益、公众安全的项目。

(2) 全部或者部分使用国有资金投资或者国家融资的项目。

(3) 使用国际组织或者外国政府贷款、援助资金的项目。

前款所列项目的具体范围和规模标准，由国务院发展计划部门会同国务院有关部门制定，报国务院批准。

法律或者国务院对必须进行招标的其他项目的范围有规定的，依照其规定。

2. 必须招标项目的规模标准

《工程建设项目招标范围和规模标准规定》第 7 条规定，上述各类工程建设项目，包括项目的勘察、设计、施工、监理以及与工程建设有关的重要设备、材料等的采购，达到下列标准之一的，必须进行招标：

(1) 施工单项合同估算价在 200 万元人民币以上的。

(2) 重要设备、材料等货物的采购，单项合同估算价在 100 万元人民币以上的。

(3) 勘察、设计、监理等服务的采购，单项合同估算价在 50 万元人民币以上的。

(4) 单项合同估算价低于第 (1)、(2)、(3) 项规定的标准，但项目总投资额在 3000 万元人民币以上的。

3. 可以不进行招标的工程建设项目

(1) 可以不进行招标的施工项目。

《工程建设项目施工招标投标办法》第 12 条规定，需要审批的工程建设项目，有下列情形之一的，由审批部门批准，可以不进行施工招标：

1) 涉及国家安全、国家秘密或者抢险救灾而不适宜招标的。

2) 属于利用扶贫资金实行以工代赈需要使用农民工的。

3) 施工主要技术采用特定的专利或者专有技术的。

4) 施工企业自建自用的工程，且该施工企业资质等级符合工程要求的。

5) 在建工程追加的附属小型工程或者主体加层工程，原中标人仍具备承包能力的。

6) 法律、行政法规规定的其他情形。

不需要审批但依法必须招标的工程建设项目，有前款规定情形之一的，可以不进行施工招标。

(2) 可以不进行招标的勘察、设计项目。

《建设工程勘察设计管理条例》第 16 条规定，下列建设工程的勘察、设计，经有关主管部门批准，可以直接发包：

1）采用特定的专利或者专有技术的。

2）建筑艺术造型有特殊要求的。

3）国务院规定的其他建设工程的勘察、设计。

4.1.4 自行招标与招标代理

根据《招标投标法》第8条的规定，招标人是依照《招标投标法》规定提出招标项目、进行招标的法人或其他组织。建设工程招标发包的招标人，通常为该建设工程的投资人即项目业主或建设单位，对不具备自行招标条件的建设单位，可委托招标代理机构进行招标。

1. 自行招标

2000年7月1日国家计委颁发《工程建设项目自行招标试行办法》规定，招标人是指依照法律规定进行工程建设项目的勘察、设计、施工、监理以及与工程建设有关的重要设备、材料等招标的法人。

招标人自行办理招标事宜，应当具有编制招标文件和组织评标的能力，具体包括：

（1）具有项目法人资格（或者法人资格）。

（2）具有与招标项目规模和复杂程度相适应的工程技术、概预算、财务和工程管理等方面专业技术力量。

（3）有从事同类工程建设项目招标的经验。

（4）设有专门的招标机构或者拥有3名以上专职招标业务人员。

（5）熟悉和掌握《招标投标法》及有关法规规章。

具备上述条件的建设单位，可组织相应的招标机构负责招标事宜，《招标投标法》还规定，任何单位和个人不得强制其委托招标代理机构办理招标事宜。不具备上述条件的建设单位和个人，就必须委托招标代理机构来进行招标。

2. 招标代理

招标代理机构是依法设立、从事招标代理业务并提供相关服务的社会中介组织。

招标代理机构应当具备下列条件：

（1）有从事招标代理业务的营业场所和相应资金。

（2）有能够编制招标文件和组织评标的相应专业力量。

（3）有符合法律规定条件，可以作为评标委员会成员人选的技术、经济等方面的专家库。

从事工程建设项目招标代理业务的招标代理机构，其资格由国务院或者省、自治区、直辖市人民政府的建设行政主管部门认定。具体办法由国务院建设行政主管部门会同国务院有关部门制定。从事其他招标代理业务的招标代理机构，其资格认定的主管部门由国务院规定。招标代理机构与行政机关和其他国家机关不得存在隶属关系或者其他利益关系。招标人有权自行选择招标代理机构委托其办理招标事宜。任何单位和个人不得以任何方式为招标人指定招标代理机构。

2000年6月30日施行的《工程建设项目招标代理机构资格认定办法》第5条规定，工程招标代理机构的资格分为甲、乙两级。其中乙级招标代理机构的注册资金不得少于50万元，只能承担工程投资额（不含征地费、大市政配套费与拆迁补偿费）3000万元以下的工程招标代理业务，而甲级工程招标代理机构的注册资金不得少于100万元，在工程招标代理业务上无限制。甲级工程招标代理机构的资格由其所在地省级人民政府建设行政主管部门进行初审，并报国务院建设行政主管部门审查认定，乙级工程招标代理机构的资质则由其所在地省级人民政府建设行政主管部门审查认定，并报国务院建设行政主管部门备案。各级工程招标代理机构在承担工程招标代理业务时都不受地区限制。

4.1.5　招标方式

《招标投标法》第 10 条规定，招标分为公开招标和邀请招标。

公开招标，是指招标人以招标公告的方式邀请不特定的法人或者其他组织投标。

邀请招标，是指招标人以投标邀请书的方式邀请特定的法人或者其他组织投标。

国务院发展计划部门确定的国家重点项目和省、自治区、直辖市人民政府确定的地方重点项目不适宜公开招标的，经国务院发展计划部门或者省、自治区、直辖市人民政府批准，可以进行邀请招标。

在招标实践中，招标人若采用公开招标方式，对强制招标的项目，一般须在指定的报刊、电子网络或其他媒体上发布招标公告，凡具备相应资质、符合招标条件的投标人不受地域和行业限制均可申请投标；若采用邀请招标方式，一般是招标人向预先选择的若干家具备承担招标项目能力、资信良好的承包商发出投标邀请函，将招标工程的概况、工作范围和实施条件等做出简要说明，请他们参加投标竞争。《招标投标法》第 17 条规定，招标人采用邀请招标方式的，应当向 3 个以上具备承担招标项目的能力、资信良好的特定的法人或其他组织发出投标邀请书。

这两种方式的区别主要在于：

(1) 发布信息的方式不同。一是公告，一是采用投标邀请书的形式发布。

(2) 选择的范围不同。公开招标针对的是一切潜在的对招标项目感兴趣的法人或其他组织，招标人事先不知道投标人的数量。邀请招标针对已经了解的法人或其他组织，而且事先已经知道投标者的数量，范围选择少，容易漏掉在技术或报价上更有竞争力的承包商或是供应商。

(3) 竞争的范围不同。由于公开招标使所有符合条件的法人或其他组织都有机会参加投标，竞争的范围较广，竞争性体现得也比较充分，招标人拥有绝对的选择余地，容易获得最佳招标效果。邀请招标中投标人的数目有限，竞争的范围有限，招标人拥有的选择余地相对较小，有可能提高中标的合同价，也有可能将某些在技术上或报价上更有竞争力的承包商漏掉。

(4) 公开的程度不同。公开招标中，所有的活动都必须严格按照预先指定并为大家所知的程序和标准公开进行，大大地减少了作弊的可能。相比而言，邀请招标的公开程度逊色一些，产生不法行为的机会也就多一些。

(5) 时间和费用不同。由于邀请招标不发公告，招标文件只送几家，使整个招投标的时间大大缩短，招标费用也相应减少。公开招标的程序比较复杂，投标人数量没有限定，有许多时间上的要求，要准备许多文件，因而耗时较长，费用也比较高。

4.1.6　招标程序

招标程序主要包括：招标人办理审批手续，发布招标公告或投标邀请书，进行资格预审，编制与发售招标文件，编制标底，组织现场考察和答疑等环节。

1. 招标人办理审批手续

批准建设的建设工程项目只有在具备一定的条件后，才能进行招标，这些条件主要由3方面组成：一是已落实建设资金；二是已履行相关审批手续；三是必要的准备工作已完成。建设工程在施工招标时必须具备的条件是：

（1）招标人已经依法成立。

（2）初步设计及概算应当履行审批手续的，已经批准。

（3）招标范围、招标方式和招标组织形式等应当履行核准手续的已经批准。

（4）有相应资金或资金来源已经落实。

（5）有招标所需的设计图纸及技术资料。

建设工程项目具备必要的条件后，招标人可向当地行政主管部门或其招标办事机构提出招标申请，经审查批准后，方可开展招标活动。

2. 招标人发布招标公告或投标邀请书

《招标投标法》第16条规定，招标人采用公开招标方式的，应当发布招标公告。必须依法进行招标项目的招标公告，应当通过国家指定的报刊、信息网络或者其他媒介发布。招标人采用邀请招标方式的，应当向3个以上具备承担招标项目能力，资信良好的特定法人或者其他组织发出投标邀请书。

招标公告或投标邀请书应当载明招标人的名称和地址、招标项目的性质、数量、实施地点和时间以及获取招标文件的办法等事项。

3. 招标人对投标人的资格审查

一般说来，资格审查可分为资格预审和资格后审。资格预审是在投标前对潜在投标人进行的审查；资格后审是在投标后（一般是在开标后）对投标人进行的资格审查。目前，在招标实践中，招标人经常采用的是资格预审程序。

招标人可以根据招标项目本身的要求，在招标公告或者投标邀请书中，要求潜在投标人提供有关资质证明文件和业绩情况，并对潜在投标人进行资格审查；国家对投标人的资格条件有规定的，依照其规定。招标人不得以不合理的条件限制或者排斥潜在投标人，不得对潜在投标人实行歧视待遇。

招标人对潜在投标人的资格审查主要是审查投标人的财务能力、机械设备条件、技术水平、施工经验、工程信誉及法律资格等方面的有关情况，以剔除资格条件不适合承担或履行合同的潜在投标人或投标人。《工程建设项目施工招标投标办法》第20条规定，资格审查应主要审查潜在投标人或投标人是否符合下列条件：①具有独立订立合同的权利；②具有履行合同的能力，包括专业、技术资格和能力，资金、设备和其他物质设施状况，管理能力，经验、信誉和相应的从业人员；③没有处于被责令停业，投标资格被取消，财产被接管、冻结、破产状态；④在最近3年内没有骗取中标和严重违约及重大工程质量问题；⑤法律、行政法规规定的其他资格条件。

4. 编制和发售招标文件

招标人应当根据招标项目的特点和需要编制招标文件。招标文件应当包括招标项目的技术要求，对投标人资格审查的标准，投标报价要求和评标标准等所有实质性要求和条件以及拟签订合同的主要条款。国家对招标项目的技术、标准有规定的，招标人应当按照其规定在招标文件中提出相应要求。招标项目需要划分标段、确定工期的，招标人应当合理划分标段、确定工期，并在招标文件中载明。招标文件不得要求或者标明特定的生产供应者以及含有倾向或者排斥潜在投标人的其他内容。

对于已经通过资格预审的投标人，招标人应当向其发售招标文件。

《工程建设项目施工招标投标办法》第 24 条规定，招标人根据施工招标项目的特点和需要编制招标文件。招标文件一般包括下列内容：①投标邀请书；②投标人须知；③合同主要条款；④投标文件格式；⑤采用工程量清单招标的，应当提供工程量清单；⑥技术条款；⑦设计图纸；⑧评标标准和方法；⑨投标辅助材料。

招标人对已发出的招标文件进行必要的澄清或者修改的，应当在招标文件要求提交投标文件截止时间至少 15 日前，以书面形式通知所有招标文件收受人。该澄清或者修改的内容为招标文件的组成部分。招标人应当确定投标人编制投标文件所需要的合理时间。但是，依法必须进行招标的项目，自招标文件开始发出之日起至投标人提交投标文件截止之日止，最短不得少于 20 日。

5. 编制标底

标底是指招标人对该工程的预期的价格，招标人可根据项目特点决定是否编制标底，招标项目可以不设标底，进行无标底招标。

《工程建设项目施工招标投标办法》第 34 条规定，招标人可根据项目的特点决定是否编制标底。编制标底的，标底编制过程和标底必须保密。招标项目编制标底的，应根据批准的初步设计、投资概算，依据有关计价办法，参照有关工程定额，结合市场供求状况，综合考虑投资、工期和质量等方面的因素合理确定。标底由招标人自行编制或委托中介机构编制。一个工程只能编制一个标底。任何单位和个人不得强制招标人编制或报审标底，或干预其确定标底。招标项目可以不设标底，进行无标底招标。

6. 招标人组织现场考察

招标人在投标须知规定的时间组织投标人自费进行现场考察。设置此程序的目的，一方面让投标人了解工程项目的现场情况、自然条件、施工条件以及周围环境条件，以便于编制投标书；另一方面要求投标人通过自己的实地考察确定投标的原则和策略，避免合同履行过程中投标人以不了解现场情况为理由推卸应承担的合同责任。

7. 答疑

投标人研究招标文件和现场考察后会以书面形式提出某些质疑问题，招标人可以及时给予书面解答，也可以留待标前会议上解答。如果对某一投标人提出的问题给予书面解答时，所回答的问题必须发送给每一位投标人以保证招标的公开和公平，该解答的内容为招标文件的组成部分。

4.2　投　　标

4.2.1　投标人及其资格要求

1. 投标人的概念

投标人是响应招标、参加投标竞争的法人或者其他组织。

响应招标，是指投标人应当对招标人在招标文件中提出的实质性要求和条件作出响应。

参加投标竞争是指，按照招标文件的要求并在规定时间内提交投标文件的活动。

《招标投标法》规定，除依法允许个人参加投标的科研项目外，其他项目的投标人必须是法人或其他组织，自然人不能成为建设工程的投标人。这是由于我国的有关法律、法规对建设工程投标人的资格有特殊要求。在建设工程中，投标人一般应当是法人，其他组织投标的主要是联合体投标。

2. 投标人应当具备的条件

为保证建设工程的顺利完成，《招标投标法》规定："国家有关规定对投标人资格条件或者招标文件对投标人资格条件有规定的，投标人应当具备规定的资格条件。"

投标人在向招标人提出投标申请时，应附带有关投标资格的资料，以供招标人审查，这些资料应表明自己存在的合法地位、资质等级、技术与装备水平、资金与财务状况、近期经营状况及以前所完成的与招标工程项目有关的业绩。

3. 投标担保

投标担保，指为了保护招标人免于投标人带来的损失，要求投标人在递交投标书时提交的一种资金担保或其他担保形式。

投标保证金除现金外，可以是银行出具的银行保函、保兑支票、银行汇票或现金支票。投标保证金一般不超过投标总价的2%，但最高不得超过80万元人民币。投标保证金的有效期应当超出投标有效期30天。

投标保证金被没收的情形：

（1）投标人在投标有效期内撤回其投标文件。

（2）中标人未能在规定期限内提交履约保证金或签署合同协议。

4. 投标联合体

《招投标法》第31条规定，两个以上法人或者其他组织可以组成一个联合体，以一个投标人的身份共同投标。联合体各方均应当具备承担招标项目的相应能力；国家有关规定或者招标文件对投标人资格条件有规定的，联合体各方均应当具备规定的相应资格条件。由同一专业的单位组成的联合体，按照资质等级较低的单位确定资质等级。

联合体各方应当签订共同投标协议，明确约定各方拟承担的工作和责任，并将共同投标协议连同投标文件一并提交招标人。联合体中标的，联合体各方应当共同与招标人签订合同，就中标项目向招标人承担连带责任。招标人不得强制投标人组成联合体共同投标，不得限制投标人之间的竞争。

5. 投标人的法定义务

投标人不得相互串通投标报价，不得排挤其他投标人的公平竞争，损害招标人或者其他投标人的合法权益。投标人不得与招标人串通投标，损害国家利益、社会公共利益或者他人的合法权益。禁止投标人以向招标人或者评标委员会成员行贿的手段谋取中标。投标人不得以低于成本的报价竞标，也不得以他人名义投标或者以其他方式弄虚作假，骗取中标。

下列行为均属于投标人串通投标报价：

（1）投标人之间相互约定抬高或压低投标报价。

（2）投标人之间相互约定，在招标项目中分别以高、中、低价位报价。

（3）投标人之间先进行内部竞价，内地中标人，然后再参加投标。

（4）投标人之间其他串通投标报价的行为。

下列行为均属于招标人与投标人串通投标：

（1）招标人在开标前开启招标文件，并将投标情况告知其他投标人，或者协助投标人撤换投标报价，更改报价。

（2）招标人向投标人泄露标底。

（3）招标人与投标人商定，投标时压低或抬高标价，中标后在给投标人或招标人额外补偿。

（4）招标人预先内地中标人。

（5）其他串通投标行为。

4.2.2　投标的程序

1. 投标人编制投标文件

《招标投标法》规定："投标文件应当对招标文件提出的实质性要求和条件作出响应。"实质性要求和条件，是指招标项目的价格、项目进度计划、技术规范、合同的主要条款等，投标文件必须对之作出响应，不得遗漏、回避，更不能对招标文件进行修改或提出任何附带条件。对于建设工程施工招标，投标文件的内容还应包括拟派出的项目负责人与主要技术人员的简历、业绩和拟用于完成招标项目的机械设备等内容。投标人拟在中标后将中标项目的部分非主体、非关键性工作进行分包的，应当在投标文件中载明。

2. 投标人提交投标文件

投标人应当在招标文件要求提交投标文件的截止时间前，将投标文件送达投标地点。招标人收到投标文件后，应当签收保存，不得开启。投标人少于 3 家的，招标人应当重新招标。在招标文件要求提交投标文件的截止时间后送达的投标文件，招标人应当拒收。

投标人在招标文件要求提交投标文件的截止时间前，可以补充、修改或者撤回已提交的投标文件，并书面通知招标人。补充、修改的内容为投标文件的组成部分。

4.3　开标、评标和定标

4.3.1　开标

1. 概念

开标是指投标人提交投标截止时间后，招标人依据招标文件规定的时间和地点，开启投标人提交的投标文件，公开宣布投标人的名称、投标价格及投标文件中的其他主要内容。

2. 开标时间与组织

《招标投标法》第 34 条规定，开标应当在招标文件确定的提交投标文件截止时间的同一时间公开进行；开标地点应当为招标文件中预先确定的地点。这就是说，提交投标文件截止之时（如 2011 年 5 月 6 日 10 时 30 分）即是开标之时（也是 2011 年 5 月 6 日 10 时

30分）。这样做主要是为了防止投标截止时间之后与开标之前仍有一段时间间隔。如有间隔，也许会给不端行为造成可乘之机（如在指定开标时间之前泄露投标文件中的内容，尤其是投标报价），即使投标人等到开标之前最后一刻才提交投标文件，也同样存在这种风险。

开标的地点事先在招标文件中规定，有利于投标人准时参加开标，从而更好地维护了其合法利益。

开标由招标人或者招标代理人主持，邀请所有投标人参加。开标时，还可邀请招标主管部门、评标委员会、监察部门的有关人员参加，也可委托公证部门对整个开标过程依法进行公证。

3. 开标程序

（1）检查投标文件的密封情况。开标时，由投标人或者其推选的代表检查投标文件的密封情况，也可以由招标人委托的公证机构检查并公证。

（2）拆封、宣读投标文件并记录备查。由工作人员当众拆封，宣读投标人名称、投标价格和投标文件的其他主要内容。招标人在招标文件要求提交投标文件的截止时间前收到的所有投标文件，开标时都应当当众予以拆封、宣读。开标过程应当记录，并存档备查。

4. 有关开标的相关规定

（1）参加人。《招标投标法》规定，开标由招标人来主持，邀请所有投标人参加。邀请所有投标人参加是为了保证招投标的公正，使他们了解开标的过程和其他投标人的情况，从而对评标结果是否合理作出判断。开标时，还可邀请招标主管部门，评标委员会，监察部门的有关人员参加，也可以委托公证部门对整个开标过程依法进行公证。

（2）标书密封的现场认定。开标时，由投标人或其推选的代表检查投标文件的密封情况，也可由招标人委托的工作机构检查并公证，经确认无误后，方可当众拆封，宣读投标文件的内容。

（3）当总宣读，记录备查。投标截止日期前收到的所有投标文件，在确认密封无误后，都应该当众拆封、公开宣读。同时，还应将整个开标的过程记录在案，由主持人和其他工作人员签字确认后，存储备查。这样规定的目的。就是为了增加开标的透明度，接受投标人和其他相关部门的监督。

4.3.2 评标

评标，就是依据招标文件的规定和要求，对投标文件所进行的审查、评审和比较。它应在开标后立即进行。评标由招标人组建的评标委员会负责。为了规范评标过程，2001年7月5日，国家计委、国家经贸委、原建设部、铁道部、交通部、信息产业部、水利部联合发布了《评标委员会和评标方法暂行规定》。评标的目的在于从技术、经济、法律、组织和管理等方面对每份投标书加以分析评价，推荐合格的中标候选人，或直接确定中标人，为决标提供基础。

1. 评标委员会

（1）评标委员会的组成。

《招标投标法》第37条规定，评标委员会由招标人或其委托的招标代理机构熟悉相关业务的代表，以及有关技术、经济等方面的专家组成，成员人数为5人以上的单数，其中技术、经济等方面的专家不得少于成员总数的 2/3。

评标委员会的专家成员应当从省级以上人民政府有关部门提供的专家名册或者招标代理机构专家库内的相关专家名单中确定。对于一般项目，可以采取随机抽取的方式；而对于技术特别复杂、专业性要求特别高或者国家有特殊要求的招标项目，采取随机抽取方式确定的专家难以胜任的，可以由招标人直接确定。但与投标人有利害关系的人不得进入相关项目的评标委员会，已经进入的应当更换。

评标委员会成员名单一般应于开标前确定，而且该名单在中标结果确定前应该保密。

（2）对评标委员会成员的要求。

《招标投标法》规定，参加评标委员会的专家应当满足从事相关领域工作满 8 年并具有高级职称或具有同等专业水平的条件。

评标委员会成员应当客观、公正地履行职责，遵守职业道德，对所提出的评审意见承担个人责任。

评标委员会成员不得与任何投标人或者与招标结果有利害关系的人进行私下接触，不得收受投标人、中介人、其他利害关系人的财物或者其他好处。

评标委员会成员和与评标活动有关的工作人员不得透露对投标文件的评审和比较、中标候选人的推荐情况以及与评标有关的其他情况。

有下列情形之一的，不得担任评标委员会的成员：

投标人或投标主要负责人的近亲属；项目主管部门或者行政监督部门的人员；与投标人有经济利益关系，可能影响对投标公正评审的；曾因在招标、评标以及其他与招标投标有关活动中从事违法行为而受过行政处罚或刑事处罚的；评标委员会成员由以上规定情形之一的，应当主动提出回避。

2. 评标工作程序

（1）评标准备。

评标准备工作内容包括准备评标场所、让评标委员会成员知悉招标情况等。

《招标投标法》第 38 条规定，招标人应当采取必要的措施，保证评标在严格保密的情况下进行。任何单位和个人不得非法干预、影响评标的过程和结果。因此，落实一个适合秘密评标的场所，十分必要。

招标人或者其委托的招标代理机构应当向评标委员会提供评标所需的重要信息和数据。

评标委员会成员至少应了解和熟悉以下内容：招标的目标；招标项目的范围和性质；招标文件中规定的主要技术要求、标准和商务条款；招标文件规定的评标标准、评标方法和在评标过程中考虑的相关因素。

招标人设有标底的，标底应当保密，并应在评标时作为参考。

（2）初步评审。

评标委员会应当按照投标报价的高低或者招标文件规定的其他方法对投标文件排序。以多种货币报价的，应当按照中国银行在开标日公布的汇率中间价换算成人民币。招标文件应当对汇率标准和汇率风险作出规定。未作规定的，汇率风险由投标人承担。

评标委员会可以书面方式要求投标人对投标文件中含义不明确，对同类问题表述不一致或者有明显文字和计算错误的内容作必要的澄清、说明或者补正。澄清、说明或者补正应以书面方式进行并不得超出投标文件的范围或者改变投标文件的实质性内容，如补充新的内容或更改投标文件中的报价、技术方案、工期、主要合同条款等。

投标文件中的大写金额和小写金额不一致的，以大写金额为准；总价金额与单价金额不一致的，以单价金额为准，但单价金额小数点有明显错误的除外；对不同文字文本投标文件的解释发生异议的，以中文文本为准。

在评标过程中，如出现以下情况，评标委员会应按废标处理：

1）评标委员会发现投标人以他人的名义投标，串通投标，以行贿手段谋取中标或者以其他弄虚作假方式投标的，该投标人的投标应作废标处理；

2）评标委员会发现投标人的报价明显低于其他投标报价，或者在设有标底时明显低于标底，使得其投标报价可能低于其成本的，应当要求该投标人作出书面说明并提供相关证明材料。投标人不能合理说明或者不能提供相关证明材料的，由评标委员会认定该投标人以低于成本报价竞标，其投标应作废标处理；

3）评标委员会应当审查每一投标文件是否对招标文件提出的所有实质性要求和条件作出响应。未能在实质上响应的投标，应作废标处理。

评标委员会应当根据招标文件，审查并逐项列出投标文件的全部投标偏差。投标偏差分为重大偏差和细微偏差。

下列情况属于重大偏差：①没有按照招标文件要求提供投标担保或者所提供的投标担保有瑕疵；②投标文件没有投标人授权代表签字和加盖公章，没有按照招标文件的规定提供授权代理人授权书；③投标文件载明的招标项目完成期限超过招标文件规定的期限；④明显不符合技术规格、技术标准的要求；⑤投标文件载明的货物包装方式、检验标准和方法等不符合招标文件的要求；⑥投标文件附有招标人不能接受的条件；⑦以联合体投标时，没有提交联合体投标协议；⑧未按招标文件要求编写或字迹模糊导致无法确认关键技术方案、关键工期、关键工程质量保证措施、投标价格等内容；⑨不符合招标文件中规定的其他实质性要求。

投标文件有上述情形之一的，为未能对招标文件作出实质性响应，并按规定作废标处理。招标文件对重大偏差另有规定的，从其规定。

细微偏差是指投标文件在实质上响应招标文件要求，但在个别地方存在漏项或者提供了不完整的技术信息和数据等情况，并且补正这些遗漏或不完整不会对其他投标人造成不公平的结果。细微偏差不影响投标文件的有效性。评标委员会通常会书面要求存在细微偏差的投标人在评标结束前予以补正。拒不补正的，在详细评审时可以对细微偏差作不利于该投标人的量化，量化标准应当在招标文件中规定。

投标人资格条件不符合国家有关规定和招标文件要求的，或者拒不按照要求对投标文件进行澄清、说明或者补正的，评标委员会可以否决其投标。

评标委员会根据规定否决不合格投标或者界定为废标后，因有效投标不足 3 家使得投标明显缺乏竞争的，评标委员会可以否决全部投标。投标人少于 3 家或者所有投标被否决的，招标人应当依法重新招标。

（3）详细评审。

经初步评审合格的投标文件，评标委员会应当根据招标文件确定的评标标准和方法，对其技术部分和商务部分作进一步评审、比较。

商务评审的目的在于从成本、财务和经济分析等方面确定投标报价的合理性和可靠性，并估量授标给各投标人后的不同经济效果。

技术评审的目的在于确认备选的中标人完成本招标项目的技术能力以及所提方案的可靠性，其重点在于评审投标人将怎样实施本招标项目。

所采用的评标方法有经评审的最低投标价法、综合评估法或者法律、行政法规允许的其他评标方法。

（4）评标报告。

《招标投标法》第40条规定，评标委员会完成评标后，应当向招标人提出书面评标报告，并推荐合格的中标候选人。评标委员会可在评标报告中推荐1～3个中标候选人，由招标人确定。招标人也可授权评标委员会在评标报告中直接确定中标人。如果经过评审，评标委员会认为所有投标都不符合招标文件要求，它可否决所有投标。这时，强制招标的项目应重新进行招标。

4.3.3　定标

1. 中标人必须满足的条件

《招标投标法》第41条规定，中标人应当符合下列条件之一：

（1）能够最大限度地满足招标文件中规定的各项综合评价标准；

（2）能够满足招标文件的实质性要求，并且经评审的投标价格最低，但是投标价格低于成本的除外。

2. 定标程序

（1）发出中标通知书。

中标通知书即是招标人向中标的投标人发出的告知其中标的书面通知文件。《招标投标法》规定，中标人确定后，招标人应向中标人发出中标通知书，并同时将中标结果通知所有未中标的投标人并退还他们的投标保证金或保函。中标通知书发出后，即对招标人和中标人产生法律效力，招标人改变中标结果或中标人拒绝签订合同均要承担相应的法律责任。

（2）签订工程承包合同。

《招标投标法》第46条规定，招标人和中标人应当自中标通知书发出之日起30日内，按照招标文件和中标人的投标文件订立书面合同。招标人不得向中标人提出任何不合理要求作为订立合同的条件，双方不得再行订立背离合同实质性内容的其他协议，如签了这样的协议，其在法律上也将是无效的。

（3）提交招标投标报告。

《招标投标法》第47条规定，强制招标的项目，招标人应自确定中标人之日起15日内，向有关行政监督部门提交招标投标报告。这是国家对招投标活动所进行的监督活动之一。

4.4　违法行为与法律责任

所谓违法行为，是指行为人实施的损害国家利益、社会公共利益或者他人合法利益的行为。招标投标过程中的违法行为的表现形式多种多样。如：泄露保密资料、泄露标底、串通招标、串通投标、歧视（排斥、限制、非法干涉）投标、规避招标、假招标、转让中标项目、骗取中标、中标项目肢解后分别向他人转让等。

所谓法律责任，是指行为人因违反法律规定或合同约定的义务而应当承担的强制性的不利后果。《招标投标法》规定的法律责任主体有招标人、投标人、招标代理机构、有关行政监督部门、评标委员会成员、有关单位对招标投标活动直接负责的主管人员和其他直接责任人员，以及任何干涉招标投标活动正常进行的单位或个人。其各自应承担的法律责任如下。

4.4.1 招标人违法行为应承担的法律责任

招标人违法行为应承担的法律责任包括：

(1) 违反《招标投标法》规定，必须进行招标的项目而不招标的，将必须进行招标的项目化整为零或者以其他任何方式规避招标的，责令限期改正，可以处项目合同金额5‰以上10‰以下的罚款；对全部或者部分使用国有资金的项目，可以暂停项目执行或者暂停资金拨付；对单位直接负责的主管人员和其他直接责任人员依法给予处分。

(2) 招标人以不合理的条件限制或者排斥潜在投标人的，对潜在投标人实行歧视待遇的，强制要求投标人组成联合体共同投标的，或者限制投标人之间竞争的，责令改正，可以处1万元以上5万元以下的罚款。

(3) 依法必须进行招标的项目的招标人向他人透露已获取招标文件的潜在投标人的名称、数量或者可能影响公平竞争的有关招标投标的其他情况的，或者泄露标底的，给予警告，可以并处1万元以上10万元以下的罚款；对单位直接负责的主管人员和其他直接责任人员依法给予处分；构成犯罪的，依法追究刑事责任；若该行为影响中标结果的，中标无效。

(4) 依法必须进行招标的项目，招标人违反《招标投标法》规定，与投标人就投标价格、投标方案等实质性内容进行谈判的，给予警告，对单位直接负责的主管人员和其他直接责任人员依法给予处分；若该行为影响中标结果的，中标无效。

(5) 招标人在评标委员会依法推荐的中标候选人以外确定中标人的，依法必须进行招标的项目在所有投标被评标委员会否决后自行确定中标人的，中标无效，责令改正，可以处中标项目金额5‰以上10‰以下的罚款；对单位直接负责的主管人员和其他直接责任人员依法给予处分。

(6) 招标人不按照招标文件和中标人的投标文件与中标人签订合同的，或者与中标人签订背离合同实质性内容的协议的，责令改正，可以处中标项目金额5‰以上10‰以下的罚款。

4.4.2 招标代理机构违法行为应当承担的法律责任

招标代理机构违法行为应当承担的法律责任有：

违反《招标投标法》规定，泄露应当保密的与招标投标活动有关的情况和资料的，或者与招标人、投标人串通损害国家利益、社会公共利益或者他人合法权益的，处5万元以上25万元以下的罚款，对单位直接负责的主管人员和其他直接责任人员处单位罚款数额

5%以上10%以下的罚款；有违法所得的，并处没收违法所得；情节严重的，暂停直至取消招标代理资格；构成犯罪的，依法追究刑事责任；给他人造成损失的，依法承担赔偿责任。若该行为影响中标结果的，中标无效。

4.4.3　投标人违法行为应承担的法律责任

投标人违法行为应承担的法律责任包括：

(1) 投标人相互串通投标或者与招标人串通投标的，投标人以向招标人或者评标委员会成员行贿的手段谋取中标的，中标无效，处中标项目金额5‰以上10‰以下的罚款，对单位直接负责的主管人员和其他直接责任人员处单位罚款数额5%以上10%以下的罚款；有违法所得的，并处没收违法所得；情节严重的，取消其1～2年内参加依法必须进行招标项目的投标资格并予以公告，直至由工商行政管理机关吊销营业执照；构成犯罪的，依法追究刑事责任；给他人造成损失的，依法承担赔偿责任。

(2) 投标人以他人名义投标或者以其他方式弄虚作假，骗取中标的，中标无效；给招标人造成损失的，依法承担赔偿责任；构成犯罪的，依法追究刑事责任；依法必须进行招标的项目的投标人有以上行为尚未构成犯罪的，处中标项目金额5‰以上10‰以下的罚款，对单位直接负责的主管人员和其他直接责任人员处单位罚款数额5%以上10%以下的罚款；有违法所得的，并处没收违法所得，情节严重的，取消其1～3年内参加依法必须进行招标的项目的投标资格并予以公告，直至由工商行政管理机关吊销营业执照。

(3) 中标人将中标项目转让给他人的，将中标项目肢解后分别转让给他人的，违反《招标投标法》规定将中标项目的部分主体、关键性工作分包给他人的，或者分包人再次分包的，转让、分包无效，并处转让、分包项目金额5‰以上10‰以下的罚款；有违法所得的，并处没收违法所得，可以责令停业整顿；情节严重的，由工商行政管理机关吊销营业执照。

(4) 中标人不履行与招标人签订的合同的，履约保证金不予退还，给招标人造成的损失超过履约保证金数额的，还应当对超过部分予以赔偿；没有提交履约保证金的，应当对招标人的损失承担赔偿责任；中标人不按照与招标人签订的合同履行义务，情节严重的，取消其2～5年内参加依法必须进行招标项目的投标资格并予以公告，直至由工商行政管理机关吊销营业执照。

4.4.4　评标委员会违法行为应承担的法律责任

评标委员会违法行为应承担的法律责任有：

评标委员会成员收受投标人的财物或者其他好处的，评标委员会成员或者参加评标的有关工作人员向他人透露对投标文件的评审和比较，中标候选人的推荐以及与评标有关的其他情况的，给予警告，没收收受的财物，可以并处3000元以上50000元以下的罚款；对有所列违法行为的评标委员会成员取消担任评标委员会成员的资格，不得再参加任何依法必须进行招标的项目的评标；构成犯罪的，依法追究刑事责任。

4.4.5　监管人违法行为承担的法律责任

监管人违法行为承担的法律责任有：

对招标投标活动依法负有行政监督职责的国家机关工作人员徇私舞弊、滥用职权或者玩忽职守，构成犯罪的，依法追究刑事责任；不构成犯罪的，依法给予行政处分。

4.4.6 其他情况

其他违反《招标投标法》的情况包括：

(1) 任何单位和个人违反《招标投标法》规定，限制或者排斥本地区、本系统以外的法人或者其他组织参加投标的，为招标人指定招标代理机构的，强制招标人委托招标代理机构办理招标事宜的，或者以其他方式干涉招标投标活动的，责令改正；对单位直接负责的主管人员和其他直接责任人员依法给予警告、记过、记大过的处分；情节较重的，依法给予降级、撤职、开除的处分；

(2) 依法必须进行招标的项目违反《招标投标法》规定，中标无效的，应当依照《招标投标法》规定的中标条件从其他投标人中重新确定中标人或者依照《招标投标法》重新进行招标。

4.5 案 例 分 析

【案例分析 1】

1. 案情

2008 年 9 月，某市决定在该市的中心地段修建占地 500 亩的中央花园，预计投资 2.5 亿元人民币，于 2011 年 5 月前建成，由市城建局负责招标。10 月 7 日市城建局在当地的媒体上发布了招标公告。公告发布后，在截止日前，已有多家单位投标，其中该市园林建筑公司、市第一建筑公司、市第二建筑公司等 8 家单位经资格审查合格。市城建局成立了以王教授、赵总工程师、李总工程师、马总经济师、朱总经济师 5 人组成的评标委员会(其中朱总经济师是市第一建筑公司的顾问)。市第一建筑公司为了获取该工程的建筑权，向朱总经济师打听评标委员会的组成人员的名单，并送给朱总经济师人民币 5000 元，朱总经济师欣然接受了市第一建筑公司的送礼，替公司向其他几位评标委员打招呼。在评标的过程中，朱总经济师多次和市第一建筑公司的领导吃饭和娱乐，并多次向市第一建筑公司透露评标的具体情况。在朱总经济师的努力下，市第一建筑公司最终获得了该中央花园的修建权。

后该案被市园林建筑公司、市第二建筑公司等单位举报到有关部门，有关部门经过调查取证，证实举报属实，依照《招标投标法》的有关规定给予朱总经济师如下的处理：①给予警告、没收赃款 5000 元人民币并罚款 1 万元的处罚；②取消朱总经济师担任评标委员会成员的资格。

2. 分析

本案涉及评标委员会成员的违法行为及其应承担的法律责任问题。

第一，在本案中，朱总经济师担任评标委员会成员，不符合法律的规定。《中华人民共和国招标投标法》第 37 条规定：“与投标人有利害关系的人，不得进入相关项目的评标委员会，已经进入的应当更换”。本案中，朱总经济师在主观上明知自己是市第一建筑公司的顾问，与投标人之间存在利害关系，在客观上仍然担任该招标项目评标委员会成员，违反了相关法律规定。

第二，为了保证评标的公正，《招标投标法》第 44 条规定："评标委员会成员应当客观、公正地履行职务，遵守职业道德，对所提出的评审意见承担个人责任。评标委员会成员不得私下接触投标人，不得收受投标人的财物或者其他好处。评标委员会成员和参与评标的有关工作人员不得透露对投标文件的评审和比较、中标候选人的推荐情况以及与评标有关的其他情况。"在本案中，朱总经济师作为评标委员会成员，不仅接受投标人宴请，收受投标人的奖金 5000 元，而且多次向市第一建筑公司透露评标的具体情况，违反了本法第 44 条的规定，是比较严重的违法行为。

第三，朱总经济师应承担相应的法律责任。《招标投标法》第 56 条规定："评标委员会成员收受投标人的财物或者其他好处的，评标委员会成员或者参加评标的有关工作人员向他人透露对投标文件的评审和比较、中标候选人的推荐以及与评标有关的其他情况的，给予警告，没收收受的财物，可以并处 3000 元以上 5 万元以下的罚款，对有所列违法行为的评标委员会成员，取消担任评标委员会成员的资格，不得再参加任何依法必须进行招标的项目的评标；构成犯罪的，依法追究刑事责任。"本案中有关部门根据朱总经济师作为评标人不仅收受投标人 5000 元现金，而且透露与投标有关情况的违法事实，作出了警告、没收违法所得、罚款的处罚决定，无疑是正确的。

【案例分析 2】

1. 案情

某医院医技大楼设计建筑面积为 19945 平方米，预计造价 7400 万元，其中土建工程造价约为 3402 万元，配套设备暂定造价为 3998 万元。年初，该工程项目进入省建设工程交易中心以总承包方式向社会公开招标。

经常以"宇辉房地产有限公司总经理"身份对外交往的包工头郑某得知该项目的情况后，即分别到该省、市 4 家建筑公司活动，要求挂靠这 4 家公司参与投标。这 4 家公司同意其挂靠，并分别商定了"合作"条件：一是投标保证金由郑支付；二是市某建筑公司代郑编制标书，由郑支付"劳务费"，其余 3 家公司的商务标由郑编制；三是项目中标后全部或部分工程由郑组织施工，挂靠单位收取占工程造价 3%～5%的管理费。上述 4 家公司违法出让资质证明，为郑搞串标活动提供了条件。今年 1 月郑某给 4 家公司各汇去 30 万元投标保证金，并支付给市某建筑公司 1.5 万元编制标书的"劳务费"。

为揽到该项目，郑某还拉拢省交易中心评标处副处长张某、办公室副主任陈某。郑以咨询业务为名，经常请张、陈二人，并送给张某港币 5 万元、人民币 1000 元，以及人参、茶叶、香烟等物品；送给陈某港币 3 万元和洋酒等物品。张、陈两人积极为郑提供"咨询"服务，不惜泄露招投标中有关保密事项，甚至带郑到审核标底现场向有关人员打探标底，后因现场监督严格而未得逞。

1 月 22 日下午开始评标。评委会置该项目招标文件规定于不顾，把原安排 22 日下午评技术标、23 日上午评商务标两段评标内容集中在一个下午进行，致使评标委员会没有足够时间对标书进行认真细致地评审，一些标书明显存在违反招标文件规定的错误未能发现。同时，评标委员在评审中还把标底价 50%以上的配套设备暂定价 3998 万元剔除，使造价总体下浮变为部分下浮，影响了评标结果的合理性。下午 7 时 20 分左右。评标结束，中标单位为深圳市某公司。

由于郑某挂靠的4家公司均未能中标，郑便鼓动这4家公司向有关部门投诉，设法改变评标结果。因不断发生投诉，有关单位未发出中标通知书。

2. 分析

该医院医技大楼工程招投标中的违纪违法问题，是一宗包工头串通有关单位内部人员干扰和破坏建筑市场秩序的典型案件。建立建设工程交易中心是规范建筑市场秩序的一项重要举措，对建筑领域腐败问题的滋生蔓延起到了有效地遏制作用。我国多数地区有形建筑市场才建立不久，一些配套的管理制度和措施还未健全完善。当前，交易中心工作人员和评标委员成了不法分子拉拢腐蚀的重点对象，有关人员应十分警惕。整顿和规范建筑市场秩序，要把健全和规范有形建筑市场的运行作为一项重要任务来抓。要坚决将政府对工程招投标活动的监管职能与有形建筑市场的服务职能相分离，要针对交易中心建立起来后出现的新情况、新问题，采取有力措施，强化招投标工作的监管力度，切实加强有形建筑市场的规范管理。

思　考　题

1. 简述招标的程序。
2. 简述开标时投标文件无效的几种情况。
3. 招标方式有几种？它们之间的主要区别是什么？
4. 《招标投标法》对开标时间、地点及参加人等有哪些规定？
5. 《招标投标法》对评标委员会组成有哪些规定？
6. 简述投标程序。

第5章　建设工程勘察设计法规

本章学习提示：掌握建设工程勘察设计的概念和基本原则；熟悉工程勘察设计标准；熟悉工程设计的原则和依据；熟悉工程设计各设计阶段文件编制的内容与深度；熟悉建设工程的抗震防灾；了解设计文件的审批与修改；熟悉施工图审查的范围、内容以及各方责任；了解工程勘察设计合同管理；了解外商投资建设工程设计企业的管理。

5.1　概　　述

5.1.1　建设工程勘察设计的概念

建设工程勘察是指依据建设工程的要求，查明、分析、评价建设场地的性质、地理环境特征和岩土工程条件，编制建设工程勘察文件的活动。

建设工程设计是指根据建设工程的要求，对建设工程所需的技术、经济、资质、环境等条件进行综合分析、论证，编制建设工程设计文件的活动。

5.1.2　建设工程勘察设计的基本原则

（1）建设工程勘察和设计应当与社会、经济发展水平相适应，做到经济效益、社会效益和环境效益的统一。

（2）贯彻经济社会发展规划、城乡规划和产业政策，综合利用能源，满足环保要求。

（3）在工程建设的各个环节中，勘察是基础，设计是灵魂，应坚持先勘察、后设计、再施工的原则。

（4）从事建设工程勘察和设计活动的企业和专业技术人员，必须依法勘察、设计，严格执行工程建设强制性标准，并对建设工程勘察、设计的质量负责。

（5）国家鼓励在建设工程勘察和设计活动中采用先进技术、先进设备、新型材料和现代管理办法，缩短设计和建设周期、节约材料和能耗以及提高工程质量和综合经济效益。

5.1.3　建设工程勘察设计的立法概况

建设工程勘察设计法规是指调整工程勘察、设计活动中所产生的各种社会关系的法律规范的总称。

目前，我国工程勘察设计方面的立法层次总的来说还比较低，主要由建设行政主管部门及相关部委的规章和规范性文件组成。历史上颁布的现在还在使用的法规有：

1992年原建设部颁发《工程建设国家标准管理办法》和《工程建设行业标准管理办法》；

2000年原建设部颁发《建设工程勘察设计管理条例》；

2000年国务院及原建设部颁发《建设工程勘察设计管理条例》和《实施工程建设强制性标准监督规定》；

2001年原建设部颁发《建设工程勘察设计企业资质管理规定》；

2002年原建设部颁发《外商投资建设工程设计企业管理规定》；

2002年国家计委、原建设部颁发《工程勘察设计收费管理规定》；

2003年原建设部颁发《外商投资城市规划服务企业管理规定》；

2004年原建设部颁发《房屋建筑和市政基础设施工程施工图设计文件审查管理办法》；

2005年原建设部颁发《勘察设计注册工程师管理规定》；

2007年原建设部颁发《建设工程勘察设计资质管理规定》。

另外还有许多大量的规范性文件也属于工程勘察设计法规的范畴。例如常用的《民用建筑设计通则》、《建筑设计防火规范》、《高层民用建筑设计防火规范》、《工程建设标准强制条文（房屋建筑部分）》、《民用建筑工程建筑施工图设计深度图样》、《民用建筑工程建筑初步设计深度图样》、《住宅设计规范》、《城市居住区规划设计规范》等。

这些法规和规范性文件对规范工程勘察设计活动，加强勘察设计管理起了重要的作用，为适应市场经济的需要，住房和城乡建设部以及相关部委将进一步加强工程勘察设计行为的规范和管理，推动工程建设勘察设计的法制建设。

5.2 工程勘察设计标准

5.2.1 工程建设标准

1. 工程建设标准的概念

标准是指对重复性事物和概念所做的统一性规定。它以科学技术和实践经验的综合成果为基础，经有关方面协商一致，由主管机构批准，以特定形式发布，作为共同遵守的准则和依据。

工程建设标准是指对基本建设中各类工程的勘察、规划、设计、施工、安装、验收等需要协调统一的事项所制定的标准。

制定和实施各项工程建设标准，并逐步使其各系统的标准形成相辅相成、共同作用的完整体系，即实现工程建设标准化是实现现代化建设的重要手段，也是我国建设领域现阶段一项重要的经济、技术政策，它可保证工程建设质量及安全生产，全面提高工程建设的经济效益、社会效益和环境效益。

2. 工程建设标准的种类

工程建设标准从不同的角度可有不同的分类。

（1）按标准的内容分，工程建设标准可分为技术标准、经济标准和管理标准。

技术标准是指企业在进行建设中必须满足的工程技术要求。

经济标准是指在建设过程中控制资源、节约财力、避免浪费，特别是保证不可再生资源的节约使用。

管理标准是指在建设过程中合理管理，保证建设按要求顺利进行的需要。

（2）按适用范围分，工程建设标准可分为国家标准、行业标准、地方标准和企业标准。

工程建设国家标准是指在全国范围内统一的技术要求，如通用的质量标准，通用的术语、符号、代号、建筑模数等。

工程建设行业标准是指在工程建设活动中，在全国某个行业范围内统一的技术要求。如行业专用的质量标准，专用的术语、符号、代号，专用的实验、检验、评定方法等。

工程建设地方标准是指在工程建设活动中，根据当地的气候、地质、资源、环境等条件，在省、自治区、直辖市范围内统一的技术要求。它不得低于相应的国家标准或行业标准，一般由当地的建设主管部门提出。

工程建设企业标准是指在工程建设活动中，企业内部统一的技术要求。它不得低于国家标准、行业标准和地方标准，是上级标准的补充和依据自身企业特点的具体化标准。

国家鼓励企业制定的企业标准优于国家、行业、地方标准，国家鼓励企业制定的标准具体化、技术化，好的企业标准经过实践后，可以被国家、行业、地方标准所吸收和采纳。

(3) 按执行效力分，工程建设标标准可分为强制性标准和推荐性标准。

国家把标准分为强制性和推荐性两种，既可以在关键部位保证建设质量，又可以在一般部位允许企业创新改革，以便标准的更加完善。

强制性标准是指必须执行的标准，如工程建设勘察、规划、设计、施工及验收等通用的标准和质量标准等。

推荐性标准是指当事人自愿采用的标准，凡是强制性标准以外的标准皆为推荐性标准。

(4) 按使用阶段分，工程建设标准可分为设计标准和验收标准。

工程建设设计标准是工程设计中必须遵守的标准。如建筑工程设计标准又包含建筑设计基础标准、建筑设计通用标准、建筑结构设计通用标准等其他专业设计标准。

3. 工程勘察设计标准

根据《基本建设设计工作管理暂行办法》和《基本建设勘察工作管理暂行办法》的规定：工程勘察设计标准包括工程勘察设计规范和标准设计两种。

(1) 工程建设勘察设计规范，它是强制性勘察设计标准。"一经颁布，就是技术法规，在一切工程勘察设计工作中都必须执行。"勘察设计规范分为国家、部、省（自治区、直辖市）、设计单位四级。

(2) 标准设计，它是推荐性标准。"一级颁发，建设单位和设计单位要因地制宜地积极采用，凡无特殊理由的不得另行设计。"标准设计分为国家、部、省（自治区、直辖市）三级。

5.2.2　工程建设标准的制定与实施

1. 工程建设标准的制定原则

工程建设标准的制定原则主要有以下几点：

(1) 遵守国家的有关法律、法规及相关方针、政策，密切结合自然条件和实际情况，合理利用资源，充分考虑使用和维修要求，做到安全适用、技术先进、经济合理。

(2) 积极开展科学实验或测试验证。有关项目，应纳入主管部门的科研计划，认真组织实施，写出成果报告。

(3) 积极采用新技术、新工艺、新设备、新材料。经有关部门或受委托单位的鉴定，有完整的技术文件，且经实践检验的，应纳入标准。

(4) 积极采用国际标准和国外先进标准。凡经认真分析论证或测试验证，并符合我国国情的，应纳入标准。

(5) 条文规定严谨明确，文句简练，不得模棱两可。内容深度、术语、符号、计量单位等前后一致，不得矛盾。

(6) 注意与现行标准的协调。要遵守现行的工程建设标准，确有更改需要的，必须经过审批。工程建设标准中，不得规定产品标准的内容。

(7) 发扬民主、充分讨论。对有关政策问题应认真研究、统一认识；对有争论的技术性问题，应在调查研究、实验验证或专题讨论的基础上，充分协商，才做结论。

2. 工程建设标准的审批和发布

工程建设国家标准由国务院建设行政主管部门审查批准，由国务院标准化行政主管部门统一编号，国务院标准化行政主管部门和建设行政主管部门联合颁行。

工程建设行业标准由国务院有关行政主管部门审批、编号和颁布，并报国务院建设行政主管部门备案。

工程建设地方标准的制定、审批、发布方法，由省、自治区、直辖市人民政府规定。但标准发布后应报国务院建设行政主管部门和标准化行政主管部门备案。

工程建设企业标准由企业组织制定，并按国务院有关行政主管部门或省、自治区、直辖市人民政府的规定报送备案。

例如，《工程建设标准强制性条文（城市建设部分）》建标〔2000〕202号，是根据国务院《建设工程质量管理条例》和原建设部建标〔2000〕31号文件的要求，由建设行政主管部门组织编制，组织审查，并具体由建设行政主管部门标准定额司负责管理和解释。

3. 工程建设标准的实施

工程建设标准的实施，不仅关系建设工程的经济效益、社会效益和环境效益，而且直接关系到建设工程者、所有者和使用者的人身安全及国家、集体和公民的财产安全。因此，必须严格执行，认真监督。

相关法规规定：各级行政主管部门在制定有关工程建设的规定时，不得擅自更改国家及行业的强制性标准；从事工程建设活动的部门、单位和个人，都必须执行强制性标准；对于不符合强制性标准的工程勘察成果报告和规划、设计文件，不得批准使用；不按标准施工，质量达不到合格标准的工程，不得验收。

工程质量监督机构和安全监督机构，应根据现行的强制性标准，对工程建设的质量和安全进行监督，当监督机构与被监督单位对适用的强制性标准发生争议时，由该标准的批准部门进行裁决。

各级行政主管部门应对勘察、规划、设计、施工单位及建设单位执行强制性标准的情况进行监督检查。国家机构、社会团体、企业、事业单位及全体公民均有权检举、揭发违反强制性标准的行为。

对于工程建设推荐性标准，国家鼓励自愿采用。采用何种推荐性标准，由当事人在工程合同中予以确认。

5.3　设计文件的编制

5.3.1　工程设计的原则和依据

1. 工程设计的原则

工程设计是工程建设的主导环节，对工程建设的质量、投资效益起着决定性的作用。为保证国内工程设计的质量和水平，使工程设计与社会经济发展水平相适应，真正做到经济效益、社会效益和环境效益相统一，相关法规规定，工程设计必须遵循以下主要原则：

（1）贯彻经济规划、社会发展规划、城乡规划和产业政策。

经济、社会发展规划及产业政策，是国家某一时期的建设目标和指导方针，工程设计必须贯彻其精神，城市规划、村庄和集镇规划一经批准公布，即成为工程建设必须遵守的规定。工程设计活动也必须符合其要求。

（2）综合利用资源。

工程设计中，要充分考虑矿产、能源、水、农、林、牧、渔等资源的综合利用。要因地制宜，提高土地利用率。要尽量利用荒地、劣地，不占或少占耕地。工业项目中要选用能耗少的生产工艺和设备；民用项目中，要采取节约能源的措施，提倡区域集中供热，重视余热利用。城市的新建、扩建和改建项目，应配套建设节约用水设施。

（3）满足环保要求。

在工程设计中，应积极改进工艺，采取行之有效的技术措施，防止粉尘、毒物、废水、废气、废渣、噪声、放射性物质及其他有害因素对环境的污染，要进行综合治理和利用，使设计符合国家环保标准。

（4）遵守工程建设技术标准。

工程建设中有关安全、卫生和环境保护等方面的标准都是强制性标准，工程设计时必须严格遵守。

（5）采用新技术、新工艺、新材料和新设备。

工程设计应当广泛吸收国内外先进的科研和技术成果，结合我国的国情和工程实际情况，积极采用新技术、新工艺、新材料、新设备，以保证建设工程的先进性和可靠性。

（6）重视技术和经济效益的结合。

采用先进的技术，可提高生产效率，增加产量，降低成本，但往往会增加建设成本和建设工期。因此，要注重技术和经济效益的结合，从总体上全面考虑工程的经济效益、社会效益和环境效益。

（7）公共建筑和住宅要注意美观、适用和协调。

建筑既要有实用功能，又要能美化城市，给人们提供精神享受。公共建筑和住宅设计应巧于构思，使其造型新颖、独具特色，但又与周围环境相协调，保护自然景观。同时还要满足功能适用、结构合理的要求。特别强调要求“以人为本”的设计思想，对弱势群体的关心要体现在具体的设计中。

2. 工程设计的依据

《建设工程勘察设计管理条例》规定，编制工程建设勘查设计文件，应当以下列规定为依据：

（1）项目批准文件。

（2）城市规划。

（3）工程建设强制性标准。

（4）国家规定的工程建设勘察设计深度要求。

铁路、交通、水利等专业工程建设，还应当以专业规划的要求为依据。

项目建议书是进行工程设计、编制设计文件的主要依据。设计单位应积极参加项目建议书的编制、建设地址的选择、建设规划及试验研究等设计前期工作。对大型水利枢纽、水电站、大型矿山、大型工厂等重点项目，在项目据建议书批准前，可根据长远规划的要求进行必要的资源调查、工程地质和水文勘察、经济调查和多种方案的技术经济比较等方面的工作，以从中了解和掌握相关情况，收集必要的设计基础资料，为编制设计文件做好准备。

5.3.2 设计阶段和内容

1. 设计阶段的划分

根据《基本建设设计工作管理暂行办法》的规定，设计阶段可根据建设项目的复杂程度而决定。

（1）一般建设项目。

一般建设项目的设计可按初步设计和施工图设计两阶段进行。

（2）技术复杂的建设项目。

技术复杂的建设项目，可增加技术设计阶段，即按初步设计、技术设计、施工图设计三个阶段进行。

（3）存在总体部署问题的建设项目。

一些牵涉面广的建设项目，如大型矿区、油田、林区、垦区、联合企业等，存在总体开发部署等重大问题，这时，在进行一般设计前还可进行总体规划设计或总体设计。

2. 勘察、设计文件的要求

《建设工程勘察设计管理条例》规定，勘察、设计文件必须满足下述要求。

（1）勘察文件。

建设工程勘察文件，应当真实、准确，满足建设工程规划、选址、岩土治理和施工的需要。

（2）设计文件。

方案设计文件应满足编制初步设计文件和控制概算的需要；初步设计文件应满足编制施工招标文件、主要设备材料订货和编制施工图设计文件的需要；施工图设计文件应满足设备材料采购、非标准设备制作和施工的需要，并注明建设工程合理使用年限。

（3）材料、设备的选用文件。

设计文件中选用的材料、构配件、设备，应当注明其规格、型号、性能等技术指标，其质量要求必须符合国家规定的标准。

勘察、设计文件中规定采用的新技术、新材料，可能影响建设工程质量和安全，又没有国家技术标准的，应当由国家认可的检测机构进行试验、论证，出具检测报告，并经国务院有关部门或省、自治区、直辖市人民政府有关部门组织的建设工程技术专家委员会审定后，方可使用。

3. 各设计阶段文件编制的内容与深度

（1）总体设计。

1）总体设计文件的内容。

总体设计一般由文字说明和图纸两部分组成。其内容包括：建设规模、产品方案、原料来源、工艺流程概况、主要设备配备、主要建筑物及构筑物、公用和辅助工程，“三废”质量及环境保护方案、占地面积估计、总图布置及运输方案、生活区规划、生产组织和劳动定员估计、工程进度和配合要求、投资估算等。

2）总体设计文件的深度。

总体设计的深度应能满足以下要求：初步设计、主要大型设备、材料的预安排、土地征用谈判等。现在，总体设计中往往还对建设经济的指标有明确要求。

（2）初步设计。

1）初步设计的内容。

初步设计一般应包括以下有关文字说明和图纸：设计依据、设计指导思想、产品方案、各类资源的用量和来源、工艺流程、主要设备选型及配置、总图运输、主要建筑物和构筑物、公用及辅助设施、新技术采用情况、主要材料用量、外部协作条件、占地面积和土地利用情况、综合利用和“三废”治理、生活区建设、抗震和人防措施、生产组织和劳动定员、各项技术经济指标、建设顺序和期限、总概算等。

2）初步设计的深度。

初步设计的深度应能满足以下要求：设计方案的比选和确定、主要设备材料订货、土地征用、基建投资的控制、施工招标文件的编制、施工图设计的编制、施工组织设计的编制、施工准备和生产准备等。

（3）技术设计。

1）技术设计的内容。

技术设计的内容，由有关部门根据工程的特点和需要，自行制定。

2）技术设计的深度。

技术设计的深度应能满足以下要求：确定设计方案中重大技术问题和有关实验、设备制造等方面的要求。

（4）施工图设计。

1）施工图设计的内容。

施工图设计应根据已获批准的初步设计进行编制，一般应包括以下有关文字说明和图纸：封面、图纸目录、设计说明（或首页）、图纸、工程预算书等。

2）施工图设计的深度。

施工图设计的深度应能满足以下要求：能据以编织施工图预算；能据以安排材料、设备订货和非标准设备的制作；能据以进行施工和安装；能据以进行工程验收。

4. 工程概预算书

概算是初步设计文件的重要组成部分。经批准的概算是基本建设项目投资的最高额，是编制建设项目计划，签订建设项目总包合同，实行建设项目包干、控制预算、考核设计经济合理性和建设成本的依据。以批准的初步设计进行施工招标的工程，其标底应在批准的总概算范围内。

设计概算文件必须完整地反映工程项目初步设计的内容，严格执行国家有关的方针、政策和制度，实事求是地根据工程所在地的建设条件（包括自然条件、施工条件等影响造价的各种因素），按有关的依据性资料进行编制。设计概算文件为单位工程概算书、单项工程综合概算书、建设项目总概算书3种。工程预算书的编制，按照国家有关规定进行。

5.3.3 建设工程的抗震防灾

1. 建设工程的抗震防灾的概念

建设工程抗震防灾是指通过编制、实施抗震防灾规划，对建设工程进行抗震设防和加固，最大限度地抵抗和防御地震灾害的活动；对工程在建设和使用过程中可能出现的其他灾害情况作一定的考虑，预防重大的灾害发生或者是在灾害发生时能够减少损失。

2. 建设工程的抗震防灾的范围

地震烈度为六度及六度以上地区和今后有可能发生破坏性地震地区所有新建、改建、扩建工程都必须进行抗震防灾。

抗震防灾地区村镇建设中的公共建筑、统建的住宅及乡镇企业的生产、办公用房，必须进行抗震防灾，其他建设工程应根据当地经济发展水平，按因地制宜、就地取材的原则，采取抗震措施，提高村镇房屋的抗震能力。

根据2002年起实施的《建筑抗震设计规范》，六度及以上地区的建筑必须进行抗震设计，要求做到：当遭受低于本地区抗震设防烈度的多遇地震影响时，一般不受损坏或不需修理可继续使用；当遭受相当于本地区抗震设防烈度的地震时，可能损坏，经一般修理或不需修理仍可继续使用；当遭受高于本地区抗震设防烈度预估的罕遇地震时，不致倒塌或发生危及生命的严重破坏。

3. 建设工程的抗震防灾的设计

工程勘察设计单位应按规定的业务范围承担工程项目的抗震设计，严格遵守现行抗震设计规范和有关规定。工程项目的设计文件应由抗震设防的内容，包括设防的依据、设防标准、方案论证等。

新建工程采用新技术、新材料和新结构体系，均应通过相应级别的抗震性能鉴定，符合抗震要求，方可采用。工程项目抗震设计质量由建设行政主管部门会同有关部门进行审查、监督。建设项目竣工验收时，应对抗震防灾的设计要求、构造措施进行检查验收。

除了地震的灾害，在设计时还要根据当地情况和历史，考虑其他的自然灾害的存在，并作出预防；对人为的灾害，如火灾等，要在满足设计规范的同时，考虑实际的需求，以减少发生灾害的损失。

5.3.4 设计文件的审批与修改

1. 设计文件的审批

我国建设项目设计文件的审批实行“分级管理、分级审批”的原则。根据《基本建设设计工作管理暂行办法》，设计文件具体审批权限规定如下：

(1) 大中型建设项目的初步设计和总概算及技术设计，按隶属关系，由国务院主管部门或省、直辖市、自治区审批。

(2) 小型建设项目初步设计的审批权限，由主管部门或省、市、自治区自行规定。

(3) 总体规划设计（或总体设计）的审批权限与初步设计的审批权限相同。

(4) 各部直接代管的下放项目的初步设计，由国务院主管部门为主，会同有关省、市、自治区审查或批准。

(5) 施工图设计除主管部门规定要审查者外，一般不再审批，设计单位要对施工图的质量负责，并向生产、施工单位进行技术交底，听取意见。

2. 设计文件的修改

设计文件是工程建设的主要依据，经批准后，就具有一定的严肃性，不得任意修改和变更，如必须修改，则须经有关部门批准，其批准权限，视修改的内容所涉及的范围而定。根据《基本建设设计工作暂行办法》，修改设计文件应遵守以下规定：

(1) 设计文件是工程建设的主要依据，经批准后不得任意修改。

(2) 凡涉及计划任务书的主要内容，如建设规模、产品方案、建设地点、主要协作关系等方面的修改，须经原计划任务署审批机关批准。

(3) 凡涉及初步设计的主要内容，如总平面布置、主要工艺流程、主要设备、建筑面积、建筑标准、总定员、总概算等方面的修改，须经原设计审批机关批准。修改工作须由原设计单位负责进行。

(4) 施工图的修改，须由原设计单位同意。建设单位、施工单位、监理单位都无权修改建设工程勘察设计文件。确需修改的，应由原勘察设计单位修改。经原勘察设计单位书面同意，建设单位也可以委托其他具有相应资质的工程建设勘察设计单位修改。修改单位对修改的勘察设计文件承担相应责任。

(5) 施工单位、监理单位发现工程勘察设计文件不符合工程建设强制性标准、合同约定的质量要求的，应当报告建设单位，建设单位有权要求工程建设勘察设计单位对工程建设勘察设计文件进行补充、修改。建设工程勘察、设计文件内容需要作重大修改的，建设单位应当报经原审批机关批准后方可修改。

随着我国经济体制改革的深化和社会主义市场经济体制的建立，政府职能转化，投资主体多元化，我国设计文件的审批和修改必将进一步改革，政府对设计文件的审批内容将侧重于规划、安全和职业卫生、环境保护等内容（属国家投资的项目，审批内容中应有投资规模），其他内容将由建设单位自行审查。

5.4　施工图设计文件的审查

5.4.1　施工图设计文件审查的概念

施工图设计文件（以下简称施工图）审查时指国务院建设行政主管部门和省、自治区、直辖市人民政府建设行政主管部门依法认定的设计审查机构，根据国家的法律、法规、技术标准和规范，对施工图进行结构安全和强制性标准、规范执行情况等的独立审查。它是政府主管部门对建筑工程勘察设计质量监督管理的重要环节，是基本建设必不可少的程序，工程建设各方必须认真贯彻执行。

《建设工程质量管理条例》中规定“建设单位应当将施工图设计文件报县级以上人民政府建设行政主管部门或者其他有关部门审查”，“县级以上人民政府建设行政主管部门或者交通水利等有关部门应对施工图设计文件中涉及公共利益、公众安全、工程建设强制性标准的内容进行审查。未经审查批准的施工图设计文件，不得使用”。根据相关法律规定，原建设部于 2000 年 2 月下发了《建筑工程施工图设计文件审查暂行办法》（以下简称《暂行办法》)，对具体事项作出了相关规定。另外，《建筑工程施工图设计文件审查要点（试行)》、《岩土工程勘察文件审查要点（试行)》中也分专业规定了施工图审查的范围和要点。

5.4.2 施工图审查的范围和内容

1. 施工图审查的范围

《暂行办法》规定，凡属建筑工程设计等级分级标准中的各类新建、扩建、改建的建设工程项目均须进行施工图审查。各地的具体审查范围，由各省、自治区、直辖市人民政府建设行政主管部门确定。

2. 施工图审查应报送的材料

建设单位向当地施工图审查机构报送的材料应包括以下主要内容：

(1) 作为设计依据的政府有关部门的批准文件及附件。

(2) 审查合格的岩土工程勘察文件。

(3) 全套施工图（含节能计算书、结构计算书并注明计算软件的名称及版本)。

(4) 审查需要提供的其他相关材料。

3. 施工图审查的内容

《暂行办法》规定，施工图审查的主要内容为：

(1) 建筑物的稳定性与安全性，包括地基基础及结构主体的安全。

(2) 是否符合消防、节能、环保、抗震、卫生、人防等有关强制性标准、规范。

(3) 是否达到规定的施工图设计深度的要求。

(4) 是否损害公共利益。

4. 施工图审查与设计咨询的关系

施工图审查的目的是维护社会公共利益、保护社会公众的生命财产安全，因此，施工图审查主要涉及社会公众利益、公众安全方面的问题。至于设计方案在经济上是否合理、技术上是否保守、设计方案是否可以改进等这些主要只涉及业主利益的问题，是属于设计咨询范畴的内容，不属于施工图审查的范围。当然，在施工图审查中如发现这方面的问题，也可提出建议，由业主自行决定是否进行修改。如业主另行委托，也可以进行这方面的审查。

5.4.3 施工图审查机构

国务院建设主管部门负责规定审查机构的条件、施工图审查工作的管理办法，并对全国的施工图审查工作实施指导、监督。省、自治区、直辖市人民政府建设主管部门负责人本行政区域内的审查机构，对施工图审查工作实施监督管理，并按照国家确定的审查机构条件、结合本行政区内的建设规模认定相应数量的审查机构，接受国务院建设主管部门的指导和监督。市、县人民政府建设主管部门负责对本行政区域内的施工图审查工作实施日常监督管理，并接受省、自治区、直辖市人民政府建设主管部门的指导和监督。

1. 施工图审查机构应具备的条件

施工图审查是一项专业性和技术性都非常强的工作，必须由政府主管部门审定批准的审查机构来承担，它是具有独立法人资格的公益性中介组织。《暂行办法》规定，符合下列条件的机构方可承担施工图审查工作：

(1) 具有独立的法人资格。

(2) 具有符合设计审查条件的工程技术人员。不同级别的审查单位有不同的人员配备要求。

(3) 有固定的工作场所，注册资金不少于 20 万元。

(4) 有健全的技术管理和质量保证体系。

(5) 审查人员应熟练掌握国家和地方现行的强制性标准、规范。

设计审查人员必须具备的条件为：

(1) 具有 10 年以上结构设计工作经历，独立完成过 5 项 2 级以上（含 2 级）项目工程设计。

(2) 获准注册的一级注册结构工程师，并具有高级工程师职称。

(3) 年满 35 周岁并不超过 65 周岁。

(4) 有独立工作能力，并有一定语言文字表达能力。

(5) 有良好的职业道德。

2. 施工图审查机构的审批

凡符合上述条件的直辖市、计划单列市、省会城市的设计审查机构，由省、自治区、直辖市建设行政主管部门初审后，报国务院建设行政主管部门审批，并颁发施工图设计审查许可证；其他城市的设计审查机构由省级建设行政主管部门审批，并颁发施工图设计审查许可证。

取得施工图设计审查许可证的机构，方可承担审查工作。

5.4.4 施工图审查的程序

1. 施工图审查的报送

《暂行办法》规定，设计单位完成在施工图后，建设单位应将施工图连同该项目批准立项的文件或初步设计批准文件及主要的初步设计文件一起报送建设行政主管部门，由建设行政主管部门委托有关审查机构进行审查。

施工图审查涉及不同行政主管部门的业务范围，包括消防、环保、抗震、卫生等内容，为简化手续、提高办事效率，根据《暂行办法》规定，凡需进行消防、环保、抗震等专项审查的项目，应当逐步做到有关专业审查与结构安全性审查统一报送、统一受理，通过有关专项审查后，由建设行政主管部门统一颁发设计审查批准书。

2. 施工图审查的要求

(1) 审查机构审查接受后，应向建设行政主管部门提交书面的项目施工图审查报告，报告应由审查人员签字、审查机构盖章。

(2) 对于审查合格的项目，建设行政主管部门收到审查报告后，应及时向建设单位通报审查结果，并颁发施工图审查批准书；对于审查不合格的项目，由审查机构提出书面意见，并将施工图退回建设单位，交由原设计单位修改后重新报送。

（3）审查机构在收到审查材料后，应在一个期限范围内完成审查工作，并提出工作报告。施工图审查原则上不超过下列时限：

1）一级以上建筑工程、大型市政工程为15个工作日，二级及以下建筑工程、中型机以下市政工程为10个工作日；重大及技术复杂项目可适当延长。

2）工程勘察设计文件，甲级项目为7个工作日，乙级及以下项目为5个工作日。

（4）施工图一经审查批准，不得擅自进行修改。如遇特殊情况需要进行涉及审查主要内容的修改时，必须重新报请原审批部门委托审查机构审查，并经批准后方能实施。

（5）施工图审查所需经费，由施工图审查机构向建设单位收取。

5.4.5　施工图审查各方的责任

1. 设计单位与设计人员的责任

勘察设计单位及其设计人员必须对自己的勘察设计文件的质量负责，这不仅是国际上通行的规则，也是我国《建设工程质量管理条例》和《建设工程勘察设计管理条例》等法规所明确了的，它并不因通过了审查机构的审查就可以免责。审查机构的审查只是一种监督行为，它只对工程设计质量承担间接的审查责任，其直接责任仍由完成设计的单位及个人负责。若出现质量问题，设计单位及设计人员还必须依据实际情况和相关法律的规定，承担相应的经济责任、行政责任和刑事责任。

2. 审查机构及审查人员的责任

审查机构和审查人员在设计质量问题上的免责并不意味着审查机构和审查人员就不要承担任何责任。对自己的失职行为，审查机构和审查人员必须承担直接责任，这些责任可分为经济责任、行政责任和刑事责任，它将依据具体事实和相关情节依法认定。

《暂行办法》就规定，“施工图审查机构和审查人员应当依据法律、法规和国家与地方的技术标准认真履行审查职责”。“对玩忽职守、徇私舞弊、贪污受贿的审查人员和机构，由建设行政主管部门依法给予暂停或者吊销其审查资格，并处以相应的经济处罚。构成犯罪的，依法追究其刑事责任。”

3. 政府主管部门的责任

依据相关法律规定，政府各级建设行政主管部门在施工图审查中享有行政审批权，主要负责行政监督管理和程序性审批工作。它对设计文件的质量不承担直接责任，但对其审批工作的质量，负有不可推卸的责任，这个责任具体表现为行政责任和刑事责任，对此，《建设工程勘察设计管理条例》明确规定：“国家机关工作人员在建设工程勘察设计活动的监督管理工作中玩忽职守、滥用职权、徇私舞弊，构成犯罪的，依法追究刑事责任；尚不构成犯罪的，依法给予行政处分。”

5.5　建设工程勘察设计的质量监督

5.5.1　建设工程勘察设计的监督管理

1. 监督管理机构

《建设工程勘察设计管理条例》规定，国务院建设行政主管部门对全国的建设工程勘察、设计活动实施统一监督管理。国务院铁路、交通、水利等有关部门按照国务院规定的职责分工，负责全国的有关建设工程勘察、设计活动的监督管理。

县级以上地方人民政府的建设行政主管部门对本行政区域内的建设工程勘察、设计活动实施监督管理，且交通、水利等有关部门在各自的职责范围内，负责本行政区域内有关专业建设工程勘察、设计活动的监督管理。

任何单位和个人对建设工程勘察、设计活动中的违法行为都有权检举、控告、投诉。

2. 监督管理的内容

县级以上人民政府建设行政主管部门或者交通、水利等有关部门应对施工图设计文件中涉及公共利益、公众安全、工程建设强制性标准的内容进行审查。未经审查批准的施工图设计文件，不得使用。

建设工程勘察、设计单位在其勘察、设计资质证书规定的业务范围内跨部门、跨地区承揽勘察设计任务的，有关地方人民政府及其所属部门不得设置障碍，不得违反国家规定收取任何费用。

5.5.2　建设工程勘察设计的违法责任

1. 建设单位的违法责任

（1）将建设工程勘察、设计业务发包给不具有相应资质等级的建设工程勘察、设计单位的，责令改正，处以 50 万元以上 100 万元以下的罚款。

（2）建设单位在施工图设计文件未经审查或者审查不合格，却擅自施工的，将处 20 万元以上 50 万元以下的罚款。

2. 勘察、计单位的违法责任

（1）非法承揽业务的责任。

建设工程勘察设计单位未取得资质证书承揽工程的，予以取缔。以欺骗手段取得资质证书承揽工程的，吊销其资质证书。对于超越资质等级许可的范围，或以其他勘察设计单位的名义承揽勘察、设计业务；或者允许其他单位或个人以本单位的名义承揽建设工程勘察、设计业务的建设工程勘察设计单位，可责令其停业整顿，降低资质等级；情节严重的，吊销其资质证书。

对于有上述各种行为的勘察设计单位，还应处合同约定的勘察费、设计费 1 倍以上 2 倍以下的罚款，并没收其违法所得。

（2）非法转包的责任。

建设工程勘察、设计单位将所承揽的工程进行转包的，责令改正，没收违法所得，处合同约定的勘察费、设计费 25％以上 50％以下的罚款，还可责令其停业整顿、降低其资质等级，情节严重的，吊销其资质证书。

（3）不按规定进行设计的责任。

对于不按工程建设强制性标准进行勘察、设计的勘察设计单位；不按勘察成果文件进行设计，或指定建筑材料、建筑构配件生产厂、供应商的设计单位，责令其改正，并处 10 万元以上 30 万元以下的罚款。因上述行为造成工程事故的，责令停业整顿，降低资质等级；情节严重的，吊销资质证书；造成损失的，依法承担赔偿损失。

3. 勘察、设计执业人员的违法责任

未经注册，擅自以注册建造工程勘察、设计人员的名义从事建设工程勘察、设计活动的，责令停止违法行为；已经注册的执业人员和其他专业技术人员，但未受聘于一个建设工程勘察设计单位或同时受聘于两个以上建设工程勘察设计单位从事有关业务活动的，可责令停止执行业务或吊销资格证书。对于上述人员，还要没收其违法所得，处违法所得2倍以上5倍以下的罚款，给他人造成损失的，依法承担赔偿责任。

4. 国家机关工作人员的违法责任

国家机关工作人员在建设工程勘察、设计的监督管理工作中玩忽职守、滥用职权、徇私舞弊，构成犯罪的，依法追究刑事责任；尚不构成犯罪的，依法给予行政处分。

5.6 工程勘察设计合同管理

5.6.1 工程勘察设计合同的概念

工程勘察设计合同，是指建设单位或者有关单位为完成一定的勘察设计任务，明确双方权利、义务的协议。建设单位或者有关单位称委托方或委托人，勘察设计单位称承包方或勘察人、设计人。根据勘察设计合同，承包方完成委托方委托的勘察设计项目，委托方接受符合约定要求的勘察设计成果，并付给报酬。

5.6.2 工程勘察设计合同的特点

1. 勘察设计合同当事人双方应具有法人资格

工程勘察设计合同的当事人双方应当具有民事权利能力和民事能力的法人单位。从事工程勘察设计的单位应当依法取得相应等级的资质证书，并在资质等级许可的范围内承揽工程。禁止设计单位超越资质等级许可的范围或者以其他勘察设计单位的名义承揽工程，禁止勘察设计单位允许其他单位或者个人以本单位的名义承揽工程，勘察设计单位不得转包或者非法分包所承揽的工程。

2. 勘察设计合同的质量责任的特殊性

工程勘察设计单位必须按照工程建设强制性标准进行勘察设计，并对其勘察设计的质量负责。注册建筑师、注册结构工程师等注册执业人员应当在设计文件上签字，对设计文件负责。勘察单位提供的地址、测量、水文等勘察成果必须真实、准确。设计单位应当根据勘察成果文件进行建设工程设计。设计文件应当符合国家规定的设计深度要求，注明工程合理使用年限。设计单位应当参与建设工程质量事故分析，并对因设计造成的质量事故，提出相应的技术处理方案。

3. 勘察设计合同计价模式的特殊性

2002年原国家计委、原建设部颁布了《工程勘察设计收费管理规定》（计价格〔2002〕10号），规定工程勘察和工程设计收费根据建设项目投资额的不同情况，分别实行政府指导价和市场调节价。建设项目总投资额500万元及以上的工程勘察和工程设计收费实行政府指导价；建设项目总投资估算额500万元以下的工程勘察和工程设计收费实行市场调节价。

5.6.3　工程勘察设计合同

《合同法》规定，设计合同的内容包括提交有关基础资料和文件（包括概预算）的期限、质量要求、费用以及其他协作条件等条款。在实践中当事人可以按照原建设部、原国家工商行政管理局于 2003 年发布的《建设工程设计合同》示范文本订立合同。

1. 工程概况

工程概况包括：工程名称、工程规模、特征、设计阶段和内容、估算设计等。

2. 技术资料管理

双方明确约定发包人应向设计人提交的资料及文件、分数、提交时间；设计人应向承包人提交的资料及文件、分数、提交时间。

设计人提供文件的标准份数，初步设计、总体设计分别为 10 份，施工图设计、非标准设备设计、施工图预算、竣工图分别为 8 份。发包人要求增加设计文件份数的，由发包人另行支付设计文件工本费。工程设计中需要购买标准设计图的，由发包人支付购图费。

3. 付费方式

工程设计按国家规定的现行收费标准计取费用，或以“预算包干”、“中标价加签证”、“实际完成工作量结算”等方式计取收费。国家规定的收费标准中没有规定的收费项目，由发包人、设计人另行自定。

《工程勘察设计收费管理规定》（计价格〔2002〕10 号），规定工程设计收费由工程设计收费基准价和浮动收费构成。工程勘察设计收费基准价是按照原国家计委、原建设部制定的《工程勘察设计收费标准》（2002 年修订）计算出的工程设计基准收费额，工程设计收费基准价包括基本设计收费和其他设计收费两部分，浮动收费是发包人和设计人根据实际情况在规定的浮动幅度内协商确定的工程设计收费合同额。

基本设计收费是指在工程设计中提供编制初步设计文件、施工图设计文件收取的费用，并相应提供设计技术交底、解决施工中的设计技术问题、参加试车考核和竣工验收等服务。

其他设计收费是根据工程设计实际需要或者发包人要求提供相关服务收取的费用，包括总体设计费、主体设计协调费、采用标准设计和复用设计费、非标准设备设计文件编制费、施工图预算编制费、竣工图编制费等。

工程设计费的支付情况规定如下：于合同生效后 3 日内，发包人应向设计人支付预算勘察费的 20%作为定金；提交各阶段设计文件的同时支付各阶段设计费。在提交最后一部分施工图的同时结清全部设计费，不留尾款。实际设计费按初步设计概算（施工图设计概算）核定，多退少补。实际设计费与估算设计费出现差额时，双方另行签订补充协议。

4. 发包人、承包人责任

（1）发包人责任。

发包人按合同规定的内容，在规定的时间内设计人提交资料及文件，并对其完整性、正确性及时限负责。发包人不得要求设计人违法国家有关标准进行设计。发包人提交上述资料及文件超过规定时限 15 日以内，设计人按合同规定交付设计文件时间顺延；超过规定时限 15 日以上的，设计人员有权重新确定提交设计文件的时间。

发包人变更委托设计项目、规模、条件因提交的资料错误，或对所提交资料作较大修改，以致造成设计人设计需返工时，双方除需另行协商签订补充协议（或另订合同），重新明确有关条款外，发包人应按设计人所耗工作量向设计人增付设计费。在未签订合同前发包人已同意设计人为发包人所做的各项设计工作，应按收费标准相应支付设计费。

发包人要求设计人比合同规定时间提前交付设计资料及文件时，如果设计人能够做到，发包人应根据设计人提前投入的工作量，向设计人支付赶工费。

发包人应为派赴现场处理有关设计问题的工作人员，提供必要的工作生活及交通等方便条件。

发包人应保护设计人的投标书、设计方案、文件、资料图纸、数据、计算软件和专利技术。未经设计人同意，发包人对设计人交付的设计资料及文件不得擅自修改、复制或向第三人转让或用于合同外项目，如发生以上情况，发包人应负法律责任，设计人有权向发包人提出索赔。

发包人委托设计配合引进项目的设计任务，从询价、对外谈判、国内外技术考察直至建成投产的各个阶段，应吸收承担有关设计任务的设计人参加。出国费用，除制装费外，其他费用由发包人支付。发包人委托设计人承担合同内容之外的工作服务，另行支付费用。

（2）设计人责任。

设计人应按国家技术规范、标准、规程及发报人提出的要求，进行工程设计，按合同规定的进度要求提交质量合格的设计资料，并对其负责。

设计人应标明设计采用的主要技术标准、设计合理使用年限。设计人按合同规定的内容、进度及份数向发包人交付资料及文件。

设计人交付设计资料及文件后，按规定参加有关的设计审查，并根据审查结论负责对不超出原定范围的内容做必要调整补充。设计人按合同规定时限交付设计资料及文件，本年内项目开始施工，负责向发包人及施工单位进行设计交底、处理有关设计问题和参加竣工验收。在一年内项目尚未开始施工，设计人仍负责上述工作，但应按所需工作量向发包人适当收取咨询服务费，收费额由双方商定。

发包人要求设计人派专人留驻施工现场进行配合与解决有关问题时，双方应另行签订补充协议或技术咨询服务合同。

设计人为本合同项目所采用的国家或地方标准图，由发包人自费向有关出版部门购买。合同规定设计人交付的设计资料及文件份数超过《工程勘察设计收费标准》规定的份数，设计人另收工本费。

工程设计资料及文件中，建筑材料、建筑构配件和设备。应当注明其规格、型号、性能等技术指标，设计人不得指定生产厂、供应商。发包人需要设计人的设计人员配合加工订货时，所需要费用由发包人承担。

设计人应保护发包人的知识产权，不得向第三人泄露、转让发包人提交的产品图纸等技术经济资料。如发生以上情况并给发包人造成经济损失，发包人有权向设计人索赔。

5. 合同生效、终止

合同经双方签章并在发包人向设计人支付定金后生效。本合同生效后，按规定到项目所在省级建设行政主管部门规定的审查部门备案。双方认为必要时，到项目所在地工商行政管理部门申请签证。双方履行完合同规定的义务后，本合同即行终止。

由于不可抗力因素致使合同无法履行时，双方应及时协商解决。合同未尽事宜，双方可签订补充协议，有关协议及双方认可的来往电报、传真、会议纪要等，均为合同组成部分，与合同具有同等法律效力。

6. 争议解决

合同在履行过程中发生的争议，由双方当事人协商解决。协商不成的，或提交仲裁委员会仲裁；或依法向人民法院起诉。

5.6.4　工程勘察设计合同管理

建设工程设计合同管理方面的内容分别涉及《合同法》、《工程勘察设计市场管理条例》和相应合同标准文本内有关的内容。依据《合同法》的规定，建设工程设计合同需要采用书面形式，该书面形式的“设计合同文本”要求包含以下内容。

（1）建设工程名称、规模、投资额、建设地点。

（2）甲方的义务：①向设计单位提供必需资料的内容及期限；②及时办理各设计阶段的设计文件审批工作；③在工程开工前，甲方应组织有关施工单位，由乙方进行设计技术交底，工程竣工后，甲方应通知乙方参加竣工验收；④在设计人员进入施工现场进行工作时，甲方应提供必要的工作条件，并在生活上予以方便，在设计和施工过程中因技术上的特殊需要进行试制试验，所需一切费用以及为配合甲方到外地的差旅费均由甲方负责；⑤甲方必须维护乙方的设计文件，不得擅自修改，未经乙方同意，甲方不得复制、重复使用或擅自扩大建设范围，甲方有义务保护乙方的设计版权，不得转让给第三方重复使用。

（3）乙方的义务：①各阶段设计文件提交的期限；②乙方必须根据批准的设计任务书或上一阶段设计的批准文件，以及有关设计技术协议文件、设计标准、技术规范、规程、定额等提出勘察设计技术要求和进行设计，提交符合质量的设计文件；③初步设计经上级主管部门审查后，在原定任务书范围内的必要修改，乙方应负责承担；④设计单位对所承担设计任务的建设项目应配合施工，进行施工前技术交底，解决施工中的有关设计问题，负责设计变更和修改预算，参加隐蔽工程验收和工程竣工验收。

（4）设计的修改和停止：①设计文件修改的期限与费用要求；②原定任务书如有重大变更而重作或修改设计时，须具有设计审批机关或设计任务书批准机关的意见书，经双方协商，另订合同，已经进行了的设计费用的支付，按前条办法计算；③甲方因故要求中途停止设计时，应及时用书面通知乙方，已付设计费不退，并按该阶段的实际耗费工日，增付和结清设计费，同时结束合同关系。

（5）设计费的数量和交付办法：包括各阶段设计文件提交的期限与取费的标准。

（6）奖励与违约责任。

（7）其他约定。

5.7　外商投资建设工程设计企业的管理

5.7.1　外商投资建设工程设计企业的概况

外国投资者在我国境内设立外商投资建设工程设计企业，并从事建设工程设计活动，应当依法取得对外贸易经济行政主管部门颁发的外商投资企业批准书，在国家工商行政管理总局或者其授权的地方工商行政管理局注册登记，并取得建设行政主管部门颁发的建设工程设计企业资质证书。

1. 外商投资建设工程企业的概念

外商投资建设工程设计企业，是指根据我国法律、法规的规定，在我国境内投资设计的外资建设工程设计企业、中外合资经营建设工程设计企业以及中外合作经营建设工程设计企业。

随着我国市场经济的发展，外商参与我国建设工程设计的机会和案例越来越多，一般有两种参与方式：一是外商投资建设工程设计企业（独资或合资）；二是中外合作进行建设工程设计。

2. 外商投资建设工程设计企业的前提

申请设立建筑工程设计甲级资质及其他建设工程设计甲、乙级资质外商投资建设工程设计企业的，其设立由国务院对外贸易经济行政主管部门审批，其资质由国务院建设行政主管部门审批；申请设立建筑工程设计乙级资质、其他建设工程设计丙级及以下等级资质外商投资建设工程设计企业的，其设立省、自治区、直辖市人民政府对外贸易经济行政主管部门审批，其资质由省、自治区、直辖市人民政府建设行政主管部门审批。

5.7.2 外商投资建设工程设计企业的申请程序

1. 申请流程

设立外商投资建设工程设计企业，申请建筑工程设计甲级资质及其他建设工程设计甲、乙级资质的程序：

（1）申请者向拟设立企业所在地的省、自治区、直辖市人民政府对外贸易经济行政主管部门提出申请。

（2）省、自治区、直辖市人民政府对外贸易经济行政主管部门在受理申请之日起30日内完成初审；初审同意后，报国务院对外贸易经济行政主管部门。

（3）国务院对外贸易经济行政主管部门在收到初审材料之日起10日内将申请材料送到国务院建设行政主管部门征求意见。国务院对外贸易经济行政主管部门在收到国务院建设行政主管部门书面意见之日起30日内作出批准或者不批准的书面决定。予以批准的，发给外商投资企业批准证书；不予批准的，书面说明理由。

（4）取得外商投资企业批准证书的，应当在30日内登记主管机关办理企业登记注册。

（5）取得企业法人营业执照后，申请建设工程设计企业资质的，按照建设工程设计企业资质管理规定办理。

设立外商投资建设工程设计企业，申请建筑工程乙级资质和其他建设工程设计丙级及以下等级资质的程序，由各省、自治区、直辖市人民政府建设行政主管部门和对外贸易经济行政主管部门，结合本地区实际情况，参照上述规定第七条乙级建设工程设计企业资质管理规定执行。

2. 申请设立外商投资建设工程设计企业所需材料

申请设立外商投资建设工程设计企业应当向对外贸易经济行政主管部门提交下列资料：

（1）投资方法定代表人签署的外商投资建设工程设计企业设立申请书。

（2）投资方编制或者认可的可行性研究报告。

（3）投资方法定代表人签署的外商投资建设工程设计企业合同和章程（其中，设立外商建设工程设计企业只需提供章程）。

（4）企业名称预先核准通知书。

（5）投资方所在国或者地区从事建设工程设计的企业注册登记证明、银行资信证明。

（6）投资方拟派出的董事长、董事会成员、经理、工程技术负责人等任职文件及证明文件。

（7）经注册会计师或者会计师事务所审计的投资方最近三年的资产负债表和损益表。

申请外商投资建设工程设计企业资质应当向建设行政主管部门提交下列材料：

（1）外商投资建设工程设计企业资质申报表。

（2）外商投资企业批准证书。

（3）企业法人营业执照。

（4）外放投资者所在国或者地区从事建设工程设计的企业注册登记证明、银行资信证明。

（5）外国服务提供者所在国或者地区的个人执业资格证明以及由所在国或者地区政府主管部门行业学会、协会、公证机构出具的个人、企业建设工程设计业绩、信誉证明。

（6）建设工程设计企业资质管理规定要求提供的其他材料。

5.7.3　中外合作的建设工程设计

近年来，中外合作设计项目越来越多，加入世贸组织后，我国工程建设领域将更加开放。加强外国设计机构在中国的设计活动以及中外合作设计活动的管理，已成为我国有关部门面临的重要问题之一。2002 年发布了《外商投资建设工程设计企业管理规定》，2003 年发布了《外商投资城市规划服务企业管理规定》等相关文件。在现在的中国市场中，大量存在的还是中外合作的建设工程设计。

1. 中外合作的建设工程项目的范围

中国投资或者中外合资、外国贷款工程项目的设计，需要委托外国设计机构承担时，应有中国设计机构参加，进行合作设计。

中国投资的工程项目，中国设计机构能够设计的，不得委托外国设计机构承担设计，但可以引进与工程有关的部分设计技术或向外国设计机构进行技术经济咨询。

外国在中国境内投资的工程项目，原则上也应由中国设计机构承担设计；如果投资方要求由外国设计机构承担设计，应有中国设计机构参加，进行合作设计。

《建设工程勘察设计市场管理规定》（1999 年）第 22 条规定，外国勘察设计单位及其在中国境内的办事机构，不得单独承接中国境内建设项目的勘察设计业务。承接中国境内建设项目的勘察设计业务，必须与中方勘察设计单位进行合作勘察设计，也可以成立合营单位，领取相应的勘察设计资格证书，按国家有关中外合作、合营勘察设计单位的管理规定和本规定开展勘察设计业务活动。

2. 外国设计机构的资格审查

外国设计机构的设计资格经审查合格者，方可承担中国工程项目的设计任务。外国设计机构的资格是否合格，由设计项目的主管部门进行审查。

审查设计资格是否合格的主要内容包括：外国设计机构所在国或者地区出具的设计资格注册证书，技术水平、技术力量和技术装备状况，承担设计的资历和经营管理状况，社会信誉。

3. 中外合作设计的合同管理

合作设计双方必须签订合作设计合同，明确双方的权利和义务。合作设计合同应包括以下内容：

(1) 合作设计双方的名称、国籍、主营业场所和法定代表人的姓名、职务、国籍、住所。

(2) 合作的形式、目的、范围和期限。

(3) 对设计内容、深度、质量和工作进度的要求。

(4) 合作设计双方收费的货币组成、分配方法和分配比例。

(5) 合作设计双方工作联系的方法。

(6) 违法合同的责任。

(7) 对合同发生的争议的解决方法。

(8) 合同生效的条件。

(9) 合同签订的日期、地点。

在签订合作合同时，被选定为合作设计的主设计方应与项目委托方签订设计承包合同。

4. 中外合作设计的其他管理

合作设计可以包括从工程项目的调研、勘察到工程设计的全过程，也可以选择其中一个阶段进行合作。合作设计应采用先进的、适用的标准规范，合作设计双方应互相提供拟采用的范本。

合作设计双方要进行设计文件会审，并对设计质量负责。合作设计双方按合同完成设计后，送项目委托方审查认可。

在合作设计的过程中，合作设计双方应按合同要求严格履行自己的义务，若未达到合同要求，应按合同规定承担责任。

合作设计双方所得收入，应按中国有关税法规定纳税。

5.8 案例分析

【案例分析 1】

第一原告：张某

第二原告：上海某房地产开发公司

被告：上海某区建设行政主管部门

1. 案情

1999 年 3 月 15 日，被告上海某区建设行政主管部门收到第二原告举报，称其正在进行施工的建筑施工图纸存在严重质量问题，希望被告对该图纸的设计单位进行查处。被告经调查发现，该项目施工图纸由第一原告张某组织无证设计人员私自安排刻制，并使用本应当由市建委统一管理发放的施工图出图专用章，且以北京某建筑设计院上海分院的名义设计。据此，被告于 1999 年 11 月 17 日对第一原告作出了“责令停止建筑活动并处 5 万元罚款”的行政处罚。同时，上述项目的开发单位、第二原告在未验明设计单位的资质的情况下，将工程设计发包给事实上是个人的第一原告，并将无证人员设计的施工图纸交给施工单位使用，被告因此对第二原告也作出了“责令改正，并处罚款 3 万元”等的行政处罚。处罚决定书下达后，两原告均不服上述行政处罚，遂于 2000 年 1 月 6 日向法院提起行政诉讼，要求撤销被告的上述行政处罚。

第一原告认为其在设计活动中的一切行为均代表北京某建筑设计院上海分院，施工图出图专用章系由该设计院的管理机构领取，是有证从事建筑设计活动，不应由其承担无证设计的法律后果；同时，委托设计合同是在 1996 年上半年签订的，被告援引 1997 年 10 月颁布实施的地方性法规和《上海市建筑市场管理条例》对其进行处罚，在法律适用上也是错误的。第二原告则认为其所委托的设计单位是有设计资质和入沪许可的北京某建筑设计院上海分院，从未委托过第一原告个人；工程设计发包行为发生在 1996 年，1997 年经上海市建设工程招投标办公室同意，补办了招标手续。被告援引 1999 年 3 月颁布实施的法规对其进行处罚，显系适用法律不当。

而被告方则以大量证据材料证明：

(1) 第一原告与第二原告签订委托设计合同同时使用的合同章，北京某建筑设计院并不认可，该院从未有此合同章，故更不能同意第一原告使用。

(2) 第一原告及其雇用的在施工设计图纸上签字的人员均不具备国家规定的相应从业资格。

(3) 第一原告私自安排刻制了应由上海市建委颁发的“工程建设施工图出图专用章”，并在其组织无证人员设计的图纸上使用了该出图专用章，没有证据证明北京某建筑设计院在此事上有授权或共同行为。

(4) 第二原告在与第一原告签订合同时没有验证设计单位有效的证明文件。

(5) 第二原告签订委托设计合同时，看了第一原告出示的无效的营业执照后，仍与第一原告签订合同，且在施工过程中委托第一原告担任项目经理，将工程全权委托给其管理。因此，第一原告代表第二原告接受无证人员设计的施工图纸所引起的法律后果应追责至第二原告。

(6) 第二原告所称的 1997 年补办招标手续时，提交的设计合同为 1994 年的，而当时北京某建筑设计院尚未进沪，第二原告也尚未成立，招标手续显系欺骗取得。

(7) 第一原告的无证设计活动自 1996 年至被告对其进行查处的过程中，一直处于持续状态；而第二原告委托第一原告设计的行为，自双方委托设计合同签订之日至第二原告重新委托设计之日止从未间断；且该工程一直没有竣工。因此，被告援引违法行为继续期间颁布实施的法律、法规对其予以处罚，在法律适用上是正确的。

2. 案件审理

法庭对被告双方提供的证据和法律依据逐项进行了审查，认为这些证据内容真实、与被诉行政处罚决定认定的事实相关且合法，具有证明效力，法院全部予以采信，并据此确认：

（1）第一原告在进行工程项目设计时，组织没有本市建筑设计从业资格的设计人员进行设计，并在设计图纸上加盖了自行刻制的施工图出图章和施工图发图负责人章，其主观上违法的故意十分明显。被告认定其无证从事建筑设计活动的事实清楚、证据充分。

（2）第二原告在降设计这一工程重要环节发包给设计单位时，理应验明设计单位的资质证书和勘察设计临时许可证。以第二原告的行为能力，应当能够验明第一原告提供的注册税务登记证、企业法人代码证书、企业法人营业执照、进沪许可证已全部无效。

（3）第一原告与第二原高于 1997 年 4 月 18 日签订设计合同，委托设计行为自此开始，并一直继续到 1999 年 9 月 1 日第二原告将工程重新委托给其他设计所设计时止。期间，双方并未发生在终止、解除合同的情形。故对违法行为的追责，应当从行为终了之日起计算。因此，被告适用法律正确。

2000 年 4 月 13 日，受理案件的上海市某区人民法院作出了一审判决，依法确定了被告的行为合法。两原告不服一审判决，于 2000 年 4 月 20 日向上海市第一中级人民法院提起上诉。经开庭审理，二审法院于 2000 年 11 月 17 日作出了终审判决："驳回上诉，维持原判"。

3. 案例分析

在本案中，第一原告张某未经注册，以注册执业人员的名义从事建设工程勘察设计活动，且私刻图章，以其他单位的名义从事建设工程勘察设计任务；第二原告上海市某房地产开发公司违反有关法律、法规的规定，将建设工程勘察设计任务发包给不具有相应资质等级的勘察设计单位。第一原告和第二原告均违反了有关法律法规的强制性规定，本案建设行政主管部门依据有关法律规定对上述被告进行行政处罚，是正确的。

【案例分析 2】

原告：××建筑设计事务所（以下简称设计事务所）

原告：××建筑设计院（以下简称设计院）

被告：××投资有限公司（以下简称投资公司）

1. 案情

2009 年 9 月，原告某设计事务所和原告某设计院下设的某分院不具备法人资格）签订了联合设计"××商厦"建设项目协议。随后，设计事务所、设计院某分院与被告签订了一份工程设计合同。约定两原告为被告设计"××商厦"建设项目，总设计费 20 万元。两原告依约完成设计时，即通知被告付费 20 万元，被告未支付。经催讨未果，两原告向人民法院提起诉讼，要求被告支付 20 万元设计费。

被告辩称：被告的"××商厦"属乙级建设项目，而原告设计事务所设计资质属丙级，属越级设计。原告设计院无营业执照，根据原建设部有关文件规定，不得从事地方上的设计，其下属的某分院更不具有法人资格，故原、被告间签订的工程设计合同属无效合同。由于两原告的过错造成合同无效，被告不应承担设计费 20 万元。

2. 案件审理

一审法院经审理认为："××商厦"建设项目属"乙级"项目，原告设计事务所设计资质属"丙级"，设计院设计资质属"乙级"。并具有收费资格证书、上海市勘察设计临时许可证。设计院某分院和设计事务所作为承包方与被告签订工程设计合同得到设计院的认可。2010年7月16日，上海市勘察设计市场管理办公室出具确认意见，载明：设计院具备建设工程乙级设计资质，并取得进沪许可；设计事务所具备建设工程丙级设计资质。现两设计单位就“××商厦”工程施工图进行联合设计，根据原建设部建设〔1993〕678号文件第三条、《上海市工程勘察设计市场管理暂行办法》第八章、上海市建设委员会沪建设〔1993〕0597文件第六条的规定，两单位之间横向联合符合国家有关政策，应予确认。两原告与被告签订的工程设计合同可以认定为有效合同。原告依约完成了合同约定的设计，而被告未能支付设计费属违约，被告应即支付所欠设计费。被告辩称原告设计事务所设计资质不符，设计院无营业执照不能从事地方上设计，而造成合同无效之理由不能成立，遂判决被告应付两原告设计费20万元。

被告不服一审判决，上诉至二审法院，请求撤销一审判决。二审法院经审理认为：设计院某分院虽属编外事业单位，但其签约行为得到具有乙级设计资质的上级主管单位设计院承认，并持总院资格证书对外承接任务；设计事务所虽属丙级设计资质，但其与乙级资质的设计院联合设计符合国家有关规定，故设计院某分院、设计事务所与被告签订的本案工程设计合同无效。上诉人未依约支付设计费，应承担责任。原审法院认定事实基本清楚，处理并无不当。判决驳回上诉，维持原判。

3. 案例评析

合同当事人的主体资格合法，是合同生效的必要条件。我国对工程勘察设计行业实行准入制度，不具有相应资质等级条件的勘察设计企业不能承揽业务，也就不具有签订勘察设计合同的主体资格。

本案发生在《建筑法》施行之前，尽管法院根据当时的规范性文件确认了原告的主体资格，但《建筑法》对建筑市场准入有了更加严格的要求。《建筑法》第13条明确规定为“从事建筑活动的建筑施工企业、勘察单位、设计单位和工程监理单位，按照其拥有的注册资本、专业技术人员、技术装备和已完成的建筑工程业绩扽资质条件，划分为不同的资质等级，经资质审查合格，取得相应等级的资质证书后，方可在其资质等级许可的范围内从事建筑活动。”简言之，从事建筑活动应与其资质等级相适应。具体来讲，就是根据建筑工程项目本身被评定的等级，应由不低于该等级的相应资质等级的建筑施工企业、勘察单位、设计单位等承包建筑工程的勘察、设计和施工。如本案涉及的建筑工程项目属“乙级”项目，所要求的设计单位应为具有“乙级”资质等级的单位。

本案的特殊之处在于两原告实行联合设计且资质等级不同。关于联合设计的资格认定，在《建筑法》施行之前，这种资格认定要求是比较宽松的，即当其资质等级不同时，以级别高的一方为主，并由其对工程质量负责。但在《建筑法》施行后，则从严要求。根据《建筑法》第27条第2款的规定，两个以上不同资质等级的单位实行联合共同承包的，应当按照资质等级低的单位的业务许可范围承揽工程。这在审判工作中应当予以注意。

思 考 题

1. 简述工程建设标准的分类。
2. 简述工程设计的原则。

3. 工程设计分为几个阶段？各阶段设计文件编制的内容与深度要求是什么？
4. 设计文件的修改有哪些规定？
5. 施工图审查机构具备的条件是什么？
6. 施工图审查的范围和内容是什么？
7. 施工图审查各方的责任是什么？

第6章　建设工程从业资格制度

本章学习提示：掌握建设工程从业资格制度的概念；了解建设工程从业资格法规的立法现状和工程建设工程从业单位的划分；熟悉建设工程从业单位的资质等级及其标准；熟悉建设工程从业单位资质管理办法；了解外国建筑企业在我国从事建设活动的资质管理；熟悉专业技术人员执业资格制度等。

6.1 概　　述

6.1.1 建设工程从业资格制度的概念

建设工程从业资格制度是指事先依法取得相应资质或资格的单位和个人，才允许其在法律所规定的范围内从事一定建筑活动的制度。

从事建设活动的企业资质管理制度，是指建设行政主管部门对从事建设活动的房地产开发企业、工程总承包企业、建筑业企业、勘察企业、设计企业和工程监理企业的人员素质、管理水平、资金数量、业务能力等进行审查，以确定其承担任务的范围，并发给相应的资质证书的一种制度。

从业资格许可制度指国家对从事建筑活动的单位（企业）和人员实行资质或资格审查，并许可其按照相应的资质、资格条件从事相应的建筑活动的一种制度。从业资格许可制度包括从事建筑活动的单位资质制度和从事建筑活动的个人资格制度两类。从业资格制度的管理对象，单位主要包括房地产开发企业、建设工程总承包企业、建设工程勘察设计企业、建筑业企业、建设工程监理企业等，个人主要包括注册造价工程师、注册建筑师、注册监理工程师、注册结构工程师、注册房地产估价师等。

6.1.2 建设工程执业资格法规的立法现状

工程建设执业资格法规是指调整工程建设执业资格活动中发生的各种社会关系的法律规范的总称。1998年3月1日施行的《建筑法》明确规定了我国建设工程实行从业单位资质管理和从业人员资格管理制度。除此之外，还颁发了大量行政法规、部门规章及其他规范性文件。

6.2 建设工程从业单位资质管理

6.2.1 工程建设工程从业单位的划分

根据我国现行法规，我国从事工程建设活动的单位分为房地产开发企业、工程总承包企业、工程勘察设计单位、工程监理单位和建筑业企业等。

1. 房地产开发企业

房地产开发企业是指在城市及村镇从事土地开发、房屋及基础设施和配套设备开发经营业务，具有企业法人资格的经济实体。房地产开发企业有专营和兼营两类。专营企业是指以房地产开发经营为主的企业；兼营企业是指以其他经营项目为主，兼有房地产开发经营业务的企业。

2. 工程总承包企业

工程总承包企业，是指对工程从立项到交付使用的全过程进行承包的企业。工程总承包企业可以在实行工程建设全过程的总承包，也可以进行分阶段的承包；可独立进行承包，也可与其他单位联合总承包。

3. 工程勘察设计单位

工程勘察设计单位是指依法取得资格，从事工程勘察、工程设计活动的单位。工程勘察分为工程地质勘察、水文地质勘察、岩土工程、工程测量四个专业。工程设计按归口管理部门分为电力、煤炭、石油天然气、核工业、机械电子、兵器、船舶、航天航空、冶金、有色金属、化工、石油化工、轻工、纺织、铁道、交通、通信、水利水电、农业、林业、商业、广播电影电视、民用航空、建筑材料、医药、人防、物资、黄金、建筑工程、市政工程等 30 类行业。

当前，我国对工程勘察和工程设计的资格实行一业一认证制度。

4. 工程监理单位

工程监理单位，是指取得监理资质证书，具有法人资格的单位。监理单位的形式有监理公司，监理事务所，兼营监理业务的工程设计、科学研究及工程建设咨询单位。它必须与所有政府机构及事业单位脱钩，进行自主经营、自负盈亏、自担责任。按照工程性质和技术特点，工程监理单位又划分为房屋建筑工程、冶炼工程、矿山工程、化工及石油工程、水利水电工程、林业及生态工程、铁路工程、公路工程、港口与航道工程、航天航空工程、通信工程、市政公用工程、机电安装工程等 14 类。每一个工程监理单位可以同时申请一类或几类工程监理资质。

5. 建筑业企业

建筑业企业是指从事土木建筑工程、线路管道及设备安装工程、装修装饰工程等新建、扩建、改建活动的企业。它又分为工程施工总承包企业、专业承包企业和劳务分包企业三类。

施工总承包企业是指从事工程施工阶段总承包活动的企业。它可以对工程实行施工总承包或者对主体工程实行施工承包。承担施工总承包的企业可以对所承接的工程全部自行施工，也可以将非主体工程或者劳务作业分包给具有相应专业承包资质或者劳务分包资质的其他建筑业企业。根据专业范围，施工总承包企业又分为房屋建筑工程、公路工程、铁路工程、港口与航道工程、水利水电工程、电力工程矿山工程、冶炼工程、化工石油工程、市政公用工程、通信工程、机电安装工程等 12 类。《建筑业企业资质管理规定》第 13 条规定："申请施工总承包资质的建筑业企业应当在总承包序列内选择一类资质作为本企业的主项资质，并可以在总承包序列内再申请其他类不高于企业主项资质级别的资质，也可以申请不高于企业主项资质级别的专业承包资质。施工总承包企业承担总承包项目范围内的专业工程可以不再申请相应专业承包资质。”

专业承包企业是指从事施工中的专业分包活动的企业。《合同法》第 272 条第 2 款规定：“总承包人或者勘察、设计、施工承包人经发包人同意，可以将自己承包的部分工作交由第三人完成。”可见，法律允许将工程项目分包。国家计委发布的《国家基本建设大中型项目实行招标暂行规定》中规定：“主体工程不得分包。合同分包量，不得超过中标合同价的 30%。”同时分包只能发生一次，禁止分包单位将其承包的工程再分包。分包不同于转包，法律上绝对禁止转包，承包人不得将其承包的全部建设工程转包给第三人或者将其承包的全部建设工程肢解以后以分包的名义分别转包给第三人。专业承包企业可以对所承接的工程全部自行施工，也可以将劳务作业分包给具有相应劳务分包资质的劳务分包企业，但不得进行工程施工总承包活动。根据施工活动专业范围，它分为工业与民用建筑工程、冶金和有色工程、化工石油工程、水利水电工程、送变电工程、航道工程、公路工程、铁路综合工程、铁路电务工程、火电工程、核工程、矿山工程、市政工程、古建筑工程、海洋石油工程、设备安装工程、建材工业安装工程、邮电通信工程、电子工程、机械工程设备安装工程、广播电影电视设备安装工程、建筑装饰装修工程、地基与基础工程、建筑防水工程、土石方工程、爆破工程、预应力专项工程、钢结构与网架工程、消防工程、隧道工程、防腐保温工程、机械工程等 60 类施工企业。根据《建筑业企业资质管理规定》：“一个施工承包企业只能办理一个资质证书，如果一个企业具有多种专业工程施工的能力，可在申请办理一个主要资质的同时，申请其他承包工程范围。”

劳务分包企业：是指从事施工活动中劳务作业的企业。劳务分包企业只能进行劳务分包，不得从事施工总包和专业分包活动。根据其作业范围，劳务分包企业又分为木工作业、砌筑作业、混凝土作业、脚手架作业、模板作业、焊接作业、水暖电安装作业、钣金作业、架线作业等 13 类。

专业承包企业、劳务分包企业在获得一类主项资质的同时，还可以在各自资质序列内申请类别相近的其他资质。

6.2.2　建设工程从业单位的资质等级及其标准

1. 建设工程从业单位的资质等级

《建筑法》第 12 条规定，从事建筑活动的建筑施工企业、勘察单位、设计单位和工程监理单位，应当具备下列条件：

（1）有符合国家规定的注册资本。

（2）有与其从事的建筑活动相适应的具有法定执业资格的专业技术人员。

（3）有从事相关建筑活动所应有的技术装备。

（4）法律、行政法规规定的其他条件。

《建筑法》第 13 条明确规定，从事建筑活动的建筑施工企业、勘察单位、设计单位和工程监理单位，按照其拥有的注册资本、专业技术人员、技术装备和已完成的建筑工程业绩等资质条件，划分为不同的资质等级，经资质审查合格，取得相应等级的资质证书后，方可在其资质等级许可的范围内从事建筑活动。

根据现行法规，我国各类建设工程从业单位的资质等级的划分情况如下：

(1) 房地产开发企业。按照企业条件分为一、二、三、四共4个资质等级。

(2) 工程总承包企业。按照资质条件分为一、二、三共3个资质等级。

(3) 工程勘察企业。工程勘察资质分为工程勘察综合资质、工程勘察专业资质、工程勘察劳务资质。工程勘察综合资质只设甲级；工程勘察专业资质根据工程性质和技术特点设立类别和级别，原则上设甲、乙两个级别，确有必要设置丙级勘察资质的经建设行政主管部门批准后方可设置专业类丙级；工程勘察劳务资质不分级别。

(4) 工程设计企业。工程设计资质分为工程设计综合资质、工程设计行业资质、工程设计专项资质。工程设计综合资质只设甲级；工程设计行业资质设甲、乙、丙三个级别，除建筑工程、市政公用、水利和公路等行业所设工程设计丙级资质可独立进入工程设计市场外，其他行业工程设计丙级资质设置的对象仅为企业内部所属的非独立法人设计单位。工程设计专项资质的设立，需由相关行业部门或授权的行业协会提出，并经建设行政主管部门批准。工程设计的专项资质分级标准可根据专业发展的需要设置级别，一般设为甲、乙两个级别。

(5) 工程施工总承包企业。各类施工总承包企业资质等级的划分不尽相同，其中大多数划分为特、一、二、三共4级；港口与航道工程、冶炼工程、化工石油工程只划分为特、一、二共3级；而通信工程分为一、二、三共3级；机电安装工程则只划分为一、二共2级。

(6) 专业承包公司。60类专业承包企业在资质等级设置上共有四种类型：分为一、二、三共3级；分为一、二两级；分为二、三两级及不分等级。其中分为一、二、三级的为多，共有38类。分为一、二两级的有电梯安装工程、桥梁工程、隧道工程等14类。分为二、三两级的有预拌商品混凝土、混凝土预制构件、建筑防水工程、预应力工程等4类。不分等级的有公路交通工程、水上交通管制工程、城市轨道交通工程、特种专业工程等共4类。

(7) 劳务分包企业。劳务分包企业资质等级的划分较简单。除木工作业、砌筑作业、钢筋作业、脚手架作业、模板作业、焊接作业部分分为一、二两级外，其他作业都不分等级。

(8) 工程监理企业。工程监理企业资质分为综合资质、专业资质和事务所。其中，专业资质按照工程性质和技术特点划分为若干工程类别。综合资质、事务所资质不分级别。专业资质分为甲级、乙级。其中，房屋建筑、水利水电、公路和市政公用专业资质可设立丙级。

2. 建设工程从业资质等级划分标准

建设工程资质等级划分标准：是依据其拥有的注册资本、专业技术人员数量和等级、技术装备和已完成的工程业绩来划分。每一类从业单位的资质等级标准，都由相应的法规作出了具体的规定。以房屋工程总承包企业为例：

(1) 特级企业：

企业注册资金3亿元以上；

企业净资产3.6亿元以上；

企业近3年年平均工程结算收入15亿元以上；

企业其他条件达到一级资质标准。

（2）一级企业。

企业近 5 年承担过下列 6 项中的 4 项以上工程的施工总承包或者主体工程承包，工程质量合格。

1）25 层以上房屋工程；

2）高度 100 米以上的建筑物或者构筑物；

3）单体建筑面积 3 万平方米以上房屋工程；

4）单跨跨度 30 米以上的房屋建筑工程；

5）建筑面积为 10 万平方米的住宅小区或者建筑群体；

6）单项建安合同额 1 亿元以上的房屋工程。

企业经理具有 10 年以上从事工程管理工作经历或者具有高级职称；总工程师 10 以上从事建筑施工技术管理工作经历并具有本专业高级职称；总会计师具有高级会计师职称；总经济师具有高级经济师职称；

企业有职称的工程技术和经济管理人员不少于 300 人，其中工程技术人员不少于 200 人；工程技术人员中，具有高级职称的人员不少于 10 人，具有中级职称的人员不少于 60 人；企业具有一级资质项目经理不少于 12 人；

企业注册资金 5000 万元以上，净资产 6000 万元以上；企业近 3 年最高年工程结算收入 2 亿元，有与承包范围内的施工设备和质量检测设备。

6.2.3　建设工程从业单位资质管理办法

从事建设活动的企业资质管理制度，是指建设行政主管部门对从事建设活动的房地产开发企业、工程总承包企业、建筑业企业、勘察企业、设计企业和工程监理企业的人员素质、管理水平、资金数量、业务能力等进行审查，以确定其承担任务的范围，并发给相应的资质证。如工程监理企业可以根据市场需求，开展家庭居室装修监理业务。

1. 工程建设从业单位资质的审批

（1）房地产开发企业。

房地产开发企业资质等级实行分级审批。一级资质由省、自治区、直辖市人民政府建设行政主管部门初审，报国务院建设行政主管部门审批。二级资质及二级资质以下企业的审批办法由省、自治区、直辖市人民政府建设行政主管部门制定。新设立的房地产开发企业应当自领取营业执照之日起 30 日内，持营业执照复印件、企业章程、验资证明、企业法定代表人的身份证明、专业技术人员的资格证书和劳动合同等文件到房地产开发主管部门备案，并领取“暂定资质证书”，其有效期为 1 年，期满前 1 个月内向房地产开发主管部门申请核定正式资质等级。企业发生分立、合并，应当在上级主管部门批准后 30 日内，向原资质审批部门办理资质注销手续，并重新申请资质等级。

（2）工程总承包企业。

一级总承包企业由国务院建设行政主管部门审批；二、三级工程总承包企业，属于国务院有关部门的，由国务院有关部门审批，并向企业所在地省、自治区、直辖市人民政府建设行政主管部门备案；属于地方的，由省、自治区、直辖市人民政府建设行政主管部门审批。新开办的总承包企业先暂定资质等级，两年后由企业提出，原资质审批部门再核定其正式等级。

（3）工程勘察企业。

工程勘察甲级由国务院建设行政主管部门审批。但应先经企业工商注册所在地省级人民政府建设行政主管部门审核，审核部门应当对建设工程勘察企业的资质条件和企业申请资质所提供的资料进行核实。

申请工程勘察乙级资质或工程勘察劳务资质和其他建设工程勘察丙级及丙级以下资质的，由企业工商注册所在地省、自治区、直辖市人民政府建设行政主管部门审批。审批结果应当报国务院建设行政主管部门备案。具体审批程序由省、自治区、直辖市人民政府建设行政主管部门规定。

新设立的建设工程勘察企业，其资质等级最高不超过乙级，并设2年的暂定期。企业在资质暂定有效期满前两个月内，可以申请转为正式资质等级，申请时应当提供企业近两年的资质年检合格证明材料。

（4）建筑业企业。

施工总承包序列特级和一级企业、专业承包序列一级企业资质经省级建设行政主管部门审核同意后，由国务院建设行政主管部门审批；其中申请铁道、交通、水利、信息产业、民航等行业相关资质的，省级人民政府建设行政主管部门应会同相应行业省级主管行政部门一起审核，同意后报国务院相关行业主管部门进行初审，再由国务院建设行政主管部门审批。审核部门应当对建筑业企业的资质条件和申请资质提供的资料审查核实。

施工总承包序列和专业承包序列二级及二级以下企业资质，由企业注册所在地省、自治区、直辖市人民政府建设行政主管部门审批；其中申请交通、水利、通信等行业相关资质的，由省、自治区、直辖市人民政府建设行政主管部门在征得同级相关行业主管部门初审同意后进行审批。

劳务分包序列企业资质由企业工商注册所在地省、自治区、直辖市人民政府建设行政主管部门审批。

新设立的建筑业企业，其资质等级按照最低等级核定，并设一年的暂定期。由于企业改制，或者企业分立、合并后组建设立的建筑业企业，其资质等级根据实际达到的资质条件核定。

（5）工程监理企业。

申请综合资质、专业甲级资质的，应当向企业工商注册所在地的省、自治区、直辖市人民政府建设主管部门提出申请。

省、自治区、直辖市人民政府建设主管部门应当自受理申请之日起20日内初审完毕，并将初审意见和申请材料报国务院建设主管部门。

国务院建设主管部门应当自省、自治区、直辖市人民政府建设主管部门受理申请材料之日起60日内完成审查，公示审查意见，公示时间为10日。其中，涉及铁路、交通、水利、通信、民航等专业工程监理资质的，由国务院建设主管部门送国务院有关部门审核。国务院有关部门应当在20日内审核完毕，并将审核意见报国务院建设主管部门。国务院建设主管部门根据初审意见审批。

专业乙级、丙级资质和事务所资质由企业所在地省、自治区、直辖市人民政府建设主管部门审批。

专业乙级、丙级资质和事务所资质许可。延续的实施程序由省、自治区、直辖市人民政府建设主管部门依法确定。

省、自治区、直辖市人民政府建设主管部门应当自作出决定之日起 10 日内，将准予资质许可的决定报国务院建设主管部门备案。

2. 各级工程建设从业单位的业务范围

根据各级工程从业单位所具备的能力和水平，有关法规对各类从业单位所允许从业的业务范围都做出具体规定，并严格禁止越级承包业务和无资质等级资格的单位从事建筑活动。

（1）房地产开发企业。

一级房地产开发企业承担房地产项目的建设规模不受限制，并可以在全国范围内承揽房地产开发项目；二级及二级以下房地产开发企业只可承担建筑面积 25 万平方米以下的开发建设项目，承担业务的具体范围由省、自治区、直辖市人民政府建设主管部门确定。各资质等级企业应当在规定的业务范围内从事房地产开发经营业务，不得越级承担任务。

（2）工程总承包企业。

一级工程总承包企业可以承担本专业及其与其资质相适应的其他专业的大型建设项目的总承包。

二级工程总承包企业可以承担本专业及其与其资质相适应的其他专业的中型建设项目的总承包。

三级工程总承包企业可承担普通中、小型工业与民用建设项目的总承包。

一、二级总承包企业还可以跨省、自治区、直辖市独立承包项目。大、中、小建设项目的标准有关法规确定。

（3）工程勘察企业。

综合类企业可承担工程勘察所有专业的业务，范围和地区不受限制。

专业类甲级企业可在被专业范围内承担工程勘察业务，其范围和地区不受限制。

专业乙类企业可以承担本专业范围内中、小工程项目的工程勘察业务，地区不受限制。

专业丙类企业只可在本省、自治区、直辖市所辖行政区域内承担本专业范围内小型工程项目的工程勘察业务。

劳务类企业只可承担岩土工程治理、工程钻探、凿井等劳务工程，但地区不受限制。

工程项目大、中、小型的划分标准见原建设部颁发的《工程勘察资质分级标准》。

（4）工程设计企业。

工程设计综合资质企业，其承担工程设计业务范围不受限制。

行业工程设计甲级资质企业在相应行业内承担工程设计任务的范围和地区都不受限制。

行业工程设计乙级资质企业只可承担相应行业的中、小型建设项目的设计任务，但不受地区限制。

行业工程设计丙级资质企业只可在本省（自治区、直辖市）所辖行政区域内承担相应行业内小型建设设计任务。

甲、乙级资质企业还可承担相应咨询业务和除特殊规定外的相应专项工程设计任务。

工程设计专项甲级资质企业可承担大、中、小专项工程设计项目且不受地区限制。

工程设计专项乙级资质企业可承担中、小专项工程设计项目且不受地区限制。

专项甲、乙级企业都可承担相应的咨询业务。

行业建设项目等级在原建设部颁发的《工程设计资质标准》有详细规定。

（5）施工总承包企业。

特级企业可以承担各类建筑工程的施工。

一级企业可承担单项建安合同额不超过注册资金 5 倍以下房屋建筑工程的施工，具体为：

1）40 层及以下、各类跨度的房屋建筑工程。

2）总高度 240 米及以下的构筑物。

3）建筑面积 20 万平方米及以下的住宅小区或建筑群体。

二级企业可承担单项建安合同额不超过注册资金 5 倍以下房屋建筑工程的施工，具体为：

1）28 层及以下、单跨跨度 36 米及以下的房屋建筑工程。

2）总高度 120 米及以下的构筑物。

3）建筑面积 12 万平方米及以下的住宅小区或者建筑群体。

三级企业可承担单项建安合同额不超过注册资金 5 倍以下房屋建筑工程的施工，具体为：

1）14 层及以下、单跨跨度 24 米及以下的房屋建筑工程。

2）总高度 70 米及以下的构筑物。

（6）专业承包企业。

以地基与基础工程专业承包工程范围为例：

一级企业可承担各类地基与基础工程的施工。

二级企业可承担造价 1000 万元及以下各类地基与基础工程的施工。

三级企业可承担造价 300 万元及以下各类地基与基础工程的施工。

（7）工程监理企业。

工程监理企业资质相应许可的业务范围如下：

1）综合资质。

可以承担所有专业工程类别建设工程项目的工程监理业务。

2）专业资质。

专业甲级资质可承担相应专业工程类别建设工程项目的工程监理业务（见表 6－1）。

专业乙级资质可承担相应专业工程类别二级以下（含二级）建设工程项目的工程监理业务（见附表 2）。

专业丙级资质，可承担相应专业工程类别三级建设工程项目的工程监理业务（见表 6-1）。

3）事务所资质。

可承担三级建设工程项目的工程监理业务（见表 6-1），但是，国家规定必须实行强制监理的工程除外。

表 6-1　　专业工程类别和等级表

序号	工程类别		一　级	二　级	三　级
一	房屋建筑工程	一般公共建筑	28 层以上；36 米跨度以上（轻钢结构除外）；单项工程建筑面积 3 万平方米以上	14～28 层；24～36 米跨度（轻钢结构除外）；单项工程建筑面积 1 万～3 万平方米	14 层以下；24 米跨度以下（轻钢结构除外）；单项工程建筑面积 1 万平方米以下
		高耸构筑工程	高度 120 米以上	高度 70～120 米	高度 70 米以下
		住宅工程	小区建筑面积 12 万平方米以上；单项工程 28 层以上	建筑面积 6 万～12 万平方米；单项工程 14～28 层	建筑面积 6 万平方米以下；单项工程 14 层以下
二	冶炼工程	钢铁冶炼、连铸工程	年产 100 万吨以上；单座高炉炉容 1250 立方米以上；单座公称容量转炉 100 吨以上；电炉 50 吨以上；连铸年产 100 万吨以上或板坯连铸单机 1450 毫米以上	年产 100 万吨以下；单座高炉炉容 1250 立方米以下；单座公称容量转炉 100 吨以下；电炉 50 吨以下；连铸年产 100 万吨以下或板坯连铸单机 1450 毫米以下	
		轧钢工程	热轧年产 100 万吨以上，装备连续、半连续轧机；冷轧带板年产 100 万吨以上，冷轧线材年产 30 万吨以上或装备连续、半连续轧机	热轧年产 100 万吨以下，装备连续、半连续轧机；冷轧带板年产 100 万吨以下，冷轧线材年产 30 万吨以下或装备连续、半连续轧机	
		冶炼辅助工程	炼焦工程年产 50 万吨以上或炭化室高度 4.3 米以上；单台烧结机 100 平方米以上；小时制氧 300 立方米以上	炼焦工程年产 50 万吨以下或炭化室高度 4.3 米以下；单台烧结机 100 平方米以下：小时制氧 300 立方米以下	
		有色冶炼工程	有色冶炼年产 10 万吨以上；有色金属加工年产 5 万吨以上；氧化铝工程 40 万吨以上	有色冶炼年产 10 万吨以下；有色金属加工年产 5 万吨以下；氧化铝工程 40 万吨以下	
		建材工程	水泥日产 2000 吨以上；浮化玻璃日熔量 400 吨以上；池窑拉丝玻璃纤维、特种纤维；特种陶瓷生产线工程	水泥日产 2000 吨以下：浮化玻璃日熔量 400 吨以下；普通玻璃生产线；组合炉拉丝玻璃纤维；非金属材料、玻璃钢、耐火材料、建筑及卫生陶瓷厂工程	

续表

序号	工程类别		一　级	二　级	三　级
三	矿山工程	煤矿工程	年产120万吨以上的井工矿工程；年产120万吨以上的洗选煤工程；深度800米以上的立井井筒工程；年产400万吨以上的露天矿山工程	年产120万吨以下的井工矿工程；年产120万吨以下的洗选煤工程；深度800米以下的立井井筒工程；年产400万吨以下的露天矿山工程	
		冶金矿山工程	年产100万吨以上的黑色矿山采选工程；年产100万吨以上的有色砂矿采、选工程；年产60万吨以上的有色脉矿采、选工程	年产100万吨以下的黑色矿山采选工程；年产100万吨以下的有色砂矿采、选工程；年产60万吨以下的有色脉矿采、选工程	
		化工矿山工程	年产60万吨以上的磷矿、硫铁矿工程	年产60万吨以下的磷矿、硫铁矿工程	
		铀矿工程	年产10万吨以上的铀矿；年产200吨以上的铀选冶	年产10万吨以下的铀矿；年产200吨以下的铀选冶	
		建材类非金属矿工程	年产70万吨以上的石灰石矿；年产30万吨以上的石膏矿、石英砂岩矿	年产70万吨以下的石灰石矿；年产30万吨以下的石膏矿、石英砂岩矿	
四	化工石油工程	油田工程	原油处理能力150万吨/年以上、天然气处理能力150万方/天以上、产能50万吨以上及配套设施	原油处理能力150万吨/年以下、天然气处理能力150万方/天以下、产能50万吨以下及配套设施	
		油气储运工程	压力容器8兆帕以上；油气储罐10万立方米/台以上；长输管道120公里以上	压力容器8兆帕以下；油气储罐10万立方米/台以下；长输管道120公里以下	
		炼油化工工程	原油处理能力在500万吨/年以上的一次加工及相应二次加工装置和后加工装置	原油处理能力在500万吨/年以下的一次加工及相应二次加工装置和后加工装置	
		基本原材料工程	年产30万吨以上的乙烯工程；年产4万吨以上的合成橡胶、合成树脂及塑料和化纤工程	年产30万吨以下的乙烯工程；年产4万吨以下的合成橡胶、合成树脂及塑料和化纤工程	
		化肥工程	年产20万吨以上合成氨及相应后加工装置；年产24万吨以上磷氨工程	年产20万吨以下合成氨及相应后加工装置；年产24万吨以下磷氨工程	
		酸碱工程	年产硫酸16万吨以上；年产烧碱8万吨以上；年产纯碱40万吨以上	年产硫酸16万吨以下；年产烧碱8万吨以下；年产纯碱40万吨以下	
		轮胎工程	年产30万套以上	年产30万套以下	

续表

序号	工程类别		一　级	二　级	三　级
四	化工石油工程	核化工及加工工程	年产 1000 吨以上的铀转换化工工程；年产 100 吨以上的铀浓缩工程；总投资 10 亿元以上的乏燃料后处理工程；年产 200 吨以上的燃料元件加工工程；总投资 5000 万元以上的核技术及同位素应用工程	年产 1000 吨以下的铀转换化工工程；年产 100 吨以下的铀浓缩工程；总投资 10 亿元以下的乏燃料后处理工程；年产 200 吨以下的燃料元件加工工程；总投资 5000 万元以下的核技术及同位素应用工程	
		医药及其他化工工程	总投资 1 亿元以上	总投资 1 亿元以下	
五	水利水电工程	水库工程	总库容 1 亿立方米以上	总库容 1000 万～1 亿 m^3	总库容 1 千万立方米以下
		水力发电站工程	总装机容量 300 兆瓦以上	总装机容量 50 兆瓦～300 兆瓦	总装机容量 50 兆瓦以下
		其他水利工程	引调水堤防等级 1 级；灌溉排涝流量 5 立方米/秒以上；河道整治面积 30 万亩以上；城市防洪城市人口 50 万人以上；围垦面积 5 万亩以上；水土保持综合治理面积 1000 平方公里以上	引调水堤防等级 2、3 级；灌溉排涝流量 0.5～5 立方米/秒；河道整治面积 3 万～30 万亩；城市防洪城市人口 20 万～50 万人；围垦面积 0.5 万～5 万亩；水土保持综合治理面积 100～1000 平方公里	引调水堤防等级 4、5 级；灌溉排涝流量 0.5 立方米/秒以下；河道整治面积 3 万亩以下；城市防洪城市人口 20 万人以下；围垦面积 0.5 万亩以下；水土保持综合治理面积 100 平方公里以下
六	电力工程	火力发电站工程	单机容量 30 万千瓦以上	单机容量 30 万千瓦以下	
		输变电工程	330 千伏以上	330 千伏以下	
		核电工程	核电站；核反应堆工程		
七	农林工程	林业局（场）总体工程	面积 35 万公顷以上	面积 35 万公顷以下	
		林产工业工程	总投资 5000 万元以上	总投资 5000 万元以下	
		农业综合开发工程	总投资 3000 万元以上	总投资 3000 万元以下	
		种植业工程	2 万亩以上或总投资 1500 万元以上	2 万亩以下或总投资 1500 万元以下	
		兽医/畜牧工程	总投资 1500 万元以上	总投资 1500 万元以下	
		渔业工程	渔港工程总投资 3000 万元以上；水产养殖等其他工程总投资 1500 万元以上	渔港工程总投资 3000 万元以下；水产养殖等其他工程总投资 1500 万元以下	
		设施农业工程	设施园艺工程 1 公顷以上；农产品加工等其他工程总投资 1500 万元以上	设施园艺工程 1 公顷以下；农产品加工等其他工程总投资 1500 万元以下	

续表

序号	工程类别		一　级	二　级	三　级
七	农林工程	核设施退役及放射性三废处理处置工程	总投资5000万元以上	总投资5000万元以下	
八	铁路工程	铁路综合工程	新建、改建一级干线；单线铁路40公里以上；双线30公里以上及枢纽	单线铁路40公里以下；双线30公里以下；二级干线及站线；专用线、专用铁路	
		铁路桥梁工程	桥长500米以上	桥长500米以下	
		铁路隧道工程	单线3000米以上；双线1500米以上	单线3000米以下；双线1500米以下	
		铁路通信、信号、电力电气化工程	新建、改建铁路（含枢纽、配、变电所、分区亭）单双线200公里及以上	新建、改建铁路（不含枢纽、配、变电所、分区亭）单双线200公里及以下	
九	公路工程	公路工程	高速公路	高速公路路基工程及一级公路	一级公路路基工程及二级以下各级公路
		公路桥梁工程	独立大桥工程；特大桥总长1000米以上或单跨跨径150米以上	大桥、中桥桥梁总长30～1000米或单跨跨径20～150米	小桥总长30米以下或单跨跨径20米以下；涵洞工程
		公路隧道工程	隧道长度1000米以上	隧道长度500～1000米	隧道长度500米以下
		其他工程	通讯、监控、收费等机电工程，高速公路交通安全设施、环保工程和沿线附属设施	一级公路交通安全设施、环保工程和沿线附属设施	二级及以下公路交通安全设施、环保工程和沿线附属设施
十	港口与航道工程	港口工程	集装箱、件杂、多用途等沿海港口工程2万吨级以上；散货、原油沿海港口工程3万吨级以上；1000吨级以上内河港口工程	集装箱、件杂、多用途等沿海港口工程2万吨级以下；散货、原油沿海港口工程3万吨级以下；1000吨级以下内河港口工程	
		通航建筑与整治工程	1000吨级以上	1000吨级以下	
		航道工程	通航3万吨级以上船舶沿海复杂航道；通航1000吨级以上船舶的内河航运工程项目	通航3万吨级以下船舶沿海航道；通航1000吨级以下船舶的内河航运工程项目	
		修造船水工工程	1万吨位以上的船坞工程；船体重量5000吨位以上的船台、滑道工程	1万吨位以下的船坞工程；船体重量5000吨位以下的船台、滑道工程	
		防波堤、导流堤等水工工程	最大水深6米以上	最大水深6米以下	

续表

序号	工程类别		一　　级	二　　级	三　　级
十	港口与航道工程	其他水运工程项目	建安工程费 6000 万元以上的沿海水运工程项目；建安工程费 4000 万元以上的内河水运工程项目	建安工程费 6000 万元以下的沿海水运工程项目；建安工程费 4000 万元以下的内河水运工程项目	
十一	航天航空工程	民用机场工程	飞行区指标为 4E 及以上及其配套工程	飞行区指标为 4D 及以下及其配套工程	
		航空飞行器	航空飞行器（综合）工程总投资 1 亿元以上；航空飞行器（单项）工程总投资 3000 万元以上	航空飞行器（综合）工程总投资 1 亿元以下；航空飞行器（单项）工程总投资 3000 万元以下	
		航天空间飞行器	工程总投资 3000 万元以上；面积 3000 平方米以上；跨度 18 米以上	工程总投资 3000 万元以下；面积 3000 平方米以下；跨度 18 米以下	
十二	通信工程	有线、无线传输通信工程，卫星、综合布线	省际通信、信息网络工程	省内通信、信息网络工程	
		邮政、电信、广播枢纽及交换工程	省会城市邮政、电信枢纽	地市级城市邮政、电信枢纽	
		发射台工程	总发射功率 500 千瓦以上短波或 600 千瓦以上中波发射台；高度 200 米以上广播电视发射塔	总发射功率 500 千瓦以下短波或 600 千瓦以下中波发射台；高度 200 米以下广播电视发射塔	
十三	市政公用工程	城市道路工程	城市快速路、主干路，城市互通式立交桥及单孔跨径 100 米以上桥梁；长度 1000 米以上的隧道工程	城市次干路工程，城市分离式立交桥及单孔跨径 100 米以下的桥梁；长度 1000 米以下的隧道工程	城市支路工程、过街天桥及地下通道工程
		给水排水工程	10 万吨/日以上的给水厂；5 万吨/日以上污水处理工程；3 立方米/秒以上的给水、污水泵站；15 立方米/秒以上的雨泵站；直径 2.5 米以上的给排水管道	2 万～10 万吨/日的给水厂；1 万～5 万吨/日污水处理工程；1～3 立方米/秒的给水、污水泵站；5～15 立方米/秒的雨泵站；直径 1～2.5 米的给水管道；直径 1.5～2.5 米的排水管道	2 万吨/日以下的给水厂；1 万吨/日以下污水处理工程；1 立方米/秒以下的给水、污水泵站；5 立方米/秒以下的雨泵站；直径 1 米以下的给水管道；直径 1.5 米以下的排水管道
		燃气热力工程	总储存容积 1000 立方米以上液化气贮罐场（站）；供气规模 15 万立方米/日以上的燃气工程；中压以上的燃气管道、调压站；供热面积 150 万平方米以上的热力工程	总储存容积 1000 立方米以下的液化气贮罐场（站）；供气规模 15 万立方米/日以下的燃气工程；中压以下的燃气管道、调压站；供热面积 50 万～150 万平方米的热力工程	供热面积 50 万平方米以下的热力工程

续表

序号	工程类别		一级	二级	三级
十三	市政公用工程	垃圾处理工程	1200吨/日以上的垃圾焚烧和填埋工程	500～1200吨/日的垃圾焚烧及填埋工程	500吨/日以下的垃圾焚烧及填埋工程
		地铁轻轨工程	各类地铁轻轨工程		
		风景园林工程	总投资3000万元以上	总投资1000万～3000万元	总投资1000万元以下
十四	机电安装工程	机械工程	总投资5000万元以上	总投资5000万以下	
		电子工程	总投资1亿元以上；含有净化级别6级以上的工程	总投资1亿元以下；含有净化级别6级以下的工程	
		轻纺工程	总投资5000万元以上	总投资5000万元以下	
		兵器工程	建安工程费3000万元以上的坦克装甲车辆、炸药、弹箭工程；建安工程费2000万元以上的枪炮、光电工程；建安工程费1000万元以上的防化民爆工程	建安工程费3000万元以下的坦克装甲车辆、炸药、弹箭工程；建安工程费2000万元以下的枪炮、光电工程；建安工程费1000万元以下的防化民爆工程	
		船舶工程	船舶制造工程总投资1亿元以上；船舶科研、机械、修理工程总投资5000万元以上	船舶制造工程总投资1亿元以下；船舶科研、机械、修理工程总投资5000万元以下	
		其他工程	总投资5000万元以上	总投资5000万元以下	

注 1. 表中的“以上”含本数，“以下”不含本数。

2. 未列入本表中的其他专业工程，由国务院有关部门按照有关规定在相应的工程类别中划分等级。

3. 房屋建筑工程包括结合城市建设与民用建筑修建的附建人防工程。

工程监理企业可以开展相应类别建设工程的项目管理、技术咨询等业务。

6.2.4 外国建筑企业在我国从事建设活动的资质管理

1. 中外合作设计

需由外方合作设计的建设项目，由设计项目的主管部门对外国设计机构的设计资格进行审查，审查合格者，方可承担该项目的设计任务。审查的主要内容有：外国设计机构所在国或地区出具的设计资格注册证书；其技术水平、技术力量和技术装备状况；承担工程设计的资历和经营管理状况；社会信誉。

2. 中外合营工程设计机构

中外合营工程设计机构可以是中外合资经营企业，也可是中外合作经营企业，它们都是中国的法人。中外合营工程设计机构的中方合营者，应是持有中华人民共和国甲、乙级工程设计证书的设计单位；外方合营者应是在其所在国或地区有较好的社会信誉、在国际设计市场上有较强竞争能力的注册设计机构或注册建筑师、注册工程师。

3. 外国工程承包企业

外国工程承包企业是指在中国境内从事承包工程活动的外国公司和其他经济组织。我国港、澳、台地区的企业在祖国内地（大陆）境内承包工程，将比照对外国工程承包企业的规定进行管理。

凡在我国境内从事房屋、土木工程的建设、装饰或线路、管道、设备安装承包活动的外国企业，都必须在我国境内设立办事机构，配备相应的管理人员和工程技术人员，并按规定到审查机关办理“外国企业承包工程资质证”。在我国一个省或自治区、直辖市辖区内承包工程，由工程所在地省级人民政府建设行政主管部门审查办理；在我国经济特区深圳、珠海、汕头和沿海开放城市大连、秦皇岛、烟台、青岛、连云港、南通、宁波、温州、福州、广州、湛江、北海承包工程的，由当地人民政府建设行政主管部门审查办理；同时在我国两个或两个以上省区内承包工程的，由国务院建设行政主管部门审查办理；已在我国一个地区取得资质证后，需到我国境内第二个或两个以上省、自治区、直辖市再承包工程的，必须到原建设部重新申办资质证。“外国企业承包工程资质证”有效期为 5 年，自批准之日算起，有效期满，仍需继续在我国境内从事承包工程活动的，应在有效期满前 6 个月内到审查机关重新办理。

4. 外商投资的建筑业企业

外商投资的建筑业企业是指中外合资、合作经营土木建筑工程，线路、管道及设备安装工程，建筑装饰装修工程的新建、扩建、改建活动的企业。我国暂不允许设立外商独资的建筑业企业。我国港、澳、台地区的投资者在大陆境内投资设立建筑业企业的，参照外商投资建筑业企业的规定进行管理。

外商投资建筑业企业的中方必须是二级或二级以上的建筑业企业，外方必须具有较高的技术、管理水平，有良好信誉并取得企业法人资格的建筑业企业。外商投资建筑业企业级，其资质分一级、二级、三级共 3 级，其承包工程范围与国内建筑企业相同。

申请设立一级资质的外商投资建筑业企业，由国务院建设行政主管部门审定，对外经济贸易部审批；申请二级及二级以下的，由省级建设行政主管部门审定，省级对外经济贸易部审批。中方合营者为国务院各部门直属企业的，由国务院建设行政主管部门审定，对外经济贸易部审批。

5. 中外合营和中外合作监理单位

中外合营、中外合作监理单位的资质分为甲、乙、丙三级，设立时，都先按中方合营者或中方合作者的隶属关系，由省、自治区、直辖市人民政府建设行政主管部门或国务院工业、交通等部门进行资质初审，然后报国务院建设行政主管部门审批，再报国务院对外经济贸易主管部门审定。其他管理办法与国内监理单位相同。

相关法规规定，各级行政主管部门在制定有关工程建设的规定时，不得擅自更改国家及行业的强制性标准；从事工程建设活动的部门、单位和个人，都必须执行强制性标准；对于不符合强制性标准的工程勘察成果报告和规划、设计文件，不得批准使用；不按标准施工，质量达不到合格标准的工程，不得验收。

工程质量监督机构和安全监督机构，应根据现行的强制性标准，对工程建设的质量和安全进行监督，当监督机构与被监督单位对适用的强制性标准发生争议时，由该标准的批准部门进行裁决。

各级行政主管部门应对勘察、规划、设计、施工单位及建设单位执行强制性标准的情况进行监督检查。国家机构、社会团体、企业、事业单位及全体公民均有权检举、揭发违反强制性标准的行为。

对于工程建设推荐性标准，国家鼓励自愿采用。采用何种推荐性标准，由当事人在工程合同中予以确认。

6.3 建设工程专业技术人员执业资格制度

6.3.1 执业资格制度概述

执业资格制度，是对具有一定专业学历的技术人员，要求参加相关考试以获取执业资格，在按规定进行注册后方可实际执业的管理制度的总称。工程建设从业人员执业资格制度，是指建设行政主管部门及有关部门对从事建筑活动的专业技术人员，依法进行考试和注册，并颁发执业资格证书的一种制度。《建筑法》第 14 条规定，从事建筑活动的专业技术人员，应当依法取得相应的执业资格证书，并在执业资格证书许可的范围内从事建筑活动。

建筑行业按计划将实行注册建筑师、注册结构工程师、注册监理工程师、注册造价工程师、注册房地产估价师、注册规划师、注册建造师、注册风景园林师制度。与工程建设有关的还有注册咨询工程师、注册土木工程师（岩土）、注册土木工程师（港口与航道工程）等注册工程师制度。

6.3.2 执业资格制度种类

1. 注册结构工程师制度

注册结构工程师是指取得注册结构工程师执业资格证书和注册证书，从事房屋结构、桥梁结构及塔架结构等工程设计及相关业务的专业技术人员。根据 1997 年 9 月 1 日原建设部、人事部联合颁发的《注册结构工程师执业资格制度暂行规定》，注册结构工程师分为一、二两级。

（1）注册结构工程师的考试。

注册结构工程师的考试实行全国统一大纲、统一命题、统一组织的方法，原则上每年举行一次。参考人员资格、具体考试内容和考试方法由住建部与人事部规定。一级注册结构工程师的考试分为基础考试和专业考试两部分。通过基础考试的人员，从事结构工程设计或相关业务满一定年限，方可申请参加专业考试。

（2）注册结构工程师的注册。

取得注册结构工程师执业资格者，要从事结构工程设计业务的，必须先行注册，有下列情形之一的，不予注册：

1）不具备完全民事行为能力的。

2）因受刑事处罚，自处罚完毕之日起至申请之日止不满 5 年的。

3）因在结构工程设计或相关业务中犯有错误受到行政处罚或撤职以上行政处分，自处罚决定之日起至申请注册之日止不满 2 年的。

4）受吊销注册结构工程师证书处罚，自处罚决定之日起至申请之日止不满 5 年的。

5）国务院建设行政主管部门和有关部门规定不予注册的其他情形。

注册结构工程师注册有效期为 2 年，有效期届满需要继续注册的，应当在期满前 30 日内办理注册手续。

注册结构工程师注册后，发生下列情形之一，注册结构工程师管理委员会将撤销其注册，并收回注册证书：

1）完全丧失民事行为能力的。

2）受刑事处罚的。

3）因在工程设计或相关业务中造成工程事故，受到行政处罚或撤职以上行政处分的。

4）自行停止注册结构工程师业务满 2 年的。

注册被撤销后，可按规定要求重新申请注册。

2. 注册监理工程师制度

注册监理工程师是指经全国统一考试合格取得监理工程师资格证书并经注册取得监理工程师岗位证书的工程建设监理人员。世界上大多数国家并未设立单独的注册监理工程师制度，其工程监理资格是与其他执业资格联系在一起的，如日本《建筑师法》中就规定，取得建筑师资格的可同时执行工程监理的业务。美国建筑师的业务中也包括工程监理。我国根据国情的需要，于 1992 年开始建立注册监理工程师制度，规定监理工程师为岗位职务，并按专业设置相应岗位。

1）注册监理工程师的考试。

注册监理工程师的资格考试，实行全国统一大纲、统一命题，在全国监理工程师资格考试委员会的统一组织指导下进行，原则上每年举行一次。报名参加注册监理工程师执业资格考试的人员必须具有工程技术或工程经济专业大专或大专以上学历，具有高级专业技术职务或取得中级专业技术职务后从事工程设计、施工管理或工程监理等工程实践满 3 年，还要获得所在单位的推荐。

2）注册监理工程师的注册。

经监理工程师资格考试合格者，由监理工程师注册机关核发监理工程师资格证书，监理工程师资格证书持有者，自领取证书起，5 年内未注册，其证书失效。取得《监理工程师资格证书》，并同时具备以下三个条件的人员，可以由其聘用的工程建设监理企业统一向本地区或本部门的监理工程师注册机关提出申请：

(1) 热爱中华人民共和国，拥护社会主义制度，遵纪守法，遵守监理工程师职业道德。

(2) 身体健康，胜任工程建设的现场管理工作。

(3) 已取得监理工程师资格证书。

国家行政管理机关现职工作人员，不得申请监理工程师注册。已经注册的监理工程师，不得以个人名义私自承接工程建设监理业务。注册管理机构每 5 年对监理工程师的注册复查一次，对不符合条件的，注销其注册，收回监理工程师岗位证书。

3. 注册造价工程师制度

注册造价工程师是指由国家授予资格并准予注册后执业，专门接受某个部门或某个单位的指定、委托或聘请，负责并协助其进行工程造价的计价、定价及管理业务，以维护其合法权益的工程经济专业人员。国家在工程造价领域实施造价工程师执业资格制度。凡从事工程建设活动的建设、设计、施工、工程造价咨询、工程造价管理等单位和部门，必须在计价、评估、审查（核）、控制及管理等岗位配套有造价工程师执业资格的专业技术人员。

1）注册造价工程师的考试。

全国造价工程师执业资格考试由国家建设行政主管部门与人事部门共同组织，考试每年举行一次，造价工程师执业资格考试实行全国统一大纲、统一命题、统一组织的办法。原则上每年举行一次，原则上只在省会城市设立考点。考试采用滚动管理，共设5个科目，单科滚动周期为2年。报考造价工程师的人员必须是工程造价专业大专毕业，从事工程造价业务工作满5年；工程或工程经济类大专毕业，从事工程造价业务工作满6年。

2）注册造价工程师的注册。

取得执业资格的人员，受聘于一个工程造价咨询企业或者工程建设领域的建设、勘察设计、施工、招标代理、工程监理、工程造价管理等单位；经过注册方能以注册造价工程师的名义执业。取得执业资格的人员申请注册的，应当向聘用单位工商注册所在地的省、自治区、直辖市人民政府建设主管部门（以下简称省级注册初审机关）或者国务院有关部门（以下简称部门注册初审机关）提出注册申请。

取得资格证书的人员，可自资格证书签发之日起1年内申请初始注册。逾期未申请者，须符合继续教育的要求后方可申请初始注册。初始注册的有效期为4年。注册造价工程师注册有效期满需继续执业的，应当在注册有效期满30日前，按照规定的程序申请延续注册。延续注册的有效期为4年。在注册有效期内，注册造价工程师变更执业单位的，应当与原聘用单位解除劳动合同，并按照规定的程序办理变更注册手续。变更注册后延续原注册有效期。

4. 注册城市规划师制度

注册城市规划师是指通过全国统一考试，取得注册城市规划师执业资格证书，并经注册登记后从事城市规划业务工作的专业技术人员。

1）注册城市规划师的考试。

注册城市规划师的考试从2000年开始实施，原则上每年举行一次（一般安排在10月份）。人事部和住建部共同负责注册城市规划师执业资格考试工作，日常管理工作由住建部或其授权的机构负责。具体考务工作委托人事部人事考试中心组织实施。注册城市规划师执业资格考试成绩实行2年为一个周期的滚动管理办法。参加全部4个科目考试的人员必须在连续2个考试年度内通过全部科目；免试部分科目的人员必须在1个考试年度内通过应试科目。注册城市规划师的报考条件是取得城市规划专业大专学历，并从事城市规划业务工作满6年。

2）注册城市规划师的注册。

注册城市规划师执业资格考试合格者，由各省、自治区、直辖市人事部门颁发人事部统一印制、人事部和住建部用印的中华人民共和国注册城市规划师执业资格证书。注册城市规划师每次注册有效期为3年。遵纪守法，遵守职业道德，身体健康的人员，在取得注册城市规划师执业资格证书的3年内，经所在单位同意，均可申请初始注册登记。取得注册城市规划师执业资格证书 3 年后申请初始注册登记的人员，还需要达到继续教育标准。对符合条件的人员，予以核准注册登记，颁发登记证或注册证。对不予注册登记的人员，应说明理由。申报注册登记的原始材料是注册登记审查的依据，由各省级注册机构负责保存和管理。注册登记档案包括注册登记人员的申请表、聘用合同或工作证明、继续教育证明等。国家注册机构负责建立全国注册城市规划师的注册登记管理信息系统，将注册登记情况及时报国家人事、建设行政主管部门备案，并定期向社会公告。注册城市规划师初始注册登记的有效期为 3 年，自批准注册登记之日起计算。城市规划师应当在注册登记有效期满前 3 个月向省级注册机构申请续期注册登记。

5. 注册建造师制度

注册建造师是指经全国统一考试合格并核准注册的从事建设工程项目总承包及施工管理的专业技术人员。注册建造师分为一、二两级。由于各行业的工程都具有各自的特点，对从事建造活动的专业技术人员的专业知识和技能有着各自特殊要求，因此，建造师将按专业进行划分。过去分 14 个专业，现已合并为 10 个专业，分别为：建筑工程、公路工程、铁路工程、民航机场工程、港口与航道工程、水利水电工程、市政公用工程、通信与广电工程、矿业工程、机电工程。符合条件的报考人员通过某个专业特定科目的考试后，才能取得相应专业的建造师资格。

(1) 注册建造师的考试。

1) 一级注册建造师的考试。

一级注册建造师执业资格考试的考试大纲和命题、培训工作由住建部负责，考试科目设置、考试大纲和考试试题的审定工作及资格考试的考务工作由人事部负责。

参加一级注册建造师执业资格考试的人员，应遵守法律、法规，同时还必须具有工程类或工程经济类大学专科以上学历，其参加工作及施工管理工作还必须满一定年限，具体是：大专工作满 6 年，其中施工管理满 4 年；本科工作满 4 年，其中施工管理满 3 年；双学士学位或研究生班毕业工作满 3 年，其中施工管理满 2 年；取得硕士学位的工作满 2 年，其中施工管理满 1 年；取得博士学位的只要求从事施工管理工作满 1 年。

2) 二级注册建造师的考试。

二级注册建造师的全国统一考试大纲由住建部拟订，人事部负责审定后，再由各个省、自治区、直辖市的建设行政主管部门及人事主管部门负责命题并组织考试。

凡遵纪守法且具有工程类或工程经济类中专以上学历，从事施工管理工作满 2 年，都可报名参加二级建造师执业资格考试。其他情况从其规定。

(2) 注册建造师的注册与执业。

取得建造师执业资格证书、且符合注册条件的人员，必须经过注册登记后，方可以建造师名义执业。住建部或其授权机构为一级建造师执业资格的注册管理机构；各省、自治区、直辖市建设行政主管部门制定本行政区域内二级建造师执业资格的注册办法，报住建部或其授权机构备案。准予注册的申请人员，分别获得中华人民共和国一级建造师注册证书、中华人民共和国二级建造师注册证书。已经注册的建造师必须接受继续教育，更新知识，不断提高业务水平。建造师执业资格注册有效期一般为 3 年，期满前 3 个月，持证者应到原注册管理机构办理再次注册手续。在注册有效期内，变更执业单位者，应当及时办理变更手续。再次注册者，除应符合注册规定外，还须提供接受继续教育的证明。

经核准注册登记的人员，方可以建造师的名义执业，一级建造师可担任特级、一级建筑业企业业务范围内建设工程项目施工的项目经理，二级建造师则只许担任二级及二级以下建筑业企业业务范围内建设工程项目施工的项目经理。一、二级建造师还可以从事其他施工活动的管理工作及法律、法规规定的其他业务工作。

其他种类的工程师执业制度不再一一赘述。

6.4 案例分析

【案例分析1】

1. 案情

陕西省子洲县子洲中学教学楼工程由榆林市榆阳区规划设计院设计（项目负责人宋某），延安市建筑工程总公司施工（项目经理杜某），于1998年7月6日开工，1999年10月31日竣工验收，2000年4月4日正式投入使用。该工程为5层外廊式砖混结构，建筑面积3535平方米，楼层为预应力多孔板混凝土梁结构。6月5日，校方发现部分大梁及第5层多功能厅、阶梯挑梁出现不同程度的裂缝，最宽处达15毫米左右。经省质量安全监督总站组织省设计院、省检测中心专家对事故进行全面分析鉴定，并经住建部建筑管理司质量技术处、勘察设计司技术质量处负责同志现场察看，一致认为，造成质量事故的主要原因是：施工图设计文件未严格按该地区六度抗震设防的规定进行设计，结构体系不合理，整体性差，构造措施不符合要求；施工单位施工的混凝土梁不能满足设计混凝土强度等级的要求，梁的质量不均匀，离差太大。

2. 分析

事故发生后，陕西省建设厅、榆林地区建设局、子洲县建设局等有关部门非常重视，采取了一系列有效措施保证师生的安全，并对事故进行了认真的调查处理。2001年8月3日，陕西省建设厅就这起事故的处理情况发出了《关于子洲中学教学楼质量事故的通报》，对有关责任单位和责任人作出了严肃处理。

根据《中华人民共和国建筑法》、国务院《建设工程质量管理条例》及陕西省建筑市场、建设工程质量管理的有关规定，对子洲中学教学楼质量事故有关责任单位和责任人处理如下：

（1）对事故主要责任方榆林市榆阳区规划设计院责令停业整顿，整顿经榆林市建设局验收合格后，方可承接新的设计任务。收回该项目设计负责人宋某二级注册建筑师资格证书，5年内不得承担设计任务。

（2）对事故次要责任方延安市建筑工程总公司黄牌警告，收回项目经理杜某三级项目经理资格证书，1年内不得担任施工项目经理。

（3）对未认真履行建设单位职责、向延安市建筑工程总公司介绍不符合条件的联营单位，并对事故负有一定责任的子洲中学，由子洲县委、县政府调查处理。

（4）对既无施工企业资质又无企业法人营业执照的子洲县东关建筑队，由子洲县政府依法处理。

(5) 对在质量监督过程中把关不严的子洲县质监站予以通报批评。

(6) 事故造成的经济损失，待加固结束后由榆林市建设局根据各方责任大小另行处理。

建设行政管理部门及有关部门应当从这次质量事故中认真吸取教训，本着对国家、对人民生命财产高度负责的精神，认真贯彻《建设工程质量管理条例》，加强建筑市场管理，落实建筑市场主体各方质量责任制，严格执行工程建设强制性标准，依法查处工程质量事故，防止重大质量事故的发生。

【案例分析 2】

1. 案情

某监理单位承担了国内某工程的施工监理任务，该工程由甲施工单位总包，经业主同意，甲施工单位选择了乙施工单位作为分包单位。监理工程师在审图时发现，基础工程的设计有部分内容不符合国家的工程质量标准，因此，总监立即致函设计单位要求改正，设计单位研究后，口头同意了总监的改正要求，总监随即将更改的内容写成监理指令通知甲施工单位执行。

(1) 请指出上述总监行为的不妥之处并说明理由。

在施工到工程主体时，甲施工单位认为，变更部分主体设计可以使施工更方便、质量更易得到保证，因而向监理工程师提出了设计变更的要求。

(2) 按现行的《建设工程监理规范》，监理工程师应按什么程序处理施工单位提出的设计变更要求？

施工过程中，监理工程师发现乙施工单位分包的某部位存在质量隐患，因此，总监同时向甲、乙施工单位发出了整改通知。甲施工单位回函称：乙施工单位分包的工程是经业主同意进行分包的，所以甲单位不承担该部分工程的质量责任。

(3) 甲施工单位答复有何不妥之处，为什么，总监的整改通知应如何签发，为什么？

监理工程师在检查时发现，甲施工单位在施工中，所使用的材料和报验合格的材料有差异，若继续施工，该部位将被隐蔽。因此，总监立即向甲施工单位下达了暂停施工的指令（因甲施工单位的工作对乙施工单位有影响，乙施工单位也被迫停工），同时，将该材料进行了有监理见证的抽检。抽检报告出来后，证实材料合格，可以使用，总监随即指令施工单位恢复了正常施工。

(4) 总监签发本次暂停令是否妥当，程序上有无不妥之处？请说明理由。

2. 分析

(1) 总监不应直接致函设计单位，因监理并未承担设计监理任务。发现的问题应向业主报告，由业主向设计提出更改要求。总监不应在取得设计变更文件之前签发变更指令，总监也无权代替设计单位进行设计变更。

(2) 总监应组织专业监理工程师对变更要求进行审查，通过后报业主转交设计单位，当变更涉及安全、环保等内容时，应经有关部门审定，取得设计变更文件后，总监应结合实际情况对变更费用和工期进行评估，总监就评估情况和业主、施工单位协调后签发变更指令。

(3) 甲施工单位答复的不妥之处：工程分包不能解除承包人的任何责任与义务，分包单位的任何违约行为导致工程损害或给业主造成的损失，承包人承担连带责任。

总监的整改通知应发给甲施工单位，不应直接发给乙施工单位，因乙施工单位和业主没有合同关系。

(4) 总监有权签发本次暂停令，因合同有相应的授权。程序有不妥之处，监理工程师应在签发暂停令后24小时内向业主报告。

思　考　题

1. 我国执业资格制度包括哪几个方面？
2. 我国对从事工程建设活动的单位是如何划分的？它们的资质等级又是怎么划分的？
3. 各级勘察设计机构的业务范围是如何规定的？
4. 外国建筑企业在我国从事建筑活动时，怎样对其资质进行审查和管理？
5. 我国在建筑行业将实行哪几种从业人员的从业资格制度？现已实行的有哪些？
6. 一级注册结构工程师的资格如何取得？
7. 一级注册建造师的注册条件有哪些？

第7章　工程建设程序法规

本章学习提示：掌握工程建设和工程建设程序的概念；了解我国和国外的基本建设程序；熟悉我国工程建设程序各阶段的主要内容；熟悉可行性研究报告的概念和主要内容；了解项目建议书的主要内容；了解工程设计的主要阶段；了解可行性研究报告的内容、作用以及编制的步骤。

7.1　概　述

工程建设为国民经济的发展和人民生活的改善提供重要的物质技术基础，并对众多产业的振兴发挥促进作用，因此它在国民经济中占有相当重要的地位，国家也十分重视运用法律手段，通过制定和实施工程建设管理法规，加强对工程建设的管理。

7.1.1　工程建设

1. 工程建设的概念

工程建设是指土木建筑工程、线路管道和设备安装工程、建筑装修装饰工程等工程项目的新建、扩建和改建，是形成固定资产的基本生产过程及其与之相关联的其他建设工作的总称。

土木建筑工程，包括矿山、铁路、公路、道路、隧道、桥梁、堤坝、电站、码头、飞机场、运动场、房屋（如工业建筑、民用建筑）等工程、

线路管道和设备安装工程，包括电力、通信线路、石油、燃气、给水、排水、供热等管道系统和各类机械设备、装置的安装工程。

其他工程建设工作，包括建设单位及其主管部门的投资决策活动以及征用土地、工程勘察设计、工程监理等。这些工作都是工程建设必不可少的内容。

建筑活动，是指从事土木建筑工程、线路管道和设备安装工程的新建、扩建、改建及建筑装饰装修活动。

2. 工程建设的分类

工程建设项目按投资的再生产性质可以分为基本建设项目和更新改造项目。

基本建设项目按其规模可以分为大型、中型、小型三类。一般按投资额划分，生产性建设项目中的能源、交通、原材料部门的工程项目，投资额达到5000万元及其以上的为大中型项目；其他部门和非工业建设项目，投资额达到3000万元及其以上的为大中型建设项目。按生产能力或使用效益划分的，以国家对各行各业的具体规定为标准。

更新改造项目分为限额以上和限额以下项目。按投资额划分，能源、交通、原材料部门的工程项目，投资额达到5000万元及其以上的为限额以上项目；其他部门和非工业建设项目，投资额达到3000万元及其以上的为限额以上项目。其他为限额以下项目。

7.1.2　工程建设程序

1. 工程建设程序的概念

工程建设程序是指工程建设全过程中各项工作都必须遵守的先后次序。它不是人们主观臆造的，是工程项目建设过程的客观规律的反映。

2. 工程建设程序的性质

工程建设程序的性质与工程建设自身所具有的技术经济特点有密切的联系。

（1）任何建设项目，都要根据各自的使用目的，结合不同功能，先设计、后施工。

（2）建设的工程项目位置固定，而施工却是流动的。

（3）工程建设耗资巨大、工期长、建设环境复杂多变，不可预见因素多，稍有失误则损失重大。

由此可见，在整个工程项目建设中，前一段工作是后一段工作的基础，那种“边设计、边施工、边生产”的建设方式是违反客观规律的。

7.1.3　工程建设程序的立法现状

我国工程建设程序最初是1952年国务院正式颁布的，基本上是苏联管理模式和方法的翻版。随着经济体制的改革和各项建设事业的不断发展，工程建设程序也不断变化，逐步完善、科学化以及规范化。目前，我国尚无一部专门的工程建设程序法律，涉及工程建设程序的法律、规范主要是大量的部门规章和规范性文件，主要有以下内容：

1978年《关于基本建设程序的若干规定》；

1982年《关于简化基本建设项目审批手续的通知》；

1983年《关于颁发建设项目进行可行性研究的试行管理办法的通知》；

1984年《关于编制建设前期工作计划的通知》；

1984年《国家计划委员会关于简化基本建设项目审批手续的通知》；

1987年《关于建设项目经济评价工作的若干规定》；

1988年《关于大型和限额以上固定资产项目建议书审批问题的通知》；

1994年《工程建设项目实施阶段程序管理暂行规定》；

1994年《工程建设项目报建管理办法》。

另外，《中华人民共和国土地管理法》、《中华人民共和国城乡规划法》、《中华人民共和国建筑法》、《中华人民共和国招标投标法》等法律中，也有关于工程建设程序的一些规定。

7.2　工程建设程序阶段的划分

7.2.1　我国工程建设程序

依据我国现行工程建设程序法规的规定，我国工程建设程序共分为工程建设前期阶段、工程建设准备阶段、工程建设实施阶段、工程验收与保修阶段和终结阶段五个大的阶段（见表7-1）。各个阶段又可以分为许多个小的阶段，如工程建设前期阶段又可分为投资意向、投资机会分析、决策分析、项目建议书、可行性研究、审批立项等阶段，其他各个阶段都可以再细分。当然，工程项目的性质不同，规模不一，同一阶段内各环节的工作会有一些交叉，有些环节还可以省略，在具体执行时，可根据本行业、本项目的特点，在遵守工程建设程序的前提下，灵活开展各项工作。

表 7－1　　工 程 建 设 程 序

工程建设的阶段划分	各阶段的环节划分
工程建设前期阶段（决策分析）	（1）投资意向
	（2）市场研究与投资机会分析
	（3）阶段决策分析
	（4）项目建议书
	（5）可行性研究（包括初步可行性研究）
	（6）审批立项
工程建设准备阶段	（1）规划
	（2）征地
	（3）拆迁
	（4）报建
	（5）招标投标
工程建设实施阶段	（1）勘察设计
	（2）设计文件审批
	（3）施工准备
	（4）工程施工
	（5）生产准备
工程验收与保修阶段	（1）竣工验收
	（2）工程保修
终结阶段	（1）生产运营
	（2）投资后评价

7.2.2　我国与国外的工程建设程序比较

在市场经济运行体制的国家，建设程序通常有一些共同点，但是每个国家的建筑体制和营造方式均有各自的特点，因而又形成了各具特色的建设程序。在国外的建设程序中，建筑师是设计的总负责人，与业主签订设计协议，并负责协调各专业（结构、设备、绿化、估算等）的设计，还代表业主办理招、投标及施工合同管理等方面的有关工作。专业设计师由建筑师聘用，或由业主征得建筑师同意后直接聘用。中外工程建设程序对照见表 7－2。

表 7－2　　中外工程建设程序对照

中国基本建设程序	美国常规建设程序	英国常规建设程序	
提出项目建议书	设计前期工作	立项	
编制可行性研究报告	场地分析	可行性研究	
进行项目评估	方案设计	设计大纲或草图规划	
编制设计文件	设计发展	方案设计	
施工前准备工作	施工文件	详细设计或施工图	
组织施工	招标或谈判	生产信息	
交付使用	施工合同管理	工程总表	
	工程后期工作	指标	
		合同	项目计划
			施工
			竣工验收及工程反馈

我国通常由国家省市各级计划委员会和建设主管部门确定建设任务，业主控制建设流程管理、组织招投标活动以及在不同专业间进行协调调度，我国的建筑师通常是作为一个参与者参与到建设程序的某些步骤中。近年来，建筑市场上由企业和房地产公司开发的项目逐渐增多，也出现了建筑参与到设计前期的情况。

7.3 工程建设程序的步骤与内容

7.3.1 工程建设程序的步骤

现行的基本建设程序规定，工程建设应遵循以下几个步骤：

（1）根据国民经济和社会发展规划，结合行业和地区发展规划的要求，提出项目建议书。

（2）在勘测、试验、调查研究及详细技术经济论证的基础上编制可行性研究报告。

（3）根据项目的咨询评估情况，对项目进行决策。

（4）根据批准的可行性研究报告编制设计文件。

（5）初步设计批准后，做好施工前的各项准备工作，并申请开工报告。

（6）组织施工，并根据工程进度，作好生产准备。

（7）项目按批准的设计内容建设，经验收合格后，正式投产，交付使用。

（8）项目全部建成后的一定时间，对项目评审决策、项目建设实施和生产经营状况进行总结评价，即后评估。

7.3.2 工程建设程序各阶段的内容

1. 工程建设前期阶段及准备阶段的内容

工程建设前期阶段即决策分析阶段，这一阶段主要是对工程项目投资的合理性进行考察和对工程项目进行选择。对投资者来讲，这是进行战略决策，它将从根本上决定其投资效益，因此十分重要的。这个阶段包含投资意向、投资机会分析、项目建议书、可行性研究、审批立项几个环节。

（1）投资意向。

投资意向是投资主体发现社会存在合适的投资机会所产生的投资愿望。它是工程建设活动的起点，也是工程建设得以进行的必备条件。

（2）投资机会分析。

投资机会分析是投资主体对投资机会所进行的初步考察和分析，在认为机会合适、有良好的预后效益时，则可进一步地行动。

（3）项目建议书。

项目建议书是投资机会分析结果文字化后形成的书面文件，以方便投资决策者分析、抉择。项目建议书应对拟建工程的必要性、客观可行性和获利的可能性逐一进行论述。

大中型和限额以上的投资项目建议书，由行业归口主管部门初审后，再由国家计委审批。小型项目的项目建议书，按隶属关系，由主管部门或地方计委审批。

（4）可行性研究。

可行性研究是指项目建议书批准后，对拟建项目在技术上是否可行、经济上是否合理等内容所进行的分析论证。广义的可行性研究还包括投资机会分析。

可行性研究应对项目所涉及的社会、经济、技术问题进行深入的调查研究，对各种各样的建设方案和技术方案进行发掘并加以比较、优化。对项目建成后的经济效益、社会效益进行科学的预测及评价，提出该项目建设是否可行的结论性意见。对可行性研究的具体内容和所应达到的深度，有关法规都有明确的规定。可行性研究报告必须经有资格的咨询机构评估确认后，才能作为投资决策的依据。

(5) 审批立项。

审批立项是有关部门对可行性研究报告的审查批准程序，审查通过后即予以立项，正式进入工程项目的建设准备阶段。

《关于建设项目进行可行性研究的试行管理办法》对审批权项作了具体规定。

大中型建设项目的可行性研究报告由各主管部、各省、自治区、直辖市或全国性工业公司负责预审，报国务院审批。

小型项目的可行性研究报告，按隶属关系由各主管部、各省、自治区、直辖市或全国性专业公司审批。

2. 工程建设准备阶段的内容

工程建设准备是为勘察、设计、施工创造条件所做的建设现场、建设队伍、建设设备等方面的准备工作，这一阶段包括规划、征地、拆迁、报建、工程承发包等主要环节。

(1) 规划。

在规划区内建设的工程，必须符合城市规划或村庄、集镇规划的要求，其工程选址和布局，必须取得城市规划行政主管部门或村、镇规划主管部门的同意、批准。在城市规划区内建设的，要依法先后领取城市规划行政主管部门核发的“选址意见书”、“建设用地规划许可证”、“建设工程规划许可证”方能进行征地、设计、施工等相关建设活动。

(2) 征地。

我国的《土地管理法》规定，农村和城市郊区的土地（除法律规定属国家所有者外）属于农民集体所有，其余的土地都归国家所有。工程建设用地都必须通过国家对土地使用权的出让或划拨而取得，需在农民集体所有的土地上进行工程建设的，也必须先由国家征用农民土地，然后再将土地使用权出让或划拨给建设单位或个人。

通过国家出让而取得土地使用权的，应向国家支付出让金，并与市、县人民政府土地管理部门签订书面出让合同。然后按合同规定的年限与要求进行工程建设。

由国家划拨取得土地使用权的，虽不向国家支付出让金，但在城市要承担拆迁费用，在农村和郊区要承担土地原使用者的补偿费和安置补助费，其标准由各省、自治区、直辖市规定。

出让或征用耕地 1000 亩以上，其他土地 2000 亩以上的由国务院批准；出让或征用省、自治区行政区域内的土地，由省、自治区人民政府批准；出让或征用耕地 3 亩以下，其他土地 10 亩以下的，由县人民政府批准；省辖市、自治州人民政府及直辖市的区、县人民政府对出让土地使用权的批准权限，由省、自治区或直辖市人大常委会决定；征用直辖市行政区域内的土地，由直辖市人民政府批准。

(3) 拆迁。

在城市进行工程建设，一般都要对建设用地上的原有房屋和附属物进行拆迁。国务院颁发的《城市房屋拆迁管理条例》规定，任何单位和个人需要拆迁房屋的，都必须持国家规定的批准文件、拆迁计划和拆迁方案，向县级以上人民政府房屋拆迁主管部门提出申请，经批准并取得房屋拆迁许可证后，方可拆迁。拆迁人和被拆迁人应签订书面协议，被拆迁人必须服从城市建设的需要，在规定的搬迁期限内完成搬迁，拆迁人对被拆迁人（被拆房屋及附属物的所有人、代管人及国家授权的管理人）依法给予补偿，并对被拆迁房屋的使用人进行安置。对违章建筑，超过批准期限的临时建筑的被拆迁人和使用人，则不予补偿和安置。

(4) 报建。

建设项目被批准立项后，建设单位或其代理机构必须持工程项目立项批准文件、银行出具的资信证明、建设用地的批准文件等资料，向当地建设行政主管部门或其授权机构进行报建。凡未报建的工程项目，不得办理招标手续和发放施工许可证，设计、施工单位不得承接该项目的设计、施工任务。

(5) 工程发包与承包。

建设单位或其代理机构在上述准备工作完成后，须对拟建工程进行发包，以择优选定工程勘察设计单位、施工单位或总承包单位。工程发包与承包有招标投标和直接发包两种方式，为鼓励公平竞争，建立公正的竞争秩序，国家提倡招投标方式，并对许多工程强制进行招标投标，详细内容见第 4 章。

3. 工程建设实施阶段的内容

(1) 工程勘察设计。

设计是工程项目建设的重要环节，设计文件是制定建设计划、组织工程施工和控制建设投资的依据。它对实现投资者的意愿起关键作用。

设计与勘察是密不可分的，设计必须在进行工程勘察，取得足够的地质、水文等基础资料之后才能进行。另外，勘察工作也服务于工程建设的全过程，在工程选址、可行性研究、工程施工等各阶段，也必须进行必要的勘察。勘察设计任务书中确定的建设规模、工程地址、建设标准、规划定位、容积率、建筑限高等指标和内容，不能随便修改或者变更，如必须修改和变更时，应重新报批。

一般建设项目进行两阶段设计，即初步设计和施工图设计。技术上比较复杂而又缺乏设计经验的建设项目，进行三阶段设计，即初步设计、技术设计和施工图设计，有关各阶段的内容、要求以及有关法规都有具体规定，详细内容见第 5 章。

(2) 施工准备。

施工准备包括施工单位在技术、物质方面准备和建设单位取得开工许可两方面内容。

1) 施工单位技术、物质方面的准备。

工程施工涉及的因素很多，过程也十分复杂，所以，施工单位在接到施工图后，必须做好细致的施工准备工作，以确保工程顺利建成。它包括熟悉、审查图纸，编制施工组织设计，向下属单位进行计划、技术、质量、安全、经济责任的交底，下达施工任务书，准备工程施工所需的设备、材料等活动。

2）取得开工许可。

建设在具备以下条件：已经办好改工程用地批准手续；在城市规划区的工程，已取得规划许可证；需要拆迁的，拆迁进度满足施工要求；施工企业已确定；有满足施工需要的施工图纸和技术资料；有保证工程质量和安全的具体措施；建设资金已落实并满足有关法律、法规规定的其他条件时，方可按国家有关规定向工程所在地县级以上人民政府建设行政主管部门申领施工许可证。未取得施工许可证的建设单位不得擅自组织开工。已取得施工许可证的，应自批准之日起三个月内组织开工，因故不能按期开工的，可向发证机关申请延期，延期以两次为限，每次不超过三个月。既不按期开工又不申请延期或超过延期时限的，已批准的施工许可证自行作废。

（3）工程施工。

工程施工是施工队伍具体地配置各种施工要素，将工程设计物化为建筑产品的过程，也是投入劳动量最大、所费时间较长的工作。其管理水平的高低、工作质量的好坏对建设项目的质量和所产生的效益起着十分重要的作用。

工程施工管理具体包括施工调度、施工安全、文明施工、环境保护等几方面的内容。

1）施工调度是进行施工管理，掌握施工情况，及时处理施工中存在的问题，严格控制工程的施工质量、进度和成本的重要环节。施工单位的各级管理机构均应配备专职调度人员，监理和健全各级调度机构。

2）施工安全是指施工活动中，对职工身体健康与安全、机械设备使用的安全及物资的安全等应有的保障制度和所采取的措施。根据《建设工程施工现场管理规定》，施工单位必须执行国家有关安全生产和劳动保护的法规，监理安全生产责任制，加强规范化管理，进行安全交底、安全教育和安全宣传，严格执行安全技术方案，定期检修、维修各种安全设施，做好施工现场的安全保卫工作，建立和执行防火管理制度，切实保障工程施工的安全。

3）文明施工是指施工单位应推行现代管理方法，科学组织施工，保证施工活动整洁、有序、合理的进行。具体内容有按施工总平面布置图设置各项临时设施，施工现场设置明显标牌，主要管理人员要佩带身份标志，机械操作人员要持证上岗，施工现场的用电线路、用电设施的安装使用和现场水源、道路的设置要符合规范要求等。

4）环境保护是指施工单位必须遵守国家有关环境保护的法律、法规，采取措施控制各种粉尘、废弃、噪声等对环境的污染和危害。如不能控制在规定的范围内，则应事先报请有关部门批准。

（4）生产准备。

生产准备是指工程施工临近结束时，为保证建设项目能及时投产使用所进行的准备活动。如招收和培训必要的生产人员，组织人员参加设备安装调试和工程验收，组建生产管理机构，制定规章制度，收集生产技术资料和样品，落实原材料、外协产品、燃料、水、电的来源及其他配合条件等。建设单位要根据建设项目或主要单项工程的生产技术特点，及时组成专门班子或机构，有计划地做好这一工作。

4. 工程验收与保修阶段的内容

（1）工程竣工验收。

工程项目按设计文件规定的内容和标准全部建成，并按规定将工程内外全部清理完毕后称为竣工。构架计委颁发的《建设项目（工程）竣工验收办法》规定，凡新建、扩建、改建的基本建设项目（工程）和技术改造项目，按批准的设计文件所规定的内容建成，符合验收标准的必须及时组织验收，办理固定资产移交手续。根据《建筑法》及国务院《建设工程质量管理条例》等相关法规规定，交付竣工验收的工程，必须具备下列条件：

1）完成建设工程设计和合同约定的各项内容。

2）有完整的技术档案和施工管理资料。

3）有工程使用的主要建筑材料、建筑构配件和设备的进场试验报告。

4）有勘察、设计、施工、工程监理等单位分别签署的质量合格文件。

5）有施工单位签署的工程保证书。

竣工验收的依据是已批准的可行性研究报告，初步设计或扩大初步设计、施工图和设备技术说明书以及现行施工技术验收的规范和主管部门（公司）有关审批、修改、调整的文件等。

工程验收合格后，方可交付使用。此时承发包双方应尽快办理固定资产移交手续和工程估算，将所有工程款项结算清楚。

（2）工程保修。

建设工程承包单位在向建设单位提交工程竣工验收报告时，应当向建设单位出具质量保修书。质量保修书中应当明确建设工程的保修范围、保修期限和保修责任等。建设工程在保修范围和保修期限内发生质量问题的，承包单位应当履行保修义务，并对工程中出现的质量缺陷承担保修与赔偿责任。保修范围和保修期详见第9章。

5. 终结阶段的内容

建设项目投资后评价是工程竣工投产、生产运营一段时间后，由各级计委组织领导，对项目的立项决策、设计施工、竣工投产、生产运营等全过程进行系统评价的一种技术经济活动。它是工程建设管理的一项重要内容，也是工程建设程序的最后一个环节。它可使投资主体达到总结经验、吸取教训、改进工作、不断提高项目决策水平和投资效益的目的。

目前我国的投资后评价一般分建设单位的自我评价、项目所属行业（地区）主管部门的评价及各级计划部门（或主要投资主体）的评价三个层次进行。

6. 违反工程建设程序的危害

随着国家经济建设的快速发展，各地在建和新建的工程日益增多，一些地方和企业为了追求任期政绩和经济效益，出现了一些违反工程项目建设程序的"边报批、边设计、边施工、边修改"的"四边"或"三边"工程，造成了难以弥补的不良后果。例如为了抢进度违发施工操作规程，严重影响了工程质量；工程设计方无法保证设计方案的完整，没有充足的时间对整个方案进行审核和完善，容易产生一些设计缺陷等，不仅加大了安全管理难度，增加了安全隐患，导致安全事故比例大幅上升，同时还加大了工程建设方的投资等其他问题。

为了加强对建设工程的管理，我们应对建设程序中的项目建议书、可行性研究报告、初步设计、开工报告、设计变更和竣工验收等各个工作环节要严格把关，任何部门、任何单位和项目法人，都不得擅自简化建设程序和超越权限、化整为零进行审批或建设，对“三边”或“四边”工程要坚决取缔，同时要加大对建设工程领域违法违纪案件的查处力度，对在工程建设管理中以权谋私、贪污受贿、营私舞弊的案件，严肃追究有关领导与直接责任人的责任，情节严重的应移送司法部门处理。

7.4　建设项目可行性研究

7.4.1　可行性研究的概念

项目建议书批准后，应着手进行可行性研究。可行性研究是对建设项目技术上和经济上是否可行而进行科学的分析和论证，为项目决策提供科学依据。

可行性研究的主要任务是通过多方案比较，提出评价意见，推荐最佳方案。其内容可概括为市场研究、技术研究和经济研究。在可行性研究的基础上编写可行性研究报告。

7.4.2　可行性研究的作用

在建设项目投资决策前进行可行性研究，是保证建设项目以最少投资耗费取得最佳经济效益的科学手段。可行性研究的作用主要体现在以下几个方面：

（1）作为建设项目投资决策的和编写设计任务书的依据。

项目投资决策者主要依据可行性研究的评价结果决定一个项目是否应该投资和如何投资，因此，它是投资的主要依据。可行性研究中具体研究的技术经济数据，都要在设计任务书中明确规定，它是编制设计任务书的依据。

（2）作为筹集资金向银行申请贷款的依据。

银行在接受项目建建设贷款申请时，需要对贷款项目进行分析评估，在确认项目具有偿还能力、不承担过大风险后，才能同意贷款。银行贷款的原则是安全性、流动性和效益性。可行性研究报告中的经济分析和技术分析可以作为银行审查项目风险的依据。

（3）作为项目主管部门商谈合同、签订协议的依据。

根据可行性研究报告和设计任务书，项目主管部门可同有关部门签订项目所需要的原材料、能源资源和基础设施等方面的协议和合同，以及引进技术和设备的正式协议。

（4）作为项目进行工程设计、设备订货、施工准备等艰涩和前期工作的依据。

按照可行性研究中对产品方案、建设规模、厂址、工艺流程、主要设备选型和总图布置等方案的评选论证结果，在设计任务书确认后，可作为初步设计、设备订货和施工准备工作的依据。

（5）作为项目采用新技术、新材料、新设备研制计划和补充地形、地质工作和工业性试验的依据。

（6）作为环保部门审查项目对环境影响的依据，并作为向项目建设所在地政府和规划部门申请建设执照的依据。

7.4.3　可行性研究的时间和费用

工程项目的投资固然要注重机遇、抓紧时间，但是前期的决策若发生错误或重大偏差，建得再快也是枉然。对于工程建设项目这类投资大、风险大的项目，往往要求进行大量的可行性论证工作。一个工程项目的可行性研究，通常需要几个月甚至1～2年的时间才能完成。小型项目需要3～5个月，中型项目需要6～12个月，大型项目需要1～2年。

可行性研究工作的费用和精度在不同阶段有不同的要求。研究费用以及投资估算的精度见表7-3。

表7-3 可行性研究工作费用及精度表

研究阶段	任务	投资估算的精度要求（%）	研究费用占总投资的比例（%）	研究所需时间
机会研究	寻求投资机会	±30	0.2～1	1～3个月
项目建议书（初步可行性研究）	筛选项目方案，初步估算	±20	0.25～1.25	3～5个月
可行性研究（详细可行性研究）	技术与经济的深入研究，计算总投资	±10	大项目0.8～1.0 小项目1.0～3.0	1～2年 0.5～1年

注 本表数据是经验数据，并非强制性法律法规规定。

7.4.4 可行性研究报告的主要内容

国家计委《关于建设项目进行可行性研究的试行管理办法》规定，工业项目可行性研究报告的内容如下：

1. 总论

（1）项目提出的背景（改扩建项目要说明企业现有的概况），投资的必要性和经济意义。

（2）研究工作的依据和范围。

2. 需求预测和拟建规模

（1）国内外需要情况预测。

（2）国内现有工厂生产能力估计。

（3）销售预测，价格分析，产品竞争能力和进入国际市场前景。

（4）拟建项目规模、产品方案和发展方向的技术经济比较和分析。

3. 资源、原材料、燃料及公用设施情况

（1）经过储量委员会正式批准的资源储量、品位、成分以及开采、使用条件评述。

（2）原料、辅助材料、燃料的种类、数量、来源和供应可能。

（3）所需公用设施的数量、供应方式和供应条件。

4. 设计方案

（1）项目构成范围。

包括主要单项工程，技术来源和生产方法，主要技术工艺和设备选型方案比较，引进技术、设备的来源、国别；设备的国内外分别交付规定或与外商合作制造的设想。改、扩建项目要说明缘由固定资产利用情况。

（2）全厂布置方案的初步选择和土建工程量估算。

（3）公用辅助设施和厂内外交通运输方式的比较和初步选择。

5. 建厂条件与厂址方案

（1）建厂地理位置、气象、水文、地质地形条件和社会经济现状。

（2）交通、运输及水、电、气得现状和发展趋势。

（3）厂址比较与选择意见。

6. 环境保护

调查环境现状，预测项目对环境的影响，提出环境保护和“三废”（废水、废气、废渣）治理的初步方案。

7. 企业组织、劳动定员和人员培训（估算数）

8. 实施进度建议

9. 投资估算和资金筹措

（1）主体工程与协作配套工程所需的投资。

（2）生产流动资金的估算。

（3）资金来源、筹措方式及贷款偿还方式。

7.5 案例分析

【案例分析 1】

1. 案情

××机械厂为使本厂的自筹招待所工程尽快发挥效益，2011 年 3 月，在施工图还没有完成的情况下，就和××集团第八分公司签订了施工合同，并拨付了工程备料款，意在早作准备，加快速度，减少物价上涨的影响。施工方按照机械厂的要求进场作准备，搭设临时设施，租赁了机械工具，并购进了大批建筑材料等待开工。

当机械厂拿到设计单位的施工图及设计概算时，出现了以下问题：机械厂原计划总投资 150 万元，设计单位按机械厂提出的标准和要求设计完后，设计概算达到 215 万元。由于建设资金短缺，一旦开工，很可能造成中途停建；但不开工，施工队伍已进场做了大量工作了。经各方面研究决定：“方案另议，缓期施工”。机械厂将决定通知××集团第八分公司后，该公司很快送来了索赔报告称，××机械厂基建科：我方按照贵厂招待所工程的施工合同要求准时进场并作了大量准备工作。鉴于贵方作出“缓期施工”的时间难以确定，我方必须考虑各种可能以减少双方更大的损失。现将自进场以来所发生的费用报告包括临时材料库及工棚搭设费；工人住宿、食堂、厕所搭建费；办公室、传达室、新改建大门费；搅拌机、卷扬机租赁费；钢管脚手架、模板租赁费；工人窝工费（接到图纸后时间内）；已购运进场材料费；已为施工办理各种手续费用；上缴有关税费；共 10 项合计 40.5 万元。机械厂认真核实了××集团第八分公司费用证据及实物，同意××集团第八分公司退场决定，并给予了实际发生的损失补偿。

2. 分析

在工程建设中，必须严格遵守有关工程建设的基本程序，国家为此颁布了相应的法律规定。按国家制定的有关工程建设的基本程序规定，施工图等设计文件完成后，才能签订施工合同。而在本案中，机械厂为使本厂的自筹招待所工程尽快发挥效益，在施工图还没有完成的情况下，就和××集团第八分公司签订了施工合同，并拨付了工程备料款。××集团第八分公司为此按照机械厂的要求进场作准备，搭设临时设施、租赁了机械工具、并购进了大批建筑材料等待开工。而当机械厂拿到设计单位的施工图及设计概算时，出现了机械厂原计划自筹项目总投资150万元与设计概算相差很多的情况，于是不得不作出“方案另议，缓期施工”的决定。××集团第八分公司因此提出工程索赔，机械厂由此损失40.5万元。

【案例分析2】

1. 案情

2009年4月，某市化肥厂与××建筑工程公司签订了一份建筑工程施工承包合同。合同约定，化肥厂的一幢职工宿舍楼由××建筑工程公司承包建筑与安装的施工工程，化肥厂提供建筑设计图纸，合同中对工期、质量、价款、结算等作了详细规定，并定于2009年7月2日开工，2010年4月8日竣工并验收。

合同签订后，施工顺利，到2010年3月，二层内装修完毕，眼看大楼就要完工。此时，化肥厂正在着手分房，分到一、二层的职工因多年住房紧张，见内装修完毕，便强行搬了进去，厂领导劝阻无效，便听之任之。以后每装修完一层，便住进去一层。到4月1日完工时，此楼已全部投入使用。

这时化肥厂对宿舍楼进行验收，发现存在一、二层墙皮剥落，门窗关启困难等问题，要求施工单位返工。该建筑工程公司仅将门窗进行检修，但拒绝重新粉刷墙壁，于是化肥厂拒付剩余的5万元工程款。

2010年7月5日，××建筑工程公司向法院起诉，要求化肥厂付清拖欠的工程款5万元及利息。化肥厂辩称因为发生质量问题施工方应当返工，否则拒付剩余的工程款。

2. 分析

本案的焦点问题是：工程未经验收，发包方便提前使用，验收时发现质量问题如何处理？化肥厂为此拒付剩余5万元工程款的行为是否合法？

《建筑法》第61条规定：“建筑工程竣工经验收合格后，方可交付使用；未经验收或者验收不合格的，不得交付使用。”《建设工程质量管理条例》第16条也规定：“建设工程经验收合格，方可交付使用。”《最高人民法院关于审理建设工程施工合同纠纷案件适用法律问题的解释》第13条规定：“建设工程未经竣工验收，发包人擅自使用后，又以使用部分质量不符合约定为由主张权利的，不予支持；但是承包人应当在建设工程的合理使用寿命内对地基基础工程和主体结构质量承担民事责任。”该建设工程竣工未经验收发包人就擅自使用，之后，又以使用部分质量不符合约定为由主张权利的，且该工程出现的质量问题不属于地基基础工程和主体结构质量问题。

根据上述法律的规定，化肥厂在工程竣工之前就默许其职工搬入宿舍楼强行使用改建筑，出现的“墙皮剥落，门窗关启困难”等问题也并非基础或主体结构的质量问题，所以化肥厂应对该工程的质量承担责任，而不能以此为借口拒付拖欠的工程款。

思　考　题

1. 简述工程建设的分类。
2. 简述我国工程建设程序各阶段的主要内容。

3. 我国与国外的基本建设程序差别有哪些？
4. 建设方在工程建设准备阶段主要包括哪些工作？
5. 建筑工程开工应具备哪些条件？
6. 竣工验收的工程应具备哪些条件？
7. 简述可行性研究报告的主要内容。
8. 违反工程建设程序会产生哪些危害？

第8章 合 同 法

本章学习提示： 掌握合同概念及《合同法》调整社会关系的范围熟悉其分类；熟悉合同订立的主体资格，合同主要条款的内容；掌握合同订立的程序、合同效力及履行、合同的变更、转让与解除；掌握合同的违约责任。

8.1 合同与合同法

合同管理是工程项目管理的核心，质量、进度、投资、安全、信息等管理都是与合同管理密不可分的。合同管理的质量会直接影响到其他项目管理内容的管理质量，而有效的合同管理是离不开合同法理论支持的，只有掌握合同法的知识才能进行有效的合同管理。

8.1.1 合同的概念

《中华人民共和国合同法》（以下简称《合同法》）第 2 条规定，合同是平等主体的自然人、法人、其他组织之间设立、变更、终止民事权利义务关系的协议。婚姻、收养、监护等有关身份关系的协议，适用其他法律的规定。

合同主体订立合同的目的在于通过双方享受权利、履行义务来实现各自的经济目的；合同正是通过其条款来明确双方权利和义务的；而通过合同条款来体现的双方的权利和义务，是合同主体协商一致的结果；依法成立的合同，对当事人具有法律约束力。当事人应当按照约定履行自己的义务，不得擅自变更或者解除合同。

依法成立的合同，受法律保护。

8.1.2 合同法的概念与立法目的

1. 合同法的概念

合同法是调整合同关系的法律法规的总称。合同法也有广义与狭义之分。狭义合同法即合同法典，在我国就是指《合同法》。广义合同法还包括其他各种法律规定之中的合同规范。《合同法》自 1999 年 10 月 1 日起施行，《中华人民共和国经济合同法》、《中华人民共和国涉外经济合同法》和《中华人民共和国技术合同法》同时废止。

2. 合同法的立法目的

根据《合同法》第 1 条的规定："为了保护合同当事人的合法权益，维护社会经济秩序，促进社会主义现代化建设，制定本法。"

8.1.3 合同法的原则及调整范围

1. 合同法的基本原则

合同法的基本原则是指贯穿于合同法始终，立法、司法与当事人在合同活动中遵守的体现合同法宗旨的原则，主要包括：

（1）平等原则。《合同法》第 3 条规定，合同当事人的法律地位平等，一方不得将自己的意志强加给另一方。即合同当事人无论具有什么身份，无论是公民还是法人，不论财产多寡、地位高低，他们在合同关系中的法律地位都是平等的，没有高低贵贱之分，也没有行政服从与被服从或者从属、隶属关系，实现合法法律关系，必须协商一致，任何一方当事人不得仰仗财大气粗或具有其他方面的优势，把自己的意志强加给另一方当事人。

（2）自愿原则。《合同法》第 4 条规定，当事人依法享有自愿订立合同的权利，任何单位和个人不得非法干预。合同的自由原则主要包括以下几个内容：缔结的自由，即交易当事人可以自由决定是否与他人缔结合同；选择相对人的自由，即当事人可以自由决定与何人缔结合同；合同内容的自由，即当事人可以决定签订什么样标的和内容的合同；合同变更和解除的自由，即当事人可以协商变更和协商解除已订立的合同，或者行使法定解除权将合同解除；签约方式的自由，即当事人可以自由选择合同的签订形式。

（3）公平原则。《合同法》第 5 条规定，当事人应当遵循公平原则确定各方的权利和义务。合同公平体现的是一种平均正义和相对公平，它强调的是己方给付与对方给付之间的相对等值性，合同上的负担和风险的合理分配，这种等值性和合理性主要是当事人双方主观上的意愿，不强调客观上是否等值。为了体现合同的等值性，合同的风险负担的合理性在这个合同法中得到了足够的关注，尤其是在承揽合同、仓储合同、保管合同、货物运输合同、买卖合同中体现较多，这与过去的合同法相比是有很大的进步。

（4）诚实信用原则。《合同法》第 6 条规定，当事人行使权利、履行义务应当遵循诚实信用原则。确立合同的合法原则是为了保障当事人所订立的合同符合国家意志和社会公共利益，协调不同当事人之间的利益冲突，以及当事人的个人利益与整个社会和国家利益的冲突，保护正常的交易秩序。尽管合同法主要是任意性规范，主要是保障合同的自由，但合同的自由只有在合法的基础上才具有意义，即当事人在订约和履约过程中必须遵守全国性的法律和行政法规的规定。此外，考虑到任何法律都不可能穷尽一切，再完备的法律也不可能对社会经济的各种现象包罗无遗，这就要求当事人在订约和履约中还必须遵守社会的公序良俗的要求。

（5）合法原则。《合同法》第 7 条规定，当事人订立、履行合同，应当遵守法律、行政法规，尊重社会公德，不得扰乱社会经济秩序，损害社会公共利益。诚实信用原则作为直接规范交易关系的法律原则，与债权债务关系尤其是合同关系最为密切。它要求当事人在交易活动的每一个环节，包括在合同的谈判订立阶段、合同履行的准备阶段、合同的履行阶段、甚至在合同履行完毕后都应当遵循诚实信用原则，都应当心怀善意、诚实、讲信用、相互协作，不得滥用权力，尔虞我诈、弄虚作假扰乱市场秩序。

2. 合同法的调整范围

合同法的调整范围是指我国合同法调整对象的范围，并非所有的合同都受合同法调整，现行合同法只调整一部分合同，即债权合同（只要符合《合同法》第 2 条的合同均受合同法调整）。

不受合同法调整的主要关系类型非常广泛，虽然有些合同称之为“合同或协议”，但却不受合同法调整，主要包括有关身份关系的合同、行政合同、劳动合同、政府间协议以及集体经济组织内部的承包协议等。

1）有关身份关系的合同。

如婚姻合同（婚约或离婚协议）适用《婚姻法》，收养合同适用《收养法》等专门法。

2）行政合同。

政府机关依法进行社会管理活动，属于行政管理关系，适用各行政管理法，不适用合同法，例如政府特许经营合同、公务委托合同（如税款代扣合同）、公益捐赠合同、行政奖励合同、行政征用补偿合同等。这些合同不是基于平等自愿的原则订立的，因此不是民事合同。

但是，当政府机关作为平等主体参与民事活动的时候，与他人订立的有关民事权利义务关系的合同，应受合同法调整。

3）劳动合同。

在我国，劳动者与用人单位之间的劳动合同适用《劳动法》、《劳动合同法》等专门法。

4）政府间协议。

国家或特别地区之间的协议，适用国际法，如国家间各类协定、条约等。

8.1.4 合同的种类

合同依照不同的划分标准有不同的分类，各种划分都揭示出合同本身具有的特性。

1. 按合同名称不同划分

有名合同与无名合同。有名合同，又称典型合同，是指法律上已经确认了一定的名称及规则的合同。《合同法》规定典型合同可以分为：买卖合同；供用电、水、气、热力合同；赠与合同；借款合同；租赁合同；融资租赁合同；承揽合同；建设工程合同；运输合同；技术合同；保管合同；仓储合同；委托合同；经纪合同；居间合同等十五类。无名合同，又称非典型合同，是指法律上尚未确定一定的名称及规则的合同。根据合同自愿规则，只要不违背法律的禁止性规范和社会公共利益，当事人可以自由订立无名合同。

2. 按合同签订程序划分

要式合同与不要式合同。要式合同是指其生效必须以一定的形式或程序为先决条件的合同。常见的先决条件包括诸如要求合同采用书面形式、必须经过公证、鉴证、审批、过户、登记等。要式合同唯有符合要求的先决条件才能生效。如劳动合同必须经过劳动行政管理部门的鉴证才能生效。建设工程合同中的施工承包合同要求必须以书面形式签订才能生效，因此也是一种要式合同。如果合同双方约定施工承包合同公证后生效，则该施工承包合同就因人为约定成为了要式合同，而公证就是该合同的要式程序。非要式合同则是不以一定的形式或程序为生效先决条件的合同。除法律有特别规定的合同以外，均属于不要式合同。

3. 按合同成立要求不同划分

诺成合同与实践合同。诺成合同，亦称“不要物合同”，是指当事人意思表示一致，就合同的主要条款达成协议，即能成立的合同，如买卖合同、租赁合同等。实践合同，也成“要物合同”，是指除合同当事人意思表示一致达成协议外，还需要交付标的物才能成立的合同。实践合同当事人的承诺，属于预约，如赠与合同、保管合同等。

4. 按合同当事人之间的权利义务关系划分

双务合同与单务合同。双务合同是指当事人双方互负对待给付义务的合同，即一方当事人所享有的权利是另一方当事人所负有的义务；反之亦然。如买卖、租赁、承揽、运输等合同均属于双务合同。单务合同则是合同当事人中一方负有义务、另一方不负有相对义务的合同，呈现出一方享有权利、另一方负担相应义务的框架。例如一般的赠与合同为典型的单务合同。

5. 按合同条款的产生方式不同划分

格式合同与非格式合同。格式条款是当事人为了重复使用而预先拟定，并在订立合同时未与对方协商的条款。采用格式条款订立的合同就是格式合同，如保险公司与投保人订立的保险合同。订立合同时，条款经双方协商一致的合同是非格式合同。现实生活中的大量合同都是非格式合同。在对合同条款的理解有争议时，如果是格式合同，则应作出不利于提供格式条款一方的解释，以体现法律的公正和公平。

6. 按合同主从关系划分

主合同与从合同。主合同是指能够独立存在的合同。如买卖合同、借贷合同等。从合同是指以其他合同的存在为前提才能成立的合同，如保证合同、抵押合同等担保合同。主合同的变更和终止，都会引起从合同的变更和终止，因此要明确从合同的从属性及其履行的条件性。

8.2 合同的订立

8.2.1 合同主体的资格

《合同法》第 2 条规定，本法所称合同是平等主体的自然人、法人、其他组织之间设立、变更、终止民事权利义务关系的协议。由此可见，自然人、法人、其他组织都可以成为合同主体。但是以上主体又受到能力的限制，《合同法》第 9 条第 1 款规定，当事人订立合同，应当具备相应的民事权利能力和民事行为能力。

将上述当事人订立合同应具备的必要条件具体化，则可以认为合同主体必须具备如下资格：

(1) 当事人应具备合法资格。所谓合法资格，是指有权订立合同，从事经济往来的资格。具有民事权利能力和民事行为能力的自然人、依法成立的法人或其他组织都可以订立合同。但这里需要注意几点：

第一，有些合同主体可以是一切具有民事权利能力和民事行为能力的自然人、依法成立的法人或其他组织；但有些合同的主体依据法律的规定却要求只能由法人签订。例如法律规定建设工程合同中的施工承包合同的发包方和承包方都必须具备法人资格。

第二，不具备法人资格，但在工商行政管理部门履行注册登记手续、领取营业执照的其他组织（例如作为法人分支机构)，能够单独对外订立合同。但是当这个组织不能完全承担其经济责任时，要由其所属的法人承担。

第三，法人组织的内部机构（不同于法人组织的分支机构，没有注册登记，没有领取营业执照）因其没有独立的民事权利能力和行为能力而无权对其组织以外签订合同。

(2) 当事人应在法律核准的经营范围内订立合同。超越法定经营范围所签订的合同一般是不产生效力的。

(3) 合同生效的形式要件之一是当事人的签章。如果是法人订立合同，要由法人代表或取得法人代表授权、具有处分权的他人签字。没有取得法人代表授权的他人代为签字属于无处分权人行为，该行为无效。

《合同法》第9条第2款规定，当事人依法可以委托代理人订立合同。自然人本人、法人的法定代表人、其他组织的负责人，因故不能亲自订立合同时，可以授权委托其他自然人、下属部门、内部成员、其他社会主体，以该自然人、该法人、该社会组织的名义订立合同。自然人、法人、其他组织授权他人订立合同时，应签署授权委托书。授权委托书应明确记载授权范围、授权期限等内容。受托人依据授权委托书订立合同所产生的法律后果，由该委托人承担。

代理行为也经常存在于建设工程合同的签订和履行中。例如发包人与承包人签订施工承包合同，由于项目的施工活动往往是由承包企业法人内部的一个项目部门来完成，因此从工程投标、签约直到履行施工都是由该项目部门来进行的。但是法律规定施工承包合同的双方主体必须具备法人资格，因此常常是由该施工企业法人的法人代表通过委托授权将签订合同的权力授予项目部门的负责人，也就是项目经理。项目经理取得授权后，代表企业的法人代表与发包人签订施工承包合同。

8.2.2 合同形式

《合同法》第10条规定，当事人订立合同，有书面形式、口头形式和其他形式。

所谓书面形式是指合同书、信件和数据电文（包括电报、传真、电子数据交换和电子邮件）等可以有形地表现所载内容的形式。法律、行政法规规定采用书面形式的，应当采用书面形式。当事人约定采用书面形式的，应当采用书面形式。为了保障交易的安全，同时鼓励和促进市场交易活动，《合同法》第36条规定，法律、行政法规规定或者当事人约定采用书面形式订立合同，当事人未采用书面形式但一方已经履行主要义务，对方接受的，该合同成立。同时第37条规定，采用合同书形式订立合同，在签字或者盖章之前，当事人一方已经履行主要义务，对方接受的，该合同成立。

8.2.3 合同的主要条款

合同主体的权利义务通过合同条款记载于合同中，因此合同条款是合同的核心内容。《合同法》第12条规定了合同一般应包括的内容。需要说明的是虽然《合同法》对于合同内容的规定并非强制性的，但大量实践经验表明，当事人对于权利义务的明确约定和记载对于顺利履行合同、预防纠纷发生和减少不必要的损失具有重要作用。

1. 当事人的名称和住所

该条款反映当事人的基本情况，是对合同主体的明确。如果主体是法人或其他组织，通过该条款，双方可以通过营业执照知晓对方的许多情况：是否是法人、对债务承担责任的方式、注册资本金数量、法人代表姓名、住所、经营范围等。对于那些对主体有特别法律要求的合同，该条款还因其可能关乎合同效力而有特别重要的意义。例如施工承包合同的主体必须是法人才具备签约资格，双方可以通过该条款的约定了解对方的签约资格是否合法。

2. 标的

标的是合同当事人权利和义务共同指向的对象，也就是合同法律关系的客体。标的分为有形物、行为、无形物和有价证券四种。

(1) 有形物。有形物也称物，是指具有稀缺性、能够被人们独立分配，具有价值和使用价值的客观存在着的物质实体。如买卖合同中的商品、租赁合同中的房屋等。需要注意的是，某种物能否作为合同的标的，取决于国家的法律规定。我国法律规定，物可分为自由流通物、限制流通物、禁止流通物。自由流通物可由当事人协商作为合同的标的；限制流通物只能在法律规定的范围内作为合同的标的；禁止流通物不能作为合同的标的。违反上述规定的合同属于无效合同而不受法律保护。

(2) 行为。是指当事人一方以自己的工作条件和能力为完成对方交给的任务而实施的服务行为。服务行为通常是通过某种物来实现的，这时，该物本身不是标的，而是体现于该物上的一定的劳务，如保管合同中的保管行为、运输合同中的运输行为、委托监理合同中监理单位提供的监理服务行为等。

(3) 无形物。无形物相对于有形物，是指具有价值和使用价值的客观存在着的无形财产。如商标转让合同中的商标权、供用电合同中的电力等。

(4) 有价证券。充当合同标的有价证券主要有票据、股票、债券等几种。

合同双方要明确约定标的，以便能够明确履行。

3. 数量

数量是衡量标的大小、多少、轻重的尺度，是确定标的的客观标准，也是衡量当事人权利义务的依据。因此当事人应当明确约定标的的数量。

数量必然辅以一定的单位。应注意要采用不会引起双方理解分歧的数量单位，绝不要使用诸如一包、一批、一捆、一堆、一箱、一件等这样一些含义并不确切的非标准单位，以避免因理解分歧引起不必要的纠纷。

4. 质量

质量是指合同标的内在素质和外在形象相结合所形成的综合指标。标的的质量往往通过标的的名称、品种、规格、型号、性能、包装等来体现。根据我国现行有关产品质量的法规的规定，产品质量可分为国家标准、专业标准、地方标准和企业标准等几种。订立合同时，双方当事人可根据自己的意愿选择适用的标准，并在合同中以明确的条款加以规定。

但有些标的的质量标准是由法规强制性规定的。此时，合同关于标的的质量约定就要服从于法规。比如对于建设工程的质量，国家就有《建设工程质量管理条例》作为强制性的质量标准。在建设工程合同中，当事人关于工程质量的约定只能高于或等于，而不能低于这个强制性标准。

需要注意的是，有些标的的标准可以使用简单的文字、代号即可清晰描述，但是也有许多标的的质量标准却难以简单表述。对于这类难以用简单的文字、代号表述的标的，我们可以使用图形、图片、照片，甚至是在合同履行之前以封存实物样品的方式来描述标的的质量。总之，无论采取什么方式，最终目的是双方要明确并统一对于合同标的的质量要求。

5. 价款或酬金

价款是指以有形物、无形物或有价证券为标的的合同，取得标的的一方当事人向对方支付的货币。如在买卖合同中，取得货物一方向对方支付的货款。酬金是指以行为为标的的合同，接受行为服务一方当事人向提供行为服务一方当事人支付的货币。如在运输合同中的运费、建设工程合同中的工程款等。

在约定价款或酬金时，除国家规定必须执行国家定价的标的以外，应由当事人协商议定，并同时约定价款或酬金的结算、支付方式，开户银行账号等与付款有关的具体内容。

一般来说，相关法规或规章对工程建设活动中所订立的各类合同的计价都有规则和标准，当事人订立诸如勘察设计、施工承包、监理委托等建设工程合同时，应参照有关计价规则和标准进行价款或酬金的约定，并将此约定明确记载于合同的该条款中。

需要说明的是，对于无偿合同，如赠与合同，则无需约定价款或者酬金条款。

6. 履约期限、地点和方式

当事人订立合同的目的在于通过合同的履行获得相应的经济利益。因此，诸如履约期限、地点、方式等有关合同履行的条款属于合同的基本条款。

(1) 履行期限是指当事人实现权利和履行义务的时间界限。

一方当事人如期履行了合同约定的义务，即意味着对方当事人权利的实现；一方当事人到期不履行合同约定的义务，即意味着对方当事人权利受到侵害。因此合同履行期限对于判断当事人是否如约承担了合同规定的义务具有重要的参照作用，双方应确切约定并在合同中载明。

对于建设工程合同来说，履行期限的明确约定更是意义非同寻常。一般来说，建设资金数量相对庞大，其时间价值巨大。施工合同中对于承包人完工期限的约定关系到工程是否能够尽早竣工、投入运营、开始对投资进行回收。这个期限对于建设项目能否实现其经济目标起着至关重要的作用。另一方面，施工合同中对于发包人支付工程款期限的约定也关系到承包人能否尽早回收流动资金。这个期限对于承包人能否实现其经营目标也起着至关重要的作用。

(2) 履行地点是指一方当事人履行义务、对方当事人实现权利的地点。

许多合同的履行地点由双方当事人协商约定。约定履行地点的意义首先在于确定某些费用有哪方当事人来承担。比如在买卖合同中，货物自提的履行地点为卖方所在地，则一般货物的运费应由买方承担。其次约定履行地点的意义在于某些风险由哪方当事人来承担。比如在当事人身处异地的买卖合同中，货物在运输途中存在着或多或少的路途风险。如果约定货物自提，则路途风险由买方承担。最后，也是非常重要的，合同的纠纷并不是当事人所能预料或彻底避免的。如果合同出现纠纷，诉诸法院解决纠纷是常见的方式之一。而法院对于许多合同纠纷的管辖权由合同的履约地决定。

也有一些种类的合同，合同关系本身就已经决定了履行地点，因此这类合同就无需当事人再行约定履行地点了。比如建设工程合同中的施工承包合同，其履行地点必然就是工程所在地点。

(3) 履行方式是指合同当事人履行合同的方法。

比如在买卖合同中双方需要约定包装方式、付款方式、运输方式；在租赁合同中，可约定采用租赁物使用前或租赁物使用后一次性支付或分期支付租金的方法；在建设工程合同中，可约定采用分期或分段验收并支付工程款的方式；在各类合同的结算方式中可约定采用现金、支票、汇票、或信用证结算。

7. 违约责任

违约责任是指当事人不履行或者不适当履行合同义务时，根据法律规定或合同约定应该承担的法律责任。在违约行为发生之前在合同中事先约定违约责任的目的首先在于它将当事人不履行或不适当履行义务后应承担的法律责任具体化、形象化、数量化，从而能够警示当事人积极主动预防违约行为的发生；其次，违约行为一旦发生，由于有约定在先，对于违约后果的处理也相对有据可依，避免了双方事后的纷争。

建设工程合同由于履行期一般较长，合同的履行又处于开放、复杂、多变的环境中，合同双方容易受到各种因素的影响从而发生违约。所以在建设工程合同中规定违约责任的意义十分重大。事实上，建设工程合同的违约行为甚是常见，使得按照违约责任的约定对违约行为后果进行处理，即合同的索赔与反索赔，几乎成为了合同双方的日常工作内容之一。

法定的违约责任承担的形式有继续履行、采取补救措施、赔偿损失等。例如，可以约定：如果当事人不履行合同规定的××义务，则违约方应向对方当事人支付违约金××元。

关于违约行为发生后的处理，本章第六节将作详细介绍。

8. 解决争议的方法

合同争议不可完全避免。争议一旦发生，能够尽快、公平、低成本地解决争议是合同当事人的意愿。

解决争议的方式有协商、他人调解、仲裁和诉讼。其中，协商和调解不具有法律效力，因而也不是法定的纠纷解决的必经程序；仲裁和诉讼是具有法律效力的纠纷解决途径，其法律依据分别是《中华人民共和国仲裁法》和《中华人民共和国民事诉讼法》。

仲裁裁决和诉讼判决的终局效力决定了纠纷解决的“或审或裁”制，即当事人或寻求仲裁解决，或诉诸法院解决。当事人对此享有自主选择的权利，且只能在二者中选择其一。

当事人早在订立合同时就约定日后万一发生争议时解决争议的途径，这是十分必要的。因为一旦纠纷产生之后，处于矛盾对立之中的双方当事人极有可能对纠纷解决途径的选择意愿难以达成一致，这样致使矛盾不能得到迅速解决，对双方的利益都会造成损害。

8.2.4　建设工程合同的示范文本

工程建设活动过程中所使用的各类合同本质上就是《合同法》所规范的合同，其内容也不外乎上述条款。但是工程建设活动本身太过复杂和专业化，比如施工承包合同，不仅涉及建设工程施工的专门知识，而且涉及有关行业的专门法规、规范、标准，合同权利义务关系远非简单几项条款就能够明确清晰体现。但是建设工程合同的当事人，比如工程建设单位（或称发包方、项目业主），不可能事先具备完全熟练的签订建设工程合同的专门经验、技能和有关法律知识。非常容易因为合同的瑕疵给双方造成不必要的麻烦。因此，制定建设工程合同示范文本十分必要。

由具备专门经验和技能机构和人员制定建设工程合同示范文本是国际上通行的做法。

比如国际上最具权威的、拥有60多个国家和地区会员参加的国际咨询工程师联合会制定的“FIDIC标准合同示范文本”，英国土木工程师学会制定的“ICE标准合同示范文本”，包括英国皇家建筑师学会等若干个专业学会在内的JCT联合会制定的“JCT标准合同示范文本”，都是应用非常广泛的标准合同示范文本。这些示范文本集工程建设合同签订、履行的经验于一身，是被实践证明了的最为权威、公正、完善、详细和周到的合同范本。我国有关机构也制定了适用于中国国情的工程建设合同示范文本。比如“建筑工程施工承包合同示范文本”、“委托监理合同示范文本”和“勘察设计合同示范文本”。实际中，当事人之间订立建设工程合同可以参照这些示范文本进行操作，减少了盲目性和因合同缺陷引发的纠纷。

需要说明的是，任何合同示范文本都不是由法律强制使用的。

8.2.5 订立合同的程序

《合同法》第13条规定，当事人订立合同，采取要约、承诺方式。

1. 要约

《合同法》第14条规定，要约是希望和他人订立合同的意思表示。

有效要约的条件有三个：

第一，内容具体确定。这是因为要约的目的是希望得到受要约人的答复，受要约人唯有对内容完善的要约才能作出明确的答复。

第二，表明经受要约人承诺，要约人即受该要约的约束。法律还规定，要约到达受要约人时生效。

第三，要约是特定当事人以订立合同的目的向相对人所作的意思表示。要约的相对人一般是特地的，但是也可以是不特定的，例如商业广告符合要约条件的，可以视为要约。

要约可以撤回。撤回要约的通知应当在要约到达受要约人之前或者与要约同时到达受要约人。

要约也可以撤销。撤销要约的通知应当在受要约人发出承诺通知之前到达受要约人。《合同法》第19条规定，有下列情形之一的，要约不得撤销：第一，要约人确定了承诺期限或者以其他形式明示要约不可撤销；第二，受要约人有理由认为要约是不可撤销的，并已经为履行合同做了准备工作。

实践中，由于要约对要约人有约束力，所以首先发出以订立合同为目的的意思表示的一方并不是发出要约，而是向对方发出“要约邀请”。所谓要约邀请，是指以订立合同为目的，向对方发出的希望他人向自己发出要约的意思表示。要约邀请因其不完全具备有效要约的要件而不具有法律效力，因此使作出要约邀请的一方不至于首先限于被动。常见的要约邀请行为有寄送价目表、拍卖公告、招标公告、招股说明书、商业广告等。但是，如果商业广告的内容符合要约生效的条件时，则被视为是要约从而对发出广告的一方构成法律约束。

要约的法律效力，即对要约人的约束体现在：要约人向特定的对方发出要约后，在对方没有作出答复之前，或者在约定的答复期内，要约人不得反悔、随意变更要约的内容或撤回要约。否则，要约人应承担相应的法律责任。受要约人在要约生效后，有权作出或不作出承诺，但这种权利不可转让。

要约失效是指要约丧失了法律效力。对于要约人，要约失效意味着解除了其所受要约的法律约束；对于受要约人，要约失效意味着其丧失了对要约作出承诺的资格或权利。根据《合同法》第20条规定，要约失效的情形有四种：拒绝要约的信息到达要约人；要约人依法撤销了要约；承诺期限届满，受要约人未作出承诺；受要约人对要约内容作出了实质性变更。

在建设工程合同订立过程中，招标投标程序就是典型的通过要约、承诺订立合同的过程。招标程序中的“工程招标公告”就是典型的要约邀请，而投标人向招标人递交的投标书就是典型的要约。在《中华人民共和国招标投标法》中对招标、投标行为所作的有关规定与《合同法》中有关要约、承诺的规定实质上完全一致。

2. 承诺

承诺是受要约人同意要约的意思表示。要约一经承诺，合同关系即告成立。

承诺必须是受要约人作出的，或者是受受要约人委托的代理人作出的，否则无效。承诺的方式可以是多种多样的，如口头、书面或以行为作出承诺。承诺信息到达要约人时生效，以行为作出承诺的，以作出承诺的行为时生效。承诺应当在要约确定的有效期内到达要约人；要约没有确定承诺期限的，应在法律根据不同的要约形式而确定的合理时间内到达要约人。

承诺可以撤回。《合同法》第27条规定，撤回承诺的通知应当在承诺通知到达要约人之前或者与承诺通知同时到达要约人。

承诺是以完全同意要约内容为前提的。受要约人如在答复中对要约的内容作出实质性改变，则该答复被视为一项新的要约。此时，原来的要约人成为新要约的受要约人，原来的受要约人成为新要约的要约人。所谓实质性变更，是指关于合同标的、数量、质量、价款或酬金、履行期限、地点、方式、违约责任和争议解决办法等的变更。实践中，合同的订立往往经过若干回合的要约、新要约，直至最后的受要约人对对方提出的要约表示完全同意。

承诺的法律效力在于受要约人一经作出合乎要约要求的承诺，该合同即告成立，双方即受合同的约束。承诺的生效时间即是合同的成立时间，承诺的地点则是合同的成立地点，是确定法院管辖和适用法律的依据。

在建设工程合同订立过程中，招标人经过评标后选定了中标人，应向中标人发出书面的中标通知书。该中标通知书就是招标人对中标人的承诺。双方的合同关系也随着中标通知书的到达而成立。

但是，合同的“成立”与合同的“生效”有时却可能并不是同一个概念。

3. 合同的成立与生效

合同的成立与合同的生效是既有联系又有区别的两个概念。

(1) 合同的成立是指合同双方当事人对合同的主要条款达成了一致，反映当事人达成协议的事实状态。

(2) 合同的生效是指法律赋予依法成立的合同具有约束当事人各方的效力。

合同的成立主要表现了当事人的意志，体现了自愿订立合同的原则，而合同效力制度则体现了国家对合同关系的肯定或否定的评价，反映了国家对合同关系的干预。

对于一般合同，只要当事人的主体资格、合同形式及合同内容等方面均符合法律、行政法规的要求，合同成立即可生效。这就是《合同法》第 44 条第 1 款规定的“依法成立的合同，自成立时生效”。

《合同法》第 44 条第 2 款规定，法律行政法规规定应当办理批准、登记等手续生效的，依照其规定。这里所说的“应当办理批准、登记等手续”的合同，就是法律、法规所规定的要式合同。如房屋、机动车辆买卖合同，双方当事人认可只是成立，但还未生效。法律规定这些合同还必须到相应的管理部门办理过户手续才能生效。《合同法》规定建设工程施工承包合同必须以书面形式签订方能生效，招标人向中标人发出中标通知书只是作出了将与中标人签订施工承包合同的承诺，双方的合同关系就此已经成立，但直到双方签订了书面的施工承包合同并于合同上签章后，双方的合同关系才生效。

当事人可以约定对合同的生效附以条件。附生效条件的合同，自条件成立时生效。如双方可以在合同中约定：本合同自公证之日起生效，则合同成立后还需以公证为生效的必要条件。

当事人还可以约定合同附期限生效。附生效期限的合同，自期限届至时生效。

正确区分合同的成立与生效具有实际意义。因为违反已经成立但尚未生效的合同所承担的法律责任与违反已生效的合同应承担的法律责任是有所不同的。

4. 缔约过失责任

缔约过失责任是指在合同订立过程中，一方当事人因过错而导致另一方当事人的信赖利益的损失所应承担的民事责任。

双方当事人在所订立的合同生效之前，双方并无法定的权利义务关系，但双方在磋商的过程中就产生了相互协助、照顾、保护、通知等义务，双方应遵循诚实信用原则，有义务尽量使合同能够缔结生效。这种义务并不是因合同关系而产生的，它是一种先合同义务。

《合同法》第 42 条规定，当事人在订立合同过程中有下列情形之一，给对方造成损失的，应当承担损害赔偿责任：一、假借订立合同，恶意进行磋商；二、故意隐瞒与订立合同有关的重要事实或者提供虚假情况；三、有其他违背诚实信用原则的行为。

按照以上规定，当事人在订立合同过程中具有上述情形之一，给对方造成损失的，应当承担损害赔偿责任，这个责任就是所谓的缔约过失责任。

建设工程合同的订立过程比较复杂，一般要经过招标、投标、评标等过程。比如在进行完评标程序后，中标人因自身原因而逃避与招标人签订合同，中标人就应承担缔约过失责任。

5. 格式条款

在现实当中，并不是所有的合同的签订过程都是如上所说的经过双方当事人要约、再要约，直至承诺。有许多合同的某些条款甚至全部条款都是由一方当事人单方拟定的，而对方当事人对此只能选择要么被动接受、要么放弃签订的机会。《合同法》第 39 条第 2 款规定，格式条款是指当事人为了重复使用而预先拟定，并在订立合同时未与对方协商的条款。由于格式条款的使用在现实中有积极的意义，因此法律规定是允许使用的。但因格式条款是由当事人一方事先单方拟定的，非常容易出现不公平。因此《合同法》第 39 条第

1 款规定，采用格式条款订立合同的，提供格式条款的一方应当遵循公平原则确定当事人之间的权利义务，并采取合理的方式提请对方注意免除或者限制其责任的条款，按照对方的要求，对该条款予以说明。

为了限制提供格式条款一方的行为，《合同法》又规定格式条款中不得含有法律所禁止的内容，也不得含有诸如加重对方责任、排除对方权利之类的不公平内容。如果有上述内容，该格式条款属于无效，即使是双方当事人已经作出了使合同生效的签章行为。

8.3　合同的效力

8.3.1　合同效力的内涵

合同效力又称合同的法律效力，是指法律赋予依法成立的合同具有约束当事人各方的效力。对于非要式合同，只要当事人主体资格、合同形式及合同内容等方面均符合法律、行政法规的要求，经协商达成一致意见，合同成立即生效；对于法定的或约定的要式合同，则应当依法或依约定满足要式条件，合同才能生效。比如建设工程合同，双方当事人必须签订书面合同才能生效。

8.3.2　有效合同

有效合同即依法成立并符合合同生效条件的合同。合同生效的要件就是指已经成立的合同产生法律效力应当具备的条件，合同的生效要件是判断合同是否具备法律约束力的标准。这些要件是：

第一，合同主体合格。合同的主体合格，是指合同的主体应当具备相应的民事权利能力和民事行为能力。主体的种类不同，其相应的民事权利能力和民事行为能力也不尽相同。

第二，意思表示真实。意思表示就是指行为人追求一定法律后果的意志在外界的表现，即把要求进行法律行为的意思以一定方式表现于外部的行为。所谓意思表示真实是指行为人的意思表示真实地反映其内心的效果意思。如果说意思表示一致是合同成立的要件的话，那么真实意思表示一致才是合同生效的要件。

第三，不违反法律和社会公共利益。这里的不违反法律的含义主要是指不违反法律、行政法规的强制性规定；不违反社会公共利益的含义则是指合同订立与履行不得违反公共道德和善良习俗。

值得注意的是，以下两种情形是有效合同：

(1) 表见代理。所谓表见代理，是指被代理人的行为足以使善意相对人相信无权代理人具有代理权，基于此项信赖与无权代理人进行交易，由此造成的法律后果由被代理人承担的代理。表见代理制度的设立，旨在保护善意第三人的信赖利益，维护交易的安全，对疏于注意的被代理人，令其自负后果。尽管表见代理实质上仍然属于无权代理，但表见代理产生与有权代理同样的法律后果。《合同法》第 49 条规定，行为人没有代理权、超越代理权或者代理权终止后以被代理人名义订立合同，相对人有理由相信行为人有代理权的，该代理行为有效。

（2）超越代表权订立的合同。《合同法》第50条规定，法人或者其他组织的法定代表人、负责人超越权限订立的合同，除相对人知道或者应当知道其超越权限的以外，该代表行为有效。法人或者其他组织订立合同的行为能力是由其法定代表人或者负责人行使的。法人或者其他组织的法定代表人、负责人的代表权限原则上及于法人、其他组织的一切事务，但法人、其他组织可以在章程中对法定代表人、负责人进行限制，但该限制不得对抗善意的第三人，只能对内发生效力。因此，如果法定代表人、负责人超越权限与相对人订立合同，相对人善意并且无过失地相信对方没有超越权限的，则该法定代表人、负责人的代表有效。所订立的合同符合法律法规的成立要件的，可依法成立。该法人或者其他组织是合同一方的当事人，应承担合同产生的法律后果。但是，如果相对人知道或者应当知道法定代表人或者负责人超越权限的，则不能适用上述规则，法人或者其他组织不承担合同产生的法律后果，由法定代表人或者负责人与相对人自行承担合同责任。

8.3.3 效力待定合同

效力待定合同是指合同虽然已经成立，但因并不完全符合有关合同生效要件的规定，因此其能否生效，尚未确定，一般须经有权人追认才能生效的合同。效力待定合同的种类有：

（1）主体资格欠缺的合同。

主要是指限制民事行为能力人订立的合同。我国《民法通则》规定，10周岁以上的未成年人和不能完全辨认自己行为的精神病人为限制民事行为能力的人。他们可以从事与其年龄、智力和精神健康状况相适应的民事行为。《合同法》第47条规定，限制民事行为能力人订立的合同，经法定代理人追认后，该合同有效，但纯获利益的合同或者与其年龄、智力、精神健康状况相适应而订立的合同，不必经法定代理人追认。所谓追认，即事后追认，是指法定代理人明确无误地表示同意限制民事行为能力人与他人订立的合同。这种同意是一种单方意思表示，无需合同相对人同意即可发生效力。相对人可以催告法定代理人在一个月内予以追认。法定代理人未作表示的，视为拒绝追认。合同被追认之前，善意相对人有撤销的权利。撤销应当以通知的方式作出。

（2）代理权欠缺的合同。

主要是指行为人无权代理订立的合同。行为人无权代理订立的合同包括行为人没有代理权、超越代理权或者代理权终止后以被代理人名义订立的合同三种情形。为了保护相对人的正当权益，并使合同效力和交易关系尽快确定下来，《合同法》第48条规定，行为人没有代理权、超越代理权或者代理权终止后以被代理人名义订立的合同，未经被代理人追认，对被代理人不发生效力，由行为人承担责任。同时，合同法也赋予了相对人催告权和撤销权。相对人可以催告被代理人在一个月内予以追认。被代理人未作表示的，视为拒绝追认。被代理人的追认必须以明示的、积极的方式作出。合同被追认之前，善意相对人有撤销的权利。撤销应当以通知的方式作出。撤销应当以通知的方式作出，即撤销通知也应当以明示的、积极的方式作出。

（3）处分权欠缺的合同。

主要是指没有处分权的行为人订立的合同。对财产的处分包括法律上的处分和事实上的处分，前者如买卖、赠与，后者如抛弃。通过订立合同处分财产属于一种法律上的处分。处分权是所有权的一项权能，所以，在一般情况下，处分权的主体或者是所有权人或者是得到所有权人的授权。在特定情况下，行为人可以基于法律的规定取得处分权。例如，抵押权人、质押权人、留置权人处分抵押物、质押物、留置物的权利。无处分权人订立合同处分他人财产的，属于效力待定合同。《合同法》第 51 条规定，无处分权的人处分他人财产，经权利人追认或者无处分权的人订立合同后取得处分权的，该合同有效。

8.3.4　无效合同

无效合同，是指虽然已经双方当事人订立、成立，但因其内容和形式违反了法律、法规的强制性规定，或者损害了国家利益、集体利益、第三人利益和社会公共利益，因而不为法律所承认和保护、不具有法律效力的合同。无效合同自始就不具有法律效力。

《合同法》第 52 条规定，有下列情形之一的，合同无效：①一方以欺诈、胁迫的手段订立合同，损害国家利益；②恶意串通，损害国家、集体或者第三人利益；③以合法形式掩盖非法目的；④损害社会公共利益；⑤违反法律、行政法规的强制性规定。

《合同法》第 53 条规定，合同中的下列免责条款无效：①造成对方人身伤害的；②因故意或者重大过失造成对方财产损失的。

无效合同具有以下特征：合同自始无效；合同绝对无效；合同当然无效；合同无效可能是全部无效，也可能是部分无效；合同无效，不影响合同中独立存在的有关解决争议方法的条款的效力。

8.3.5　可变更可撤销合同

可变更可撤销合同是指虽经当事人协商一致，但因非对方的过错而导致一方当事人意思表示不真实，允许当事人依照自己的意思，通过法定形式，使合同予以变更或效力归于消灭的合同。

《合同法》第 54 条规定，下列合同，当事人一方有权请求人民法院或者仲裁机构变更或者撤销：因重大误解订立的；在订立合同时显失公平的；一方以欺诈、胁迫的手段或者乘人之危，使对方在违背真实意思的情况下订立的合同，受损害方有权请求人民法院或者仲裁机构变更或者撤销。当事人请求变更的，人民法院或者仲裁机构不得撤销。

可撤销合同，其效力不稳定，如果有撤销权的当事人提出请求，并被人民法院或者仲裁机构予以撤销，合同可以被撤销，撤销了的合同自始没有法律约束力。如果当事人没有请求撤销，则该可撤销的合同依然具有法律效力。因此，可撤销的合同的效力取决于当事人是否依法行使了撤销权。《合同法》第 55 条规定，有下列情形之一的，撤销权消灭：第一，具有撤销权的当事人自知道或者应当知道撤销事由之日起一年内没有行使撤销权；第二，具有撤销权的当事人知道撤销事由后明确表示或者以自己的行为放弃撤销权。

被撤销的合同，与无效合同一样，自始没有法律效力。

8.3.6　无效合同和可撤销合同的处理

无效合同和被撤销合同自始没有法律效力。如果当事人一方或双方已经履行了合同，就应对因无效合同的履行而引起的财产后果进行处理。按照《合同法》的规定，无效合同当事人应将因履行无效合同或被撤销合同而取得的对方财产归还给对方，使合同财产当事人的财产状况恢复到合同订立之前的状态；如果无效合同或可撤销合同给当事人造成损失，则过错方还应赔偿无过错方的损失，若双方都有过错，则双方均应承担各自相应的责任；对于恶意串通，损害国家、集体或第三人利益的无效合同或可撤销合同，应追缴当事人因合同而取得的财产。

8.3.7 建设工程施工合同无效的认定及处理

《最高人民法院关于审理建设工程施工合同纠纷案件适用法律问题的解释》第 1 条规定，建设工程施工合同具有下列情形之一的，应当根据合同法第 52 条第（5）项的规定，认定无效：

（1）承包人未取得建筑施工企业资质或者超越资质等级的。

（2）没有资质的实际施工人借用有资质的建筑施工企业名义的。

（3）建设工程必须进行招标而未招标或者中标无效的。

建设工程施工合同无效，但建设工程经竣工验收合格，承包人请求参照合同约定支付工程价款的，应予支持。

建设工程施工合同无效，且建设工程经竣工验收不合格的，按照以下情形分别处理：

（1）修复后的建设工程经竣工验收合格，发包人请求承包人承担修复费用的，应予支持。

（2）修复后的建设工程经竣工验收不合格，承包人请求支付工程价款的，不予支持。

因建设工程不合格造成的损失，发包人有过错的，也应承担相应的民事责任。

8.4 合同的履行

合同的履行是合同管理中最具实质性的一步。所有合同的当事人都要重视合同的履行。由于每一份合同都是不同的合同，在履行时自然也就不尽相同，因此，合同法给出了合同履行的原则，违背这些原则的履行都将为此承担相应的法律责任。

合同法赋予了当事人在履行合同时享有的权利，主要包括抗辩权、代位权和撤销权。只有掌握了这些权利才可能利用合同法这个武器来维护自身的合法权益。

8.4.1 合同履行的原则

当事人在合同履行过程中应遵循全面履行和诚实信用原则，根据合同的性质、目的和交易习惯履行通知、协助、保密等义务。

全面履行是指双方当事人应按照合同的规定全面地履行各自的义务。诚实信用是指当事人要善意地履行自己的义务，同时要给对方必要的协助。

建设工程合同履行过程中，施工方全面完成合同规定的施工任务、业主方应为施工方提供施工活动所必需的各种条件就是这两项原则的体现。

合同的履行是合同法的核心，合同的订立、担保、变更、解除以及违约责任等的规定无一不是围绕合同履行这个核心的。这是因为当事人订立合同是为了达到一定的目的，而合同目的的实现只能靠合同履行这条途径。

8.4.2 合同履行的一般程序

合同履行的程序会因合同种类、内容的不同而有所区别。一般地说，合同履行大致经过交付标的、验收标的、结算过程。

建设工程施工合同履行的过程是：施工方进行施工、业主按照合同规定的期限定期支付工程款、施工完成后双方以及法律法规规定的各有关部门共同参加工程的验收、结算工程款、施工方履行保修义务等。

8.4.3 合同履行的一般规则

1. 合同内容空缺的履行规则

《合同法》第61条规定，合同生效后，当事人就质量、价款或者报酬、履行地点等内容没有约定或者约定不明确的，可以协议补充；不能达成补充协议的，按照合同有关条款或者交易习惯确定。

根据《合同法》第62条的规定，当事人就有关合同内容约定不明确，依照本法第61条的规定仍不能确定的，适用下列规定：

(1) 质量要求不明确的，按照国家标准、行业标准履行；没有国家标准、行业标准的，按照通常标准或者符合合同目的的特定标准履行。

(2) 价款或者报酬不明确的，按照订立合同时履行地的市场价格履行；依法应当执行政府定价或者政府指导价的，按照规定履行。

(3) 履行地点不明确，给付货币的，在接受货币一方所在地履行；交付不动产的，在不动产所在地履行；其他标的，在履行义务一方所在地履行。

(4) 履行期限不明确的，债务人可以随时履行，债权人也可以随时要求履行，但应当给对方必要的准备时间。

(5) 履行方式不明确的，按照有利于实现合同目的的方式履行。

(6) 履行费用的负担不明确的，由履行义务一方负担。

值得注意的是，合同内容空缺的履行规则有三个层次。首先，协议补充。其次，不能达成补充协议的，按照合同有关条款或者交易习惯确定。第三，根据《合同法》第62条的规定来确定。

2. 执行政府定价或者政府指导价合同的履行规则

政府定价，是指按照《中华人民共和国价格法》(以下简称《价格法》) 的规定，由政府价格主管部门或者其他有关部门，按照定价权限和范围制定的价格。这种价格是确定的，当事人不得另行约定价格。政府指导价，是指按照价格法的规定，由政府价格主管部门或者其他有关部门按照定价权限和范围规定基准价及其浮动幅度，指导经营者制定的价格。

根据《合同法》第63条的规定，执行政府定价或者政府指导价的，在合同约定的交付期限内政府价格调整时，按照交付时的价格计价。逾期交付标的物的，遇价格上涨时，按照原价格执行；价格下降时，按照新价格执行。逾期提取标的物或者逾期付款的，遇价格上涨时，按照新价格执行；价格下降时，按照原价格执行。

3. 合同履行涉及第三人时的规则

《合同法》第64条、第65条规定，当事人约定由债务人向第三人履行债务的，债务人未向第三人履行债务或者履行债务不符合约定，应当向债权人承担违约责任。当事人约定由第三人向债权人履行债务的，第三人不履行债务或者履行债务不符合约定，债务人应当向债权人承担违约责任。

4. 当事人一方发生变更时的履行规则

《合同法》第 70 条规定，债权人分立、合并或者变更住所没有通知债务人，致使履行债务发生困难的，债务人可以中止履行或者将标的物提存。债权人分立是指作为债权人的组织依法分成两个或两个以上的独立的组织，原来的组织可以存在（存续分立），也可以消灭（新设分立）。债权人合并是指作为债权人的组织与其他的组织结合成一个组织，原来的组织可以存在（吸收合并），也可以消灭（新设合并）。

《合同法》第 76 条规定，合同生效后，当事人不得因姓名、名称的变更或者法定代表人、负责人、承办人的变动而不履行合同义务。合同是合同主体即合同当事人之间的协议，因此，如果只是当事人的姓名或者名称改变或者法定代表人、负责人、承办人的变动，合同主体即当事人自然无理由以上述情况的变化来拒绝合同义务的履行。

5. 合同的提前履行

《合同法》第 71 条规定，债权人可以拒绝债务人提前履行债务，但提前履行不损害债权人利益的除外。债务人提前履行债务给债权人增加的费用，由债务人负担。

6. 合同的部分履行

《合同法》第 72 条规定，债权人可以拒绝债务人部分履行债务，但部分履行不损害债权人利益的除外。债务人部分履行债务给债权人增加的费用，由债务人负担。

8.4.4　合同履行的抗辩权

抗辩权又称异议权，是指一方当事人根据法律法规拒绝或者对抗对方当事人请求权的权利，它的行使可以使对方的权利消灭或者延期发生，从而保护自己的利益。《合同法》规定的抗辩权有三种。

1. 同时履行抗辩权

同时履行抗辩权是指当事人互负债务，没有先后履行顺序的，应当同时履行义务。一方在对方履行之前或在对方履行债务不符合约定时，有权拒绝其履行要求。

2. 后履行抗辩权

后履行抗辩权是指当事人互负债务，有先后履行顺序，先履行一方未履行的，后履行一方有权拒绝其履行要求。如建设工程施工合同规定：业主方每月按照施工方完成的工程量支付工程款。若施工方未能按照合同规定的质量标准进行施工，则业主方可以拒绝支付当月相应工程的工程款。

3. 不安抗辩权

不安抗辩权指先履行义务的当事人掌握了后履行义务一方当事人丧失或可能丧失履行债务的能力的确切证据时，可以要求对方提供相应的担保或者中止履行义务的权利。比如发现对方经营状况严重恶化；对方转移财产、抽逃资金；对方丧失商业信誉；对方有丧失或者可能丧失履行债务能力的其他情形。行使抗辩权应及时通知对方。若对方提供了担保，应当恢复履行。中止履行后，若对方在合理期限内未恢复履行能力并未提供适当担保的，中止履行的一方可以解除合同。

需要特别注意的是，不安抗辩权不一定导致合同被解除。另外，如果存在以上确切证据，当事人拒绝履行合同是行使不安抗辩权，是法律赋予当事人的正当权利；否则就是违约行为。

8.4.5 合同履行的保全

合同履行的保全主要包括债权人的代位权和撤销权。两者权利都涉及第三人。

1. 代位权

代位权是指债权人为了使其债权免受损害，代为行使债务人权利的权利。

《合同法》第73条规定，因债务人怠于行使其到期债权，对债权人造成损害的，债权人可以向人民法院请求以自己的名义代位行使债务人的债权，但该债权专属于债务人自身的除外。代位权的行使范围以债权人的债权为限。债权人行使代位权的必要费用，由债务人负担。

代位权的行使的前提是必须存在两个均已到期的合法债权，而且债务人怠于行使构成对债权人损害。同时，还必须有人民法院的介入。

根据《最高人民法院关于适用〈中华人民共和国合同法〉若干问题的解释（一）》第12条规定，基于扶养关系、抚养关系、赡养关系、继承关系产生的给付请求权和劳动报酬、退休金、养老金、抚恤金、安置费、人寿保险、人身伤害赔偿请求权等权利就是专属于债务人自身的债权。

2. 撤销权

撤销权是指因债务人放弃其到期债权或者无偿转让财产，对债权人造成损害的，债权人可以请求人民法院撤销债务人行为的权利。

《合同法》第74条规定，因债务人放弃其到期债权或者无偿转让财产，对债权人造成损害的，债权人可以请求人民法院撤销债务人的行为。债务人以明显不合理的低价转让财产，对债权人造成损害，并且受让人知道该情形的，债权人也可以请求人民法院撤销债务人的行为。撤销权的行使范围以债权人的债权为限。债权人行使撤销权的必要费用，由债务人负担。

撤销权自债权人知道或者应当知道撤销事由之日起1年内行使。自债务人的行为发生之日起5年内没有行使撤销权的，该撤销权消亡。

8.4.6 建设工程价款优先受偿权问题

1.《担保法》与《合同法》在工程款优先受偿权问题上的冲突

实践中，建设单位有时以拟建的建设工程（主要是商品房）作为抵押来为贷款作担保。于是，在建设单位和银行之间就会签订一个抵押合同。根据《担保法》第53条的规定，债务履行期届满抵押权人未受清偿的，可以与抵押人协议以抵押物折价或者以拍卖、变卖该抵押物所得的价款受偿；协议不成的，抵押权人可以向人民法院提起诉讼。抵押物折价或者拍卖、变卖后，其价款超过债权数额的部分归抵押人所有，不足部分由债务人清偿。这就是说，如果建设单位在应该偿还贷款的期限届满而没有清偿贷款的话，银行就可以将建成的工程项目（主要是指商品房）折价、拍卖或者变卖，然后将所得的收入占有。

但是，根据《合同法》286条的规定，发包人未按照约定支付价款的，承包人可以催告发包人在合理期限内支付价款。发包人逾期不支付的，除按照建设工程的性质不宜折价、拍卖的以外，承包人可以与发包人协议将该工程折价，也可以申请人民法院将该工程依法拍卖。建设工程的价款就该工程折价或者拍卖的价款优先受偿。这就意味着，如果建设单位不及时支付工程款，则施工单位可以将建成的建设项目折价、拍卖并将所得占有。

2. 建设工程价款优先受偿权问题的司法解释

在上面两个条件都存在的情况下，银行和施工单位都可以将建成的工程项目拍卖并将所得款项占有。那么到底优先将这笔款项支付给谁呢？针对这个问题，2002 年 6 月 11 日，最高人民法院审判委员会第 1225 次会议通过了《最高人民法院关于建设工程价款优先受偿权问题的批复》，作出了如下解释：

(1) 人民法院在审理房地产纠纷案件和办理执行案件中，应当依照《中华人民共和国合同法》第 286 条的规定，认定建筑工程的承包人的优先受偿权优于抵押权和其他债权。

(2) 消费者交付购买商品房的全部或者大部分款项后，承包人就该商品房享有的工程价款优先受偿权不得对抗买受人。

(3) 建筑工程价款包括承包人为建设工程应当支付的工作人员报酬、材料款等实际支出的费用，不包括承包人因发包人违约所造成的损失。

(4) 建设工程承包人行使优先权的期限为 6 个月，自建设工程竣工之日或者建设工程合同约定的竣工之日起计算。

8.5　合同的变更、转让与解除

8.5.1　合同的变更

合同一经合法签订，就具有法律效力，当事人不得随意变更。但这并不意味着合同绝对不能变更。所谓合同变更，是指当事人对具有法律效力的合同内容进行修订。如对标的的数量或质量、履行的期限、地点方式等内容进行修订。

《合同法》第 77 条规定，当事人协商一致，可以变更合同。合同变更的目的是为了通过对合同的修改，保障合同更好地履行和一定目的的实现。当事人变更合同，必须具备以下条件：第一，当事人之间本来存在着有效地合同关系；第二，合同的变更应根据法律的规定或者当事人的约定；第三，必须有合同内容的变化；第四，合同的变更应采取适当的形式；第五，对合同变更的约定应当明确，《合同法》第 78 条规定，当事人对合同变更的内容约定不明确的，推定为未变更。

合同的变更直接关系到双方权利义务关系的改变。因合同是当事人协商一致而成立的，因此通过协商一致的方法同样可以变更合同。

因不可抗力引发的合同变更，由于不是当事人的过错所致，当事人不承担法律责任；由于当事人的过错引发的合同变更，应当由引发变更的一方给对方以适当的经济补偿。

应注意的是，如果变更要式合同，当事人承办人、法定代表人变动，或转产、合并、分立、迁址、更名等都不是变更合同的理由，当事人不得因此而要求变更合同，否则就应承担违约责任。

8.5.2　合同的转让

合同的转让是一种特殊的变更，是指当事人一方依法将其合同权利或义务全部或部分地转让给第三人的法律行为。合同转让是在保持原合同内容的前提下仅就合同主体所作的变更，转让前的合同内容与转让后的合同内容具有同一性，合同的转让仅使原合同的权利、义务全部或部分地从合同一方当事人转让给第三人，导致第三人代替原合同当事人一方而成为合同当事人，或者由第三人加入到合同关系中成为合同当事人。合同转让涉及转让人、受让人和合同另一方当事人的三方利益，通常存在两种法律关系，即原合同当事人之间的关系和转让人与受让人之间的关系。合同的转让根据转让标的的不同，分为合同权利的转让、合同义务的转移和合同权利、义务的一并转让三种情形。

1. 合同权利转让

《合同法》第 79 条规定，债权人可以将合同的权利全部或者部分转让给第三人。合同权利转让又称债权转让，是指不改变合同的内容，债权人将其享有的合同权利全部或者部分转移给第三人享有的法律行为。但有下列情形之一的除外：第一，根据合同性质不得转让；第二，按照当事人约定不得转让；第三，依照法律规定不得转让。

《合同法》第 80～83 条规定，债权人转让权利的，应当通知债务人。未经通知，该转让对债务人不发生效力。债权人转让权利的通知不得撤销，但经受让人同意的除外。债权人转让权利的，受让人取得与债权有关的从权利，但该从权利专属于债权人自身的除外。条债务人接到债权转让通知后，债务人对让与人的抗辩，可以向受让人主张。债务人接到债权转让通知时，债务人对让与人享有债权，并且债务人的债权先于转让的债权到期或者同时到期的，债务人可以向受让人主张抵消。

2. 合同义务转移

它是指债务人将其负担的债务全部或者部分转移给第三人负担的法律行为。从受让人的角度讲，也称为债务负担。在合同义务转移法律关系中，讲债务转移给第三人的人为让与人，承担所转移的债务的人为受让人。合同义务的转移，可能会给债权人造成伤害，因此，《合同法》第 84～87 条规定，债务人将合同的义务全部或者部分转移给第三人的，应当经债权人同意。债务人转移义务的，新债务人可以主张原债务人对债权人的抗辩。债务人转移义务的，新债务人应当承担与主债务有关的从债务，但该从债务专属于原债务人自身的除外。法律、行政法规规定转让权利或者转移义务应当办理批准、登记等手续的，依照其规定。

3. 合同权利义务一并转让

根据《合同法》第 88 条的规定，当事人一方经对方同意，可以将自己在合同中的权利和义务一并转让给第三人。所谓合同权利义务一并转让，是指原合同当事人一方将自己在合同中的权利和义务一并转移给第三人，由第三人概括地继受这些债权和债务，又称债权债务的概括转移。合同权利义务一并转让，可以分为权利义务的全部转让和权利义务的部分转移。部分合同权利义务一并转让，可因对方当事人的同意而确定转让人和受让人之间享有债权债务的性质和份额。如对此没有明确约定，或者约定无效的，则认为合同转让人和受让人共同享有合同的权利和义务，他们之间是连带关系。在合同权利义务一并转让中，受让人取得转让人在合同中的地位，成为合同一方当事人，或者是与转让人共同成为合同的一方当事人。合同权利义务一并转让不同于合同权利转让或合同义务转移。

合同权利义务一并转让通常有两种情形：一是约定转让，二是法定转让。合同权利义务约定转让，是指当事人一方与第三人订立合同，并经另一方当事人的同意，将其在合同中的权利义务一并转移于第三人，由第三人来承受自己在合同上的地位，享受权利并承担义务。因合同权利义务一并转让的内容实质上包括合同权利转让和合同义务转移，因此，《合同法》第89条规定，权利和义务一并转让的，适用《合同法》对合同权利转让和合同义务转移条件的规定。合同权利义务法定转让，是指当法律规定的条件成立时，合同的权利义务一并转移于第三人的情形。如《合同法》第229条规定，租赁物在租赁期间发生所有权变动的，不影响租赁合同的效力。《合同法》第90条规定，当事人订立合同后合并的，由合并后的法人或者其他组织行使合同权利，履行合同义务。当事人订立合同后分立的，除债权人和债务人另有约定的以外，由分立的法人或者其他组织对合同的权利和义务享有连带债权，承担连带债务。这条规定还有助于遏止假借分立之名行逃债之实的违法行为。

8.5.3 合同的解除

合同的解除，是指当事人在具有法律效力的合同未全部履行之前，终止该合同的效力。

合同的解除分为法定解除和约定解除。所谓法定解除，就是依据法律规定强制解除。《合同法》规定的五种解除合同的情形是：①因不可抗力致使不能实现合同目的；②在履行期限届满之前，当事人一方明确表示或者以自己的行为表示不履行主要债务；③当事人一方延迟履行主要债务，经催告后在合理期限内仍未履行；④当事人一方延迟履行债务或者有其他违约行为致使不能实现合同目的；⑤法律规定的其他情形。所谓约定解除，就是双方当事人协商解除。合同解除后，双方当事人不再受该合同的约束。

合同解除后，尚未履行的，终止履行；已经履行的，根据履行情况和合同性质，当事人可以要求恢复原状、采取其他补救措施，并有权要求赔偿损失。合同解除不影响合同中结算和清理条款的效力。

因不可抗力引发的合同解除，由于不是当事人的过错所致，当事人不承担法律责任；由于当事人的过错引发的合同变更，应当由引发变更的一方给对方以适当的经济补偿。

8.6 合同的违约责任

合同是具有法律效力的文件，当事人违反合同义务，应当承担相应的法律责任。当事人在合同条款中已经对违反合同应承担的责任作出了约定。事先约定违约责任的意义首先在于明确的违约责任约定能够警示当事人尽可能避免出现违约。其次，一旦出现违约行为，能使对违约后果的处理、对违约者的制裁、对受害方的补偿有章可循，从而更简单。

8.6.1 违约责任的概念

违约责任，是指当事人由于过错而不能履行或不能完全履行合同约定的义务所应承担的法律责任。违约责任有以下特点：违约责任产生的前提是当事人不履行有效成立的合同的义务，并且当事人有过错；违约责任的大小可以由当事人自由约定，这使得违约责任与侵权责任有所不同；违约责任具有补偿性，一般情况下都是为了补偿受害方的损失。

8.6.2　承担违约责任的条件

当事人违约要承担违约责任。但并不是所有的违约行为都应承担违约责任。承担违约责任要具备一定的条件。

承担违约责任的条件是：当事人要有违反合同义务的行为，该行为的后果是对对方当事人造成了利益的损失；违约方具有过错，并且无论是故意过错还是过失过错。

有些情况下，当事人虽有违约行为，但该违约行为不是由当事人的过错造成的，当事人可以不承担违约责任。《合同法》规定，因不可抗力的发生而导致当事人违约的，当事人不承担违约责任。所谓不可抗力，是指当事人不能预见、不能避免并不能克服的客观情况。必须说明的是，当足以导致当事人违约的不可抗力发生时，应及时将不可抗力发生的情况告知对方，并取得相应部门出具的不可抗力发生的证明。

8.6.3　承担违约责任的主体

《合同法》第 120 条规定，当事人双方都违反合同的，应当各自承担相应的责任。在现实中，许多情况下是双方当事人均有不同程度的违约行为存在。这时，双方应根据其违约行为给对方造成损害程度的大小承担相应的责任。

在建设工程合同中，双方违约的情形也较常见。发包方不按期支付工程款和承包方施工存在质量缺陷就经常同时存在。

《合同法》第 121 条规定，当事人一方因第三人原因造成违约的，应当向对方承担违约责任。当事人一方和第三人之间的纠纷，依照法律规定或者按照约定解决。这说明违约责任的承担者是合同的当事人，只要当事人一方有违约行为，而该违约行为不归责于不可抗力，就应当由当事人承担违约责任。违约当事人与第三人之间的关系属于合同以外关系，承担了违约责任的当事人可以依据公平原则再向该第三人要求赔偿。

8.6.4　承担违约责任的方式

1. 违约金和赔偿金

违约金是指违约方根据法律或合同的约定，向对方支付的货币金额。这个金额一般双方当事人事先在合同中约定。实际违约行为发生后，无论违约行为是否给对方造成损失，都要支付。如果约定的违约金高于实际损失，则支付违约金，若违约金数额过分高于实际损失，可以适当减小赔偿额度。如果约定的违约金不足以弥补对方的实际损失，则除了要支付违约金外，还应向对方支付赔偿金，以补齐违约金不足以弥补的损失部分。《合同法》第 113 条规定，当事人一方不履行合同义务或者履行合同义务不符合约定，给对方造成损失的，损失赔偿额应当相当于因违约所造成的损失，包括合同履行后可以获得的利益，但不得超过违反合同一方订立合同时预见到或者应当预见到的因违反合同可能造成的损失。

现实中，实际损失由于存在直接损失和间接损失，其计算有时很难有确切的标准，当事人容易由此引发进一步的纠纷。所以当事人在合同中约定违约责任条款时，也应同时约定实际损失的计算范围和计算办法。一般，赔偿金的数额不得超过违反合同一方订立合同时预见到或应当预见到的因违反合同可能造成的损失。

2. 价格制裁

《合同法》第 63 条规定，执行政府定价或者政府指导价的，在合同约定的交付期限内政府价格调整时，按照交付时的价格计价。逾期交付标的物的，遇价格上涨时，按照原价格执行；价格下降时，按照新价格执行。逾期提取标的物或者逾期付款的，遇价格上涨时，按照新价格执行；价格下降时，按照原价格执行。这一规定的实质是强制性执行对于违约方不利的价格，是对逾期交货或逾期付款这类违约行为进行的价格制裁。

3. 担保制裁

关于担保，请参照本书第 1 章相关内容。

合同如果约定有担保条款，违约方还可能承担担保（主要指定金）制裁。合同约定一方当事人给予对方一定的定金，在履行合同过程中，若给付定金方不履行合同的，无权收回定金；收受定金方不履行合同的，应当双倍返还定金。这实质上是对违约方进行的定金制裁。

需要注意的是，《合同法》第 116 条规定，当事人既约定违约金，又约定定金的，一方违约时，对方可以选择适用违约金或者定金条款。

在建设工程合同的勘察、设计合同和各类采购合同中，定金担保的采用非常普遍。

4. 继续履行

《合同法》第 107 条规定，当事人一方不履行合同义务或者履行合同义务不符合约定的，应当承担继续履行、采取补救措施或者赔偿损失等违约责任。

对于履行非金钱债务的合同，违约方承担相应的法律责任后，如果对方要求继续履行合同的，违约方不得以已经承担了违约责任为由而拒绝继续履行合同。当然该项责任不是无限制的，如果该项履行在法律上或者事实上不能履行，债务的标的不适于强制履行或履行费用过高，或者债权人在合理期限内未要求履行时，便不能再适用继续履行义务的责任方式。

8.7 案例分析

【案例分析 1】

1. 案情

某厂与某建筑公司于××年×月签订了建造厂房的建设工程承包合同。开工后 1 个月，厂方因资金紧缺，口头要求建筑公司暂停施工，建筑公司亦口头答应停工 1 个月。工程按合同规定期限验收时，厂方发现工程质量存在问题，要求返工。两个月后，返工完毕。结算时，厂方认为建筑公司迟延交付工程，应偿付逾期违约金。建筑公司认为：厂方要求临时停工并不得顺延完工日期，建筑公司为抢工期才出现了质量问题，因此迟延交付的责任不在建筑公司。厂方则认为：临时停工和不顺延工期是当时建筑公司答应的，其应当履行承诺，承担违约责任。

问题：此争议依据合同法律规范应如何处理？

2. 分析

(1)《合同法》规定，变更合同应当采取书面形式，本案中厂方要求临时停工并不得顺延工期，是厂方与建筑公司的口头协议；其变更协议的形式违法，是无效的变更，双方仍应按原合同规定执行。

(2) 施工期间，厂方未能及时支付工程款，应对停工承担责任，故应当赔偿建筑公司停工一个月的实际损失。

(3) 工程因质量问题返工，造成逾期交付，责任在建筑公司，故建筑公司应当支付逾期违约金。

【案例分析 2】

1. 案情

2008 年 10 月 2 日，某市帆布厂（以下简称甲方）与某市区修建工程队（以下简称乙方）订立了建设工程施工承包工程。合同规定：乙方为甲方建一框架厂房，跨度为 12 米，总造价为 98.9 万元；承包方式为包工包料；开、竣工日期为 2008 年 11 月 2 日至 2010 年 3 月 10 日。自开工至 2010 年底，甲方付给乙方工程款、材料垫付封款共 101.6 万元。到合同规定的竣工期限，未能完工，而且已完工程质量部分不合格。为此，双方发生纠纷。经查明：乙方在工商行政管理机关登记的经营范围为维修和承建小型非生产性建筑工程，无资格承包此项工程。经有关部门鉴定：该项工程造价应为 98.9 万元，未完工程折价为 11.7 万元，已完工程的厂房屋面质量不合格，返工费为 5.6 万元。为此，甲方将乙方诉至法院。

2. 分析

受诉法院审理认为：工商企业法人应在工商行政管理机关核准的经营范围内进行经营活动，超范围经营的民事行为无效。本案被告乙方承包建筑厂房，超越了自己的技术等级范围。判决如下：

(1) 原、被告所订立的建筑工程承包合同无效。

(2) 被告返还原告多付的工程款 14.4 万元。

(3) 被告偿付因工程质量不合格所需的返工费 5.6 万元。

建筑企业在进行承建活动时，必须严格遵守核准登记的建筑工程承建技术资质等级范围，禁止超资质等级承建工程。本案被告的经营范围仅能承建小型非生产性建筑工程和维修项目，其技术等级不能承建与原告所订合同规定的生产性厂房。因此被告对合同无效及工程质量问题应负全部责任，承担工程质量的返工费，并偿还给原告多收的工程款。

思　考　题

1. 合同有哪些种类？建设工程合同的种类是如何划分的？
2. 订立合同应遵循哪些原则？
3. 合同的主要条款有哪些？签订这些条款时应注意哪些问题？
4. 建设工程合同示范文本有什么作用？
5. 订立合同的法定程序是什么？
6. 建设工程合同的成立与生效有什么区别？
7. 建设工程合同的缔约过失有哪些情形？
8. 举例说明建设工程合同履行过程中当事人是如何行使其抗辩权的。
9. 什么是合同的变更、转让和解除？
10. 承担违约责任的条件是什么？承担违约责任的具体方式有哪些？

第 9 章　建设工程质量与安全法规

本章学习提示： 了解建设工程质量与安全法律法规；了解建设工程安全生产的内容、安全生产管理机构及职责；熟悉工程返修及损害赔偿等问题；掌握工程质量的概念；掌握建设、勘察、设计单位、施工、监理单位和建筑材料、构配件和设备的生产及供应单位相应的质量责任和义务；掌握建设工程安全生产的责任制度、教育制度、检查监督制度；了解工程重大安全事故调查和处理制度。

9.1　建设工程质量监督与检测制度

9.1.1　建设工程的质量监督

1. 我国的建设工程质量监督制度

《中华人民共和国共和国建筑法》及《建设工程质量管理条例》均规定，国家实行建设质量监督管理制度。

国务院发展计划部门按照国务院规定的职责，组织稽查特派员，对国家出资的重大建设项目实施监督检查；国务院经济贸易主管部门按照国务院规定的职责，对国家重大技术改造项目买施监督检查。

在我国，工程质量监督是指建设行政主管部门或其委托的工程质量监督机构根据国家的法律、法规和工程建设强制性标准、对责任主体和有关机构履行质量责任的行为以及工程实体质量进行监督检查、维护公众利益的行政执法行为。

国务院建设行政主管部门对全国的建设工程质量实施统一监督管理。国务院铁路、交通、水利等有关部门按照国务院规定的职责分工，负责对全国的有关专业建设工程质量的监督管理。县级以上地方人民政府建设行政主管部门对本行政区域内的建设工程质量实施监督管理。县级以上地方人民政府交通、水利等有关部门在各自的职责范围内，负责对本行政区域内的专业建设工程质量的监督管理。

国务院发展计划部门按照国务院规定的职责，组织稽查特派员，对国家出资的重大建设项目实施监督检查；国务院经济贸易主管部门按照国务院规定的职责，对国家重大技术改造项目实施监督检查。

2. 质量监督机构

(1) 质量监督机构的定位。

根据住建部 2007 年 7 月颁布的《建设工程质量监督机构和人员考核管理办法》及 2003 年 8 月颁布的《工程质量监督工作导则》的规定，建设工程质量监督机构（以下简称质量监督机构）是指受县级以上地方人民政府建设主管部门或有关部门委托，经省级人民政府建设主管部门或国务院有关部门考核认定，依据国家的法律、法规和工程建设强制性标准，对工程建设实施过程中各参建责任主体和有关单位的质量行为及工程实体质量进行监督管理的具有独立法人资格的单位。

（2）质量监督机构应具备的基本条件。

1）具有一定数量的监督人员。①地市级以上人民政府建设主管部门所属的监督机构不少于 9 人，县级（包括县级市）人民政府建设主管部门所属的监督机构不少于 3 人；②监督人员专业结构合理，建筑工程水、电、智能化等安装专业技术人员与土建工程专业技术人员相配套；③监督人员数量占监督机构总人数的比例不低于 75%。

2）有固定的工作场所和适应工程质量监督检查工作需要的仪器、设备和工具等。

3）有健全的工作制度和管理制度。

4）具备与质量监督工作相适应的信息化管理条件。

（3）质量监督机构的主要工作内容。

1）对责任主体（包括建设单位、勘察单位、设计单位、施工单位和监理单位等）和有关机构（主要指工程质量检测机构）履行质量责任的行为的监督检查。

2）对工程实体质量的监督检查。

3）对施工技术资料、监理资料以及检测报告等有关工程质量的文件和资料的监督检查。

4）对工程竣工验收的监督检查。

5）对混凝土预制构件及预拌混凝土质量的监督检查。

6）对责任主体和有关机构违法、违规行为的调查取证和核实、提出处罚建议或按委托权限实施行政处罚。

7）提交工程质量监督报告。

8）随时了解和掌握本地区工程质量状况。

9）其他内容。

3. 质量监督人员

质量监督人员是指经省级人民政府建设主管部门或国务院有关部门考核认定，依法从事建设工程质量监督工作的专业技术人员。

质量监督人员应当具备一定的专业技术能力和监督执法知识，熟悉掌握国家有关的法律、法规和工程建设强制性标准，具有良好职业道德。质量监督人员应当符合下列基本条件，并经省级人民政府建设主管部门组织的上岗培训、考核合格后，方可从事工程质量监督工作。

（1）地市级以上质量监督机构的监督人员。

1）具有工程类专业本科以上学历。

2）具有中级以上专业技术职称。

3）具有 5 年以上建设工程质量管理或设计、施工、监理等工作经历。

4）年龄不超过 60 周岁。

（2）县级质量监督机构的监督人员。

1）具有工程类专业大专以上学历。

2）具有初级以上专业技术职称。

3）具有3年以上建设工程质量管理或设计、施工、监理等工作经历。

4）年龄不超过60周岁。

（3）取得注册建造师、监理工程师、结构工程师等工程类国家执业资格证书的，可不受学历、职称条件限制。连续从事质量监督工作满15年具有中级以上专业技术职称的，可不受学历条件限制。

（4）质量监督机构的负责人应当具备同级监督人员基本条件，熟悉工程建设管理工作。

4. 质量监督的具体内容

（1）对建设单位的质量监督。

1）施工前办理质量监督注册、施工图设计文件审查、施工许可（开工报告）手续情况。

2）按规定委托监理情况。

3）组织图纸会审、设计交底、设计变更工作情况。

4）组织工程质量验收情况。

5）原设计有重大修改、变动的，施工图设计文件重新报审情况。

6）及时办理工程竣工验收备案手续情况。

（2）对勘察、设计单位的质量监督。

1）参加地基验槽、基础、主体结构及有关重要部位工程质量验收和工程竣工验收情况。

2）签发设计修改变更、技术洽商通知情况。

3）参加有关工程质量问题的处理情况。

（3）对施工单位的质量监督。

1）施工单位资质、项目经理部管理人员的资格、配备及到位情况；主要专业工种操作上岗资格、配备及到位情况。

2）分包单位资质与对分包单位的管理情况。

3）施工组织设计或施工方案审批及执行情况。

4）施工现场施工操作技术规程及国家有关规范、标准的配置情况。

5）工程技术标准及经审查批准的施工图设计文件的实施情况。

6）检验批、分项、分部（子分部）、单位（子单位）工程质量的检验评定情况。

7）质量问题的整改和质量事故的处理情况。

8）技术资料的收集、整理情况。

（4）对监理单位的质量监督。

1）监理单位资质、项目监理机构的人员资格、配备及到位情况。

2）监理规划、监理实施细则（关键部位和工序的确定及措施）的编制审批内容的执行情况。

3）对材料、构配件、设备投入使用或安装前进行审查情况。

4）对分包单位的资质进行核查情况。

5）见证取样制度的实施情况。

6）对重点部位、关键工序实施旁站监理情况。

7）质量问题通知单签发及质量问题整改结果的复查情况。

8）组织检验批、分项、分部（子分部）工程的质量验收、参与单位（子单位）工程质量的验收情况。

9）监理资料收集整理情况。

（5）对工程质量检测单位的质量监督。

1）是否超越核准的类别、业务范围承接任务。

2）检测业务基本管理制度情况。

3）检测内容和方法的规范性程度。

4）检测报告形成程序、数据及结论的符合性程度。

（6）对工程实体的质量监督。

1）对工程实体质量的监督采取抽查施工作业面的施工质量与对关键部位重点监督相结合的方式。

2）重点检查结构质量、环境质量和重要使用功能；重点监督工程地基基础、主体结构和其他涉及结构安全的关键部位。

3）抽查涉及结构安全和使用功能的主要材料、构配件和设备的出厂合格证、试验报告、见证取样送检资料及结构实体检测报告。

4）抽查结构混凝土及承重砌体施工过程的质量控制情况。

5）实体质量检查要辅以必要的监督检测、由监督人员根据结构部位的重要程度及施工现场质量情况进行随机抽检。

（7）工程竣工验收监督。

1）对以下工程竣工验收文件进行审查。

①施工单位出具的工程竣工报告、包括结构安全、室内环境质量和使用功能抽样检测资料等合格证明文件，以及施工过程中发现的质量问题整改报告等；②勘察、设计单位出具的工程质量检查报告；③监理单位出具的工程质量评估报告。

2）对验收组成员组成及竣工验收方案进行监督。

3）对工程实体质量进行抽测、对观感质量进行检查。

4）工程竣工验收监督的记录。

①对工程建设强制性标准执行情况的评价；②对观感质量检查验收的评价；③对工程竣工验收的组织及程序的评价；④对工程竣工验收报告的评价。

（8）工程质量监督报告。

质量监督机构应在工程竣工验收合格后 7 个工作日内，向备案机关提交工程质量监督报告。报告应根据监督抽查情况，客观反映责任主体和有关机构履行质量责任的行为及检查到的工程实体质量的情况。

工程质量监督报告由负责该项目的质量监督人员编写，有关专业监督人员签认，监督机构负责人审查签字、加盖公章。报告应包括以下内容。

1）工程概况和监督工作概况。

2）对责任主体和有关机构质量行为及执行工程建设强制性标准的检查情况。

3）工程实体质量监督抽查（包括监督检测）情况。

4）工程质量技术档案和施工管理资料抽查情况。

5）工程质量问题的整改和质量事故处理情况。

6）各方质量责任主体及相关有资格的人员的不良记录内容。

7）工程质量竣工验收监督记录。

8）对工程竣工验收备案的建议。

9）工程质量监督档案及信息管理。

质量监督机构应建立工程质量监督档案管理制度并推行信息化管理。工程质量监督档案一般应包括以下主要内容：

①监督注册及工程项目监督工作方案；②质量行为的监督记录；③地基基础、主体结构工程抽查（包括监督检测）记录；④工程质量竣工验收监督记录；⑤工程质量监督报告；⑥不良行为记录；⑦施工中发生质量问题的整改和质量事故处理的有关资料；⑧工程监督过程中所形成的照片（含底片）、音像资料；⑨其他有关资料。

工程质量监督档案应及时整理、并符合档案管理的有关规定。质量监督档案保管期限分为长期和短期两种，长期为 15 年，短期为 5 年。

质量监督机构应建立工程质量监督信息数据库，将工程建设责任主体和有关机构信息、在建及竣工工程信息、监督检查中发现的工程建设责任主体违规和违反强制性标准信息、工程质量状况统计信息、工程竣工验收备案信息等纳入数据库。

质量监督机构应将所发现的工程建设各方责任主体和有关机构的不良行为进行记录、核实、按规定的程序和权限、通过信息系统向社会公示并向上级有关部门传递。

9.1.2 建设工程质量检测

建设工程质量检测（以下简称质量检测），是指工程质量检测机构（以下简称检测机构）接受委托，依据国家有关法律、法规和工程建设强制性标准，对涉及结构安全项目的抽样检测和对进入施工现场的建筑材料、构配件的见证取样检测。

1. 质量检测的业务内容

质量检测的内容主要包括专项检测和见证取样检测两种情况。

（1）专项检测。

专项检测包括：

1）地基基础工程检测：地基及复合地基承载力静载检测；桩的承载力检测；桩身完整性检测；锚杆锁定力检测。

2）主体结构工程现场检测：混凝土、砂浆、砌体强度现场检测；钢筋保护层厚度检测；混凝土预制构件结构性能检测；后置埋件的力学性能检测。

3）建筑幕墙工程检测：建筑幕墙的气密性、水密性、风压变形性能、层间变位性能检测；硅酮结构胶相容性检测。

4）钢结构工程检测：钢结构焊接质量无损检测；钢结构防腐及防火涂装检测；钢结构节点、机械连接用紧固标准件及高强度螺栓力学性能检测；钢网架结构的变形检测。

（2）见证取样检测。

见证取样检测包括：

1）水泥物理力学性能检验。

2）钢筋（含焊接与机械连接）力学性能检验。

3）砂、石常规检验。

4）混凝土、砂浆强度检验。

5）简易土工试验。

6）混凝土掺加剂检验。

7）预应力钢绞线、锚夹具检验。

8）沥青、沥青混合料检验。

2. 质量检测机构

质量检测机构是具有独立法人资格的中介机构。其从事质量检测业务，应当依法取得相应的资质证书。

检测机构资质按照其承担的检测业务内容分为专项检测机构资质和见证取样检测机构资质。检测机构的资质标准如下：

（1）专项检测机构和见证取样检测机构应满足下列基本条件：

1）专项检测机构的注册资本不少于100万元人民币，见证取样检测机构不少于80万元人民币。

2）所申请检测资质对应的项目应通过计量认证。

3）有质量检测、施工、监理或设计经历，并接受了相关检测技术培训的专业技术人员不少于10人；边远的县（区）的专业技术人员可不少于6人。

4）有符合开展检测工作所需的仪器、设备和工作场所；其中，使用属于强制检定的计量器具，要经过计量检定合格后，方可使用。

5）有健全的技术管理和质量保证体系。

（2）专项检测机构除应满足基本条件外，还需满足下列条件：

1）地基基础工程检测类。

专业技术人员中从事工程桩检测工作3年以上并具有高级或者中级职称的不得少于4名，其中1人应当具备注册岩土工程师资格。

2）主体结构工程检测类。

专业技术人员中从事结构工程检测工作3年以上并具有高级或者中级职称的不得少于4名，其中1人应当具备二级注册结构工程师资格。

3）建筑幕墙工程检测类。

专业技术人员中从事建筑幕墙检测工作3年以上并具有高级或者中级职称的不得少于4名。

4）钢结构工程检测类。

专业技术人员中从事钢结构机械连接检测、钢网架结构变形检测工作3年以上并具有高级或者中级职称的不得少于4名，其中1人应当具备二级注册结构工程师资格。

（3）见证取样检测机构除应满足基本条件外，专业技术人员中从事检测工作3年以上并具有高级或者中级职称的不得少于3名；边远的县（区）可不少于2人。

3. 对质量检测活动的监督管理

国务院建设主管部门负责对全国质量检测活动实施监督管理，并负责制定检测机构资质标准。省、自治区、直辖市人民政府建设主管部门负责对本行政区域内的质量检测活动实施监督管理，并负责检测机构的资质审批。市、县人民政府建设主管部门负责对本行政区域内的质量检测活动实施监督管理。

检测机构未取得相应的资质证书，不得承担质量检测业务。检测机构取得检测机构资质后，不再符合相应资质标准的，省、自治区、直辖市人民政府建设主管部门根据利害关系人的请求或者依据职权，可以责令其限期改正；逾期不改的，可以撤回相应的资质证书。任何单位和个人不得涂改、倒卖、出租、出借或者以其他形式非法转让资质证书。

质量检测试样的取样应当严格执行有关工程建设标准和国家有关规定，在建设单位或者工程监理单位监督下现场取样。提供质量检测试样的单位和个人，应当对试样的真实性负责。

检测机构完成检测业务后，应当及时出具检测报告。检测报告经检测人员签字、检测机构法定代表人或者其授权的签字人签署，并加盖检测机构公章或者检测专用章后方可生效。检测报告经建设单位或者工程监理单位确认后，由施工单位归档。见证取样检测的检测报告中应当注明见证人单位及姓名。

任何单位和个人不得明示或者暗示检测机构出具虚假检测报告，不得篡改或者伪造检测报告。检测人员不得同时受聘于两个或者两个以上的检测机构。检测机构和检测人员不得推荐或者监制建筑材料、构配件和设备。检测机构不得与行政机关，法律、法规授权的具有管理公共事务职能的组织以及所检测工程项目相关的设计单位、施工单位、监理单位有隶属关系或者其他利害关系。

检测机构不得转包检测业务。检测机构跨省、自治区、直辖市承担检测业务的，应当向工程所在地的省、自治区、直辖市人民政府建设主管部门备案。

检测机构应当对其检测数据和检测报告的真实性和准确性负责。检测机构违反法律、法规和工程建设强制性标准，给他人造成损失的，应当依法承担相应的赔偿责任。检测机构应当将检测过程中发现的建设单位、监理单位、施工单位违反有关法律、法规和工程建设强制性标准的情况，以及涉及结构安全检测结果的不合格情况，及时报告工程所在地建设主管部门。

检测机构应当建立档案管理制度。检测合同、委托单、原始记录、检测报告应当按年度统一编号，编号应当连续，不得随意抽撤、涂改。检测机构应当单独建立检测结果不合格项目台账。

9.2 建设工程质量体系认证制度

《建筑法》第53条规定，国家对从事建筑活动的单位推行质量体系认证制度。从事建筑活动的单位根据自愿原则可以向国务院产品质量监督管理部门或者国务院产品质量监督管理部门授权的部门认可的认证机构申请质量体系认证。经认证合格的，由认证机构颁发质量体系认证证书。

9.2.1　质量体系认证概述

质量体系，是指企业为保证其产品质量所采取的管理、技术等各项措施所构成的有机整体，即企业的质量保证体系。

质量体系认证，是指依据国际通用的质量管理和质量保证系列标准，经过国家认可的质量体系认证机构对企业的质量体系进行审核，对于符合规定条件和要求的，通过颁发企业质量体系认证证书的形式，证明企业的质量保证能力符合相应要求的活动。

质量体系认证的对象主要是各类企业；认证的过程是对质量体系的整体水平进行科学地评价，以证明企业的质量保证能力是否符合相应标准的要求；认证的依据是国际通用的质量管理的标准，我国已经对该国际标准等同采用并转化为我国的国家标准；认证的目的是为了使企业向用户提供可靠的质量信誉和质量担保。

推行企业质量体系认证制度的意义主要在于，通过开展质量体系认证，有利于促进企业在管理和技术等方面采取有效措施，在企业内部建立起可靠的质量保证体系，以保证产品质量，同时提高企业的质量信誉，扩大企业的知名度，增强企业竞争优势。

9.2.2　质量体系认证的标准

国际标准化组织（ISO）于 1987 年 3 月正式发布了第一部管理标准，即 ISO 9000《质量管理和质量保证》系列标准。我国于 1992 年发布了等同采用国际标准的 GB/T 19000—ISO 9000《质量管理和质量保证》系列标准，并于 1993 年 1 月 1 日正式实施。

我国的 GB/T 19000 系列标准由以下五个标准组成：

1. GB/T 19000—ISO 9000《质量管理和质量保证——选择和使用指南》

此标准阐明了质量方针、质量管理、质量体系、质量控制和质量保证五个重要质量术语的含义及其相互关系；阐述了企业应力求达到的质量目标及质量体系环境特点和质量体系标准的类型；规定了标准的应用范围、标准的应用程序；规定了证实文件应包括的内容以及供需双方签订合同前应做的准备。

2. GB/T 19001—ISO 9001《质量体系——设计、开发、生产、安装和服务的质量保证模式》

该标准是三个质量保证模式中质量水平最高、覆盖环节（过程）最多，而且质量体系要素最多的质量保证标准。它阐述了从产品设计、产品生产到售后服务全过程的质量体系要素的要求。遵照该标准，企业产品质量体系提供对合同评审、设计、生产和安装过程（服务）各个阶段、各个环节的严格控制，防止发生不合格的情况。该标准比其他两个标准增加了对设计质量控制条款和售后服务条款的质量体系要素。

3. GB/T 19002—ISO 9002《质量体系——生产和安装的质量保证模式》

该标准适用于设计已定型、生产过程复杂或产品价值昂贵的生产条件，阐述了从原材料采购至产品交付使用全过程的质量体系要求，是三个模式中应用率较高的模式标准。它要求生产企业的质量体系能提供严格控制生产过程质量的证据，保证生产和安装阶段各环节符合规定的要求，及时解决生产过程中发现的问题，防止、避免不合格情况的发生和重复出现。该标准强调预防、控制与检验相结合，并以此范围规定了 18 项质量体系要素的内容和工作程序。

4. GB/T 19001—ISO 9003《*质量体系——最终检验和试验的质量保证模式*》

该标准适用于相对简单或比较成熟的产品。它明确了产品形成过程检验工作、成品检验和试验的质量体系要求，强调检验工作和有效的检验系统对检验人员、检验程序、设备，都要进行严格的控制。该标准明确规定此范围内的 12 项质量体系要素构成其主要内容，是三个模式标准中质量体系要素内容和数量相对较少的模式标准。

5. GB/T 19004—ISO 9004《*质量管理和质量体系要素——指南*》

该标准是指导企业建立质量体系的指导标准。它在总结了不同行业、不同企业的基本要求后，提出了企业建立质量体系一般应包括的基本要素。该标准对基本质量要素的含义、要素的目标、要素间的关系以及各项工作的内容、要求、方法、人员和所要求文件、记录等都有明确的要求。该标准从建立质量体系的组织结构、责任、程序、过程和资源五个方面对人、技术、管理诸要素提出要求，明确企业质量体系的基本出发点是：应设计出有效的质量体系，以满足顾客的需要和期望，并保护公司的利益；完善的质量体系应在考虑风险、成本和利益的基础上使质量最佳化，并具有对质量加以控制的重要管理手段。

9.2.3 质量保证体系标准的选择

不同生产企业质量工作的规律、原理、原则基本相同，但市场条件、产品状况、企业素质、管理机制、消费者需要等各方面条件却千变万化。因此，企业要针对环境特点和主观因素影响，对照标准开展质量工作，对标准规定的要素及采用要素的程度进行研究，确定企业自身质量体系的构成，建立和完善质量体系。企业可以通过选择要素，组合出既符合质量管理原理，又适用于本企业条件的最佳状态的质量体系。

根据建筑业的特点，在建筑所涉及的设计、科研、房地产开发、市政、施工、试验、质量监督、建设监理等企业内部建立质量管理体系时，毫无疑问应该选择 GB/T 19004—ISO 9004 标准。同时，由于这些单位又有各自的特点，因此，其所建立的质量体系又是不相同的，这主要是质量形成的过程不同而造成的。在这些单位按照 GB/T 19004—ISO 9004 标准建立质量体系的基础上，可以根据用户的要求和企业产品的特点，选择 GB/T 19001—ISO 9001 或 GB/T 19002—ISO 9002 或 GB/T 19003—ISO 9003 标准。具体地说，设计、科研、房地产开发、总承包（集团）公司等单位可以选择 68/T 19001—ISO 9001 标准；市政、施工（土建、安装、装饰、防腐、防水等）等企业可以选择 GB/T 19002—ISO 9002 标准。

当然，这些单位对标准的选用，也可根据实际情况灵活掌握。因为 GB/T 19001—ISO 9001 标准中包括了设计，因此对设计院、研究院和房地产开发公司等单位适用；而 GB/T 19002—ISO 9002 标准中只包括生产和安装，因此只对施工企业适用；GB/T 19003—ISO 9003 标准涉及试验和检验，所以更适用于试验室、质检站和监理公司等单位。对有些单位，如施工企业下设试验室，可以选择 GB/T 19002—ISO 9002 和 GB/T 19003—ISO 9003 用于外部的质量保证。

需要说明的是，上述系列标准属推荐性技术标准。所以，对从事建筑活动的单位申请质量体系认证采用自愿原则，任何部门和组织均不得强制其申请认证。申请认证的法定机构为国务院产品质量监督管理部门即国家技术监督局认可的，或者其授权部门认可的认证机构。经认证合格的，由认证机构颁发质量体系认证证书。

9.3　工程竣工验收与质量保修制度

9.3.1　工程竣工验收制度

《建筑法》第 31 条规定："交付竣工验收的建筑工程，必须符合规定的建筑工程质量标准，有完整的工程技术经济资料和经签署的工程保修书，并具备国家规定的其他竣工条件。建筑工程竣工验收合格后，方可交付使用；未经验收或者验收不合格的，不得交付使用。"

建筑工程的竣工验收，是指在建筑工程已按照设计要求完成全部施工任务，准备交付给建设单位投入使用时，由建设单位或有关主管部门依照国家关于建筑工程竣工验收制度的规定，对该项工程是否符合设计要求和工程质量标准所进行的检查、考核工作。建筑工程的竣工验收是项目建设全过程的最后一道程序，是对工程质量实施控制的一个重要环节。认真做好建筑工程的竣工验收工作，对保证建筑工程的质量具有重要意义。

1. 建筑工程竣工验收的程序

根据建筑部颁布的《建设项目（工程）竣工验收办法》、《工程建设监理规定》和《建设工程质量监督管理规定》及其他相关法律规范的规定，建筑工程竣工验收的具体程序如下：

（1）施工单位作竣工预验。

竣工预验是指工程项目完工后，要求监理工程师验收前，由施工单位自行组织的内部模拟验收。预验是顺利通过正式验收的可靠保证，一般也邀请监理工程师参加。

（2）施工单位提交验收申请报告。

施工单位决定正式提请验收后向监理单位送交验收申请报告，监理工程师收到验收申请报告后参照工程合同要求、验收标准等进行仔细审查。

（3）根据申请报告作现场实验。

监理工程师审查完验收申请报告后，若认为可以验收，则应由监理人员组成验收班子对竣工的工程项目进行初验，在初验中发现的质量问题，应及时以书面通知或以备忘录的形式通知施工单位，并令其按有关的质量要求进行修理甚至返工。

（4）正式竣工验收。

在监理工程师初验合格的基础上，一般由建设单位牵头，组织设计单位、施工单位、工程监理单位及质量监督站、消防、环保等行政部门参加，在规定的时间内正式验收，正式的竣工验收书必须有建设单位、施工单位、监理单位等各方签字方为有效。

2. 工程竣工验收的条件

根据 2000 年 1 月 30 日国务院颁布的《建设工程质量管理条例》第 16 条的规定，工程竣工验收应具备下列条件：

（1）完成建设工程设计和合同约定的各项内容。

（2）有完整的技术档案和施工管理资料。

（3）有工程使用的主要建筑材料、建筑构配件和设备的进场试验报告。

（4）有勘察、设计、施工、工程监理等单位分别签署的质量合格文件。

(5) 有施工单位签署的工程保修书。

建筑工程经验收合格的，方可交付使用。不合格的工程不予验收；对遗留问题应提出具体解决意见，限期落实解决。

9.3.2 工程质量奖励制度

为鼓励建筑业企业加强管理，搞好工程质量，争创国际先进水平，促进全行业工程质量的提高，我国还实行优秀工程奖励制度，分别设立了国家优质工程奖、优秀工程勘察奖、优秀工程设计奖，还定期进行工程设计计算机优秀软件、工程建设优秀标准设计的评选。另外，中国建筑业协会还设立了建筑工程鲁班奖。

1. 国家优质工程奖

凡在中华人民共和国土地上建设具有独立的生产和使用功能的下列工程项目，都可申报参评。

(1) 新建的大中型工业、交通、农林、水利、民用和国防军工等建设项目。

(2) 10 万立方米以上设施配套的住宅小区。

(3) 投资在 2000 万元以上的城市道路、桥梁、给排水、燃气、供热等市政基础设施工程。

(4) 具有显著经济效益和社会效益的大中型改建、扩建和技术改造工程。

(5) 对发展国民经济具有重大意义的其他工程。

参加评选的工程项目，必须同时满足下述条件：

(1) 必须按规定通过了竣工验收，并经过一年的考验期；但自竣工验收至申报评选的期限，大型建设项目不得超过 5 年，中型建设项目不得超过 3 年，其他工程项目不得超过两年。

(2) 必须是已经获得省、自治区、直辖市和国务院有关部门认定的优质工程。

(3) 未按建设程序建设或在建设过程中发生过三级及三级以上重大工程建设事故的工程，不得参与评选。

国家优质工程每年评审一次，由国家优质工程审定委员会组织进行。日常工作则由其下设的办公室（设在住建部）负责。国家优质工程奖是国家级工程质量奖，每年数目控制在 50 项左右。

2. 优秀工程勘察奖

凡在工程竣工验收后经 1 年以上时间检验的新建、扩建、改建及技术改造的工业与民用建筑项目的勘察；经 1 年以上时间检验的工程地质与岩土工程项目；投产后的工程测量与城市测量项目；经过开采性抽水检验，抽水能力大于设计水量的 50%，或低于设计水平、但有 1 年以上长期观测资料，或经国家储量委员会认可的水资源评估与钻井工程项目，均可申报参加评选。

优秀工程勘察奖，按地区、部门评选和全国评选两步进行。所有参评项目都必须先参加省、部级优秀工程勘察奖的评选，再由省、部有关部门从获奖项目中选择成效突出者，按获奖名次推荐上报，参加全国优秀工程勘察奖的评选。全国优秀工程勘察奖的评选由“全国优秀工程勘察设计评选委员会”负责，有关的具体事务和协调工作，则由中国工程勘察协会负责。如无特殊原因，每两年评选一次。

3. 优秀工程设计奖

凡已竣工投产、验收并经 1 年以上时间检验的完整的工业与民用工程建设项目或单项工程的设计，均可申报参加评选；单体构筑物、设备、技术、规程、规范、计算机应用程序等，不参加评选。申报评选的项目，原则上是近两年内竣工投产的工程建设项目，有特殊原因的，可放宽至 5 年内。优秀工程设计奖，按地区、部门评选和全国评选两步进行。所有参评项目都必须先参加省、部级优秀工程设计奖的评选，再由各省、部从获奖项目中选出名列前茅者排好名次后，向住建部推荐参加全国评选。全国优秀工程设计奖的评选，由住建部邀请有关专家组成的评审委员会负责，有关具体事务，委托中国勘察设计协会办理。全国优秀工程设计奖设金质奖、银质奖、铜质奖三种，每两年评选一次。如遇特殊情况则可提前或推后进行。

4. 建设工程鲁班奖

凡已列入国家或省、自治区、直辖市、计划单列市及国务院各部门建设计划，达到一定规模，并已形成生产能力和使用功能的新建的大型公共建筑和市政工程，大中型工业交通建设项目中的主要建筑工程或设备安装工程均可申请参加评选；个别工程规模较小达不到规模要求，但建筑风格独特、工程质量特别优良，且具有代表性、各界反映良好的工程，也可申报参评，但应从严掌握。

参评工程应按照建筑企业的隶属关系向各地建筑业协会申报，没有成立建筑业协会的向建设行政主管部门申报；经初审合格后上报中国建筑业协会，中国建筑业协会要组织复查小组，并会同有关地区或部门的相关人员共同进行复查；然后交评审委员会进行审议，并以无记名投票方式确定获奖工程。

建设工程鲁班奖是我国建筑行业在工程质量方面的最高荣誉鼓励，获奖工程质量应至少达到国内一流水平。鲁班奖每年评选一次，每次奖励的数额不超过 30 个。

9.3.3 建设工程质量保修制度

所谓建设工程质量保修，是指建设工程竣工验收后在保修期限内出现的质量缺陷（或质量问题），由施工单位依照法律规定或合同约定予以修复。其中，质量缺陷是指建设工程的质量不符合工程建设强制性标准以及合同的约定。

建设工程作为一种特殊的耐用消费品，一旦建成后将长期使用。建设工程在建造中存在的质量问题，在工程竣工验收时被发现的，必须经修复完好后，才能作为合格工程交付使用；有些质量问题在竣工验收时未被发现，而在使用过程中的一定期限内逐渐暴露出来，施工企业应根据“质量保修制度”的要求无偿予以修复，以维护用户的利益。

建设工程实行保修制度，是《建筑法》确立的一项基本法律制度。《建设工程质量管理条例》则在建设工程保修范围、保修期限和保修责任等方面，对该项制度作出了更具体的规定。

1. 建筑工程质量保修的范围

（1）地基基础工程和主体结构工程。

这两项工程的质量问题直接关系建筑物的安危，一般是不允许出现质量隐患的，一旦存在质量问题，也很难通过修复的方法解决。规定对这两项工程实行保修制度，实际上要求施工企业必须确保其质量。

（2）屋面防水工程。

由于房屋建筑工程中的屋面漏水问题很常见，也很突出，所以法律中将此项工程单独列出。

（3）其他土建工程。

指除屋面防水工程以外的其他土建工程，如地面、楼面、门窗工程等。

（4）电气管线、上下水管线的安装工程。

包括电气线路、开关、电表的安装，电气照明器具的安装，给水管道、排水管道的安装等。

（5）供热、供冷系统工程。

包括暖气管道及设备、中央空调设备等的安装工程。

（6）装修工程。

是指建筑过程中的装修，属于房屋建造活动的组成部分。

（7）其他应当保修的项目范围。

2. 建筑工程质量保修的期限

根据2000年1月30日国务院颁布的《建设工程质量管理条例》第40条和2000年6月30日住房和城乡建设部颁布的《房屋建筑质量保修办法》第7条的规定，下列工程的最低保修期限为：

（1）地基工程和主体结构工程，为设计文件规定的该工程的合理使用年限。

（2）屋面防水工程、有防水要求的卫生间、房间和外墙面的防渗漏为5年。

（3）电气管线、给排水管道、设备安装为2年。

（4）供热与供冷系统，为2个采暖期、供冷期。

（5）装修工程为2年。

（6）其他项目的保修期限由建设单位约定。

质量保修期从工程竣工验收合格之日起计算。以上属于法律、行政法规的强制性规定。

3. 保修的实施

建筑工程在保修期内出现质量缺陷，建设单位或者房屋建筑所有人应当向施工单位发出保修通知。如果发生涉及结构的安全的质量缺陷，建设单位或者房屋建筑所有人还应立即向当地建设行政主管部门报告，并采取安全防范措施。

对于一般的质量缺陷，施工单位接到保修通知后，应当到现场核查情况，在保修书约定的时间内予以保修；对于涉及结构安全或者严重影响使用功能的紧急抢修事故，施工单位接到保修通知后，应当立即到达现场抢修；对其他涉及结构安全的勿需紧急抢修的质量缺陷，应由原设计单位或者具有相应资质等级的设计单位提出保修方案，施工单位实施保修，原工程质量监督机构负责监督。

保修完成后，由建设单位或者房屋建筑所有人组织验收。涉及结构安全的，应当报告当地建设行政主管部门备案。

施工单位不按工程质量保修书约定保修的，建设单位或房屋建筑所有人可以另行委托其他单位保修，由原施工单位承担相应责任。

4. 保修费用的承担

建筑工程在保修期内出现质量缺陷时，施工单位负有保修的义务。但是，保修的费用并非一定由施工单位承担，而是“由质量缺陷的责任方承担”(《房屋建筑工程质量保修办法》第 13 条)。所谓质量缺陷的责任，有下面三种情况：

(1) 施工单位未按工程建设强制性标准和设计要求施工，造成质量缺陷的，施工单位为责任方。

(2) 由于设计方面的原因造成质量缺陷的，设计单位为责任方。

(3) 因建筑材料、构配件和设备质量不合格引起的质量缺陷，属于施工单位采购的或者经其验收同意的，施工单位为责任方；属于建设单位采购的，建设单位为责任方。

对于因质量缺陷造成的人身、财产损害，同样由质量缺陷的责任方承担赔偿责任。因保修不及时造成的人身、财产损害，由造成拖延的责任方承担赔偿责任。

9.4 建设工程质量责任制度

建设工程具有投资大、规模大、建设周期长、生产环节多、参与方多、影响质量形成的因素多等特点。不论是上述哪个主体出了问题，哪个环节出了问题，都会导致质量缺陷甚至重大质量事故的发生。因此，建设工程质量管理最基本的原则和方法就是建立健全质量责任制，有关各方对其本身工作成果负责，共同保证工程质量。

9.4.1 建设单位的质量责任和义务

(1) 建设单位必须向有关的勘察、设计、施工、工程监理等单位提供与建设工程有关的原始资料；原始资料必须真实、准确、齐全。

(2) 建设单位不得明示或者暗示设计单位或者施工单位违反工程建设强制性标准，降低建设工程质量。

(3) 建设单位应当将施工图设计文件报县级以上人民政府建设行政主管部门或者其他有关部门；不得使用未经审查批准的施工图设计文件。

(4) 建设单位在领取施工许可证或者开工报告前，应当按照国家有关规定办理工程质量监督手续。

(5) 按照合同约定，由建设单位采购建筑材料、建筑构配件和设备的，建设单位应当保证建筑材料、建筑构配件和设备符合设计文件和合同要求。

(6) 涉及建筑主体和承重结构变动的装修工程，建设单位应当在施工前委托原设计单位或者具有相应资质等级的设计单位提出设计方案；没有设计方案的，不得施工。

(7) 建设单位收到建设工程竣工报告后，应当组织设计、施工、工程监理等有关单位进行竣工验收；建设工程经验收合格后，方可交付使用。

(8) 建设单位应当严格按照国家有关档案管理的规定，及时收集、整理建设项目各环节的文件资料，建立健全建设项目档案，并在建设项目竣工验收后，及时向建设行政主管部门或者其他有关部门移交建设项目档案。

9.4.2 勘察、设计单位的质量责任和义务

(1) 勘察、设计单位必须按照工程建设强制性标准进行勘察、设计，并对其勘察、设

计的质量负责；注册建筑师、注册结构工程师等注册执业人员应当在设计文件上签字，对设计文件负责。

（2）勘察单位提供的地质、测量、水文等勘察成果必须真实、准确。

（3）设计单位应当根据勘察成果文件进行建设工程设计；设计文件应当符合国家规定的设计深度要求，注明工程合理使用年限。

（4）设计单位在设计文件中选用的建筑材料、建筑构配件和设备，应当注明规格、型号性能等技术指标，其质量要求必须符合国家规定的标准；除有特殊要求的建筑材料、专用设备、工艺生产线等外，设计单位不得指定生产厂、供应商。

（5）设计单位应当就审查合格的施工图设计文件向施工单位作出详细说明。

（6）设计单位应当参与建设工程质量事故分析，并对因设计造成的质量事故提出相应的技术处理方案。

9.4.3 施工单位的质量责任和义务

（1）施工单位对建设工程的施工质量负责；施工单位应当建立质量责任制，确定工程项目的项目经理、技术负责人和施工管理负责人；建设工程实行总承包的，总承包单位应当对全部建设工程质量负责；建设工程勘察、设计、施工、设备采购的一项或者多项实行总承包的，总承包单位应当对其承包的建设工程或者采购的设备的质量负责。

（2）总承包单位依法将建设工程分包给其他单位的，分包单位应当按照分包合同的约定对其分包工程的质量向总承包单位负责，总承包单位与分包单位对分包工程的质量承担连带责任。

（3）施工单位必须按照工程设计图纸和施工技术标准施工，不得擅自修改工程设计，不得偷工减料；施工单位在施工过程中发现设计文件和图纸有差销的，应当及时提出意见和建议。

（4）施工单位必须按照工程设计要求、施工技术标准和合同约定，对建筑材料、建筑构配件、设备和商品混凝土进行检验，检验应当有书面记录和专人签字；未经检验或者检验不合格的，不得使用。

（5）施工单位必须建立、健全施工质量的检验制度，严格工序管理，做好隐蔽工程的质量检查和记录。隐蔽工程在隐蔽前，施工单位应当通知建设单位和建设工程质量监督机构。

（6）施工人员对涉及结构安全的试块、试件以及有关材料，应当在建设单位或者工程监理单位监督下现场取样，并送具有相应资质等级的质量检测单位进行检测。

（7）施工单位对施工中出现质量问题的建设工程或者竣工验收不合格的建设工程应当负责返修。

9.4.4 工程监理单位的质量责任和义务

（1）工程监理单位应当依照法律、法规以及有关技术标准、设计文件和建设工程承包合同，代表建设单位对施工质量实施监理，并对施工质量承担监理责任。

（2）工程监理单位应当选派具备相应资格的总监理工程师和监理工程师进驻施工现场；未经监理工程师签字，建筑材料、建筑构配件和设备不得在工程上使用或者安装，施工单位不得进行下一道工序的施工；未经总监理工程师签字，建设单位不拨付工程款，不进行竣工验收。

（3）工程监理单位应当按照工程监理规范的要求，采取旁站、巡视和平行检验等形式对建设工程实施监理。

9.4.5　材料、设备供应单位的质量责任与义务

（1）建筑材料、构配件生产及设备供应单位必须具备相应的生产条件、技术装备和质量保证体系，具备必要的检测人员和设备。

（2）其供应的建筑材料、构配件和设备质量应符合国家或行业现行有关技术标准规定的合格标准和设计要求，并应符合以其产品说明、实物样品等方式表明的质量状况。

（3）其产品或其包装上的标志应符合下述要求：

1）有产品质量检验合格证明。

2）有中文标明的产品名称、生产厂厂名和厂址。

3）产品包装和商标样式符合国家有关规定和标准要求。

4）设备应有详细的产品使用说明书，电器设备还应附有线路图。

5）获得生产许可证或使用产品质量认证标志的产品，应有生产许可证或质量认证的编号、批准日期和有效期限。

（4）建筑材料、构配件及设备的供需双方均应签订购销合同，并按合同条款进行质量验收；建筑材料、构配件生产及设备供应单位应对其生产或供应的产品质量负责。

9.5　建设工程安全生产管理、安全生产基本方针和相关制度

建设工程安全生产，是指建设生产过程中要避免人员、财产的损失及对周围环境的破坏。它包括生产过程中的施工现场人员安全、财产设备安全，施工现场及附近的道路、管线和房屋的安全，施工现场和周围的环境保护及工程建设后的使用安全等方面的内容。

改革开放以来，建筑业持续快速发展，在国民经济中的地位和作用逐渐增强，已经成为我国的支柱产业之一。随着基本建设投资持续增长，工程建设的规模和技术难度都有所提高，许多新技术、新材料、新工艺也在建设项目中得到了应用，有些工程项目还对工期的要求很近，这些都有可能引发新的危险因素。再加上在工程建设过程中，有些主体对安全生产重视程度不够、资金投入不足、监督管理制度也还不健全，导致建设工程安全生产事故一直居高不下，在各产业中仅次于采矿业，居第二位，给人民生命和财产安全造成了重大损失。由此可见，全国建设工程安全生产形势严峻，因此社会各界要求规范建设工程安全生产，完善相关的立法。

9.5.1　工程建设安全生产的立法概况

安全生产直接关系广大从业人员及社会大众的生命健康和财产安全，我国一向重视安全生产的立法工作。早在 1980 年，国家建工总局就颁发了《建筑安装工人安全技术操作

规程》。之后，城乡建设环境保护部先后于1982年8月颁布了《关于加强集体所有制建筑企业安全生产的暂行规定》，于1983年5月颁发了《国营建筑施工企业安全生产工作条例》，于1989年颁发了《工程建设重大事故报告和调查程序规定》，原建设部于1991年颁布了《建筑安全生产监督管理规定》，于1996年《城市居民住宅安全防范设施建设管理规定》。上述规章曾在工程建设安全生产管理中发挥了重要作用，但随着社会发展和立法进步，一些规定已不适合市场经济体制下的安全生产管理，应用也减少了，部分规章甚至已经失效。

由于我国近几年来煤矿、建筑等领域的生产安全事故频频发生，给社会造成了巨大的经济损失和负面影响，全国人大、国务院和有关部委都加强了立法工作。自2001年来，《中华人民共和国安全生产法》（以下简称《安全生产法》）、《建设工程安全生产管理条例》等关于工程建设安全生产管理的9部法律、行政法规和部门规章相继出台，加上之前颁布的法规，构成了有效的安全生产法律体系。

《安全生产法》由中华人民共和国第九届全国人民代表大会常务委员会第二十八次会议于2002年6月29日通过，自2002年11月1日起施行。作为全国范围内所有生产、建设领域都需遵循的安全生产基本法规，它对生产经营单位的安全生产保障制度、从业人员安全生产的权利和义务、安全生产的监督管理和生产安全事故的应急救援与调查处理四个主要方面作了详细规定，为安全生产相关立法奠定了良好的基础。

《建设工程安全生产管理条例》是工程建设领域关于安全生产的一部重要的行政法规。它于2003年11月24日由国务院发布，并于2004年2月1日施行。它十分详细地规定了建设单位、勘察设计单位、施工单位、监理单位及其他相关单位在安全生产方面的职责，是约束各单位安全生产行为的直接依据。此外，它还明确了工程建设领域安全生产的监督管理体制和生产安全事故的应急救援与调查处理程序。

《安全生产许可证条例》是为了严格规范安全生产条件，防止和减少安全生产事故而颁布的，是与国家实行安全生产许可制度的决定配套出台的行政法规，于2004年1月颁布。它对安全生产许可证的颁发和管理予以规定。《特种设备安全监察条例》是专为了加强生产经营领域特种设备安全监察管理而颁布的，其规定也同样适用于工程建设领域。《生产安全事故报告和调查处理条例》是为规范生产安全事故的报告和调查处理，落实生产安全事故责任追究制度而于2007年4月颁布的行政法规，它对生产安全事故等级划分标准和事故报告、调查、处理的程序与要求作出了详细规定。

此外，原建设部配合国家法律和行政规章，先后颁布了三项旨在加强建筑施工企业安全生产管理的规章，分别为《2004建筑施工企业安全生产管理机构设置及专职安全生产管理人员配备办法》、《建筑施工企业安全生产许可证管理规定》和《建筑施工企业主要负责人、项目负责人和专职安全生产管理人员安全生产考核管理暂行规定》。

9.5.2 工程建设安全生产的基本方针

我国《建筑法》和《安全生产法》都规定，安全生产，坚持“安全第一、预防为主”的方针。

所谓“安全第一”，就是指在生产经营管理中，在处理保证安全与实现生产经营活动的其他各项目标的关系上，要始终把安全，特别是从业人员和其他人员的人身安全放在首要的位置，实现“安全优先”的原则，在确保安全的前提下，再来努力实现生产经营的其他目标。

所谓“预防为主”，就是指对安全生产的管理，主要不是放在发生事故后去组织抢救、进行事故调查，找原因、追究责任、堵漏洞，而是要谋事在先，尊重科学，探索规律，采取有效的事前控制措施，千方百计地预防事故的发生，做到防患于未然，将事故消灭在萌芽状态。虽然人类在生产活动中还不可能完全杜绝安全事故的发生，但只有重视思想，预防措施得当，事故特别是重大事故的发生还是可以大大减少的。

根据这一基本方针，当前在工程建设领域已经比较成熟的安全生产管理制度有安全生产责任制度，群防群治制度，教育培训制度，市场准入制度，检查、监督及奖惩制度和“三同时”制度。

9.5.3　工程建设安全生产责任制度

我国《建筑法》规定，应“建立健全安全生产的责任制度”。所谓安全生产责任制度，是指将各项保障生产安全的责任具体落实到各有关管理人员和不同岗位人员身上的制度。在建筑活动中，只有明确安全责任，分工负责，才能形成完整有效的安全管理体系，激发每个人的安全责任感，严格执行建筑工程安全的法律、法规和安全规程、技术规范，防患于未然，减少和杜绝建筑工程事故，为建筑工程的生产创造一个良好的环境。

安全责任制度的主要内容包括从事建筑活动的单位负责人的责任、各级管理人员的责任和从业人员的责任。

1. 企业主要负责人的责任

安全生产工作是企业管理的重要内容。法律规定从事建筑活动企业的安全生产工作应由企业负责人总负责，这既是对本单位的责任，也是对社会应负的责任。《安全生产法》规定，生产经营单位的主要负责人对本单位安全生产工作负有下列职责：

(1) 建立、健全本单位安全生产责任制。

(2) 组织制定本单位安全生产规章制度和操作规程。

(3) 保证本单位安全生产投入的有效实施。

(4) 督促、检查本单位的安全生产工作，及时消除生产安全事故隐患。

(5) 组织制定并实施本单位的生产安全事故应急救援预案。

(6) 及时、如实报告生产安全事故。

对于满足安全生产必备条件所必需的资金投入，由生产经营单位的决策机构、主要负责人或个人经营的投资人予以保证，并对因必需资金投入不足而导致的后果承担责任。

2. 各级管理人员的责任

结合建筑企业及工程建设的特点，相关法规对各级管理人员的责任也作出了明确规定。

(1) 企业总工程师（技术负责人）对本企业劳动保护和安全生产的技术工作负总的责任。

(2) 项目经理、施工队长、车间主任应对本单位劳动保护和安全生产工作负具体领导责任。

(3) 工长、施工员对所管工程的安全生产负直接责任。

(4) 企业中的生产、技术、材料等各职能机构，都应在各自业务范围内，对实现安全生产的要求负责。

(5) 企业应根据实际情况，建立安全机构，并按照职工总数配备相应的专职人员，负责安全生产管理工作和安全监督检查工作，其主要职责是：

1) 贯彻执行有关安全技术劳动保护法规。

2) 做好安全生产的宣传教育和管理工作，总结交流推广经验。

3) 经常深入基层，指导下级安全技术人员的工作，掌握安全生产情况，调查研究生产中的不安全问题，提出改进意见和措施。

4) 组织安全活动和定期安全检查。

5) 参加审查施工组织设计（施工方案）和编制安全技术措施计划，并对贯彻执行情况进行督促检查。

6) 与有关部门共同做好新工人、特种工种工人的安全技术训练、考核、发证工作。

7) 进行工伤事故统计、分析和报告，参加工伤事故的调查和处理。

8) 禁止违章指挥和违章作业，遇有严重险情，有权暂停生产，并报告领导处理。

3. 从业人员的责任

从业人员是指生产经营单位中从事生产安全经营活动的人员，他们包括直接操作人员，工程技术人员、管理人员、服务人员等。由于安全生产贯穿于生产全过程，依赖于每道工序、每个人的有机衔接和有效配合，每个从业人员的行为都直接关系到安全生产的实施与成效，因此，每个从业人员也都要从自身角度对本单位的安全生产承担责任。《安全生产法》规定，从业人员应承担的主要责任有：

(1) 作业过程中，应严格遵守本单位的安全生产规章制度和操作规程，服从管理，正确佩戴和使用劳动防护用品。

(2) 接受安全生产教育和培训，掌握本职工作所需的安全生产知识，提高安全生产技能，增强事故预防和应急处理能力。

(3) 发现事故隐患或其他不安全因素，应立即向现场安全生产管理人员或本单位负责人报告。

9.5.4 工程建设安全生产的群防群治制度

《建筑法》规定，建筑工程安全生产管理应坚持群防群治制度。

所谓群防群治制度，是指由广大职工群众共同参与的预防安全事故发生、治理各种安全事故隐患的制度。这一制度是群众路线在安全工作中的具体体现。实践证明，搞好安全生产只靠少数人是不成的，必须发动群众，使大家懂得安全生产的重要性，注意安全生产，防患于未然。

从实践中看，建立工程建设安全生产的群防群治制度应做到：

(1) 企业制定的有关安全生产管理的重要制度和制定的有关重大技术组织措施计划应提交职工代表大会讨论，在充分听取职工代表大会意见的基础上作出决策，发挥职工群众在安全生产方面的民主管理作用。

(2) 要把专业管理同群众管理结合起来，充分发挥职工安全员网络的作用。

(3) 发挥工会在安全生产管理中的作用，利用工会发动群众，教育群众，动员群众的力量预防安全事故的发生。

(4) 对新职工加强安全教育，对特种作业岗位的工人进行专业安全教育，不经训练，不能上岗操作。

(5) 发动群众开展技术革新、技术创造，采用有利于保证生产安全的新技术、新工艺，积极改善劳动条件，努力将不安全的、有害健康的作业变为无害作业。

(6) 组织开展遵章守纪和预防事故的群众性监督检查，职工对于违反有关安全生产的法律、法规和建筑行业安全规章、规程的行为有权提出批评、检举和控告。

9.5.5 工程建设安全生产的教育培训制度

安全生产教育培训制度，是对广大建筑干部职工进行安全培训教育，提高安全意识，增加安全知识和技能的制度。安全生产，人人有责。只有通过对广大职工进行安全教育、培训，才能使广大职工真正认识到安全生产的重要性、必要性，才能使广大职工掌握更多更有效的安全生产的科学技术知识，牢固树立安全第一的思想，自觉遵守各项安全生产和规章制度。

《安全生产法》对安全生产教育和培训制度的内容有详细规定。

1. 安全生产的方针、政策、法律、法规以及安全生产规章制度的教育培训

对所有从业人员都要进行经常性的教育，对于企业各级领导干部和安全管理干部，更要定期培训，使其提高政策、思想水平，熟悉安全生产技术及相关业务，做好安全工作。

2. 安全操作技能的教育和培训

对安全操作技能的教育和培训，我国目前一般采用入厂教育、车间教育和现场教育多环节的方式进行。对于新工人（包括合同工、临时工、学徒工、实习和代培人员）必须进行入厂（公司）安全教育。教育内容包括安全技术知识、设备性能、操作规程、安全制度和严禁事项，并经考试合格后，方可进入操作岗位。

3. 特种作业人员的安全生产教育和培训

特种作业，是指容易发生人员伤亡事故，对操作者本人、他人及周围设施的安全有重大危险的作业。根据现行规定，它大致包括电工、金属焊接切割、起重机械、机动车辆驾驶、登高架设、锅炉（含水质化验）、压力容器制作、制冷、爆炸等作业。特种作业人员的工作，存在的危险因素很多，很容易发生安全事故，因此对他们必须进行专门的培训教育，提高其认识，增强其技能，以减少其失误，这对防止和减少生产安全事故具有重要意义。相关法规规定，电工、焊工、架子工、司炉工、爆破工、机操工及起重机、打桩机和各种机动车辆司机等特殊工种工人，除进行一般的安全教育外，还要经过本工种的安全技术教育，经考试合格后，方可获准独立操作，每年还要进行一次复查。

4. 采用新工艺、新技术、新材料、新设备时的教育与培训

相关法规规定，采用新工艺、新技术、新材料、新设备施工和调换工作岗位时，要对操作人员进行新技术操作和新岗位的安全教育，未经教育不得上岗操作。这有助于使相关人员了解和掌握其安全技术特性，以采取有效的安全防护措施，防止和减少安全生产事故的发生。

9.5.6 工程建设安全生产的市场准入制度

为确保安全生产，国家对生产经营单位及从业人员都实行了严格的市场准入制度，并先后颁布了《安全生产许可证条例》、《安全生产检测检验机构管理规定》和《注册安全工程师管理规定》。这些法规规定生产经营单位必须具备法律、法规及国家标准或行业标准规定的安全生产条件。条件不具备的，不得从事生产经营活动。承担安全、评价、认证、检测、检验的机构必须取得国家的资质许可，方可从事相关活动。未经安全生产教育和培训合格的作业人员，不得上岗作业。特种作业人员必须经专门的安全作业培训，取得特种作业资格证书后，方可上岗作业。

《安全生产许可证条例》于2004年1月开始施行。它明确规定：国家对矿山企业、建筑施工企业和危险化学品、烟花爆竹、民用爆破器材生产企业（以下统称企业）实行安全生产许可制度。

1. 安全生产许可证的取得条件

建筑施工企业领取安全生产许可证，需要具备一系列安全生产条件，具体如下：

（1）建立、健全安全生产责任制，制定完备的安全生产规章制度和操作规程。

（2）安全投入符合安全生产要求。

（3）设置安全生产管理机构，配备专职安全生产管理人员。

（4）主要负责人和安全生产管理人员经考核合格。

（5）特种作业人员经有关业务主管部门考核合格，取得特种作业操作资格证书。

（6）从业人员经安全生产教育和培训合格。

（7）依法参加工伤保险，为从业人员缴纳保险费。

（8）厂房、作业场所和安全设施、设备、工艺符合有关安全生产法律、法规、标准和规程的要求。

（9）有职业危害防治措施，并为从业人员配备符合国家标准或者行业标准的劳动防护用品。

（10）依法进行安全评价。

（11）有重大危险源检测、评估、监控措施和应急预案。

（12）有生产安全事故应急救援预案、应急救援组织或者应急救援人员，配备必要的应急救援器材、设备。

（13）法律、法规规定的其他条件。

2. 安全生产许可证的有关管理规定

（1）安全生产许可证的申请。

建筑施工企业从事建筑活动前，应当依照本规定向省级以上建设主管部门申请领取安全生产许可证。

中央管理的建筑施工企业（集团公司、总公司）应当向国务院建设行政主管部门申请领取安全生产许可证；其他建筑施工企业，包括中央管理的建筑施工企业（集团公司、总公司）下属的建筑施工企业，应当向企业注册所在地省、自治区、直辖市人民政府建设主管部门申请领取安全生产许可证。

（2）安全生产许可证的有效期。

安全生产许可证的有效期为 3 年。安全生产许可证有效期满需要延期的，企业应当于期满前 3 个月向原安全生产许可证颁发管理机关办理延期手续。

企业在安全生产许可证有效期内，严格遵守有关安全生产的法律法规，未发生死亡事故的，安全生产许可证有效期届满时，经原安全生产许可证颁发管理机关同意，不再审查，安全生产许可证有效期延期 3 年。

（3）安全生产许可证的管理。

根据《安全生产许可证条例》和《建筑施工企业安全生产许可证管理规定》，建筑施工企业应当遵守如下强制性规定：

1）未取得安全生产许可证的，不得从事建筑施工活动。建设主管部门在审核发放施工许可证时，应当对已经确定的建筑施工企业是否有安全生产许可证进行审查，对没有取得安全生产许可证的，不得颁发施工许可证。

2）企业不得转让、冒用安全生产许可证或者使用伪造的安全生产许可证；

3）企业取得安全生产许可证后，不得降低安全生产条件，并应当加强日常安全生产管理，接受安全生产许可证颁发管理机关的监督检查。

9.5.7　工程建设安全生产的检查、监督及奖惩制度

安全生产检查、监督制度是上级管理部门或企业自身对安全生产状况进行定期或不定期检查的制度。通过检查可以发现问题，查出隐患，从而采取有效措施，堵塞漏洞，把事故消灭在发生之前，做到防患于未然，是“预防为主”的具体体现。安全生产检查、监督是国家对保障社会的安定和人民的安全应承担的责任。《安全生产法》及相关法规对此有明确规定。

国家实行安全生产事故责任追究制度，依法追究生产安全事故责任人员的法律责任。

国家对在改善安全生产条件、防止生产安全事故、参加抢险救护等方面取得显著成绩的单位和个人，给予奖励。县级以上人民政府及有关部门对报告或举报的有功人员应给予奖励。

9.5.8　安全生产“三同时”制度

“三同时”制度是指凡是我国境内新建、改建、扩建的基本建设项目、技术改建项目和引进的建设项目，其安全生产设施必须符合国家规定的标准，必须与主体工程同时设计、同时施工、同时投入生产和使用。安全生产设施主要是指安全技术方面的设施、职业卫生方面的设置和生产辅助性设施。

我国《劳动法》规定：“新建、改建、扩建工程的劳动安全卫生设施必须与主体工程同时设计、同时施工、同时投入生产和使用”。《安全生产法》也规定：“生产经营单位新建、改建、扩建工程项目的安全设施，必须与主体工程同时设计、同时施工、同时投入生产和使用。安全设施投资应当纳入建设项目概算”。

新建、改建、扩建工程的初步设计要经过行业主管部门、安全生产管理部门、卫生部门和工会的审查，同意后方可进行施工。工程项目完成后，必须经过主管部门、安全生产行政主管部门、卫生部门和工会的竣工检验；建设工程项目投产后，不得将安全设施闲置不用，生产设施必须和安全设施同时使用。

9.6 建设工程相关主体的安全责任及从业人员的权利义务

《建设工程安全生产管理条例》对建设单位、施工单位、勘察设计、监理等相关单位的安全责任作了详细规定，《安全生产法》则明确了建筑业从业人员在安全生产方面的权利和义务，这些都是安全生产执法的重要依据。

9.6.1 建设单位的安全责任

1. 向施工单位提供资料的责任

建设单位应当向施工单位提供施工现场及毗邻区域内供水、排水、供电、供气、供热、通信、广播电视等地下管线资料，气象和水文观测资料，相邻建筑物和构筑物、地下工程的有关资料，并保证资料的真实、准确、完整。

建设单位因建设工程需要，向有关部门或者单位查询前款规定的资料时，有关部门或者单位应当及时提供。

2. 依法履行合同的责任

建设单位不得对勘察、设计、施工、工程监理等单位提出不符合建设工程安全生产法律、法规和强制性标准规定的要求，不得压缩合同约定的工期。

3. 提供安全生产费用的责任

建设单位在编制工程概算时，应当确定建设工程安全作业环境及安全施工措施所需费用。

4. 不得推销劣质材料设备的责任

建设单位不得明示或者暗示施工单位购买、租赁、使用不符合安全施工要求的安全防护用具、机械设备、施工机具及配件、消防设施和器材。

5. 提供安全施工措施资料的责任

建设单位在申请领取施工许可证时，应当提供建设工程有关安全施工措施的资料。

依法批准开工报告的建设工程，建设单位应当自开工报告批准之日起 15 日内，将保证安全施工的措施报送建设工程所在地的县级以上地方人民政府建设行政主管部门或者其他有关部门备案。

6. 对拆除工程进行备案的责任

建设单位应当将拆除工程发包给具有相应资质等级的施工单位。

建设单位应当在拆除工程施工 15 日前，将下列资料报送建设工程所在地的县级以上地方人民政府建设行政主管部门或者其他有关部门备案：

（1）施工单位资质等级证明。

（2）拟拆除建筑物、构筑物及可能危及毗邻建筑的说明。

（3）拆除施工组织方案。

（4）堆放、清除废弃物的措施。

实施爆破作业的，应当遵守国家有关民用爆炸物品管理的规定。

9.6.2　施工单位的安全责任

1. 总承包单位和分包单位的安全责任

（1）总承包单位的安全责任。

建设工程实行施工总承包的，由总承包单位对施工现场的安全生产负总责。

总承包单位应当自行完成建设工程主体结构的施工。

（2）总承包单位与分包单位的安全责任划分。

总承包单位依法将建设工程分包给其他单位的，分包合同中应当明确各自的安全生产方面的权利、义务。总承包单位和分包单位对分包工程的安全生产承担连带责任。

分包单位应当服从总承包单位的安全生产管理，分包单位不服从管理导致生产安全事故的，由分包单位承担主要责任。

2. 安全生产教育培训

垂直运输机械作业人员、安装拆卸工、爆破作业人员、起重信号工、登高架设作业人员等特种作业人员，必须按照国家有关规定经过专门的安全作业培训，并取得特种作业操作资格证书后，方可上岗作业。

3. 施工单位应采取的安全措施

（1）编制安全技术措施、施工现场临时用电方案和专项施工方案。

施工单位应当在施工组织设计中编制安全技术措施和施工现场临时用电方案，对下列达到一定规模的危险性较大的分部分项工程编制专项施工方案，并附具安全验算结果，经施工单位技术负责人、总监理工程师签字后实施，由专职安全生产管理人员进行现场监督：

1）基坑支护与降水工程。

2）土方开挖工程。

3）模板工程。

4）起重吊装工程。

5）脚手架工程。

6）拆除、爆破工程。

7）国务院建设行政主管部门或者其他有关部门规定的其他危险性较大的工程。

对前款所列工程中涉及深基坑、地下暗挖工程、高大模板工程的专项施工方案，施工单位还应当组织专家进行论证、审查。

前款规定的达到一定规模的危险性较大工程的标准，由国务院建设行政主管部门会同国务院其他有关部门制定。

（2）安全施工技术交底。

建设工程施工前，施工单位负责项目管理的技术人员应当对有关安全施工的技术要求向施工作业班组、作业人员作出详细说明，并由双方签字确认。

（3）施工现场设置安全警示标志的设置。

施工单位应当在施工现场入口处、施工起重机械、临时用电设施、脚手架、出入通道口、楼梯口、电梯井口、孔洞口、桥梁口、隧道口、基坑边沿、爆破物及有害危险气体和液体存放处等危险部位，设置明显的安全警示标志。安全警示标志必须符合国家标准。

（4）施工现场的安全防护。

施工单位应当根据不同施工阶段和周围环境及季节、气候的变化，在施工现场采取相应的安全施工措施。施工现场暂时停止施工的，施工单位应当做好现场防护，所需费用由责任方承担，或者按照合同约定执行。

(5) 施工现场的布置应当符合安全和文明施工要求。

施工单位应当将施工现场的办公、生活区与作业区分开设置，并保持安全距离；办公、生活区的选址应当符合安全性要求。职工的膳食、饮水、休息场所等应当符合卫生标准。施工单位不得在尚未竣工的建筑物内设置员工集体宿舍。

施工现场临时搭建的建筑物应当符合安全使用要求。施工现场使用的装配式活动房屋应当具有产品合格证。

(6) 对周边环境采取防护措施。

施工单位对因建设工程施工可能造成损害的毗邻建筑物、构筑物和地下管线等，应当采取专项防护措施。

施工单位应当遵守有关环境保护法律、法规的规定，在施工现场采取措施，防止或者减少粉尘、废气、废水、固体废物、噪声、振动和施工照明对人和环境的危害和污染。

在城市市区内的建设工程，施工单位应当对施工现场实行封闭围挡。

(7) 施工现场的消防安全措施。

施工单位应当在施工现场建立消防安全责任制度，确定消防安全责任人，制定用火、电、使用易燃易爆材料等各项消防安全管理制度和操作规程，设置消防通道、消防水源，配备消防设施和灭火器材，并在施工现场入口处设置明显标志。

(8) 安全防护设备管理。

作业人员应当遵守安全施工的强制性标准、规章制度和操作规程，正确使用安全防护用具、机械设备等。

施工单位采购、租赁的安全防护用具、机械设备、施工机具及配件，应当具有生产（制造）许可证、产品合格证，并在进入施工现场前进行查验。

施工现场的安全防护用具、机械设备、施工机具及配件必须由专人管理，定期进行检查、维修和保养，建立相应的资料档案，并按照国家有关规定及时报废。

(9) 起重机械设备管理。

施工单位在使用施工起重机械和整体提升脚手架、模板等自升式架设设施前，应当组织有关单位进行验收，也可以委托具有相应资质的检验检测机构进行验收；使用承租的机械设备和施工机具及配件的，由施工总承包单位、分包单位、出租单位和安装单位共同进行验收。验收合格的方可使用。

《特种设备安全监察条例》规定的施工起重机械，在验收前应当经有相应资质的检验检测机构监督检验合格。

施工单位应当自施工起重机械和整体提升脚手架、模板等自升式架设设施验收合格之日起 30 日内，向建设行政主管部门或者其他有关部门登记。登记标志应当置于或者附着于该设备的显著位置。

(10) 办理意外伤害保险。

施工单位应当为施工现场从事危险作业的人员办理意外伤害保险。

意外伤害保险费由施工单位支付。实行施工总承包的，由总承包单位支付意外伤害保险费。意外伤害保险期限自建设工程开工之日起至竣工验收合格止。

9.6.3 勘察、设计单位的安全责任

1. 勘察单位的安全责任

(1) 确保勘察文件的质量，以保证后续工作安全的责任。

勘察单位应当按照法律、法规和工程建设强制性标准进行勘察，提供的勘察文件应当真实、准确，满足建设工程安全生产的需要。

(2) 科学勘察，以保证周边建筑物安全的责任。

勘察单位在勘察作业时，应当严格执行操作规程，采取措施保证各类管线、设施和周边建筑物、构筑物的安全。

2. 设计单位的安全责任

(1) 科学设计的责任。

设计单位应当按照法律、法规和工程建设强制性标准进行设计，防止因设计不合理导致生产安全事故的发生。

(2) 提出建议的责任。

设计单位应当考虑施工安全操作和防护的需要，对涉及施工安全的重点部位和环节在设计文件中注明，并对防范生产安全事故提出指导意见。

采用新结构、新材料、新工艺的建设工程和特殊结构的建设工程，设计单位应当在设计中提出保障施工作业人员安全和预防生产安全事故的措施建议。

(3) 对设计成果负责。

设计单位和注册建筑师等注册执业人员应当对其设计负责。

9.6.4 工程监理单位的安全责任

1. 审查施工组织设计的责任

工程监理单位应当审查施工组织设计中的安全技术措施或者专项施工方案是否符合工程建设强制性标准。

2. 安全隐患报告的责任

工程监理单位在实施监理过程中，发现存在安全事故隐患的，应当要求施工单位整改；情况严重的，应当要求施工单位暂时停止施工，并及时报告建设单位。施工单位拒不整改或者不停止施工的，工程监理单位应当及时向有关主管部门报告。

3. 依法监理的责任

工程监理单位和监理工程师应当按照法律、法规和工程建设强制性标准实施监理，并对建设工程安全生产承担监理责任。

9.6.5 其他有关单位的安全责任

1. 机械设备和配件供应单位的安全责任

为建设工程提供机械设备和配件的单位，应当按照安全施工的要求配备齐全有效的保险、限位等安全设施和装置。

2. 出租机械设备和施工机具及配件单位的安全责任

出租的机械设备和施工机具及配件，应当具有生产（制造）许可证、产品合格证。

出租单位应当对出租的机械设备和施工机具及配件的安全性能进行检测，在签订租赁协议时，应当出具检测合格证明。

禁止出租检测不合格的机械设备和施工机具及配件。

3. 施工起重机械和自升式架设设施的安全管理

（1）安装与拆卸在施工现场安装、拆卸施工起重机械和整体提升脚手架、模板等自升式架设设施，必须由具有相应资质的单位承担。

安装、拆卸施工起重机械和整体提升脚手架、模板等自升式架设设施，应当编制拆装方案、制定安全施工措施，并由专业技术人员现场监督。

施工起重机械和整体提升脚手架、模板等自升式架设设施安装完毕后，安装单位应当自检，出具自检合格证明，并向施工单位进行安全使用说明，办理验收手续并签字。

（2）检验检测机构的安全责任。

施工起重机械和整体提升脚手架、模板等自升式架设设施的使用达到国家规定的检验检测期限的，必须经具有专业资质的检验检测机构检测。经检测不合格的，不得继续使用。

检验检测机构对检测合格的施工起重机械和整体提升脚手架、模板等自升式架设设施，应当出具安全合格证明文件，并对检测结果负责。

9.6.6 从业人员安全生产的权利和义务

1. 从业人员安全生产的权利

（1）对危险因素、防范措施和事故应急措施的知情权。

生产经营单位的从业人员有权了解其作业场所和工作岗位存在的危险因素、防范措施及事故应急措施。

从业人员为企业创造效益，同时却面对着各种危险因素，他们有权保护自己的人身安全。他们有权知道哪里有危险，有权接受防范危险的培训，有权接受事故应急处理的培训。从另一个角度来看，施工企业理应承担相应的义务，应在危险位置设置安全警示标志，配置必要的安全设施和安全防护用具，将容易出现的事故及时通知从业人员，并对从业人员进行各种安全生产方面的培训。

（2）对本单位的安全生产工作的建议权。

生产经营单位的从业人员有权对本单位的安全生产工作提出建议。

从业人员在一线工作，直接面对各种危险因素，对于生产中的危险因素及预防措施有着更深的了解，因此他们有权对于本单位的安全生产工作提出建议，以更好地保护自身利益。这种建议权实施的方式可以有多种，一方面从业人员可以派代表与施工企业谈判，也可以通过宣传板、内部刊物等方式，还可以选派代表出席企业的安全会议；另一方面施工企业也可以积极主动向从业人员进行调查了解。如果提出的合理建议不被接收，从业人员将有权依照该条向上级建设行政主管部门反映。

（3）对安全生产工作中问题的批评权、检举权、控告权，对违章指挥和强令冒险作业的拒绝权。

从业人员有权对本单位安全生产工作中存在的问题提出批评、检举、控告；有权拒绝违章指挥和强令冒险作业。

生产经营单位不得因从业人员对本单位安全生产工作提出批评、检举、控告或者拒绝违章指挥、强令冒险作业而降低其工资、福利等待遇或者解除与其订立的劳动合同。

(4) 在紧急情况下的停止作业权和撤离现场权。

从业人员发现直接危及人身安全的紧急情况时，有权停止作业或者在采取可能的应急措施后撤离作业场所。

生产经营单位不得因从业人员在前款紧急情况下停止作业或者采取紧急撤离措施而降低其工资、福利等待遇或者解除与其订立的劳动合同。

该条的制定就体现了“以人为本”、“生命重于一切”的精神，并为从业人员的自我保护提供了法律依据。需要注意的是，这条决不是对从业人员撤离现场的免责条款。由于这种紧急局面后紧随着的可能就是生产安全事故，事故必然会造成巨大的经济损失。如果按照该条规定，认为撤离现场的从业人员对于该事故损失也不承担任何责任，那是不准确的。因为事故有可能正是由于从业人员造成或部分由其造成，此时从业人员应对事故的损失承担相应的责任；如果这种紧急局面或事故并非由于该从业人员，其可以依该条规定撤离现场而不承担任何责任。

(5) 请求赔偿权。

因生产安全事故受到损害的从业人员，除依法享有工伤社会保险外，依照有关民事法律尚有获得赔偿的权利的，有权向本单位提出赔偿要求。

该条规定了事故发生后对从业人员权利的保护，从合同订立、施工过程至此形成了一个完整的法律保护体系。该条陈述了两个方面的内容，一是受工伤的从业人员可以依法享有工伤社会保险，保障了受工伤人员的基本生活条件；二是从业人员可依法向施工企业请求赔偿，更有效地维护了受工伤的从业人员的利益。

2. 从业人员安全生产的义务

(1) 遵守安全生产规章制度的义务。

从业人员在作业过程中，应当严格遵守本单位的安全生产规章制度和操作规程，服从管理，正确佩戴和使用劳动防护用品。

(2) 接受安全生产教育培训的义务。

从业人员应当接受安全生产教育和培训，掌握本职工作所需的安全生产知识，提高安全生产技能，增强事故预防和应急处理能力。

(3) 危险报告义务。

从业人员发现事故隐患或者其他不安全因素，应当立即向现场安全生产管理人员或者本单位负责人报告；接到报告的人员应当及时予以处理。

9.7 工程建设安全事故的调查处理及责任追究

9.7.1 工程建设安全生产的监督管理体制

1. 安全生产监督管理部门

根据《安全生产法》和《建设工程安全生产管理条例》的有关规定，国务院负责安全生产监督管理的部门（也就是国家安全生产监督管理总局），对全国建设工程安全生产工作实施综合监督管理。国务院建设行政主管部门对全国建设工程安全生产实施监督管理。

国务院铁路、交通、水利等有关部门按照国务院的职责分工，负责有关专业建设工程安全生产的监督管理。

建设行政主管部门或者其他有关部门可以将施工现场的监督检查委托给建设工程安全监督机构具体实施。

2. 安全生产监督管理职责

（1）国务院建设行政主管部门对全国的建设工程安全生产实施监督管理，主要表现在：

1）贯彻执行国家有关安全生产的法规、政策，起草或者制定建设工程安全生产管理的法规、标准，并监督实施。

2）制定建设工程安全生产的中、长期规划和近期目标，组织建设工程安全生产技术的开发和推广应用。

3）指导和监督检查省、自治区、直辖市人民政府建设行政主管部门对建设工程安全生产的监督管理工作。

4）统计全国建筑职工因工伤亡人数，掌握并发布全国建设工程安全生产动态。

5）负责对企业申报资质时安全条件的审查，行使安全生产否决权。

6）组织建设工程安全生产大检查，总结交流安全生产管理经验，并表彰先进。

7）检查和督促工程建设重大事故的调查处理，组织或者参与工程建设重大事故的调查。

（2）县级以上地方人民政府建设行政主管部门对本行政区域内的建设工程安全生产实施监督管理，主要表现在：

1）贯彻执行国家和地方有关安全生产的法规、标准和政策，起草或者制定本行政区域内建设工程安全生产管理的实施细则或者实施办法。

2）制定本行政区域内建设工程安全生产管理的中、长期规划和近期目标，组织建设工程安全生产技术的开发与推广应用。

3）建立建设工程安全生产的监督管理体系，制定本行政区域内建设工程安全生产监督管理工作制度，组织落实安全生产责任制。

4）负责本行政区域内建筑职工伤亡的统计和上报工作，掌握和发布本行政区域建设工程安全生产动态，制订事故应急救援预案，并组织实施。

5）负责对企业申报资质时的安全条件审查，行使安全生产否决权。

6）组织和参与本行政区域内建设工程中施工生产安全事故的调查处理工作，并依照有关规定上报重大伤亡事故。

7）组织开展本行政区域内建设工程安全生产大检查，总结交流建设工程安全生产管理经验，并表彰先进。

8）监督检查施工现场、构配件生产车间等安全管理和防护设施，纠正违章指挥和违章作业。

9）组织开展本行政区域内施工企业的生产管理人员、作业人员的安全生产教育、培训等工作，监督检查施工企业对安全施工措施费的使用。

10）领导和管理建设工程安全监督管理机构的工作。

3. 安全生产监督检查人员的义务

安全生产监督检查人员应当忠于职守，坚持原则，秉公执法。安全生产监督检查人员执行监督检查任务时，必须出示有效的监督执法证件；对涉及被检查单位的技术秘密和业务秘密，应当为其保密。

4. 全生产监督检查措施

县级以上人民政府负有建设工程安全生产监督管理职责的部门在各自的职责范围内履行安全监督检查职责时，有权采取下列措施：

(1) 要求被检查单位提供有关建设工程安全生产的文件和资料。

(2) 进入被检查单位施工现场进行检查。

(3) 纠正施工中违反安全生产要求的行为。

(4) 对检查中发现的安全事故隐患，责令立即排除；重大安全事故隐患排除前或者排除过程中无法保证安全的，责令从危险区域内撤出作业人员或者暂时停止施工。

9.7.2　工程建设安全事故的应急救援制度

为了减轻工程建设安全事故导致对人身、财产的损害，尽快消除对人们生产生活、社会安定、经济发展的负面影响，《安全生产法》规定了工程建设安全事故的应急救援制度。

1. 急救援体系

县级以上地方各级人民政府应当组织有关部门制订本行政区域内特大生产安全事故应急救援预案，建立应急救援体系。

安全生产工作坚持“安全第一、预防为主”的方针。但由于各方面的原因，不可能做到百分之百地杜绝事故发生。作为地方人民政府，一方面要依法履行安全生产监督管理职责，根据本行政区域内的安全生产状况，组织安全生产监督管理部门和相关部门，对本行政区域内易发生重大生产安全事故的生产经营单位（包括建筑施工单位）进行严格检查，发现事故隐患，应尽快处理；另一方面，也要组织有关部门制订特大安全事故应急预案，建立应急救援体系。根据有关法规，市（地、州）、县（市、区）人民政府制定的特大安全事故应急预案，应报上一级人民政府备案。

2. 急救援组织和人员

危险物品的生产、经营、储存单位以及矿山、建筑施工单位应当建立应急救援组织；生产经营规模较小，可以不建立应急救援组织的，应当指定兼职的应急救援人员。

建筑施工单位应当设立安全生产管理机构，配备专职安全生产管理人员。专职安全生产管理人员负责对安全生产进行现场监督检查。发现安全事故隐患，应当及时向项目负责人和安全生产管理机构报告；发现违章指挥、违章操作，应当立即制止。

根据有关法规，目前我国建筑施工企业应按企业资质类别和等级足额配备专职安全生产管理人员，根据企业的生产能力或施工规模，专职安全生产管理人员数量为：

(1) 集团公司：1 人/［100 万平方米·年（生产能力)］，或 1 人/10 亿元施工总产值·年，且不少于 4 人。

(2) 工程公司（分公司、区域公司)：1 人/10 万平方米·年（生产能力)，或 1 人/1

亿元施工总产值·年，且不少于3人。

（3）专业公司：1人/10万平方米·年（生产能力），或1人/1亿元施工总产值·年，且不少于3人。

（4）劳务公司：1人/50名施工人员，且不少于2人。

3. 急救援设备和器材

危险物品的生产、经营、储存单位以及矿山、建筑施工单位应当配备必要的应急救援器材、设备，并进行经常性维护、保养，保证正常运转。

建筑施工企业的安全防护用具、机械设备、施工机具及配件必须由专人管理，定期进行检查、维修和保养，建立相应的资料档案，并按照国家有关规定及时报废。针对施工现场安全防护用具、机械设备和施工机具处于露天作业、移动频繁、工况差、易造成安全事故的特点，施工单位应采取措施加强对安全防护用具、机械设备和施工机具的管理。

9.7.3 工程建设安全事故的报告和调查处理制度

1. 安全事故的分级

生产安全事故根据造成的人员伤亡或者直接经济损失，一般分为以下等级：

（1）特别重大事故，是指造成30人以上死亡，或者100人以上重伤（包括急性工业中毒，下同），或者1亿元以上直接经济损失的事故。

（2）重大事故，是指造成10人以上30人以下死亡，或者50人以上100人以下重伤，或者5000万元以上1亿元以下直接经济损失的事故。

（3）较大事故，是指造成3人以上10人以下死亡，或者10人以上50人以下重伤，或者1000万元以上5000万元以下直接经济损失的事故。

（4）一般事故，是指造成3人以下死亡，或者10人以下重伤，或者1000万元以下直接经济损失的事故。

其中，“以上”包括本数，“以下”不包括本数。

2. 安全事故报告和调查处理的原则

事故报告应当及时、准确、完整，任何单位和个人对事故不得迟报、漏报、谎报或者瞒报事故调查处理应当坚持实事求是、尊重科学的原则，及时、准确地查清事故经过、事故原因和事故损失，查明事故性质，认定事故责任，总结事故教训，提出整改措施，并对事故责任者依法追究责任。

3. 安全事故报告

生产经营单位发生生产安全事故后，事故现场有关人员应当立即报告本单位负责人。单位负责人接到事故报告后，应当迅速采取有效措施，组织抢救，防止事故扩大，减少人员伤亡和财产损失，并按照国家有关规定立即如实报告当地负有安全生产监督管理职责的部门，不得隐瞒不报、谎报或者拖延不报，不得故意破坏事故现场、毁灭有关证据。

负有安全生产监督管理职责的部门接到事故报告后，应当立即按照国家有关规定上报事故情况。负有安全生产监督管理职责的部门和有关地方人民政府对事故情况不得隐瞒不报、谎报或者拖延不报。

有关地方人民政府和负有安全生产监督管理职责的部门的负责人接到重大生产安全事故报告后，应当立即赶到事故现场，组织事故抢救。

任何单位和个人都应当支持、配合事故抢救，并提供一切便利条件。

4. 安全事故调查

特别重大事故由国务院或者国务院授权有关部门组织事故调查组进行调查。

重大事故、较大事故、一般事故分别由事故发生地省级人民政府、设区的市级人民政府、县级人民政府负责调查。省级人民政府、设区的市级人民政府、县级人民政府可以直接组织事故调查组进行调查，也可以授权或者委托有关部门组织事故调查组进行调查。未造成人员伤亡的一般事故，县级人民政府也可以委托事故发生单位组织事故调查组进行调查。

事故调查组一般由有关人民政府、安全生产监督管理部门、负有安全生产监督管理职责的有关部门、监察机关、公安机关以及工会派人组成，并应当邀请人民检察院派人参加。事故调查组成员应当具有事故调查所需要的知识和专长，并与所调查的事故没有直接利害关系。

事故调查组履行下列职责：①查明事故发生的经过、原因、人员伤亡情况及直接经济损失；②认定事故的性质和事故责任；③提出对事故责任者的处理建议；④总结事故教训，提出防范和整改措施；⑤提交事故调查报告。

5. 全事故处理

重大事故、较大事故、一般事故，负责事故调查的人民政府应当自收到事故调查报告之日起 15 日内作出批复；特别重大事故，30 日内作出批复，特殊情况下，批复时间可以适当延长，但延长的时间最长不超过 30 日。

有关机关应当按照人民政府的批复，依照法律、行政法规规定的权限和程序，对事故发生单位和有关人员进行行政处罚，对负有事故责任的国家工作人员进行处分。事故发生单位应当按照负责事故调查的人民政府的批复，对本单位负有事故责任的人员进行处理。负有事故责任的人员涉嫌犯罪的，依法追究刑事责任。事故发生单位应当认真吸取事故教训，落实防范和整改措施，防止事故再次发生。防范和整改措施的落实情况应当接受工会和职工的监督。安全生产监督管理部门和负有安全生产监督管理职责的有关部门应当对事故发生单位落实防范和整改措施的情况进行监督。

9.7.4 工程建设特大安全事故的行政责任追究

为了有效地防范特大安全事故的发生，严肃追究特大安全事故的行政责任，保障人民群众生命、财产安全，国务院《关于特大安全事故行政责任追究的规定》对下列特大安全事故中相关责任主体的行政责任追究作了规定：

(1) 特大火灾事故。

(2) 特大交通安全事故。

(3) 特大建筑质量安全事故。

(4) 民用爆炸物品和化学危险品特大安全事故。

(5) 煤矿和其他矿山特大安全事故。

(6) 锅炉、压力容器、压力管道和特种设备特大安全事故。

(7) 其他特大安全事故。

1. 地方政府领导和部门负责人失职、渎职的责任

地方人民政府主要领导人和政府有关部门正职负责人对下列特大安全事故的防范、发生，依照法律、行政法规和本规定的规定有失职、渎职情形或者负有领导责任的，依照本规定给予行政处分；构成玩忽职守罪或者其他罪的，依法追究刑事责任。

2. 特大事故防范主管人员的责任

地方人民政府和政府有关部门对特大安全事故的防范、发生直接负责的主管人员和其他直接责任人员，比照本规定给予行政处分；构成玩忽职守罪或者其他罪的，依法追究刑事责任。

3. 肇事单位和个人的责任

特大安全事故肇事单位和个人应承担民事责任和行政处罚，情节严重的，还应接受刑事处罚，具体依照有关法律、法规和规章的规定执行。

9.8 案 例 分 析

【案例分析 1】

1. 案情

原告：某大学

被告：某建筑公司

基本案情：某大学为建设学生公寓，与某建筑公司签订了一份建设工程合同。合同约定：工程采用固定总价合同形式，主体工程和内外承重砖一律使用国家标准砌块，每层加水泥圈梁；某大学可预付工程款（合同价款的10%）；工程的全部费用于验收合格后一次付清；交付使用后，如果在6个月内发生严重质量问题；由承包人负责修复等。1年后，学生公寓如期完工，在某大学和某建筑公司共同进行竣工验收时，某大学发现工程第三层至第五层的内承重墙体裂缝较多，要求某建筑公司修复后再验收，某建筑公司认为不影响使用而拒绝修复。因为很多新生亟待入住，某大学接收了宿舍楼。在使用了8个月之后，公寓楼五层的内承重墙倒塌，致使1人死亡，3人受伤，其中1人致残。受害者与某大学要求某建筑公司赔偿损失，并修复倒塌工程。某建筑公司以使用不当且已过保修期为由拒绝赔偿。无奈之下，受害者与某大学诉至法院。

案件审理：法院在审理期间对工程事故原因进行了鉴定，鉴定结论为某建筑公司偷工减料致宿舍楼内承重墙倒塌。因此，法院对某建筑公司以保修期已过为由拒绝赔偿的主张不予支持，判决某建筑公司应当向受害者承担损害赔偿责任，并负责修复倒塌的部分工程。

2. 分析

《建设工程质量管理条例》第40条规定："在正常使用条件下，建设工程最低保修期限为：

（1）基础设施工程、房屋建筑的地基基础工程、主体结构工程为设计文件规定的该工程的合理使用年限。

（2）屋面防水工程、有防水要求的卫生间、房间和外墙面的防渗漏为5年。

（3）供热与供冷系统为 2 个采暖期、供冷期。

（4）电器管线、给排水管道、设备安装和装修工程为 2 年。

其他项目的保修期限由发包方与承包方约定。

建设工程的保修期，由竣工验收合格之日起计算。

根据上述法律规定，建设工程的保修期限不能低于国家规定的最低保修期限，其中，对地基基础工程、主体结构工程实际规定为终身保修。

在本案中，某大学与某建筑公司虽然在合同中双方约定保修期限为 6 个月，但这一期限远远低于国家规定的最低期限，尤其是承重墙属主体结构，其最低保修期限依法应终身保修。双方的质量期限条款违反了国家强制性法律规定，因此是无效的。某建筑公司应当向受害者承担损害赔偿责任。承包人损害赔偿责任的内容应当包括：医疗费、因误工减少的收入、残废者生活补助费等。造成受害人死亡的，还应支付丧葬费、抚恤费、死者生前抚养的人必要的生活费用等。

此外，某建筑公司在施工中偷工减料，造成质量事故，有关主管部门应当依照《建筑法》第 74 条的有关规定对其进行法律制裁。

【案例分析 2】

1. 案情

2008 年 11 月 15 日 15 时 20 分，某市地铁 1 号线湘湖站工段施工工地（露天开挖作业）发生地面塌陷事故，造成长约 100 米、宽约 50 米的正在施工区域塌陷，施工现场西侧路基下陷达 6 米左右，将施工挡土墙全部推垮，自来水管、排污管断裂，大量污水涌出，同时东侧河水及淤泥向施工塌陷地点溃泻，导致施工塌陷区域逐渐被泥水淹没。

事故造成在此处行驶的 11 辆汽车下沉陷落（车上人员 2 人轻伤，其余人员安全脱险），施工人员 7 人死亡、14 人下落不明（截至 18 日下午 3 点 34 分左右，事故死亡人数上升为 8 人）。

2. 分析

经过严密的勘察和专家分析，得出事故可能发生的原因如下：

第一，该地区土质特殊，发生事故的这段路选址本身就有一定问题，该处东边属于淤泥质黏土，含水的流失性强的河岸，加上 2008 年 10 月，该地区出现的一次罕见的持续性降雨过程，使得地底沙土地流动性进一步加大。西边是一条交通主干道，来往车流量大，包括不少负载量很大的大型客车、货车都来往于这条路上，这给基坑西面的承重墙带来太大冲击，并不是最理想的造地铁的地段。不过，尽管当初规划时也曾考虑过其他选择，但涉及拆迁成本以及周边楼盘地产商利益等各种因素，最终被放弃。

第二，企业安全生产责任不落实，管理不到位，对发现的事故隐患治理不坚决、不及时、不彻底；对施工人员的安全技术培训流于形式，甚至不培训就上岗劳务用工管理不规范，现场管理混乱；对一个城市地铁路网的层次和分工缺乏系统性、整体性的考量；有些线路设计的前期论证做得不够扎实，给后期工作带来很多隐患。表现在如下方面：很多工人刚到工地没几天就直接下井作业了，根本没有经过相应的工作培训，而这之前，他们都是在家务农的农民，从来没有接触过这项工作；以及安全培训事发一个月前，在地铁施工工地的墙面上已经出现一道明显的裂痕。从上到下有 10 多米长，裂缝缝隙可以伸进去一只手，基坑的维护墙面明显已经断裂，可是这条裂缝并未引起施工单位足够的重视，工程还是照常进行；技术力量不足和违规建设，也是地铁这次事故发生的深层原因，只要采取合理的施工方法，问题可以避免。专家表示“可他们偏偏选择了明挖法，这种方法最不安全，出了问题往往就是群死群伤，而且这种施工方法最破坏环境。如果采取暗挖法，先加固底层，就不容易出事故，而且还不破坏环境。”

第三，来自政府的压力是整个地铁建设工程费用的不足，地方政府要控制成本，压低建造费用。往往有多条耗资巨大的地铁线路以及各种市政工程在开工之中，如果要求地方政府足额预算以及支付工程款，那将给财政造成极大压力。目前在国内的建设工程中，存在着最低价中标和不合理地限定工期完工等现象。施工单位为了节约成本也必须尽量压缩材料、人工、机械设备等方面的开支，有些安全保障措施也没有到位。

3. 事故处理

事故发生后，政府高度重视并作出重要批示，要求抓紧搜救失踪人员，全力以赴抢救受伤人员，妥善做好事故善后，查明事故原因，严肃追究事故责任。同时，要加强城建地质勘察工作，防止再次发生塌陷事故。国务院安委会办公室副主任、国家安全监管总局副局长、国家煤矿安监局局长赵铁锤率相关人员赶赴事故现场，传达中央领导同志重要批示精神，指导事故抢险救援工作。

当前，各地建设项目大量开工，安全生产任务十分繁重。对此，通报要求：

(1) 切实加强对建设工程项目的安全监管。各地区、各建设施工安全主管部门要结合本地区特点，进一步加强对在建工程项目的安全监管；要完善建筑施工安全的规章制度，规范建设市场管理，强化全过程监管；要督促工程建设、勘察设计、施工、监理单位等各方主体严格执行建筑施工法律、法规和安全规程，杜绝违法违规行为发生。

(2) 切实落实企业安全生产主体责任。各有关部门要督促工程建设、勘察设计、施工、监理等单位明确各自安全职责，加强工程现场的沟通协调和配合，进一步建立健全妥全生产管理机构，配备专职安全生产管理人员，完善安全管理各项规章制度，切实落实企业安全生产的主体责任。

(3) 强化施工现场安全管理。施工企业要认真制订施工方案、安全方案并严格执行，严禁擅自改变设计施工方法或者简化工序流程，严肃作业纪律。应重视地下工程开挖过程中对围岩变化的预测监控。要强化作业人员安全技术培训，提高其安全意识和安全技能。要保证安全投入的落实，严格按照现场安全的实际需要配备人员、配置设备。健全事故预防和应急体系，加强隐患排查，如发现安全风险，要迅速、正确地做出应急处理并及时上报，该停工的必须果断停工。

(4) 落实监理单位现场安全监理职责。监理单位要严格执行监理规范，健全安全监理制度，落实安全监理责任，严格审查安全方案、严格督促现场安全管理、设备设施安全管理、施工人员安全技术教育培训等相关措施的落实，及时发现和纠正现场施工人员的不安全行为、设备设施缺陷等安全隐患，加强现场巡视，一旦发现威胁到施工人员人身安全的重大隐患，要责令施工单位及时停止作业，整改完毕方能复工。

(5) 深化建筑安全隐患排查治理工作。建设工程各参建单位要把建筑施工中防止坍塌、坠落、突水、突泥、爆炸等作为隐患排查治理的重点，对排查出的隐患要立即进行整改，对一时难以整改的，落实整改责任、整改措施、整改资金、整改时间和安全监控措施，确保限期整改到位。

(6) 严格事故责任追究。严肃追究事故责任人特别是直接责任人的责任，严厉查处违法违纪和失职渎职行为。要严格事故报告制度，加大对事故发生后瞒报、逃匿行为的惩治力度，坚决杜绝迟报、谎报、漏报和瞒报违法行为。

思　考　题

1. 简述我国建设工程质量管理体系。
2. 简述政府对建设工程监督管理的主要制度。
3. 建设单位办理工程竣工验收备案时应当提交哪些文件？
4. 简述各个建设工程质量主体的质量责任和义务。
5. 简述建设工程质量的保修期限和保修程序。
6. 建筑施工企业的主要负责人对本单位安全生产工作负有哪些职责？
7. 何谓安全生产的群防群治制度？
8. 建筑施工从业人员在安全生产方面享有哪些权利？应履行哪些义务？

第10章 房地产与物业管理法律制度

本章学习提示： 了解房地产管理法的调整对象和基本原则；掌握房地产开发法律制度、房地产交易法律制度、物业管理法律制度、房地产税费法律制度及违法责任；了解房地产管理法概述；熟悉房地产开发用地；掌握房地产开发法律制度；掌握房地产交易法律制度；掌握物业管理服务法律制度；熟悉房地产税费法律制度及相关法律责任。

10.1 房地产管理法概述

随着经济的发展和人民生活水平的提高，房地产业已经成为推动我国经济发展的重要动力。同时，房地产业也出现了许多问题和纠纷。因此，学习并掌握房地产业相关的法律制度，以充分利用法律手段，维护正当利益，推动房地产业的健康发展，不仅是一种专业必要，也具有重要的现实意义。

10.1.1 房地产管理法的概念、调整对象及适用范围

1. 房地产的概念

房地产业是国民经济的支柱产业之一，是关系着国计民生的基础性和先导性产业，因此要加强对房地产业的规范、引导和保障。

房地产业的经营对象是房地产，而房地产是房产与地产的合称。房产是指固定于土地之上的具有独立使用功能并且有一定经济意义的房屋及其附属建筑物和构筑物。地产是指作为土地所有权或者土地使用权客体的，具有一定经济意义的土地及其附属物。

2. 房地产管理法的概念

房地产管理法，是指调整在房地产开发、经营和各种服务活动中形成的一定社会关系的法律规范的总称。广义的房地产管理法，是指调整房地产关系的各种法律规范的总和，既包括以调整平等主体之间的房地产财产关系，也包括以调整房地产行政管理关系为内容的法律规范。狭义的房地产管理法，是指2007年8月30日第十届全国人民代表大会常委会第二十九次会议通过的《中华人民共和国城市房地产管理法》（以下简称《城市房地产管理法》）。制定本法是为了加强对城市房地产的管理、维护房地产市场秩序、保障房地产权利人的合法权益，促进房地产业的健康发展，本法共7章，73条。

3. 调整对象

房地产管理法的调整对象，是指人们在房地产开发、经营、管理和服务活动中所形成的一定的社会关系。按照其调整的社会关系来划分，房地产管理法的调整对象可以分为房地产民事关系、房地产行政管理关系、房地产经济关系。按照房地产经济活动的范畴，房地产管理法的调整对象可分为房地产产权、开发、经营、使用、交易、服务、管理及其他

与房地产相关的社会关系。

4. 适用范围

房地产管理法的适用范围，是指房地产管理法调整的空间范围。依据《城市房地产管理法》第 2 条，在中华人民共和国城市规划区国有土地范围内取得房地产开发用地的土地使用权，从事房地产开发、房地产交易，实施房地产管理，应当遵守本法。由此可以确定房地产管理法适用的地域范围和事项范围。

(1) 地域范围。

地域范围，是指房地产管理法在哪些空间范围内实行，法律明确了其地域范围为：中华人民共和国城市规划区国有土地范围内。首先，本法适用城市规划区，即城市市区、近郊区以及城市行政区域内因城市建设和发展需要实行规划控制的区域。城市规划区的具体范围，在城市总体规划中依法划定。由此可见，城市规划区可分为城市市区、近郊区、城市规划发展区。其次，本法适用国有土地。我国土地分为国家所有和集体所有两种形式，本法只适用国有土地，不能适用集体土地。集体所有的土地，不能直接出让，用于房地产开发和交易。

(2) 事项范围。

事项范围，包括取得房地产开发用地的土地使用权、房地产开发、房地产交易和房地产管理行为。

取得房地产开发用地土地使用权的方式有两种，即出让和划拨。土地使用权出让，是指国家将国有土地使用权在一定期限内出让给土地使用者，由土地使用者向国家支付土地使用权出让金的行为。土地使用权划拨，是指县级以上人民政府依法批准，在土地使用者缴纳补偿、安置等费用后将土地交付其使用，或者将国有土地使用权无偿交付给土地使用者使用的行为。

房地产开发，是指在依法取得国有土地使用权的土地上进行基础设施、房屋建设的行为，包括新城区开发和旧城区的拆迁改造两种形式。

房地产交易，是指房地产交易主体之间以房地产这种特殊商品作为交易对象所从事的市场交易活动。按照交易形式的不同，可以分为房地产转让、房地产抵押和房屋租赁。

房地产管理，包括房地产开发用地的管理、房地产开发企业的管理、房地产交易价格的管理、商品房预售的管理、房屋租赁的管理、房地产中介服务机构的管理和房地产权属登记管理。房地产管理法不仅调整房地产民事法律关系，而且调整房地产行政法律关系。

10.1.2　房地产管理法的基本原则

房地产管理法的基本原则是房地产管理法的主要宗旨和基本准则，是制定和实施该法的出发点。它是贯彻实施房地产法时应遵循的普遍准则，是房地产关系的本质和内容在法律上的具体表现，是充分发挥房地产法整体调节作用的保障。

1. 节约用地、保护耕地原则

土地是人类最珍贵的自然资源，是不可再生和不可替代的生产资料，也是人们赖以生存、繁衍和发展的根基。我国人均耕地数量少、耕地总体质量差、耕地退化严重，珍惜土地，保护耕地，就是保护我们的生命线。因此，合理利用土地，切实保护耕地是我国的一项基本国策，也是房地产开发的一项基本原则。

2. 国有土地有偿、有期限使用原则

我国依法实行土地的社会主义公有制，法律规定范围内划拨国有土地使用权的除外。这一原则具体包含以下三方面的含义：

(1) 国有土地有偿使用。房地产开发用地的土地使用权，一般是通过土地使用权的出让途径获得，即国家将国有土地使用权在一定年限内出让给土地使用者，由土地使用者向国家支付土地使用权出让金。

(2) 国有土地有限期使用。实行国有土地使用制度改革后，改变了无限期使用国有土地的做法，国家出让给土地使用者的土地使用权是有一定年限的。

(3) 在法律规定的范围内，可以采取无偿、无限期的土地使用权划拨方式供应土地使用权。《城市房地产管理法》规定了可以适用土地使用权划拨方式的四种情形：①国家机关用地和军事用地；②城市基础设施用地和公益事业用地；③国家重点扶持的能源、交通、水利等项目用地；④法律、行政法规规定的其他用地。

3. 扶持发展居民住宅建设，逐步改善居民住宅条件原则

住房是城市居民的基本生活资料。发展居民住宅建设，逐步改善居民住宅条件，对促进经济建设，维护社会安定，具有重要意义。国家采取税收优惠措施、贷款优惠措施、住房建设用地等优惠措施及房改政策等扶持发展居民住宅建设，逐步推行城镇居民住房商品化，不断满足人民群众日益增长的住房需求。

4. 保护房地产权利人合法权益和房地产权利人必须守法原则

国家通过司法和行政程序保障房地产权利人依法对其房地产行使占有、使用、收益、处分的权利制度。而房地产权利人也必须守法，在房地产经营、房地产交易及房地产的权属登记过程中必须遵守法律和行政法规。

5. 依法纳税的原则

房地产权利人应该缴纳的税种较多，主要涉及契税、营业税、房产税、营业税附加、土地增值税、土地使用税。其中，契税是指由于土地使用权出让、转让、房屋买卖、交换或赠与等发生房地产权属转移时向产权承受人征收的一种税赋；营业税是指对销售房地产的单位和个人，就其营业额按率计征的一种税；房产税是以房屋为征税对象、按照房屋的原值或房产租金向产权所有人征收的一种税；营业税附加是指对缴纳营业税的单位和个人，就其实缴的营业额为计税依据而征收的城市维护建设税与教育费附加；土地增值税是指转让国有土地使用权、地上的建筑物及其附着物并取得收入的单位和个人，以转让所取得的收入包括货币收入、实物收入和其他收入为计税依据向国家缴纳的一种税赋，不包括以继承、赠与方式无偿转让房地产的行为；土地使用税是指在城市、县城、建制镇、工矿区范围内使用土地的单位和个人，以实际占用的土地面积为计税依据，依照规定由土地所在地的税务机关征收的一种税赋。

10.1.3 房地产管理法的立法体系

目前，我国房地产的法律法规体系建设已取得了显著成绩，该体系的构架由法律、行政法规、地方性法规、部门规章、地方性政府规章、规范性文件和技术规范等构成。这些使得房地产管理的主要环节均有法可依，房地产法律法规体系基本建立，为住宅建设和房地产业的健康发展创造了良好的上层建筑环境。

法律主要有三部，即《中华人民共和国城市房地产管理法》、《中华人民共和国土地管理法》、《中华人民共和国城市规划法》。其中，《城市房地产管理法》的颁布实施标志着我国房地产业的发展迈入了法制管理的新时期，为依法管理房地产市场奠定了坚实的法律基础。这部法律除确立了中国房地产管理的基本原则，还为房地产开发用地、房地产开发、房地产交易、房地产权属登记等主要管理环节确立了一系列基本制度，作出了具体规定，内容十分丰富。

房地产的行政法规是以国务院令颁布的，主要有《城市私有房屋管理暂行条例》、《中华人民共和国土地法实施条例》、《城市房地产开发经营管理条例》、《城市房屋拆迁管理条例》、《土地管理法实施条例》、《城镇国有土地使用权出让和转让暂行条例》、《外商投资开发经营成片土地暂行管理办法》、《住房公积金管理条例》、《物业管理条例》等。

房地产的部门规章是以国务院房地产行政主管部门的部长令颁布的，主要有《房地产开发企业资质管理办法》、《城市商品房预售管理办法》、《商品房销售管理办法》、《城市房地产转让管理规定》、《城市房屋租赁管理办法》、《城市房地产抵押管理办法》、《城市房地产中介服务管理规定》、《房地产估价师注册管理办法》、《城市房屋权属登记管理办法》、《城市新建住宅小区管理办法》、《城市廉租住房管理办法》等。

此外，还有《房地产估价师执业资格制度暂行规定》、《房地产估价师执业资格考试实施办法》、《城市房地产市场评估管理暂行办法》、《关于加强与银行贷款业务相关的房地产抵押和评估管理工作的通知》、《房地产经纪人员职业资格制度暂行规定》、《房地产经纪人执业资格考试实施办法》、《关于房地产中介服务收费的通知》等多项规范性文件，以及国家标准《房地产估价规范》、《房产测量规范》等多项技术法规。

10.1.4　房地产法律关系

1. *房地产法律关系的概念*

法律关系是一种社会关系，是指法律在调整人们行为的过程中形成的权利义务关系。房地产法律关系是指房地产法律规范在调整房地产经济关系的过程中发生在房地产主体之间的权利义务或职权职责关系。只有那些为房地产法律规范确认和调整的房地产关系才是房地产法律关系。

2. *房地产法律关系的构成*

房地产法律关系包括三个要素：主体、客体和内容。三者对房地产法律关系的构成缺一不可，任何一个要素的变更和消灭都会导致房地产法律关系的变更和消灭。

（1）房地产法律关系的主体。

房地产法律关系的主体是指房地产法律关系的参加者，或者是房地产法律关系中经济权利的享有者和经济义务的履行者，或者是经济职权的行使者和经济职责的承担者。

按照各类主体在房地产法律关系中的作用可以分为：

1）国家。

国家是国有土地的所有者、国有土地使用权出让及土地征用等法律关系的直接参加者，根据其参与活动身份的不同会形成不同性质的法律关系。

2）政府机构。

政府机构包括国家各级房地产管理机关（土地管理部门、建设管理部门、规划管理部门、物价管理部门等)，是代表国家行使房地产管理职能的主体。

3）房地产开发商。

房地产开发商，即进行房地产开发的企业，是对土地、房屋进行全面开发的组织者。房地产开发企业分为专营、兼营和项目公司三类，按照开发商的人员素质、规模等标准分为四个资质等级。

4）建筑商。

建筑商，即工程的承包商，是指承接开发商提供的房地产开发项目进行建筑施工的企业，受《城市房地产管理法》、《建筑法》、《合同法》的调整。

5）房地产的卖方。

房地产的卖方包括房地产开发商、房地产业主和投机商。房地产开发商是为了获得开发利润而出卖房地产；房地产的业主是出于非经营性的生活或者其他需要而出卖房地产；此外，还有一些专门从事房地产买卖的投机商也会成为房地产的买方。

6）房地产的买方。

根据购买房地产的用途不同，可分为自用型买方和投机谋利型买方，前者属于房地产的消费者。

7）房地产辅助商。

房地产辅助商，又称房地产中介服务主体，是指直接从事房地产开发、交易以外的房地产服务的经营者，比如房产经纪人、房产交易行、房产金融保险机构、房产价格评估机构、房产咨询顾问人、物业管理公司、房产律师等。

8）房地产的他项权利人和义务人。

房地产的他项权主要由房地产的业主设立，第三人在经过房地产业主许可或在法律允许的条件下也可以设立。房地产的他项权利人和义务人包括房地产业主之外的房地产抵押权人及其他相对人、房地产承租人等。

(2) 房地产法律关系的内容。

房地产法律关系的内容是指房地产法律关系主体所享有的权利和承担的义务，或其所拥有的职权和应履行的职责。

房地产权利是指房地产法律关系主体为实现某种利益，有权依法做出或不做出一定行为或要求义务主体做出或不做出一定行为的资格。如房屋的转让权、租赁权、抵押权等。

房地产义务，即房地产法律关系主体依法应做出一定行为或不做出一定行为的责任。如房地产交易价格申报义务。

房地产职权是指房地产法律关系主体为履行义务，在依法行使领导或监督职能时所拥有的权力。如审查批准权、监督管理权等。

房地产职责是指房地产法律关系主体按照法律、法规、规章制度的规定在行使行政管理职权时，必须做出或不做出一定行为的制约。房地产职权和职责是不可转让和放弃的，有关的房地产法律关系主体必须依法行使。

(3) 房地产法律关系的客体。

房地产法律关系的客体是指房地产法律关系主体行使权利和职权以及履行义务和职责所指向的对象。能够成为房地产法律关系客体的有物、行为和智力成果。

1）物。

这一客体形式在房地产法律关系中具体表现为土地和房屋及其附属物。

土地依照其权属的不同，可以分为国有土地和集体土地。属于国家所有的土地包括：城市市区的土地；农村和城市郊区中已经依法没收、征收、征购为国有的土地；国家依法征用的土地；依法不属于集体所有的林地、草地、荒地、滩涂及其他土地；农村集体经济组织全部成员转为城镇居民的，原来属于其成员集体所有的土地；因国家组织移民、自然灾害等原因，农民城建制地集体迁移后不再使用的原来属于迁移农民集体所有的土地。属于集体所有的土地包括：除由法律规定不属于国家所有以外的农村和城市郊区的土地，宅基地和自留地、自留山。

房屋根据地理位置的不同，可以分为农村房屋和城市房屋。在我国，农村房屋和城市房屋因为房屋占有土地使用权属不同、城乡户籍的不同等，而使两种房屋试用的规则也不同，农村的房屋还不能完全实现商品化。

按照房屋的用途不同，可以分为住宅用房和商业用房。城市住宅又可分为私房、公房和商品房。城市私房专指历史遗留下来的个人拥有所有权的房产，但是现在个人合法建造房屋、购买商品房均属于私房范畴。城市公房也分为两种：一种是历史上形成的由房屋管理部门享有所有权的或者管理的公房；另一种是由国有企事业单位投资兴建的分配给个人居住，居住者享有使用权的房屋。

2）行为。

行为是指房地产法律关系主体为享受权利、行使职权或承担义务、履行职责所进行的活动，如房地产开发活动、房地产交易活动、物业管理活动等。

3）智力成果。

智力成果是指人类智力活动创造的优秀成果，智力成果可以成为房地产法律关系的客体。

3. 房地产法律事实

（1）房地产法律事实的概念。

房地产法律关系同其他法律关系一样，其产生、变更和消灭总是以一定的法律事实为依据。所谓房地产法律事实，是指法律所规定的能够引起房地产法律关系产生、变更和消灭的客观情况或现象。

（2）房地产法律事实的种类。

通常，根据房地产法律事实的发生是否与人的意志相关，可以分为行为和事件。其中，行为是指与人的意志相关的活动，事件是指人的意志以外的客观现象。

1）房地产法律行为。

作为房地产法律事实的主体行为，可以被界定为在主体意识支配下的，能产生房地产权利义务关系的活动，主要包括以下几种：

①房地产管理行为，是指房地产管理主体对房地产开发和交易活动进行审批、检查、监督、登记发证等行为。这些行为不是为了产生、变更或消灭一定的房地产法律关系而是以意思表示为特征，是其职责要求所必须实施的行为。②房地产开发行为，是指在依法取得国有土地使用权的土地上进行基础设施、房屋建设的行为。所谓基础设施建设，是指给

水、排水、供电、供热、通信和道路等设施建设和土地的平整。所谓房屋建设，即在完成基础设施建设的土地上建设房屋、工业厂房、商业楼宇、写字楼以及其他专门用房。③房地产交易行为，是指房地产主体之间进行的房地产转让、抵押以及房屋租赁活动。房地产交易行为是为实现房地产价值的核心环节。④房地产服务行为，是指在房地产开发、交易以及使用过程中的服务活动。房地产服务行为对于完善我国房地产市场、促进房地产业的健康发展具有重要意义。

2）房地产法律事件。

房地产法律事件是指由房地产法律规定的不以当事人的意志为转移的、能够引起房地产法律关系产生、变更或消灭的客观情况，主要是指房地产法律法规的颁布实施或者修改、废止和不可抗力事件等。一般认为，导致房地产法律关系产生、变更或消灭的事件包括自然现象和社会事件：①自然现象。作为房地产法律事实的自然现象，是指能够引起房地产法律关系产生、变更和消灭的一切来自人类意志之外的事实，如山洪暴发冲毁房屋、地震阻碍交通等。②社会事件。作为房地产法律事实的社会事件，是指能够引起房地产法律关系产生、变更和消灭的不以人们意志为转移的重大社会事实，如战争、罢工、社会变革、法律的颁布和废止等。

10.2 房地产开发用地

10.2.1 房地产开发用地的含义

土地是房地产开发活动的载体，进行房地产开发就必须有房地产开发用地。《城市房地产管理法》第2条第3款规定："本法所称房地产开发，是指在依据本法取得国有土地使用权的土地上进行基础设施、房屋建设的行为。"依据我国《土地管理法》和《城市房地产管理法》的相关规定，城市国有土地的使用权可通过出让和划拨方式取得。

10.2.2 土地使用权的出让制度

1. 土地使用权出让的概念及特征

土地使用权是指公民或者法人按照法律规定和合同的约定，对国家所有的土地享有的使用权。土地使用权出让是指国家将国有土地使用权在一定的年限内出让给土地使用者，由土地使用者向国家支付土地使用权出让金的行为。土地使用权出让，必须符合土地利用总体规划、城市规划和年度建设用地规划，具有以下几个基本特征：

（1）土地使用权出让是有偿的。

土地使用者取得一定年限内的国有土地使用权须向土地所有者国家支付土地使用权出让金。出让金的本质是土地所有者凭借土地所有权取得的土地经济利益，主要包括一定年限内的地租，一般以土地使用者向土地所有者支付一定数额的货币为表现形式。

（2）土地使用权出让是要式法律行为。

土地使用权出让，应当签订书面出让合同，并向县级以上地方人民政府土地管理部门申请登记。如果不签订书面出让合同并办理土地使用权登记，则土地使用权出让行为无效。

（3）土地使用权出让是有期限的。

土地使用权出让的客体是国有土地使用权，土地使用者只能在一定年限内享有对受让土地的占有权、收益权和一定意义上的处分权。国家法律按照土地的不同用途明确规定了土地使用权出让的权限，土地使用权出让年限届满时，土地使用者可以申请续期。

2. 土地使用权出让的方式

（1）拍卖出让。

拍卖出让是指在指定的时间、地点，利用公开场合，由政府的代表者主持拍卖土地使用权，通过公开竞价确定土地使用权受让人的一种方式，按“价高者得”的原则。这种方式主要适用于竞争性强的房地产业、金融业、旅游业、商业和娱乐用地。拍卖出让土地使用权的程序：

1）拍卖公告。土地使用权出让人事先通过新闻媒体等形式，公告拍卖地块的位置、面积、用途、使用年限、拍卖规则、拍卖叫价方式、拍卖保证金的数额和支付方式、拍卖地点和日期等内容。

2）交验有关证件、领取入场证。土地使用权有意受让方，在拍卖开始前规定的时间内到拍卖人指定的地点交验有关证件。

3）拍卖。在规定的时间、地点，由土地所有者代表或委托人主持拍卖，介绍拍卖土地的位置、面积、用途、使用年限，宣布起叫价和增价规则及增价幅度等。主持人连续三次宣布同一应价而没有应价的，落锤表示拍卖成交。

4）签约。拍卖活动结束后，拍卖中标者应在10个工作日内与土地使用权出让人签订《土地使用权出让合同》。拍卖中标者按规定交付定金，同时在规定的期限内缴纳土地使用权出让金。

5）登记。土地使用权受让人缴纳土地使用权出让金后，到土地管理部门办理土地使用权登记手续，领取国有土地使用权证。

（2）招标出让。

招标出让是指在规定的期限内由符合受让条件的单位或者个人根据出让人提出的条件，以书面投标形式，竞投某地块的使用权，由招标方经过开标、评标，择优确定土地使用者的一种方式。招标方式中标者不一定是出价最高者，招标者既应充分考虑投标价，还要对投标人提交的土地利用规划设计方案和企业业绩进行全面考核、综合评价，择优而定。招标出让方式的程序如下：

1）招标。招标通常由招标人通过媒介或通知等形式发出招标通告，公布招标出让使用权地块的位置、面积、用途、年限等事项。由有意受让人提出投标申请，然后由招标人根据确定的投标人资格范围对有意受让人进行资格审查，并向合格者发送招标文件。

2）投标。投标人按招标公告或者投标邀请书的规定获取招标文件，并将投标书密封后投入指定的标箱。招标公告允许邮寄标书，出让人在投标截止时间前收到的方有效。

3）开标、评标、决标。出让人在招标文件确定的投标截止时间主持开标。由出让人组建的评标委员会对投标文件进行评审，提出评标报告和推荐的中标候选人。由出让人在评标委员会推荐的中标候选人中确定中标人，并向中标人发出中标通知书。中标人在规定期限内，持中标通知书与出让人签订出让合同，并支付定金。开标和评标应当有本市的公证机关参加，并出具公证书。

（3）协议出让。

协议出让是指土地使用权的有意受让人直接向土地所有者提出有偿使用土地的愿望，由土地所有者与受让人在没有第三人参与的条件下通过谈判、协商达成出让土地使用权协议的方式，并向国家支付土地使用权出让金的行为。

协议出让国有土地使用权与其他方式相比，受行政意志制约较强，缺乏公开性、竞争性，受当事人主观因素影响较大，一般只适用市政建设、公益事业、非营利单位或者项目用地。

协议出让土地使用权实行最低价制度。以协议方式出让国有土地使用权的出让金不得低于按国家规定所确定的最低价。出让金低于协议出让最低价的，由负责监督检查的人民政府土地管理部门责令限期改正；逾期不改正的，土地使用权出让合同无效，造成的损失由出让方承担。

以协议出让方式取得国有土地使用权的土地使用者，需要将土地使用权出让合同约定的土地用途改变为商业、旅游、娱乐和商品住宅等经营性用途的，应当取得出让方和市、县人民政府城市规划部门的同意，签订土地使用权出让合同变更协议或者重新签订土地使用权出让合同，按变更后的土地用途，以变更时的土地市场价格补交相应的土地使用权出让金，并依法办理土地使用权变更登记手续。

一般而言，协议出让土地使用权的程序如下：①申请。用地者向政府申请取得出让土地使用权；协商。用地申请经政府同意后，用地者与政府协商出让土地的用地面积、使用年限、出让地价等用地条件；③签约。双方就有关内容达成一致后，草签土地使用权出让合同，用书面形式确定下来；④报批。土地使用权出让合同草签完毕后，持有关材料，按审批管理的规定报有批准权限的政府批准出让土地使用权；⑤登记。土地使用权受让人按合同约定支付出让金价款，政府按合同约定提供土地使用权，在土地管理部门办理土地使用权登记手续，并领取土地使用权证。

3. 土地使用权出让的最高年限

出让土地使用权的最高使用年限，就是法律规定的一次签约出让土地使用权的最高年限。土地使用权年限届满时，土地使用者可以申请续期，具体由出让方和受让方在签订合同时确定，但不能高于法律规定的最高年限。

考虑到我国国民经济和社会发展过程中的一系列变化的因素，《城市房地产管理法》对土地使用权出让最高年限仅作了授权性的规定，即“土地使用权出让最高年限由国务院规定”。《中华人民共和国国有土地使用权出让和转让暂行条例》第12条按照出让土地的用途不同规定了各类用地使用权出让的最高年限：①居住用地70年；②工业用地50年；③教育、科技、文化、卫生、体育用地50年；④商业、旅游、娱乐用地40年；⑤综合或者其他用地50年。

4. 土地使用权出让合同

国有土地使用权出让合同是指市、县人民政府土地管理部门代表国家与土地使用者之间就土地使用权出让事宜所达成的、明确相互间权利义务关系的书面协议。国有土地使用权出让，必须通过合同形式予以明确。《城市房地产管理法》第14条规定：“土地使用权出让，应当签订书面出让合同。土地使用权出让合同由市、县人民政府管理部门与土地使用者签订”。土地使用权出让合同包括以下几方面的内容：

（1）出让方的权利义务。

出让方享有的权利主要有两项：一是受让方在签订土地使用权出让合同后，未在规定期限内支付全部土地使用权出让金的，出让方有权解除合同，并可请求违约赔偿；二是受让方未按土地使用权出让合同规定的期限和条件开发、利用土地的，土地管理部门有权予以纠正，并根据情节轻重给予警告、罚款，直至无偿收回土地使用权的处罚。

出让方应履行的义务主要有：第一，按照土地使用权出让合同的规定提供出让的土地使用权；第二，向受让方提供有关资料和文件；第三，按照国务院的有关规定，上缴土地使用权出让金，列入预算，用于城市基础设施建设和土地开发；第四，保证受让方所取得的土地权利不被第三人追索。

（2）受让方应履行的权利和义务。

受让方的权利主要体现在以下几个方面：第一，对受让土地享有开发、利用和开营的权利；第二，依法对取得的土地进行转让、出租、设置抵押权；第三，对于相关土地行政主管部门未按照合同约定提供土地的，受让方有权解除合同，并可以请求违约赔偿；第四，合同约定的使用年限届满，受让方需要继续使用土地的，应至迟于届满前一年申请延期。对于国家依法提前收回土地使用权的，应根据实际情况给予受让方相应补偿。

受让方应履行的义务主要有以下三项：第一，在签订土地使用权出让合同后的规定期限内支付全部土地使用权出让；在支付全部土地使用权出让金后，依规定办理登记手续，领取土地使用证；第二，依土地使用权出让合同的规定和城市规划的要求开发、利用、经营土地；第三，需要改变土地使用权出让合同规定的土地用途的，应征得出让方同意并经土地管理部门和城市规划部门批准，依照规定重新签订土地使用权出让合同，调整土地使用权出让金并办理登记。

（3）土地使用权出让合同的主要条款。

在我国现有的土地使用权出让实践中，出让合同一般包括下列主要内容：

1）出让和受让的当事人双方。

2）出让土地的位置、面积、界线等土地自然状况。

3）出让地块的规划用地性质和规划技术参数。

4）出让金的数额、支付方式和支付期限。

5）土地使用期限。

6）拆除出让地块上原有建筑物、构筑物和其他附着物的责任、费用承担和完成期限。

7）出让地块的交付期限。

8）项目建设的开工和完成期限。

9）定金及违约责任。

10.2.3　土地使用权的划拨制度

1. 土地使用权划拨的概念

土地使用权划拨是指县级以上人民政府依法批准，在土地使用者缴纳补偿、安置等费用后将该幅地块交付其使用，或者将土地使用权无偿交付给土地使用者使用的行为。

依照本法规定以划拨方式取得土地使用权的，除法律、行政法规另有规定外，一般是不可以转让、出租、抵押的，使用者取得划拨土地使用权无需支付地价，也没有明确的使用期限。

2. 土地使用权划拨的类型

《城市房地产管理法》第 24 条明确规定，只有下列建设用地的土地使用权，确属必需的，可以由县级以上人民政府依法批准划拨：

(1) 国家机关用地和军事用地。

(2) 城市基础设施用地和公益事业用地。

(3) 国家重点扶持的能源、交通、水利等项目用地。

(4) 法律、行政法规规定的其他用地。

3. 收回划拨土地使用权的条件

(1) 对违法使用国有土地的收回。

因违法使用土地被收回的情况一般是用地人在规定的开发建设期内不开发或开发达不到法律规定的程度，或者不按合同的约定使用土地而被依法收回的情形。

收回的前提条件：一是连续 2 年未使用的，经原批准机关批准，由县级以上人民政府无偿收回用地单位的土地使用权；二是满 2 年未动工开发的，可以无偿收回土地使用权；但是，因不可抗力或者政府、政府有关部门的行为或者动工开发必需的前期工作造成动工开发迟延的除外。

(2) 对合法使用国有土地的收回。

对合法取得国有土地使用权的使用权人，在其使用国有土地期间，根据我国《土地管理法》第 58 条、《城市房地产管理法》第 19 条、《城镇国有土地使用权出让和转让暂行条例》第 42 条规定可以收回国有土地使用权。

国家征收用地人的国有土地使用权应符合两个前提条件：一是为公共利益需要使用土地的；二是为实施城市规划进行旧城区改建，需要调整使用土地的。以上两者之间的主要区别是前者是一种惩罚性行政行为，而后者是一种国家征收行为。

4. 国有土地使用权的有偿收回和无偿收回

为公共利益需要使用土地的或为实施城市规划进行旧城区改建，需要调整使用土地的，由有关人民政府土地行政主管部门报经原批准用地的人民政府或者有批准权的人民政府批准，可以收回国有土地使用权。由于原国有土地使用权人获得土地的途径存在多种形式，如划拨、出让、租赁等，因而在收回该国有土地进行补偿时分两种情况，即无偿收回和有偿收回。

(1) 无偿收回国有土地使用权的主要情形。

一是土地使用期限届满，土地使用者未申请续期或者申请续期未获批准的情形；二是因故停止使用原划拨的国有土地的情形。有偿收回主要是针对因公共利益的需要提前收回土地，或为实施城市规划进行旧城区改建需要调整使用土地的情形。在这种情形之下应依法对原土地使用权人进行补偿。

(2) 国家征用划拨土地原则上不予补偿。

国家支付土地补偿费的前提是土地使用权人取得土地时支付了土地使用费，在国家因为公共利益的需要征收土地时，国家才给予返还。划拨的国有土地使用权都是无偿取得的，原土地使用权人没有向国家支付土地使用费用。国家为公共利益所需，要收回该土地时，也无需向原土地使用权人支付补偿费。如果原划拨的国有土地上建造有房屋，那么在国家征用该土地时，该房屋的合法所有权人就有权针对该房屋获得补偿或安置。

10.2.4 土地征用

1. 土地征用的概念和特征

土地征用是指国家为了社会公共利益的需要，依据法律规定的程序和批准权限批准，并依法给予农村集体经济组织及农民补偿后，将农民集体所有土地使用权收归国有的行政行为。土地征用是一种特定的行政行为，在法律关系上具有以下几个特征：

第一，土地征用法律关系主体双方是特定的，征用方只能是国家，实际行使土地征用权的是各级人民政府及其土地管理机关，他们对外代表国家具体行使权力。被征用方只能是所征土地的所有者，即农民集体。国家建设需要用国有土地的，是通过出让、划拨等方式；国家建设需要用集体所有的土地，是通过征用。

第二，征用土地是国家行政行为，具有强制性。土地征用并非基于双方的自愿协商，而是国家的单方意思表示，无需征得土地所有人同意。

第三，征用土地具有补偿性。土地征用不同于土地没收，它不是无偿的强制进行，其与土地征购也不同，不是等价的买卖。国家要给被征土地适当补偿，以被征地农民的生活水平不降低为原则，具体由用地单位支付。

第四，征用土地将发生土地使用权转移，土地所有权仍属于农民集体，征用条件结束需将土地交还给农民集体。

2. 国家集体土地征用应遵循的原则

(1) 合理利用土地和切实保护耕地的原则。

(2) 保证国家建设用地的原则。国家征用土地，是为了社会公共利益，是行使国家职权。在贯彻节约土地、保护土地的前提下保证国家建设用地。

(3) 妥善安置被征地单位和农民的原则。集体土地被征用意味着农民丧失集体所有土地所有权，用地单位应当依法妥善安置被征地农民。即对被征用土地的生产单位要妥善安排生产；对涉及拆迁的，要给予拆迁户妥善安置，给予适当补偿；给被征地农民造成损失的，要适当补偿。

(4) 用地单位支付补偿的原则。用地单位直接使用所征用的土地，也是被征用土地建设项目的直接受益者，因此，土地征用补偿应该由用地单位支付，这是一项法定义务。

3. 土地征用补偿及安置标准

用地单位在征地时按照法律规定或协议给予被征地农民或集体组织补偿费用，包括土地补偿费、安置补助费以及地上附属物和青苗的补偿费。

(1) 土地补偿费。

征用耕地的土地补偿费为该耕地被征用前 3 年平均年产值的 6～10 倍。土地补偿费归农村集体经济组织所有，只能用于发展生产和安排就业，不能挪用和私分。

(2) 安置补偿费。

征用耕地的，每一个需要安置的农业人口的安置补偿费标准，为该耕地被征用前 3 年平均年产值的 4～6 倍，但每公顷被征用耕地的安置补偿费，最高不超过该耕地被征用前 3 年平均年产值的 15 倍；征用其他土地的安置补助费标准由省、自治区、直辖市参照征用耕地的安置补助费标准规定，但土地补偿费、安置补偿费总和不得超过该土地被征用前 3 年平均年产值的 30 倍。安置补偿费支付给农村集体经济组织，由农村集体经济组织管理和使用。

（3）地上附着物和青苗补助费。

地上附着物补偿费是指对因自然或人工与土地结合在一起的私人或集体所有的房屋、水井、树木等设施造成损失的补偿。青苗补助费是指对因征地造成的农民种植在被征地上尚未成熟的农作物损失的补偿。地上附着物与青苗补偿费应归地上附着物及青苗的所有者所有。

10.2.5 城市房屋拆迁法律制度

1. 城市房屋拆迁的概念

城市房屋拆迁是指拆迁人根据建设规划要求和政府所批准的用地文件，在取得拆迁许可证的情况下，依法拆除建设用地范围内的房屋及其附属物，将该范围内的单位和居民重新安置，并对其所受损失予以补偿的一系列活动。

2. 城市房屋拆迁应当遵守的基本原则

（1）符合城市规划原则。

（2）有利于城市旧区改造原则。

（3）有利于生态环境的改善原则。

（4）保护文物古迹原则。

3. 城市房屋拆迁与集体土地征用中房屋拆迁的区别

城市房屋拆迁是指因城市建设项目的需要，取得房屋拆迁许可证的拆迁单位与被拆迁房屋的所有人订立拆迁补偿安置协议，按照协议实施房屋拆迁的行为。而征地拆迁是指国家因公共利益的需要，经依法批准将集体所有地土地征为国有后，对原集体土地上的建筑物、构筑物进行强制拆迁，并给予补偿的行为。两者的区别主要体现在以下几个方面：

（1）所涉及土地的性质有所区别。征地拆迁所涉及的土地属于集体所有制土地。我国法律规定，城市市区的土地属于国家所有。农村和城市郊区的土地，除由法律规定属于国家所有的外，属于农民集体所有；宅基地和自留地、自留山，属于农民集体所有。国家为了公共利益的需要，可以依照法律规定对土地实行征用。国有土地和农民集体所有的土地，可以依法确定给单位或者个人使用。

（2）依据不同。国有土地地上建筑物的拆迁，属于城市房屋拆迁的范畴，适用国务院《城市房屋拆迁管理条例》的规定。而农民集体所有土地地上建筑物的拆迁，属于集体土地征用中房屋拆迁范畴，适用《土地管理法》有关征地补偿安置的规定。

（3）对被拆迁房屋的补偿以房地产市场评估价格确定；而在征用集体土地拆迁中，主要按照国家相关法律法规，由各地结合本地区实际情况进行补偿。

最后，房屋拆迁管理部门和土地管理部门分别是城市房屋拆迁和集体土地征用中房屋拆迁的主管机关。

由此可见，集体土地征用中房屋拆迁与城市房屋拆迁是两种不同性质的拆迁活动，各自遵循不同的程序和规则实施。由于农村与城市之间经济发展水平差异很大，很难制定一个统一的标准，致使集体土地征用中房屋拆迁与城市房屋拆迁在补偿安置方面的标准不等，这也成为当事人各方争议的一个焦点。

4. 城市房屋拆迁的性质

我国现行的《城市房屋拆迁管理条例》的规定使城市房屋拆迁的法律性质模糊不清，政府、拆迁人、被拆迁人的权利义务配置同实际地位完全不对称。政府虽然实际主导着拆迁，但却不具有拆迁人的地位，可以不承担拆迁人的义务；拆迁人有拆迁权，但却是以民事主体的身份跟被拆迁人签订补偿协议。这使得政府可以滥用权力，而被拆迁人的合法权益受到损害后难以得到有效的法律救济。因此，正确界定房屋拆迁关系的法律性质，理顺拆迁法律关系是完善房屋拆迁关系法律制度的根本。

一些学者认为房屋拆迁由房屋拆迁主管部门进行统一管理，体现了政府对房屋拆迁的行政管理，因此应属行政法律关系。有些学者则认为现行房屋拆迁关系应当是民事活动。实际上，城市房屋拆迁既具有行政法律关系的性质，又具有民事法律关系的性质。拆迁牵涉到三个主体要素之间的法律关系：政府、拆迁人、被拆迁人。其中，拆迁人与被拆迁人就拆迁安置补偿问题达成协议，属于民事行为。而政府对拆迁享有“管理权”，主要包括：颁发房屋拆迁许可证，规定拆迁补偿办法，对达不成协议的拆迁纠纷进行裁决，对不履行裁决义务拒绝搬迁的进行强制拆迁。根据《条例》第 8 条、第 7 条的规定，政府的义务主要有：对拆迁申请方提交的资料在法定期限内进行审查，对符合条件的发放拆迁许可证；在发放拆迁许可证的同时，对房屋拆迁许可证中载明的拆迁人、拆迁范围、拆迁期限等事项，以房屋拆迁公告的形式予以公布；与拆迁人一起及时向被拆迁人做好宣传、解释工作等。

5. 城市房屋拆迁的种类

(1) 自拆和托拆。

依据拆迁人是否自己实施拆迁而言，拆迁可分为自拆和托拆两种。自拆是取得房屋拆迁许可证的拆迁人自行组织拆迁。托拆是拆迁人委托具有拆迁资质的单位实施拆迁。

(2) 协议拆迁、裁决拆迁和强制拆迁。

就拆迁人与被拆迁人是否达成和履行拆迁补偿安置协议而言，拆迁可分为协议拆迁、裁决拆迁和强制拆迁。

协议拆迁，是指拆迁人与被拆迁人或房屋承租人达成拆迁补偿安置协议的拆迁。拆迁补偿安置协议达成又分两种情况：一种是当事人按协议履行义务，拆迁人顺利实施拆迁。另一种是协议达成后某当事人反悔，对方当事人可以按协议申请仲裁或向法院提起民事诉讼。拆迁人为原告时，诉讼期间可申请法院先予执行。

裁决拆迁，是指在拆迁人与被拆迁人、房屋承租人达不成拆迁补偿安置协议的情况下，房屋拆迁管理部门根据拆迁当事人的申请，就拆迁补偿安置问题依法作出行政裁决，拆迁当事人执行行政裁决实施的拆迁。行政裁决作出后，有两种情形：一种是拆迁人、被拆迁人和承租人履行裁决，拆迁人顺利实施拆迁；另一种是拆迁当事人一方或多方不服行政裁决，在这种情况下，不服行政裁决的当事人可以向作出行政裁决的房屋拆迁管理部门的上一级行政机关或本级人民政府申请行政复议，也可以向人民法院提起行政诉讼。

强制拆迁，是指行政裁决发生法律效力后，被拆迁人或房屋承租人拒不执行，由政府或者房屋拆迁管理部门申请法院依行政裁决实施强制拆迁的活动。强制拆迁必须符合两个条件，一是被拆迁人或房屋承租人在裁决规定期限内未搬迁；二是拆迁人依法已对被拆迁人给予货币补偿或提供安置用房、周转用房。强制拆迁的方式有两种，一种是政府责成有关部门强制拆迁；一种是房屋拆迁管理部门申请法院强制拆迁。

6. 城市房屋拆迁的程序

拆迁人进行拆迁时，必须持有国家规定的相关文件，在获得县级以上人民政府房屋拆迁主管部门批准后，方可实施。一般而言，工作步骤如下。

（1）申领规划用地许可证。

城市房屋拆迁首先应当获得被拆迁房屋的土地使用权。拆迁人向有关政府规划管理部门申请建设用地规划许可证，经审查符合条件的，由规划管理部门核发建设用地规划许可证，确定拆迁房屋的地域范围。同时，由规划管理部门通知被拆人停止房屋及其附属物的改建、扩建等工程。

（2）编制拆迁计划和方案。

拆迁人应当到当地公安派出所和房管所摘录拆迁范围内的常住人员及其房产状况，对被拆迁人进行采访、摸底和记录，并依据拆迁安置的有关规定，编制详细的拆迁计划和方案。

（3）拆迁人申领房屋拆迁许可证。

任何单位和个人拆迁房屋，均须持国家规定的批推文件、拆迁计划和方案，向县级以上人民政府房屋拆迁主管部门提出申请，经批准并发给房屋拆迁许可证后方可拆迁。

申领房屋拆迁许可证，一般应当向房屋拆迁管理部门提交下列材料：建设项目批准文件；建设用地规划许可证、规划条件及附图；国有土地使用权批准文件；拆迁计划和拆迁方案；产权调换房屋的房源证明和办理存款业务的金融机构出具的拆迁补偿安置资金证明。拆迁主管部门应当自收到申请之日起 30 日内，对申请事项进行审查，认为拆迁具有合法性、合理性和可行性后，给拆迁人核发房屋拆迁许可证。当经过审查发现拆迁工作不符合法定条件时，应当要求拆迁人进行修改和补充，并不得核发房屋拆迁许可证。

房屋拆迁许可证是拆迁行为获得行政许可、拆迁人从事房屋拆迁的法律凭证，只对指定的项目在一定时间和一定范围内有效。拆迁人必须在房屋拆迁许可证规定的范围内从事拆迁工作，不得擅自扩大或缩小；在规定的期限内完成拆迁工作，不得擅自延长。有特殊原因需要变更拆迁范围和拆迁期限时，拆迁人应及时向房屋拆迁主管部门报告，说明原因和理由，并得到拆迁主管部门的许可。

（4）发布拆迁公告。

房屋拆迁管理部门发放房屋拆迁许可证，应当将房屋拆迁许可证中载明的拆迁人、拆迁范围、拆迁期限等事项，以房屋拆迁公告的形式予以公布。房屋拆迁公告一般张贴于拆迁范围内及其周围较为醒目、易于公众阅读的地点，对规模较大的拆迁，应当登载在当地报纸上。房屋拆迁管理部门和拆迁人应当及时向被拆迁人做好宣传、解释工作。

（5）签订拆迁补偿安置协议。

一般而言，拆除违章建筑和超过批准期限的临时建筑，不予补偿；拆除未超过批准期限的临时建筑，应当给予适当补偿。

拆迁补偿可以实行货币补偿，也可以实行房屋产权调换。货币补偿的金额根据被拆迁房屋的区位、用途、建筑面积等因素，以房地产市场评估价格确定。具体办法由省、自治区、直辖市人民政府制定。实行房屋产权调换的，拆迁人与被拆迁人应当计算被拆迁房屋的补偿金额和所调换房屋的价格，结清产权调换的差价。

拆迁非公益事业房屋的附属物，不作产权调换，由拆迁人给予货币补偿。拆迁公益事业用房的，拆迁人应当依照有关法律、法规的规定和城市规划的要求予以重建或者给予货币补偿。

拆迁租赁房屋，被拆迁人与房屋承租人解除租赁关系的，或者被拆迁人对房屋承租人进行安置的，拆迁人对被拆迁人给予补偿。被拆迁人与房屋承租人对解除租赁关系达不成协议的，拆迁人应当对被拆迁人实行房屋产权调换。产权调换的房屋由原房屋承租人承租，被拆迁人应当与原房屋承租人重新订立房屋租赁合同。拆迁产权不明确的房屋，拆迁人应当提出补偿安置方案，报房屋拆迁管理部门审核同意后实施拆迁。拆迁前，拆迁人应当就被拆迁房屋的有关事项向公证机关办理证据保全。

（6）实施拆迁。

拆迁人不得擅自延长过渡期限，周转房的使用人应当按时腾退周转房。因拆迁人的责任延长过渡期限的，对自行安排住处的被拆迁人或者房屋承租人，应当自逾期之月起增加临时安置补助费；对周转房的使用人，应当自逾期之月起付给临时安置补助费。

被拆迁人或者房屋承租人在裁决规定的搬迁期限内未搬迁的，由房屋所在地的市、县人民政府责成有关部门强制拆迁，或者由房屋拆迁管理部门依法申请人民法院强制拆迁。实施强制拆迁前，拆迁人应当就被拆除房屋的有关事项，向公证机关办理证据保全。

7. 城市房屋拆迁纠纷的主要救济途径

不同流程中的纠纷，其法律性质不相同，当事人应根据纠纷的法律性质选择正确的救济途径。

（1）拆迁当事人订立补偿安置协议后一方反悔的，可以提起民事诉讼。根据《城市房屋拆迁管理条例》第 13 条的规定，拆迁人和被拆迁人应该对拆迁补偿安置问题进行协商，并达成协议。该协议属于民事合同，具有法律约束力，双方当事人都应当自觉履行。但在实践中，拆迁当事人订立补偿安置协议后，反悔的情况经常出现。对此，另一方当事人可以依据《城市房屋拆迁管理条例》第 15 条的规定，依法向人民法院提起民事诉讼。

（2）在签订补偿安置协议时当事人约定仲裁条款，协议订立后一方反悔的，可以申请仲裁机构仲裁。当事人采用仲裁方式解决合同纠纷应当达成仲裁协议，没有仲裁协议申请仲裁的，仲裁机构不予受理；当事人达成仲裁协议后向人民法院起诉的，法院不予受理。对于订立补偿安置协议后又反悔的拆迁纠纷，如果当事人在补偿安置协议上约定出现纠纷采取仲裁方式解决的，当事人就应该到双方约定的仲裁机构申请裁决。

（3）对达不成拆迁补偿安置协议的，纠纷当事人应该先申请行政裁决，对行政裁决不服的，可以申请行政复议或者向人民法院提起行政诉讼。行政裁决是国家行政机关依据法律法规的授权，以居间裁决者的身份，对特定范围内与裁决机关行政管理职权密切相关的问题依法作出处理的具体行政行为。拆迁人与被拆迁人达不成拆迁补偿安置协议的，应该首先向当地房屋拆迁管理部门或者同级人民政府申请行政裁决；对行政裁决不服的，可以申请行政复议，也可以直接向人民法院提起行政诉讼。

(4) 未达成拆迁补偿安置协议，取得房屋拆迁许可证的单位在没有法定依据的情况下，对被拆迁人的房屋进行拆除造成财产损失的，被拆迁人可以提起民事损害赔偿诉讼。拆迁人与被拆迁人未达成拆迁补偿安置协议，拆迁人侵害被拆迁人房屋所有权，属于民事侵权行为。被拆迁人可以依照民事诉讼法的有关规定，以拆迁人为被告向人民法院提民事损害赔偿诉讼，如果是拆迁公司接受拆迁人的委托违法拆除房屋的，被拆迁人可以以拆迁人和拆迁公司为共同被告，要求他们承担连带赔偿责任。被拆迁人也可以申请行政裁决，但被拆迁人在提起民事诉讼之后，就不能再申请行政裁决；同样，在申请行政裁决之后，也不能再提起民事诉讼。

(5) 行政机关违法强制拆除房屋的，被拆迁人可以提起行政赔偿诉讼。《城市房屋拆迁管理条例》第 17 条规定，补偿安置裁决作出后，被拆迁人或者房屋承租人在规定的搬迁期限内未搬迁的，由房屋所在地的市、县人民政府责成有关部门强制拆迁。行使强制拆迁应当依法送达行政裁决，并进行先予补偿、证据保全和公告。行政机关违法强制拆迁属行政侵权，被拆迁人可以以行政机关为被告、以拆迁人为第三人向人民法院提起行政赔偿诉讼。

8. 城市房屋拆迁过程中几种特殊问题的处理

(1) 关于灭失房屋的补偿安置问题。

在通常情况下，房屋除因自然力的作用灭失外，人为的原因也可能导致房屋灭失，主要表现为拆迁人或行政机关违法拆迁。房屋因自然原因灭失的，拆迁人仍应给予适当补偿安置，土地使用权仍归房屋所有人，房屋所有人有权进行再建；拆迁人或者行政机关违法拆除房屋的，要对被拆迁人进行补偿安置。如果双方达不成补偿安置协议的，应先申请行政裁决。

(2) 关于被拆迁房屋的价格评估问题。

由于房屋的价值评估专业性很强，评估行为具有相对独立性，评估结果不受委托人意志左右。评估结论对当事人是否有利，是否公正，不属于人民法院民事案件的受案范围。如果拆迁当事人对评估结果有异议而提起民事诉讼的，人民法院不予受理。但是，由于房屋价格评估结论在拆迁当事人之间只是协商补偿价格的一个参考，不具有强制效力，如果双方不能达成拆迁补偿安置协议，拆迁当事人可以依据《城市房屋拆迁管理条例》的相关规定，申请行政裁决。

10.3 房地产开发法律制度

10.3.1 城市房地产开发概述

1. 房地产开发的概念

房地产开发是指在依法取得国有土地使用权的土地上，按照城市规划要求进行基础设施、房屋建设的行为，它包括土地开发和房屋开发。

土地开发是指房屋建设的前期准备，取得国有土地使用权是房地产开发的前提。即实现“三通一平”，把自然状态的土地变成可供建造房屋和各类设施的建筑用地。“三通一平”包括将开发区域以外的道路通、给水排水通、供电线路通和对施工现场上的土地进行平整；要实现“七通一平”，包括道路通、上下水通、雨污排水通、电力通、通信通、煤气通、热力通和平整场地。土地开发有两种情形：一是新区土地开发，即把农业用地或者其他非城市用地改造为适合工商业、居民住宅、商品房以及其他城市用途的城市用地；二是旧城区改造，即对城市原有土地进行改造，拆除原来建筑物，调整城市规划，改变土地用途，完善城市基础设施，提高土地的利用效益。

房屋开发是在城市土地开发基础上，进行建筑物与构筑物的开发。也并非仅限于房屋建设或者商品房屋的开发，而是包括土地开发和房屋开发在内的开发经营活动。

2. 房地产开发的类型

房地产开发从不同的角度可分为不同的类型。我国目前主要从下列方面来划分房地产开发的类型：

(1) 按照开发对象划分，可分为土地开发、房屋开发和房地产综合开发。

土地开发，是指把生地、毛地开发成可供建设的熟地的行为。包括政府将城市规划区内的集体土地征收为国有土地，或者房地产开发企业将获得建设用地使用权的土地，通过征地拆迁补偿安置后，进一步投入资金，进行道路、供水、排水、电力、燃气、热力、电信等基础设施建设和场地平整的“七通一平”等，形成可以建设的场地。

房屋开发，是指房地产开发企业获得某宗土地的建设用地使用权后，按照城市规划的要求和市场需求，开发建造各类商品房，然后把这些商品房销售或者出租给消费者、投资者，并获取开发利润的一种房地产开发经营行为。

房地产综合开发，是指对土地和房屋实行一体化开发的行为，是一项综合性的房地产开发经营活动。房地产综合开发是目前采用较多的一种房地产开发方式。

(2) 按照开发主体划分，可分为独资开发、合资合作开发和个体投资开发。

独资开发，是指不同经济形式的房地产开发企业独立投资或筹资开发经营某项房地产的行为。

合资合作开发，是指由多家房地产开发企业合资、合作开发完成某个房地产开发项目的一种经济行为。目前，我国各地有共同投资开发房地产的方式，还有以地联建、以地联营、以地换房、以地入股等合作建房的方式。

个体投资开发，是指建设私人住宅，以满足家庭居。

(3) 按照开发区域性质划分，可分为新区开发和旧区改造。

新区开发一般是指在城市建成区边缘或外围，将农地或荒地开发改造成建设用地，进一步进行房地产投资开发，形成新市区或新城。新区开发虽然区位条件比市区差，前期开发投入较大，如果基础设施、公共建筑配套跟不上，将会影响商品房的租售和使用。但开发实施较容易，拆迁量较小，用地条件较宽余，发展限制较小，适合规模较大的住宅区和产业园区的开发建设。

旧区改造，主要是按照城市规划，对年久失修、危旧房屋或功能结构过时的建筑，以及各项市政设施进行拆迁改造、配套完善或重新建设。通过旧城更新改造，可以根据土地区位和土地的市场价值，调整土地用途，提高土地利用强度，集约利用土地，节约土地资源，可以改变以往老城区人口过密、交通拥堵、住房拥挤、房屋陈旧、设施落后、生活环境质量差的状况，使城市土地利用结构更趋合理。

(4) 按照开发规模划分，可分为单项开发和成片开发。

单项开发主要是指规模较小、占地面积不大、功能比较单一、公共配套设施较少的房地产项目。这类项目一般开发所需投资少、建设周期短、资金周转回笼快。在空间上往往零星分布于新市区或老城区中，表现为相对独立的单项工程或单位工程。

成片开发一般开发范围和占地面积较大，涉及的工程项目较多，所需投资额高，建设周期长，是一种集中连片的房地产综合开发。开发面积小的相当于一个住宅小区的规模，开发面积大的相当于建造一个新城区。成片开发由于规模大，通常采用统一规划、分期实施、滚动开发的模式。

3. 房地产开发的特点

由于房地产的特性以及受到自然、社会、经济等多种因素的影响，房地产开发主要有以下特点：

(1) 涉及面广。

房地产开发是一项复杂的经济活动，涉及规划、土地、勘测、设计、施工、市政、供电、通信、商业、园林、环境等众多部门，相关的协作单位多。同时，房地产开发关系到城市建设和长远规划，也和人民生活水平的提高等有密切关系。

(2) 开发过程的时序性。

房地产开发是一个复杂的动态过程，必须做好项目的整体策划和计划。从房地产市场调研、开发项目可行性研究到获取土地、开发项目策划、工程实施全过程中牵扯的面广、涉及的内容多，不仅受土地、发展改革、规划、建设等政府有关管理部门的调控和管理，而且与其本身的计划安排有密切关系。因此，必须强调房地产开发项目过程的时序性，做到精心策划、加强管理，使房地产开发的各个环节相互有机衔接、紧密配合、协调进行。

(3) 开发周期的较长性。

房地产的开发建设期较长，从获取土地、项目立项、规划设计、施工建设、竣工验收到交付使用等，单项房地产开发项目一般需要 2～3 年，综合性房地产开发项目一般需要 4～5 年，大规模成片开发项目通常需要 10 年甚至更长时间才能完成。由于房地产开发周期较长，一般需要几年时间才能将资金回笼，房地产自营和置业投资的回收期还要长，短则十多年，长则几十年。

(4) 受法规政策的影响性。

房地产开发受国家或地区土地、金融、税收等政策以及城乡规划、土地利用总体规划等的制约和影响很大。未来政策的变化也会对其产生直接或间接的影响和限制。因此，房地产开发过程中必须熟悉政策，依据政策选择有利于开发投资的项目，方可规避政策风险。

(5) 开发资金的巨大性。

房地产开发投资所需的资金数额很大，少则几百万元，多则数亿元人民币。由于房地产开发投资量很大，房地产开发商单靠自有资金很难完成房地产开发项目的开发建设，一般需要通过融资渠道筹措大量资金。

4. 房地产开发的基本原则

房地产开发的基本法律原则是指城市规划区国有土地范围内从事房地产开发并实施房

地产开发管理中应依法遵守的基本原则。根据我国《城市房地产管理法》以及原建设部 1995 年 3 月 1 日发布的《城市房地产开发管理暂行办法》之规定，从事房地产开发行为应遵循以下法律规定的基本原则：

（1）房地产开发必须严格执行城市规划的原则。

房地产开发与城市规划的关系极为密切。城市规划是城市发展的纲领，是保证城市土地合理利用和开发经营活动协调进行的前提和基础，是实现城市经济和社会发展目标的重要手段。开发房地产，首先必须规划好，以城市规划为依据指导城市房地产，使城市房地产得以合理发展。开发房地产应当符合城市规划法的有关规定，必须持国家批准开发项目的有关文件，向城市规划行政主管部门申请定点，由城市规划行政主管部门核定其用地位置和界限，提供规划设施条件，核发建设用地规划许可。开发单位或者个人在取得建设用地规划许可证后，方可向有关政府土地管理部门划拨土地。

（2）房地产开发应当坚持全面规划，合理布局，综合开发，配套建设的原则。

全面规划、合理布局、综合开发、配套建设是实施房地产综合开发最主要原则，是城市建设体制的一项重大成果，它有力地推动了我国房地产事业的发展，并取得了显著的成绩。房地产综合开发，是根据城市建设总体规划，统筹安排建设项目，分期施工，协调发展，以取得良好的经济效益、社会效益和环境效益的一种科学的建设经济管理方法。综合开发的内容，包括开发区的勘测、规划、设计、征地拆迁、安置、土地平整和所需道路、给水、排水、供电供热、通信等工程建设。有条件的地方，还可以包建住宅、生活服务设施，公共建筑、通用厂房等。

（3）房地产开发坚持鼓励开发建设住宅的原则。

住宅建设是社会保障体系的一个重要方面，居住水平从不同程度上反映了人民生活水平和社会进步水平的高低。居民住宅既是人们基本的生活资料，也是人们的主要财产。国家应当运用税收、金融等杠杆，调控房地产业，以保障公民的住宅权利，改善其居住条件和居住环境，对于维护社会稳定，促进经济发展有着重大的意义。

（4）房地产开发应当坚持经济效益、社会效益和环境效益相协调的原则。

经济效益是房地产所产生的经济利益的大小，是开发企业赖以生存和发展的必要条件。社会效益指房地产开发给社会带来的效果和利益。环境效益是指房地产开发对城市自然环境和人文环境所产生的积极影响。以上三方面是矛盾统一的辩证关系，既有联系，又有区别，还会产生冲突。这就需要政府站在国家和社会整体利益的高度上，进行综合整合和管理。

10.3.2　房地产开发企业

1. 房地产开发企业的概念

《城市房地产管理法》第 30 条规定："房地产开发企业是以营利为目的，从事房地产开发和经营的企业"。《房地产开发企业资质管理规定》第 2 条规定："本规定所称房地产开发企业是指依法设立、具有企业法人资格的经济实体。"综上，房地产开发企业是指依法设立的，从事房地产开发和经营的营利性法人组织。

2. 房地产开发企业的分类

房地产开发企业的种类繁多，按房地产开发业务在企业经营范围中地位的不同，可将房地产开发企业分为房地产开发专营企业、兼营企业和项目公司，这是我国目前房地产开发企业的主要类型。

房地产开发专营企业是以房地产开发经营为主的企业。根据原建设部于1993年11月16日颁布的《房地产开发企业资质管理规定》，房地产开发专营企业按资质条件划分为五个等级。房地产开发兼营企业，是指经批准从事房地产开发经营业务的其他企业，对兼营企业不定资质等级。房地产开发项目公司是以开发项目为对象从事单项房地产开发经营的企业。其经营对象只限于经批准的项目，项目开发经营完毕后，应向工商行政管理机关办理注销经营范围的登记。

3. 房地产开发企业设立的条件

根据《城市房地产管理法》和《城市房地产开发经营管理条例》的规定，我国房地产开发企业的设立必须符合以下条件：

有自己的名称和组织机构。任何房地产开发企业都必须有自己的名称和组织机构，这是设立房地产开发企业的必要条件。公司只能使用一个名称，应当按照法律、法规的规定，办理有关审批手续，经登记机关核准登记的公司名称受法律保护；有固定的经营场所。房地产开发企业应当有自己的经营场所，这样既有利于国家对企业的监督和管理，同时也便于债务的履行；有符合国务院规定的注册资本。《城市房地产开发经营管理条例》规定，房地产开发企业须有100万元以上的注册资本；有足够的专业技术人员。根据《城市房地产开发经营管理条例》的规定，房地产开发企业须有4名以上持有资格证书的房地产专业、建筑工程专业的专职技术人员，2名以上持有资格证书的专职会计人员；法律、行政法规规定的其他条件。

4. 房地产开发企业的设立程序

设立房地产开发企业，应当向县级以上人民政府工商行政管理部门申请登记。工商行政管理部门对符合规定条件的，应当自收到申请之日起30日内予以登记；对不符合条件不予登记的，应当说明理由。设立有限责任公司、股份有限公司，从事房地产开发经营的，还应当执行公司法的有关规定。

（1）申请名称预先核准。

法律、行政法规或者国务院决定规定设立公司必须报经批准，或者公司经营范围中属于法律、行政法规或者国务院决定规定在登记前须经批准的项目的，应当在报送批准前办理公司名称预先核准，并以公司登记机关核准的公司名称报送批准。预先核准的公司名称保留期为6个月。预先核准的公司名称在保留期内，不得用于从事经营活动，不得转让。应当提交下列文件：

有限责任公司的全体股东或者股份有限公司的全体发起人签署的公司名称预先核准申请书；全体股东或者发起人指定代表或者共同委托代理人的证明；国家工商行政管理总局规定要求提交的其他文件。

（2）设立有限责任公司，应当向公司登记机关提交下列文件：

公司法定代表人签署的设立登记申请书；全体股东指定代表或者共同委托代理人的证明；公司章程；依法设立的验资机构出具的验资证明，法律、行政法规另有规定的除外；股东首次出资是非货币财产的，应当在公司设立登记时提交已办理其财产权转移手续的证明文件；股东的主体资格证明或者自然人身份证明；载明公司董事、监事、经理的姓名、住所的文件以及有关委派、选举或者聘用的证明；公司法定代表人任职文件和身份证明；企业名称预先核准通知书；公司住所证明；国家工商行政管理总局规定要求提交的其他文件。

（3）申请设立股份有限公司，应当向公司登记机关提交下列文件：

公司法定代表人签署的设立登记申请书；董事会指定代表或者共同委托代理人的证明；公司章程；依法设立的验资机构出具的验资证明；发起人首次出资是非货币财产的，应当在公司设立登记时提交已办理其财产权转移手续的证明文件；发起人的主体资格证明或者自然人身份证明；载明公司董事、监事、经理姓名、住所的文件以及有关委派、选举或者聘用的证明；公司法定代表人任职文件和身份证明；企业名称预先核准通知书；公司住所证明；国家工商行政管理总局规定要求提交的其他文件。

以募集方式设立股份有限公司的，还应当提交创立大会的会议记录；以募集方式设立股份有限公司公开发行股票的，还应当提交国务院证券监督管理机构的核准文件。

10.4　房地产交易法律制度

10.4.1　房地产交易概述

1. 房地产交易的含义

狭义的房地产交易仅仅是指当事人之间进行房地产转让、房地产抵押和房屋租赁的活动。广义的房地产交易是指当事人之间在进行房地产转让、抵押、租赁等行为时，所发生的各种关系的总和，它除了包括房地产转让、抵押、租赁等交易行为之外，还包括与房地产交易行为有着密切关系的房地产价格及体系、房地产交易的中介服务等。

2. 房地产交易的原则

（1）房屋所有权和土地使用权同时交易原则。由于房屋所有权与土地使用权不可分割，同一房地产的房屋所有权和土地使用权只能由同一主体享用。因此，《房地产法》第31条规定：“房地产转让、抵押时，房屋的所有权和该房屋占用范围内的土地使用权同时转让、抵押。”

（2）出让合同规定的权利义务在交易中承接的原则。无论一个房地产项目在二级市场和三级市场交易了多少次，原出让合同依然有效，出让合同对每一个房地产交易当事人都有约束力。《房地产法》第41条规定：“房地产转让时，土地使用权出让合同载明的权利、义务随之转移。”第42条规定：“以出让方式取得土地使用权的，转让房地产后，其土地使用权的使用年限为原土地使用权出让合同约定的使用年限减去原土地使用者已经使用年限后的剩余年限。”

（3）房地产交易价格接受国家管理的原则。国家定期确定并公布基准地价、标定地价和各类房屋的重置价格，实行房地产价格评估制度和房地产成交价格申报制度。

基准地价，是指城市国有土地使用权的基本标准价格，是一定时期、一定区域内不同用途土地使用权的级别平均价格。基准地价主要反映地价总体变化趋势和较稳定的各级、各类土地使用权的平均价格，是国家对土地使用权价格进行宏观控制、管理和引导房地产市场中土地使用权价格的依据，同时又是国家征收土地使用税、参与土地收益分配、防止各地竞相压价和地价狂涨的衡量标准。

标定地价，是指对需要进行土地使用权出让、转让、抵押的地块评定的具体价格，它是以基准地价为依据，根据市场行情、地块大小、形状、容积率、微观区位和土地使用年限等条件评定的具体地块在某一时间的价格。

房屋的重置价格，又称房屋的现价，是指按照当前的建筑技术、工艺水平、建筑材料价格、人工和运输费用等条件，重新建造同类结构、式样、质量标准的房屋所需的费用。房屋的重置，对于房屋拆迁中的价格补偿等，具有十分重要的意义。

(4) 房地产交易应依法办理权属登记的原则。《房地产法》第 35 条规定："房地产转让、抵押，当事人应当依照本法第 5 章的规定办理权属登记。"

10.4.2 房地产转让

1. 房地产转让的概念

房地产转让是指房地产权利人通过买卖、赠与或者其他合法方式将房地产转移给他人的行为。所谓"其他合法方式"主要包括下列行为：①以房地产作价入股，与他人成立企业法人；②一方提供土地使用权，另一方或者多方提供资金，合资、合作开发经营房地产，而使房地产权属发生变更的；③因企业被收购、兼并或合并，房地产权属随之转移的；④以房地产抵债的；⑤法律、法规规定的其他情形。

房地产转让的主体是房地产权利人，即房屋所有权人有权转让房屋的所有权及该房屋占用范围内的国有土地使用权。房屋建筑在土地之上，不能将房屋和该房屋占用范围的土地分离，否则取得房屋所有权的人仍无法取得土地使用权，这样就失去取得房屋所有权的意义。这类不动产权属转让需要办理变更登记，要签订书面合同。转让后，原来的权利人不再拥有任何权利，除非附有条件。

2. 房地产转让的条件

(1) 以出让方式取得土地使用权的房地产转让条件。

对于转让时房屋未建成的，要符合下列条件：①按照出让合同约定已经支付全部使用权出让金，并取得土地使用权证书；②按照出让合同约定进行投资开发，属于房屋建设工程的，应完成开发投资总额的 25%以上；③属于成片开发土地的，依照规划对土地进行开发建设，完成排水、供电、供热、道路交通、通信等市政基础设施、公用设施的建设，达到场地平整，形成工业用地或者其他建设用地条件。

转让未建成房屋实质上是单纯转让土地使用权，是转让房地产开发项目，地上已建部分只是作为土地的增值部分；受让方应具备房地产开发企业的条件，继续进行开发。转让人和受让人应当自土地使用权变更登记手续办理完毕之日起 30 日内，持房地产开发项目转让合同到房地产开发主管部门备案。尚未完成拆迁补偿安置的，原拆迁补偿安置合同中的有关权利、义务随之转移给受让人。项目转让人应当书面通知被拆迁人。由此可见，转让房地产开发项目和商品房预售是不同的。

对于转让时房屋已经建成的，实质上是商品房现售，即房地产开发企业将竣工验收合格的商品房出售给买受人，由买受人支付房价款。商品房现售应当符合下列条件：①现售商品房的房地产开发企业应当具有企业法人营业执照和房地产开发企业资质证书；②持有土地使用权证书或者使用土地的批准文件；③持有建设工程规划许可证和施工许可证；④已通过竣工验收；⑤拆迁安置已经落实；⑥供水、供电、供热、燃气、通信等配套基础设施具备交付使用条件，其他配套基础设施和公共设施具备交付使用条件或者已确定施工进度和交付日期；⑦物业管理方案已经落实。房地产开发企业应当将房地产开发项目手册及符合商品房现售条件的有关证明文件报送房地产开发主管部门备案。

（2）以划拨方式取得土地使用权的房地产转让条件。

《房地产法》第 39 条规定："以划拨方式取得土地使用权的，转让房地产时，应当按照国务院规定，报有批准权的人民政府审批。有批准权的人民政府准予转让的，应当由受让方办理土地使用权出让手续，并依照国家有关规定缴纳土地使用权出让金。""以划拨方式取得土地使用权的，转让房地产报批时，有批准权的人民政府按照国务院决定可以不办理土地使用权出让手续的，转让方应当按照国务院规定将转让房地产所获收益中的土地收益上缴国家或者作其他处理。"

（3）房地产转让的禁止条件。

房地产转让的基本条件是转让人必须对供转让的房地产享有处分权，非房屋权利人或只享有部分所有权者及所有权尚未确定者均不得转让：①以出让方式取得的土地使用权，不符合上述以出让方式取得土地使用权的房地产转让的必备条件的；②以划拨方式取得土地使用权的，转让房地产时须报有批准权的人民政府审批，否则不得转让；③司法机关和行政机关依法裁定、决定查封或者以其他形式限制房地产权利的；④依法收回土地使用权的。以出让方式取得土地使用权的，如出让年限届满而未续期，根据社会公共利益的需要而提前收回，以及因预期开发而被无偿收回土地使用权的，土地使用者即丧失土地使用权。原土地使用者不再是该项房地产的权利主体，该项房地产也就无从转让；⑤共有房地产，未经其他共有人书面同意的。共有房地产，是指两个以上主体共同享有房屋所有权和土地使用权。为尊重他方共有人的权利，在转让共有房地产时，必须征得其他共有人的同意。否则，其转让行为无效，他人共有人有权请求撤销已签订的转让合同；⑥权属有争议的。房地产权属争议，按其内容可分为：国有土地使用权争议；房屋所有权争议；房屋债权争议；房屋继承权争议；其他。只有在房地产权属清楚的情况下，房地产权利人才可转让房地产，以有效避免房地产转让中的权利瑕疵；⑦未依法登记领取权属证书的。房地产权属证书包括：国有土地使用证、房屋所有权证、房屋共有权保持证，是房地产权属的法律凭证；⑧法律、行政法规规定禁止转让的其他情形。

3. 房地产转让程序

根据《城市房地产转让管理规定》第 7 条的规定，房地产转让应当按照下列程序办理：

（1）签证书面转让合同。书面转让合同应当载明下列主要内容：双方当事人的姓名或者名称、住所；房地产权属证书名称和编号；房地产坐落位置、面积、四至界限；土地宗地号、土地使用权取得的方式及年限；房地产的用途或使用性质；成交价格及支付方式；房地产交付使用的时间；违约责任；双方约定的其他事项。

（2）申请。房地产转让当事人在房地产转让合同签订后 90 日内持房地产权属证书、当事人的合法证明、转让合同等有关文件向房地产所在地的房地产管理部门提出申请，并申报成交价格。

(3) 审查受理。房地产管理部门对提供的有关文件进行审查，并在7日内作出是否受理申请的书面答复，7日内未作答复的，视为同意受理。

(4) 核实申报价格。《城市房地产转让管理规定》第14条规定："国家实行房地产成交价格申报制度。房地产权利人转让房地产，应当如实申报成交价格，不得瞒报或者作不实的申报。房地产转让应当以申报的房地产成交价格作为缴纳税费的依据。成交价格明显低于正常市场价格的，以评估价格作为缴纳税费的依据。"房地产管理部门核实申报成交价格，并根据需要对转让的房地产进行现场查勘和评估。

(5) 缴纳税费。房地产转让当事人按照合同约定和法律规定缴纳有关税费。

(6) 办理权属登记。房地产管理部门核实办理房屋权属登记手续，核发房地产权属证书。

4. 房地产转让合同

依据《城市房地产管理法》40条规定："房地产转让，应当订立书面转让合同，合同中应当载明土地使用权取得方式。"房地产转让合同，是指房地产转让人与受让人之间订立的转让房地产的协议。双方当事人在平等、自愿的基础上实施民事法律行为。房地产转让合同的条款应当载明以下主要内容：①双方当事人的姓名或者名称、住所；②房地产权属证书名称和编号；③房地产坐落位置、面积、四至界限；④土地宗地号、土地使用权取得的方式及年限；⑤房地产的用途或者使用性质；⑥成交价格及支付方式；⑦房地产交付使用的时间；⑧违约责任。

5. 房地产转让后土地使用权的使用年限

依据《城市房地产管理法》第43条规定："以出让方式取得土地使用权的，转让房地产后，其土地使用权的使用年限为原土地使用权出让合同约定的使用年限减去原土地使用者已经使用年限后的剩余年限。"因此，以出让方式取得土地使用权的，转让房地产后，其土地使用权的使用年限折算取决于原土地使用权出让合同约定的使用年限，和原土地使用者已使用的年限。土地使用权限届满，土地使用者可以续期，由国家重新确定土地使用权出让年限，并缴纳续期价金。

10.4.3 商品房预售

1. 商品房预售的概念和特点

(1) 商品房预售的概念。

商品房预售是房地产开发经营企业将正在建设中的商品房预先出售给买售人，由买受人支付定金或房价款的行为。商品房预售后，预售人必须继续进行房地产开发，直到将商品房最终交付给买受人。即楼花买卖，是房地产开发企业与购房者约定，由购房者交付定金或预付款，而在未来一定日期拥有现房的房产交易行为。其实质是房屋期货买卖，买卖的只是房屋的一张期货合约。它与成品房的买卖已成为我国商品房市场中的两种主要的房屋销售形式。

(2) 商品房预售的特点。

商品房预售具有一些其他买卖形式所不具有的特点，主要包括：

1) 商品房预售的标的物具有期待性。商品房预售实际上是对未来之物的买卖。因此在签订合同后，买受人就获得请求开发商交付房屋并转移所有权的权利，只要买受人履行全部买卖合同规定的义务并办理过户手续，就可以取得房屋所有权。

2）商品房预售的周期长、风险性大。由于商品房预售中的房屋在订立合同时实际上并不存在，所以购方人实际就承担着不能最后取得房屋的风险，另外由于房屋销售和房屋开发行为是与金融行业密切相关的，所以实际上也存在着很大的风险。

3）商品房预售行为具有较强的国家干预性。如预售主体的资格具有严格的限制、实行商品房预售合同的备案登记制度、实行商品房预售的价格申报登记制度、实行商品房预售权属登记制度、实行商品房预售款项专用制度等。

4）商品房预售合同需要经过登记才具有对抗第三人的效力。商品房预售合同签订以后，买受人根据合同取得的权利在性质上看，仅仅是一种债权，而债权的效力只具有相对性，所以为了进一步保护买受人的利益，法律规定了经过登记的商品房预售合同具有对抗第三人的效力。

2. 商品房预售的条件

（1）商品房预售的条件。

为了保障购房人的利益，稳定房地产市场，依据《城市房地产管理法》第 45 条的规定，商品房预售应符合下列条件：

①已交付全部土地使用权出让金，取得土地使用权证书；②持有建设工程规划许可证和施工许可证；③按提供的预售商品房计算，投入开发建设的资金达到工程建设总投资的25%以上，并已经确定施工进度和竣工交付日期；④向县级以上人民政府房产管理部门办理预售登记，取得商品房预售许可证明。

商品房预售人应当按照国家有关规定将预售合同报县级以上人民政府房产管理部门和土地管理部门登记备案。

（2）办理商品房预售许可证应当提交的材料。

依据《城市商品房预售管理办法》的规定，申请办理商品房预售许可证应当提交下列证件及资料：

①开发企业的营业执照和资质证书；②土地使用权证、建设工程规划许可证、施工许可证；③投入开发建设的资金达到工程建设总投资的 25%以上的证明材料；④工程施工合同及关于施工进度的说明；⑤商品房预售方案。预售方案应当说明预售商品房的位置、面积、竣工交付日期等内容，并应当附预售商品房分层平面图。

申请办理预售许可证时，除上述规定外，各地还规定了其他一些应提交的材料。

3. 商品房预售的程序

（1）预售方申领商品房预售许可证。房地产开发企业应向房地产管理部门提交法定材料，房地产管理部门应当在受理之日起 10 日内，依法作出准予预售的行政许可书面决定，发送开发企业，并自作出决定之日起 10 日内向开发企业颁发、送达商品房预售许可证。

（2）签订商品房预售合同。开发企业应当与承购人签订商品房预售合同。商品房的预售可以委托代理人办理，但必须有书面委托书。

（3）登记备案。预售合同签订后，合同预售人应当在签约之日起 30 日内持商品房预售合同向县级以上人民政府房地产管理部门和土地管理部门办理登记备案手续。

(4) 建成商品房并办理商品房的权属登记手续。预售的商品房交付使用之日起 90 日内，承购人应当持有关凭证到县级以上人民政府房地产管理部门和土地管理部门办理权属登记手续。

10.4.4 房地产抵押

1. 房地产抵押的概念

房地产抵押是指抵押人以其合法的房地产以不转移占有的方式向抵押权人提供债务履行担保的行为。债务人不履行债务时，债权人有权依法以抵押的房地产拍卖所得的价款优先受偿。所谓抵押人是将依法取得的房地产作为抵押物担保本人或者第三人履行债务的公民、法人或者其他组织。所谓抵押权人是接受房地产抵押作为债务人履行债务担保的债权人。抵押权的实现方式主要是抵押人通过拍卖抵押物取得价款而受偿，所以，房地产抵押亦是房地产交易的一种方式。

房地产抵押的两种特殊形式是预购商品房贷款抵押和在建工程抵押。前者是指购房人在支付首期房价款后，由银行代其支付其余的购房款，将所购商品房抵押给贷款银行作为偿还贷款履行担保的行为。后者是指以合法取得的土地使用权连同在建工程的投入资产，以不转移占有的方式抵押给贷款银行作为偿还贷款履行担保的行为。目前规范房地产抵押的规章有《关于土地使用权抵押登记有关问题的通知》、《城市房地产抵押管理办法》。

2. 房地产抵押的范围

(1) 根据《房地产法》和《担保法》的规定，下列房地产可以设定抵押：

1) 依法取得的房屋所有权连同该房屋占用范围内的土地使用权。根据《中华人民共和国城镇国有土地使用权出让和转让暂行条例》第 33 条规定："土地使用权抵押时，其地上建筑物、其他附着物随之抵押。地上建筑物、其他附着物抵押时，其使用范围内的土地使用权随之抵押。"我国《担保法》第 36 条规定："以依法取得的国有土地上的房屋抵押的，该房屋占用范围内的国有土地使用权同时抵押。以出让方式取得的国有土地使用权抵押的，应当将抵押时该国有土地上的房屋同时抵押。乡（镇）、村企业的土地使用权不得单独抵押。以乡（镇）、村企业的厂房等建筑物抵押的，其占用范围内的土地使用权同时抵押。"我国立法在处理房地产抵押中的土地使用权与地上建筑物的关系时，始终坚持土地使用权与地上建筑物的同一原则，包括两种情形："地随房走"和"房随地走"。以划拨方式取得的国有土地使用权一般不得抵押，在特殊情况下抵押的应当在依法拍卖后，从拍卖价款中缴纳相当于应缴纳的土地使用权出让金额后，抵押权人才能优先受偿。

2) 以出让方式取得的土地使用权或者以出让方式取得的土地使用权连同该土地上的房屋所有权。土地使用权既可以单独设定，又可以连同地上房屋使用权来设定。"单独设定"的情形，是指地上尚未形成房屋所有权。

下列房地产不得设定抵押：权属不明或有争议的房地产；用于教育、医疗、市政等公共福利事业的房地产；列入文物保护的建筑物和有重要纪念意义的其他建筑物；已依法公告列入拆迁范围的房地产；被依法查封、扣押、监管或者以其他形式限制的房地产；依法不得抵押的其他房地产。

(2) 设定房地产抵押应该注意以下问题：①以划拨方式取得的土地使用权，不能单独设定抵押；②设定房地产抵押权的土地使用权是以划拨方式取得的，依法拍卖该房地产后，应当从拍卖所得的价款中缴纳相当于应缴纳的土地使用权出让金后，抵押权人方可优先受偿；③房地产抵押合同签订后，土地上新增的房屋不属于抵押范围。需要拍卖该抵押的房地产时，可以依法将土地上新增的房屋一起拍卖，但对拍卖新增房屋所得，抵押权人无权优先受偿；④以在建工程已完工部分抵押的，其土地使用权随之抵押；⑤土地所有权不得设立抵押；⑥国有企业、事业单位法人以国家授予其经营管理的房地产抵押的，应当符合国有资产管理的有关规定；以集体所有制企业的房地产抵押的，必须经集体所有制企业职工（代表）大会通过，并报其上级主管机关备案；以外商投资企业的房地产抵押的，除非章程另有规定，必须经过董事会通过；以有限责任公司、股份有限公司的房地产抵押的，除非章程另有规定，必须经董事会或股东大会通过；⑦以享受国家优惠政策购买的房地产抵押的，其抵押额以房地产权利人可以处分和收益的份额比例为限。

3. 抵押合同

抵押人和抵押权人应当订立书面抵押合同，载明下列主要内容：

抵押人、抵押权人的名称或者个人姓名、住所；主债权的种类、数额；抵押房地产的处所、名称、状况、建筑面积、用地面积以及四至界限等；抵押房地产的价值；抵押房地产的占用管理人、占用管理方式、占用管理责任以及外毁灭失的责任；债务人履行债务的期限；抵押权灭失的条件；违约责任；争议解决方式；抵押合同订立的时间与地点；双方约定的其他事项。以在建工程抵押的，抵押合同还应当载明以下内容：国有土地使用权证、建设用地规划许可证和建设工程规划许可证编号；已缴纳的土地使用权出让金或者需要交纳的相当于土地使用权出让金的款额；已投入在建工程的工程款；施工进度及工程竣工日期；已完成的工作量和工程量。此外，抵押权人要求抵押房地产保险、要求在房地产抵押后限制抵押人出租、转让抵押房地产或者改变抵押房地产用途的，也应当在抵押合同中载明。

4. 抵押登记

（1）房地产抵押登记概述。

抵押权是不动产，应经登记取得公示效力。抵押权不经登记不发生公信力，虽不影响抵押权的设立，但是不具有公信效力，不能对抗第三人。房地产抵押合同自登记之日生效，从而在抵押当事人之间发生抵押权利义务关系，同时经登记的抵押权受到法律的保护，能够对抗第三人。《城市房地产管理法》第 49 条规定："房地产抵押，应当凭土地使用权证书、房屋所有权证书办理。"依据我国《担保法》第 41 条的有关规定，房地产抵押非经登记，不生效力。因此，以城市房地产设定抵押时，必须办理抵押登记。房地产抵押合同自签订之日起 30 日内，抵押当事人应当到房地产所在地的房地产管理部门办理房地产抵押登记，房地产抵押合同自登记之日起生效。

（2）房地产抵押登记的机关。

依据我国《担保法》第 42 条规定，办理抵押物登记的部门如下：

以无地上定着物的土地使用权抵押的，为核发土地使用权证书的土地管理部门；以城市房地产或者乡（镇）、村企业的厂房等建筑物抵押的，为县级以上地方人民政府规定的部门；以林木抵押的，为县级以上林木主管部门；以航空器、船舶、车辆抵押的，为运输工具的登记部门；以企业的设备和其他动产抵押的，为财产所在地的工商行政管理部门。

(3) 办理房地产抵押登记，应提交的材料。

《担保法》第44条规定："办理抵押物登记，应当向登记部门提供下列文件或者其复印件：主合同和抵押合同；抵押物的所有权或者使用权证书。"《城市房地产管理法》第48条规定："房地产抵押，应当凭土地使用权证书、房屋所有权证书办理。"因此，房地产权利人在设定房地产抵押，办理房地产抵押登记时，应当向登记机关效验相关文件资料，必须持主合同、抵押合同、土地使用权证书、房屋所有权证书，到县级以上人民政府规定的部门办理抵押登记。登记机关应当对申请人的申请进行审核，并在受理之日起7日内作出是否准予登记的书面答复。

以取得房屋所有权证书的房地产抵押的，登记机关应当在原房屋所有权证上作他项权利记载后，由抵押人收执，并向抵押权人颁发房屋他项权证。以预售商品房或者在建工程抵押的，登记机关应当在抵押合同上作记载，抵押的房地产在抵押期间竣工的，当事人应当在抵押人领取房地产权属证书后，重新办理房地产抵押登记。

5. 抵押房地产的处分

抵押权人处分抵押房地产时，应当事先通知抵押人、共有人或者出租人，经与抵押人协商可以通过拍卖等合法方式处分抵押房地产，协商不成的，抵押权人可以向人民法院起诉。处分抵押房地产时，在同等条件下，共有人或承租人依法享有优先购买权。处分抵押房地产所得的金额，依下列顺序分配：支付处分抵押房地产的费用；扣除抵押房地产应缴纳的税款；偿还抵押权人债权本息及支付违约金；赔偿由债务人违反合同而对抵押权人造成的损害；剩余金额交还抵押人。

因依法处分抵押房地产而取得土地使用权和地上建筑物、其他附着物所有权的，有关当事人应当依法办理注销抵押登记和房地产所有权转移登记手续。

10.4.5 房屋租赁

1. 房屋租赁的概念及其特征

房屋租赁是房地产市场中一种重要的交易形式。《城市房地产管理法》规定："房屋租赁，是指房屋所有权人作为出租人将其房屋出租给承租人使用，由承租人向出租人支付租金的行为。"

房屋租赁市场作为房地产市场的有机组成部分，通过租赁等方式，能够消化市场上一部分存量房，解决目前商品房空置严重的问题，缓解房地产二级市场的压力。房屋租赁的特征主要体现在以下方面：①房屋所有权与使用权分离；②出租人为房屋的使用权人、经出租人授权的处分人或委托代理人；③承租人以支付租金作为对价取得房屋使用权；④租赁标的为房屋，租赁期届满，承租人应及时返还出租房屋；⑤租赁双方应当订立书面的租赁合同，并办理登记备案手续。

2. 房屋租赁的分类

(1) 公房租赁与私房租赁。

目前我国立法主要是按照房屋所有权不同，将房屋租赁分为公房租赁和私房租赁两大类。其中，私房租赁是指公民将自己所有的房屋出租给承租人使用的行为。租赁合同的内容由双方协商确定，出租人必须是房屋所有人，共用房产出租的，须提供共有人同意出租的证明书或者委托书。而公房租赁，即是合法占有使用国家所有或集体所有房屋的各种法人对他们占有或所有房屋的出租。其中，直管公房租赁由房地产管理部门与承租人签订公房租赁合同，自管公房租赁由国有或集体所有制单位与承租人签订公房租赁合同。

（2）住宅房租赁、廉租房租赁、商业用房租赁。

根据房屋用途和执行政策的不同，房屋租赁可以分为住宅租赁、廉租房租赁、商业用房租赁。其中，住宅用房是人们必需的生活资料，主要是指供家庭居住使用的房屋，法律规定其租赁适用特殊政策。依据《城市房地产管理法》规定："住宅用房的租赁，应当执行国家和房屋所在城市人民政府规定的租赁政策。"而城镇廉租房是政府和单位在住房领域实施社会保障职能，向具有城镇常住户口的最低收入家庭提供的租金相对低廉的普通住宅。对于租赁房屋从事生产、经营活动的，《城市房地产房地产》规定："租用房屋从事生产、经营活动的，由租赁双方协商议定租金和其他租赁条款。""以营利为目的，房屋所有权人将以划拨方式取得使用权的国有土地上建成的房屋出租的，应当将租金中所含土地收益上缴国家"。

3. 房屋租赁的范围

公民、法人或者其他组织对享有所有权的房屋和国家授权管理、经营的房屋可以依法出租。但是，根据《城市房屋租赁管理办法》第六条的规定，有下列情形之一的房屋不得出租：①未依法取得房屋所有权证的；②司法机关和行政机关依法裁定、决定查封或者以其他形式限制房地产权利的；③共有房屋未取得共有人同意的；④权属有争议的；⑤属于违法建筑的；⑥不符合安全标准的；⑦已抵押未经抵押权人同意的；⑧不符合公安、环保、卫生等主管部门有关规定的；⑨有关法律、法规规定禁止出租的其他情形。

4. 房屋租赁合同

（1）房屋租赁合同的概念与特征。

所谓租赁合同，是指由房地产所有权人或其授权的人作为出租人将房屋出租给承租人使用，由承租人支付租金的协议。

房屋租赁是一种民事法律关系，通过租赁合同确定了出租人和承租人之间的民事法律关系。出租人享有房屋的使用权，承租人依据租赁合同获得了房屋的占有权、使用权。租赁合同终止时，承租人必须将所承租的房屋交还出租人，并交付租金。

（2）房屋租赁合同的主要条款。

无论是住宅用房租赁还是营业用房租赁，出租人和承租人都应当签订书面租赁合同。租赁合同应当具备以下条款：①当事人姓名或者名称及住所；②房屋的坐落、面积、装修及设施状况；③租赁用途；④租赁期限；⑤租金及交付方式；⑥房屋修缮责任；⑦转租的约定；⑧变更和解除合同的条件；⑨违约责任；⑩当事人约定的其他条款。

（3）房屋租赁合同的期限。

房屋租赁合同的期限是由租赁双方在房屋租赁合同中协商约定的。租赁期限不得超过土地使用权出让合同、土地租赁合同约定的土地使用年限，最长不得超过 20 年。房屋租赁期限届满，租赁合同终止。承租人需要继续租用的，应当在租赁期满前 3 个月提出，并经出租人同意，重新签订租赁合同。

租赁期限内，房屋出租人转让房屋所有权的，房屋受让人应当继续履行原租赁合同的规定。出租人在租赁期限内死亡的，其继承人应当继续履行原租赁合同。住宅用房承租人在租赁期限内死亡的，其共同居住2年以上的家庭成员可以继续承租。

5. 房屋租赁当事人的权利和义务

双方当事人在合同关系中都享有权利，也都承担相应的义务，一方面履行义务就是对方权利的实现。

（1）出租人的权利与义务。

1）出租人的主要权利：①收取租金权。出租人有权按照合同的规定，公平合理地收取租金。在租赁关系有效期间，可以调整租金，但在没有达成新的协议前，仍按原约定的租金标准收取。②用房监督权。承租人要按照合同的约定或合理的方式使用租赁房屋。因承租人原因造成租赁房屋损毁、灭失的，出租人有权要求承租人修复或赔偿。③房屋收回权。租赁关系终止时，出租人有权收回房屋，承租人对所承租的房屋失去占有、使用的权利。④合同解除权。依照我国《城市房屋租赁管理办法》第24条的规定："承租人有下列行为之一的，出租人有权终止合同，收回房屋，因此而造成损失的，由承租人赔偿：将承租的房屋擅自转租的；将承租的房屋擅自转让、转借他人或擅自调换使用的；将承租的房屋擅自拆改结构或改变用途的；拖欠租金累计6个月以上的；拖欠住宅用房无正当理由闲置6个月以上的；利用承租房屋进行违法活动的；故意损坏承租房屋的；法律、法规规定其他可以收回的。"

2）出租人的主要义务：①按照合同的约定将房屋交付给承租人使用，交付承租人使用的房屋必须符合规定的用途。②修缮房屋的义务。公有出租房屋的修缮，都由出租人负责；私有房屋的修缮，除合同另有规定者外，通常重要的修缮是由出租人负责，简单的修缮由承租人自己负责。如果房屋发生危漏，出租人接到通知仍不修缮的，承租人可以修缮，费用应由出租人负担，因房屋没有及时修缮给承租人造成损失的，出租人应负赔偿责任。③提前收回房屋的须事先征得承租人同意并赔偿承租人的损失。④在租赁期间出卖出租房屋的，在同等条件下不得剥夺承租人的优先购买权。⑤违约时应承担违约责任。

（2）承租人的权利和义务。

1）承租人的主要权利：①按照合同约定，承租人对承租的房屋享有占有、使用的权利，任何人不得侵犯。②在租赁合同有效期间，如果由于房屋陈旧等原因需要拆除重建时，新房建成后，承租人按照同等条件有优先承租权。③在租赁合同有效期间，出租人需要出卖所出租的房屋时，承租人在同等条件下有优先购买权。④征得出租人同意，有权将承租的房屋部分或全部转租给他人。

2）承租人的主要义务：①按照合同的规定交付租金，是承租人的基本义务。②承租人有保护房屋的义务，因承租人的过错造成房屋损坏的，要负责赔偿。③承租人应按合同规定保持原有房屋状态，不能擅自改装添建。承租人如要增设、改装室内设备时，要事先征得出租人的同意。否则，出租人有权要求恢复原状，必要时也可解除合同。④承租人有合理使用房屋的义务。承租人不得借租用的房屋从事违法活动；不得随意改变房屋的用途；不得将房屋转租；也不得将租赁的房屋长期闲置不用。

6. 房屋租赁合同的变更、解除和终止

（1）房屋租赁合同的变更。

1）当事人主体的变更。

a. 出租人的变更。在下列两种情况下通常会引起出租人的变更：一是因房屋买卖、继承、赠与等法律事实的发生而引起房屋所有权转移时，由买受人、继承人、受赠人成为新的出租人来代替原来的出租人，享有原合同的权利，承担原合同的义务。二是出租人因婚姻关系或合伙行为而形成或终止共有关系，出租单位因分立、合并或联营，都可能引起出租人或出租单位的变更。原合同继续有效，其权利和义务由变更后的出租人享有和承担。

b. 承租人的变更。承租人的变更有以下几种情况：一是原承租人死亡或外迁，与承租人长期共同居住而他处无住房的家庭成员要求继续承租的，经出租人同意，可以成为新的承租人，新承租人必须履行原合同约定的义务；二是承租人因工作或生活需要，经出租人同意，与第三者互换所租房屋使用权而引起的承租人变更；三是承租人为方便生活，在其承租的房屋有条件独立分开使用的情况下，征得出租人同意，可分立户名，但分户时要明确公用部位使用权；四是承租人将承租房屋用于联营、合伙、转租、合租等，须征得出租人的同意，一般情况下，合伙人、联营人、转租人和次承租人、合租人对出租人负连带责任。

2）当事人权利、义务的变更。当事人权利义务的变更范围一般不涉及法定义务部分，只涉及约定部分权利义务的扩大或缩小。变更合同程序与订立合同程序基本相同，要经过双方协商一致，主要包括以下三种情况：

a. 用途变更。房屋的用途一般是在设计建造时就确定了的，非经房屋的所有权人同意，承租人不得擅自改变房屋的用途。

b. 租金的变更。一是租金标准的变更。不同用途的房屋其租金标准不同，改变房屋用途能够引起租金标准的变更，因政策、市场等因素也可以引起租金标准的变更；二是租金计算依据的变更。房屋的数量是计算房屋租金的依据，它的增加或减少直接影响房屋租金的数额。在租赁期间承租人经出租人同意，将承租房屋的一部分退还给出租人，那么租金数额相应会减少。

（2）房屋租赁合同的解除。

1）协商解除。根据“意思自治”原则，双方当事人可以协商解除已设定的权利义务关系。当事人双方必须协商一致，并且不得损害国家利益和社会公共利益，双方协商解除合同的程序与订立合同程序基本相同。

2）行使合同解除权。解除权是因一方的意思表示而使合同解除的权利，在房屋租赁合同关系中，除当事人约定外，根据《合同法》的有关规定，双方在以下情形下享有合同解除权：

第一，出租人的解除权。主要包括：①承租人违反约定方式，或者不依租赁房屋的性质而对租赁房屋进行使用收益的。《合同法》第219条规定：“承租人未按照约定的方法或者租赁物的性质使用租赁物，致使租赁物受到损失的，出租人可以解除合同并要求赔偿损失。”②承租人迟延支付租金，经出租人催告，仍不于催告期限内支付租金的。《合同法》第227条规定：“承租人无正当理由未支付或者迟延支付租金的，出租人可以要求承租人在合理期限内支付。承租人逾期不支付的，出租人可以解除合同。”③承租人未经出租人同意，将租赁房屋转租于第三人的。《合同法》第224条第2款规定：“承租人未经出租人同意转租的，出租人可以解除合同。”

第二，承租人的解除权。在租赁房屋具有瑕疵，致使承租人无法使用，或者利益受到重要影响，或者在相当期间内不能进行使用收益的，或者租赁房屋毁损致使不能实现合同目的的，承租人可以解除合同。《合同法》第231条规定：“因不可归责于承租人的事由，致使租赁物部分或者全部毁损、灭失的，承租人可以要求减少租金或者不支付租金；因租赁物部分或者全部毁损、灭失，致使不能实现合同目的的，承租人可以解除合同。”《合同法》第233条规定：“租赁物危及承租人的安全或者健康的，即使承租人订立合同时明知该租赁物质量不合格，承租人仍然可以随时解除合同。”

第三，双方均有的解除权。不定期的房屋租赁合同，双方均可以随时解除合同。《合同法》第232条规定：“当事人对租赁期限没有约定或者约定不明确，依照本法第61条的规定仍不能确定的，视为不定期租赁。当事人可以随时解除合同，但出租人解除合同应当在合理期限之前通知承租人。”

实践中，因房屋租赁合同的解除而发生的纠纷比较多，解决房屋纠纷的方式也有多种，主要涉及协商、调解、申请行政机关处理、仲裁和诉讼几种。处理此类纠纷时，应特别注意，当事人有约定的，从其约定。没有约定的，则只能根据法律的规定解除房屋租赁合同，否则，将构成违约；合同的解除，并非因符合解除条件而当然发生，而应以有解除权的一方行使为必要。行使解除权，应以通知的方式。但亦不妨碍以诉讼的方式来行使，因为起诉本身可以视为一种通知；要严格把握合同解除的条件。当事人只有在符合约定或法定条件的情况下，才能解除合同；在不符合解除条件的情况下，即使发出解除通知，也不能产生合同被解除的法律效力，相反，构成违约。

(3) 房屋租赁合同的终止。

一定的法律事实可以使房屋租赁关系归于消灭，根据我国的法律规定及房屋租赁实践，能够引起房屋租赁关系终止的原因主要有以下几种情况：①房屋租赁期限届满；②房屋的完全毁损或灭失。在租赁期限内，房屋因不可抗拒的自然灾害或因人为因素使房屋遭受毁损或灭失；③房屋被征用或拆除。出租房屋属于危房或者因国家建设或公共利益需要而被依法征用或拆除时，原房屋租赁关系终止；④房屋租赁合同期限未满，承租人死亡，无同居亲属或同居亲属不符合继续承租条件的。承租人死亡后，其亲属或法定继承人确需继续租用该房的享有优先承租权，可与出租人签订房屋租赁合同；如承租人死亡后，无同居亲属或同居亲属不符合继续承租条件的，则原房屋租赁关系应当终止；⑤因房屋租赁合同的解除而提前终止。在房屋租赁期限内，双方当事人协商解除合同或一方当事人依法律规定或合同约定行使解除权而解除合同，均能导致房屋租赁合同提前终止。

7. 房屋转租

(1) 房屋转租的概念。

房屋转租是指房屋承租人将承租的房屋再出租的行为。转租可以是承租房屋的全部或部分，但转租必须征得出租人同意，并允许其从转租中获得收益。

《合同法》第224条规定：“承租人经出租人同意，可以将租赁物转租给第三人。承租人转租的，承租人与出租人之间的租赁合同继续有效，第三人对租赁物造成损失的，承租人应当赔偿损失。承租人未经出租人同意转租的，出租人可以解除合同。”《城市房屋租赁管理办法》第 29 条规定："转租合同的终止日期不得超过原租赁合同规定的终止日期，但出租人与转租双方协商约定的除外。"同时规定："转租合同生效后，转租人享有并承担转租合同规定的出租人的权利和义务，并且应当履行原租赁合同规定的承租人的义务，但出租人与转租双方另有约定的除外。"

（2）房屋转租与租赁权转让的区别。

1）两者的标的不同。

前者的标的是租赁物，后者的标的是租赁权。房屋转租，按《城市房屋租赁管理办法》第 26 条的规定，是指房屋承租人将承租的房屋再出租的行为。第 27 条解释说，承租人在租赁期限内，征得出租人同意，可以将承租房屋的部分或全部转租给他人。从这个规定可以看出，房屋转租针对的是"承租房屋"的部分或全部。房屋租赁权转让首先是一种"权利"的转让，针对的是房屋的"租赁权"。

2）两者的取得方法不同。

前者为设定的取得，后者为转移的取得。房屋转租是转租人在租赁物上再度设定了一个新的租赁权，转租人与次承租人之间成立新的租赁契约。房屋租赁权转让是将原房屋租赁权让与给受让人，并没有设立一个新的租赁权，转让人与受让人之间成立的是一个转让契约而非租赁契约。

3）两者实现的手段不一样。

前者一般通过分期支付租金来实现，后者一般是一次性给付。在转租时，主租赁合同与转租赁合同的租赁条件会有不同，转租可以是租赁标的的全部或一部分，在租赁权转让时，受让人取得了与原承租人一样的权利。

4）两者产生的法律后果不同。

前者房屋的租赁权仍属于原来的承租人，后者房屋的租赁权属于受让人。房屋转租是转租人对租赁物再度设定了新的租赁权，原租赁合同的权利义务并没有解除，次承租人的新租赁权，以转租人的租赁权存在为前提而成立。房屋租赁权转让是原承租人把租赁权完全让与给新的承租人，新承租人的租赁权，以原承租人的租赁权的消灭为前提而成立。

由于房屋转租并没有消灭原租赁合同，所以遵照《城市房屋租赁管理办法》第 30 条的规定，转租合同生效后，转租人享有并承担转租合同规定的出租人的权利和义务，并且应当履行原租赁合同规定的承租人的义务。而对于房屋租赁权转让，原承租人承担的原租赁合同规定的承租人的义务则随着其租赁权的消灭而消灭。

10.4.6　房地产中介服务

房地产中介服务行业在国外已有近百年历史，在我国仍属于年轻的朝阳行业。但它在促进我国房地产市场快速健康发展，推动我国房地产业走向繁荣的过程中起到了不可替代的作用。房地产中介与人民的生活已经越来越近，也越来越紧密。人们对房地产中介的期望和要求也越来越高，因此，房地产中介服务业的发展势必迈向专业化、规范化和制度化。

1. 房地产中介服务的概念

房地产中介服务是指具有专业执业资格的人员在房地产投资、开发、销售、交易等各个环节中，为当事人提供专业服务的经营活动，是房地产咨询、房地产估价、房地产经纪等活动的总称。一般而言，房地产中介服务是指以房地产经纪业务为主，辅以房地产咨询业务和房地产估价业务，通过提供免费的咨询和估价的参考等措施，协助房屋买卖交易达成的服务总称。

2. 房地产中介服务的种类

房地产中介服务的范围比较广泛，其中，房地产咨询、房地产评估、房地产经纪是目前三种比较重要的形式。

(1) 房地产咨询。

房地产咨询是指接受客户的委托，为其提供信息、资料、建议，或为其提供房地产专项研究、市场调查与分析、项目策划、项目可行性研究等服务并收取费用的一种有偿的中介活动。目前，我国的房地产咨询业可以为房地产投资者提供包括政策咨询、决策咨询、工程咨询、管理咨询等在内的各种咨询服务，也可为房地产市场交易行为中的客户提供信息咨询、技术咨询等中介服务。房地产咨询的内容主要包括：

1) 房地产信息咨询。即提供各地的地价、房价、房地产租赁价格以及它们的动态走势，待出让地块和待出卖、出租、交换、抵押房地产情况，以及投资招商、购房、换房等信息的咨询。

2) 房地产法律、业务咨询。即对于房地产法规、政策问题以及办理房地产交易、租赁、抵押业务手续等问题的咨询。

3) 代理。即代理研制房地产方面的可行性报告、投资开发方案、项目规划设计方案等方面的业务。

(2) 房地产评估。

房地产估价是指专业房地产估价人员根据特定的估价目的，遵循公认的估价原则，按照严谨的估价程序，运用科学的估价方法，在对影响房地产价值的因素进行综合分析的基础上，对房地产在特定时点的价值进行测算和判定的活动。

(3) 房地产经纪。

房地产经纪是由房地产经纪人完成的促进房地产市场交易顺利实现一系列居间、代理、行纪等中介活动，是以提取佣金为经营特征，为房地产买卖、交换、租赁、置换等提供信息及信托劳务工作的中介服务。房地产经纪机构，即从事房地产经纪活动的机构。房地产经纪机构为房地产交易提供洽谈协议、交流信息、展示行情等服务，主要功能在于为房地产交易双方牵线搭桥，提供服务促成交易。

3. 房地产中介的现状

尽管发展快速，但我国的房地产中介服务业仍处于低水平、低层次上，具体表现为房地产中介服务企业整体素质不高、规模小、经营粗放、经营行为不规范、恶性竞争较严重等很多亟待解决的问题。

(1) 法律法规体系不完善。我国房地产中介服务方面的法律法规尚处于建立框架过程中，体系尚待完善，法律法规匮乏，规定过于笼统，缺乏可操作性；

(2) 缺乏专业人才，影响产业的提升。房地产中介服务工作涉及面广，兼具综合性、广泛性的特点。因此，从事房地产中介服务工作就需要精通房地产业务、房地产法律等方面的知识和能力；

(3) 中介机构行为尚不规范，主要表现在以下三个方面：主体资格不合法，无照经营和未经登记核查擅自从事中介业务的现象常有发生；不按照标准收费，收费名目过多，事业型收费与服务性收费不分；机构管理混乱，没有规章制度，无固定人员和场所。

(4) 中介机构职业道德和服务意识尚待强化。公正性、服务性是中介机构的本质特征，可是当前许多中介机构缺乏职业道德，经营活动都以赢利为目标。不仅扰乱了市场秩序，还侵害了生产经营者的利益，也损害了中介机构的形象和声誉。

(5) 行业监管不够。由政府监管的，面对数量庞大的中介机构和纠纷，无法做到面面俱到；由行业协会监管的，由于目前行业协会地位不明确、作用空间有限及相关立法滞后，同样存在诸多问题。

4. 房地产中介服务管理的法律规定

制定并实施有关房地产中介服务管理的法律就是为了加强房地产中介服务管理，维护房地产市场秩序，保障房地产活动当事人的合法权益。

(1) 中介服务人员资格管理。

房地产中介服务人员，是属于房地产中介服务机构，从事房地产中介服务的人员，包括房地产咨询业务员、房地产价格评估师以及房地产经纪人。为了加强管理，确保专业化、规范化，面前我国对房地产中介服务人员采取统一考试、职业资格认证和登记的管理办法。

从事房地产咨询业务的人员，必须是具有房地产及相关专业中等以上学历，有与房地产咨询业务相关的初级以上专业技术职称并取得考核合格证书的专业技术人员。国家实行房地产价格评估人员资格认证制度。房地产价格评估人员分为房地产估价师和房地产估价员。

房地产估价师必须是经国家统一考试、执业资格认证，取得房地产估价师执业资格证书，并经注册登记取得房地产估价师注册证的人员。未取得房地产估价师注册证的人员，不得以房地产估价师的名义从事房地产估价业务。房地产经纪人必须是经过考试、注册并取得房地产经纪人资格证的人员。未取得房地产经纪人资格证的人员，不得从事房地产经纪业务。

(2) 中介服务机构管理。

设立房地产中介服务机构应具备下列条件：有自己的名称、组织机构；有固定的服务场所；有规定数量的财产和经费；从事房地产咨询业务的，具有房地产及相关专业中等以上学历、初级以上专业技术职称人员须占总人数的 50% 以上；从事房地产评估业务的，须有规定数量的房地产估价师；从事房地产经纪业务的，须有规定数量的房地产经纪人。

设立房地产中介服务机构的资金和人员条件，应由当地县级以上房地产管理部门进行审查，经审查合格后，再行办理工商登记。需要跨省、自治区、直辖市从事房地产估价业务的机构，应报国务院建设行政主管部门审查。经审查合格后，再行办理工商登记。

设立房地产中介服务机构，应当向当地的工商行政管理部门申请设立登记。房地产中介服务机构在领取营业执照后 1 个月内，应当到登记机关所在地的县级以上人民政府房地产管理部门备案。设立有限责任公司、股份有限公司从事房地产中介业务的，还应当执行《中华人民共和国公司法》的有关规定。

(3) 房地产中介服务机构必须履行下列义务。遵守有关的法律、法规和政策；遵守自愿、公平、诚实信用的原则；按照核准的业务范围从事经营活动；按规定标准收取费用；依法缴纳税费；接受行业主管部门及其他有关部门的指导、监督和检查。

(4) 房地产中介服务人员在房地产中介活动中不得有下列行为。索取、收受委托合同以外的酬金或其他财物，或者利用工作之便，牟取其他不正当的利益；允许他人以自己的名义从事房地产中介业务；同时在两个或两个以上中介服务机构执行业务；与一方当事人串通损害另一方当事人利益；法律、法规禁止的其他行为。

10.5　物业管理服务法律制度

随着我国房地产行业快速发展，物业管理作为一个新兴行业，已经逐渐成为房地产经营管理的重要组成部分。物业小区是城市的缩影、城市的细胞，物业管理不仅充分发挥着维修养护，提升业主生活质量的功能。同时，物业管理的成效影响着一个城市的市政形象。以此，要完善物业管理方面的法律法规，进一步规范物业管理活动，维护业主和物业管理企业的合法权益，改善人民群众的生活和工作环境。

10.5.1　物业管理概述

1. 物业

(1) 物业的含义。

"物业"一词译自英语"Property"或"Estate"，最早由香港地区引入。它同"不动产"的专业术语一样，都是房地产的别称，是从属于房地产的一个新兴行业。目前，"物业"一词基本上已被民众所接受，房地产法学界对这个概念内涵和外延的理解也基本趋于一致。物业即单元性的房地产，既可指单元性的地产，也可指单元性的建筑物。可以根据区域空间作相对分割，整个住宅小区中的某住宅单位可作为一物业，办公楼宇、商业大厦、酒店、厂房仓库也可被称为物业。

根据我国《物业管理条例》的规定，物业是指"房屋及配套的设施设备和相关场地"。其中"房屋"是指"土地上的房屋等建筑物及构筑物"，包括住宅房屋和非住宅房屋，可以是一个建筑群，也可以是单位建筑。

(2) 物业的组成。

1) 物业的物理构成。

作为物质存在的物业，具有二元性，由土地和附属建筑物构成。一般而言，完整的物业应当包括如下几个部分：①建筑物本身。供居住或非居住的建筑物本体即房屋，包括建筑物自用部位和共用部位；②配套附属设备，同样包括自用设备和共用设备。自用设备指由建筑物内部业主、非业主使用人自用的门窗、卫生洁具以及通向总管道的供水、排水、燃气管道、电线等设备。共用设备指建筑物内部全体业主和非业主使用人共同使用的供水、排水、落水管道、照明灯具、垃圾通道、电视天线、水箱、水泵、电梯、邮政信箱、避雷装置、消防器具等设备；③配套公共设施，指物业区域内业主、非业主使用人共有共用的设施，如道路、绿地、停车场、照明管道、排水管道等设施；④相关场地，指物业所占用的场地。

2）物业的法律构成。

根据物业业主或使用人对物业享有的不同权限，物业在法律意义上可划分为以下部分：①专有部分，是物业构造上和使用上具有相对独立性的部分。对于专有部分，除了法律另有限制外，由业主自由使用、收益、处分，并排除他人干涉；②共用部分。业主须根据共用部分设置的目的和使用方法或业主间的约定加以使用，并可根据共有的持分比例或业主间的约定，获得共用部分所望滋生的收益。一般包括：物业所在的土地；维持建筑物安全所必要的建筑物本体；连通专有部分的走廊、楼梯通道等；供全体业主共同使用的附属设备、设施等；③约定共用部分。即原本在构造上和使用上具有独立性的专用部分，但根据业主的约定，供共同使用；④约定专用部分。即原本为共用的部分约定归特定业主使用。约定专用部分的取得有两个途径：一是在购买物业时，在买卖契约中约定某一共用部分由特定业主使用；二是由业主大会通过决议，约定某一共用部分由特定业主使用。

2. 物业管理

物业管理的对象是物业，服务对象是人。它是一种经营型的管理方式，是社会经济发展到一定水平的必然产物。物业管理是房地产业结构中管理分类的一种，是从房地产经营管理中分离出来的，使原来的房地产四项管理成为五项管理，即：房地产行政管理、房地产开发管理、房地产市场管理、房地产经营管理、物业管理。

（1）物业管理的概念及特征。

所谓物业管理，是指业主通过选聘物业管理企业，由物业管理企业按照物业服务合同的约定，对房屋及配套设施设备和相关场地进行维修、养护和管理，维护相关区域内的环境卫生和秩序的活动。物业管理主要具有以下特征：

1）物业管理职能的社会化。物业管理将物业区域内分散的社会服务统一起来，在不同程度或方式上承担着某些社会职能，如环保、卫生、保安、消防等。业主按约定缴纳服务费，享受相应服务。在此过程，城市管理的社会化程度也得以提高。

2）物业管理机构的专业化。社会的发展，使分工日趋专业，物业管理企业也日益专业化。不仅设置专门的管理机构，配备专业人员，运用现代科技，而且涉及相关事项还可再委托专业机构来负责。

3）物业管理过程的市场化。业主与物业管理机构是平等的交易关系，物业管理按照市场经济原则运作。业主有选择、变更物业管理企业的自由；物业管理机构是市场主体，物业管理是一种经营行为，实行有偿服务，各物业管理企业间开展竞争。

4）物业管理形式的规范化。物业管理企业的设立、选聘，必须依照相关法律法规；物业管理活动的开展也必须符合相关规定，在法律的框架下进行。

5）物业管理关系的契约化。物业管理企业与业主签订的物业管理委托合同是物业管理开展的前提条件。委托合同是物业管理企业进行管理物业的依据，明确了物业管理企业与业主的权利义务。

（2）物业管理的内容。

1）对物的管理和对人的管理。

从物业管理对象的角度而言，物业管理的内容包括对物的管理和对人的管理。对物的管理，是指对建筑物及其附属设施的保存、维护、利用以及处分等管理，原则上仅限于建筑物的共有部分。对人的管理不以居住在物业管理区域内的所有权人的行为为限，凡出入物业管理区域的人的行为，都应包括在内。

2）基本业务、专项服务和经营业务。

从物业管理行为角度而言，物业管理的内容包括基本业务、专项服务和经营业务。其中，基本业务包括：建筑物的维修、修缮与改造；物业附属设备、设施的维护、保养和更新；相关场地的维护与管理；消防设施的维护、保养、更新等。物业管理公司在其提供的格式合同中不得对以上内容作出删减；专项服务一般以物业服务合同的约定为准；经营业务，主要是指接受个别业主或使用人特别委托而提供的各种服务，如代为室内清洁业务。

10.5.2 业主自治

1. 业主

（1）业主的含义。

房屋的所有权人为业主。如果房屋为共同所有，则所有的共有权人均为业主，但在对物业管理区域共同事项进行表决时，对于共有的房屋只按一个业主计算，房屋专有部分的承租人、借用人等不是业主。

（2）业主的权利和义务。

1）业主在物业管理活动中，享有下列权利：

按照物业服务合同的约定，接受物业服务企业提供的服务；提议召开业主大会会议，并就物业管理的有关事项提出建议；提出制定和修改业主公约、业主大会议事规则的建议；参加业主大会会议，行使投票权；选举业主委员会委员，并享有被选举权；监督业主委员会的工作；监督物业服务企业履行物业服务合同；对物业共用部位、共用设施设备和相关场地使用情况享有知情权和监督权；监督物业共用部位、共用设施设备专项维修资金的管理和使用；法律、法规规定的其他权利。

2）业主在物业管理活动中，履行下列义务：

遵守业主公约、业主大会议事规则；遵守物业管理区域内物业共用部位和共用设施设备的使用、公共秩序和环境卫生的维护等方面的规章制度；执行业主大会的决定和业主大会授权业主委员会作出的决定；按照国家有关规定交纳专项维修资金；按时交纳物业服务费用；法律、法规规定的其他义务。

2. 业主大会

（1）业主大会的成立。

业主大会根据物业管理区域的划分成立，物业管理区域依据物业的共用设施设备、建筑物规模、社区建设等因素划分，一个物业管理区域成立一个业主大会，具体办法由省、自治区、直辖市制定。只有一个业主的，或者业主人数较少且经全体业主同意，不成立业主大会的，由业主共同履行业主大会、业主委员会职责。成立业主大会，依据下列步骤进行：

1）组成业主大会筹备组。业主筹备成立业主大会的，应当在物业所在地的区、县人民政府房地产行政主管部门和街道办事处的指导下，由业主代表、建设单位组成业主大会筹备组，负责业主大会筹备工作。

2）公告筹备组成员名单。筹备组成员名单确定后，以书面形式在物业管理区域内公告。筹备组具有以下职责：①确定首次业主大会会议召开的时间、地点、形式和内容；②参照政府主管部门制定的示范文本，拟定《业主大会议事规则（草案）》和《业主公约（草案）》；③确认业主身份，确定业主在首次业主大会会议上的投票权数；④确定业主委员会委员候选人产生办法及名单；⑤做好召开首次业主大会会议的其他准备工作。

前述①～④四项的内容应当在首次业主大会会议召开 15 日前以书面形式在物业管理区域内公告。

3）召开业主大会，选举业主委员会委员。物业管理区域符合下列条件之一的，应当召开首次业主大会会议：①将物业交给业主的建筑面积达物业管理区域总建筑面积 50％以上的；②将物业交给第一个业主之日起满两年的；③占全体业主 30％以上的业主提议的。

筹备组应当自组成之日起 30 日内在物业所在地的区、县人民政府房地产行政主管部门的指导下，组织业主召开首次业主大会会议，并选举产生业主委员会。

（2）业主大会的主要职责：①制定、修改业主公约和业主大会议事规则；②选举、更换业主委员会委员，监督业主委员会的工作；③选聘、解聘物业服务企业或者其他管理人；④决定专项维修资金使用、续筹方案，并监督实施；⑤制定、修改物业管理区域内物业共用部位和共用设施设备的使用、公共秩序和环境卫生的维护等方面的规章制度；⑥法律、法规或者业主大会议事规则规定的其他有关物业管理的职责。

（3）业主大会的召开。

1）定期会议和临时会议。

业主大会会议分为定期会议和临时会议。对于业主大会定期会议应当按照业主大会议事规则的规定由业主委员会组织召开。

有下列情况之一的，业主委员会应当及时组织召开业主大会临时会议：20％以上业主提议的；发生重大事故或者紧急事件需要及时处理的；业主大会议事规则或者业主公约规定的其他情况。发生应当召开业主大会临时会议的情况，业主委员会不履行组织召开会议职责的，区、县人民政府房地产行政主管部门应当责令业主委员会限期召开。

2）召开业主大会的一般程序和规则。

业主委员会应当在业主大会会议召开 15 日前将会议通知及有关材料以书面形式在物业管理区域内公告；住宅小区的业主大会会议，应当同时告知相关的居民委员会；业主大会会议可以采用集体讨论的形式，也可以采用书面征求意见的形式；但应当有物业管理区域内持有 1/2 以上投票权的业主参加；业主大会作出决定，必须经与会业主所持投票权 1/2 以上通过。业主大会作出制定和修改业主公约、业主大会议事规则、选聘、解聘物业服务企业、专项维修资金使用、续筹方案的决定，必须经物业管理区域内全体业主所持投票权 2/3 以上通过；业主投票权的确定。

3）业主投票权数的确定。

业主大会确定业主投票权数，可以按照下列方法认定专有部分面积和建筑物总面积：①专有部分面积按照不动产登记簿记载的面积计算，尚未进行登记的，暂按测绘机构的实测面积计算。尚未进行实测的，暂按房屋买卖合同记载的面积计算；②对于建筑物总面积，按照前项的统计总和计算；③业主大会应当在业主大会议事规则中约定车位、摊位等特定空间是否计入用于确定业主投票权数的专有部分面积；④一个专有部分有2个以上所有权人的，应当推选1人行使表决权，但共有人所代表的业主人数为1人；⑤业主为无民事行为能力人或者限制民事行为能力人的，由其法定监护人行使投票权；⑥业主因故不能参加业主大会会议的，可以书面委托代理人参加业主大会会议；⑦未参与表决的业主，其投票权数是否可以计入已表决的多数票，由管理规约或者业主大会议事规则规定。

3. 业主委员会

(1) 业主委员会的产生。

业主委员会由业主大会会议选举产生，由5～11人单数组成。业主委员会委员实行任期制，每届任期不超过5年，可连选连任，业主委员会委员具有同等表决权。

1) 业主委员会委员的任职资格。

业主委员会委员应当是物业管理区域内的业主，并符合下列条件：具有完全民事行为能力；遵守国家有关法律、法规；遵守业主大会议事规则、管理规约，模范履行业主义务；热心公益事业，责任心强，公正廉洁；具有一定的组织能力；具备必要的工作时间。

2) 业主委员会委员的变更。

对于变更业主委员会委员的，需要经业主委员会或者20%以上业主提议，认为有必要变更业主委员会委员的，由业主大会会议作出决定，并以书面形式在物业管理区域内公告。

3) 业主委员会委员的终止。

业主委员会委员有下列情形之一的，经业主大会会议通过，其业主委员会委员资格终止：①因物业转让、灭失等原因不再是业主的；②无故缺席业主委员会会议连续3次以上的；③因疾病等原因丧失履行职责能力的；④有犯罪行为的；⑤以书面形式向业主大会提出辞呈的；⑥拒不履行业主义务的；⑦其他原因不宜担任业主委员会委员的。

业主委员会应当自选举产生之日起30日内，将业主大会的成立情况、业主大会议事规则、业主公约及业主委员会委员名单等材料向物业所在地的区、县人民政府房地产行政主管部门备案。业主委员会备案的有关事项发生变更的，依照前述规定重新备案。

(2) 业主委员会的换届。

业主委员会任期届满2个月前，应当召开业主大会会议进行业主委员会的换届选举；逾期未换届的，房地产行政主管部门可以指派工作人员指导其换届工作。原业主委员会应当在其任期届满之日起10日内，将其保管的档案资料、印章及其他属于业主大会所有的财物移交新一届业主委员会，并办好交接手续。

(3) 业主委员会的职责。

业主委员会是业主大会的执行机构，具体履行下列职责：①召集业主大会会议，报告物业管理实施情况；②代表业主与业主大会选聘的物业服务企业签订物业服务合同；③及时了解业主、物业使用人的意见和建议，监督和协助物业服务企业履行物业服务合同；④监督管理规约的实施；⑤业主大会赋予的其他职责。

(4) 业主委员会的召开。

经1/3以上业主委员会委员提议或者业主委员会主任认为有必要的，应当及时召开业主委员会会议。业主委员会会议应当作书面记录，由出席会议的委员签字后存档。业主委员会会议应当有过半数委员出席，作出决定必须经全体委员人数半数以上同意。业主委员会的决定应当以书面形式在物业管理区域内及时公告。

10.5.3　物业服务企业

1. 物业服务企业的概念

物业服务企业，常称为物业管理公司，是指受物业所有人的委托，依据物业管理委托合同，对物业的房屋建筑及共设备、市政公用设施、绿化、卫生、交通、治安和环境容貌等管理项目进行维护、修缮和整治，并向物业所有人和使用人提供综合性有偿服务的企业。

2. 物业服务企业的资质

《物业管理条例》第 32 条作了明确规定："从事物业管理活动的企业应当具有独立的法人资格。"因此，非法人的企业不能从事物业管理业务。

国家对从事物业管理活动的企业实行资质管理制度，建设行政主管部门制定了专门的《物业服务企业资质管理办法》。房地产管理部门审批物业服务企业的资质等级，颁发资质等级证书。该办法规定了各资质等级物业服务企业的条件如下：

（1）一级资质物业管理企业的设立条件。

1）注册资本人民币 500 万元以上。

2）物业管理专业人员以及工程、管理、经济等相关专业类的专职管理和技术人员不少于 30 人。其中，具有中级以上职称的人员不少于 20 人，工程、财务等业务负责人具有相应专业中级以上职称。

3）物业管理专业人员按照国家有关规定取得职业资格证书。

4）管理两种类型以上物业，并且管理各类物业的房屋建筑面积分别占下列相应计算基数的百分比之和不低于 100%：多层住宅 200 万平方米；高层住宅 100 万平方米；独立式住宅（别墅）15 万平方米；办公楼、工业厂房及其他物业 50 万平方米。

5）建立并严格执行服务质量、服务收费等企业管理制度和标准，建立企业信用档案系统，有优良的经营管理业绩。

（2）二级资质物业管理企业的设立条件。

1）注册资本人民币 300 万元以上。

2）物业管理专业人员以及工程、管理、经济等相关专业类的专职管理和技术人员不少于 20 人。其中，具有中级以上职称的人员不少于 10 人，工程、财务等业务负责人具有相应专业中级以上职称。

3）物业管理专业人员按照国家有关规定取得职业资格证书。

4）管理两种类型以上物业，并且管理各类物业的房屋建筑面积分别占下列相应计算基数的百分比之和不低于 100%：多层住宅 100 万平方米；高层住宅 50 万平方米；独立式住宅（别墅）8 万平方米；办公楼、工业厂房及其他物业 20 万平方米。

5）建立并严格执行服务质量、服务收费等企业管理制度和标准，建立企业信用档案系统，有良好的经营管理业绩。

（3）三级资质物业管理企业的设立条件。

1）注册资本人民币 50 万元以上。

2）物业管理专业人员以及工程、管理、经济等相关专业类的专职管理和技术人员不少于10人。其中，具有中级以上职称的人员不少于5人，工程、财务等业务负责人具有相应专业中级以上职称。

3）物业管理专业人员按照国家有关规定取得职业资格证书。

4）有委托的物业管理项目。

5）建立并严格执行服务质量、服务收费等企业管理制度和标准，建立企业信用档案系统。

3. 物业服务企业的申请与审批

（1）申请核定资质等级的物业服务企业，应当提交下列材料：

企业资质等级申报表；营业执照；企业资质证书正、副本；物业管理专业人员的职业资格证书和劳动合同，管理和技术人员的职称证书和劳动合同，工程、财务负责人的职称证书和劳动合同；物业服务合同复印件；物业管理业绩材料。

（2）分级审批制度。

物业服务企业资质等级分为一、二、三级，实行分级审批制度。国务院建设主管部门负责一级物业服务企业资质证书的颁发和管理；省、自治区人民政府建设主管部门负责二级物业服务企业资质证书的颁发和管理，直辖市人民政府房地产主管部门负责二级和三级物业服务企业资质证书的颁发和管理，并接受国务院建设主管部门的指导和监督；设区的市的人民政府房地产主管部门负责三级物业服务企业资质证书的颁发和管理，并接受省、自治区人民政府建设主管部门的指导和监督。

（3）资质的审批。

资质审批部门应当自受理企业申请之日起20个工作日内，对符合相应资质等级条件的企业核发资质证书；一级资质审批前，应当由省、自治区人民政府建设主管部门或者直辖市人民政府房地产主管部门审查，审查期限为20个工作日。

物业服务企业申请核定资质等级，在申请之日前1年内有下列行为之一的，资质审批部门不予批准：聘用未取得物业管理职业资格证书的人员从事物业管理活动的；将一个物业管理区域内的全部物业管理业务一并委托给他人的；挪用专项维修资金的；擅自改变物业管理用房用途的；擅自改变物业管理区域内按照规划建设的公共建筑和共用设施用途的；擅自占用、挖掘物业管理区域内道路、场地，损害业主共同利益的；擅自利用物业共用部位、共用设施设备进行经营的；物业服务合同终止时，不按照规定移交物业管理用房和有关资料的；与物业管理招标人或者其他物业管理投标人相互串通，以不正当手段谋取中标的；不履行物业服务合同，业主投诉较多，经查证属实的；超越资质等级承接物业管理业务的；出租、出借、转让资质证书的；发生重大责任事故的。

4. 物业服务企业的执业范围

获得不同资质等级证书的企业应当在其资质等级内从事相应的物业管理活动。对于不同资质的物业服务企业，其执业范围是不同的：

一级资质物业服务企业可以承接各种物业管理项目；

二级资质物业服务企业可以承接30万平方米以下的住宅项目和8万平方米以下的非住宅项目的物业管理业务；

三级资质物业服务企业可以承接20万平方米以下住宅项目和5万平方米以下的非住宅项目的物业管理业务。

10.5.4 注册物业管理师

1. 注册物业管理师的含义

《注册物业管理师》是指经全国统一考试，取得《中华人民共和国物业管理师资格证书》，并依法注册取得《中华人民共和国物业管理师注册证》，从事物业管理工作的专业管理人员。物业管理师资格实行全国统一大纲、统一命题的考试制度，原则上每年举行一次。考点原则上设在省会城市和直辖市的大、中专院校或高考定点学校，如确需在其他城市设置，须经建设部和人事部批准。

物业管理师具有广泛的代表性和权威性。代表了当今国内物业管理专业资质认证的最高水平，得到了国家和社会的广泛认可，物业管理师证书已成为物业管理人员执业、任职、求职的资格凭证，物业管理师也是用人单位招聘录用人才的主要依据，国家承认，全国范围内有效。该职业已进入国家准入制度。

2. 报名条件

凡中华人民共和国公民，遵守国家法律、法规，恪守职业道德，并具备下列条件之一的，可以申请参加物业管理师资格考试：

(1) 取得经济学、管理科学与工程或土建类中专学历，工作满 10 年，其中从事物业管理工作满 8 年。

(2) 取得经济学、管理科学与工程或土建类大专学历，工作满 6 年，其中从事物业管理工作满 4 年。

(3) 取得经济学、管理科学与工程或土建类大学本科学历，工作满 4 年，其中从事物业管理工作满 3 年。

(4) 取得经济学、管理科学与工程或土建类双学士学位或研究生班毕业，工作满 3 年，其中从事物业管理工作满 2 年。

(5) 取得经济学、管理科学与工程或土建类硕士学位，从事物业管理工作满 2 年。

(6) 取得经济学、管理科学与工程或土建类博士学位，从事物业管理工作满 1 年。

(7) 取得其他专业相应学历、学位的，工作年限及从事物业管理工作年限均增加 2 年。

参加全部科目考试的人员，必须在连续的 2 个考试年度内通过全部科目的考试。

3. 考试时间

物业管理师考试报名工作由各省市开展，报名时间在每年的 4～7 月份，具体时间以相关官方网站公布的最新简章为准。

4. 考试方式与题型

考试时间分为 4 个半天，采用闭卷、笔试的方式进行。《物业管理基本制度与政策》、《物业经营管理》、《物业管理综合能力》3 个科目的考试时间为 2.5 小时，《物业管理实务》考试时间为 3 个小时。《物业管理基本制度与政策》和《物业经营管理》科目为客观题试卷，使用 2B 铅笔在答题卡上作答；《物业管理综合能力》和《物业管理实务》科目为客观题与主观题混合试卷，使用专用答题卡作答，考生答题前须认真阅读位于答题卡首页的作答须知，严格按照指导语要求，在指定的答题区域内作答，超出答题区域的作答无效。

《物业管理基本制度与政策》、《物业经营管理》试题的题型分为单项选择题、多项选择题；《物业管理实务》和《物业管理综合能力》试题的题型分为单项选择题、多项选择题和综合（案例）分析题。

5. 成绩管理

试卷满分为100分，合格分数一般设在60分。考试成绩实行2年为一个周期的滚动管理办法，参加全部4个科目考试的人员必须在连续两个考试年度内通过全部科目；免试部分科目的人员必须在一个考试年度内通过应试科目。

6. 物业管理师资格的认定

对在《物业管理师制度暂行规定》发布之日（2005年11月发布）前，长期从事物业管理工作，具有丰富物业管理实践经验，并符合考试认定条件的专业管理人员，可通过考试认定办法取得物业管理师资格。

7. 物业管理师注册

取得资格证书的人员，经注册后方可以物业管理师的名义执业。取得资格证书并申请注册的人员，应当受聘于一个具有物业管理资质的企业，并通过聘用企业向本企业工商注册所在省的注册审查机构提出注册申请。住房与城乡建设部为物业管理师资格注册审批机构。省、自治区、直辖市人民政府房地产主管部门为物业管理师资格注册审查机构。物业管理师资格注册有效期为3年。注册证在有效期限内是物业管理师的执业凭证，由持证人保管和使用。

初始注册者，可以自取得资格证书之日起1年内提出注册申请。逾期未申请者，在申请初始注册时，必须符合本规定继续教育的要求。

初始注册时需要提交下列材料：中华人民共和国物业管理师初始注册申请表；资格证书；与聘用单位签订的劳动合同；逾期申请初始注册人员的继续教育证明材料。

注册有效期届满需要继续执业的，应当在有效期届满前30个工作日内，按照本规定第14条规定的程序申请延续注册。注册审批机构应当根据申请人的申请，在规定的时限内作出延续注册的决定；逾期未作出决定的，视为准予延续注册。延续注册时需要提交下列材料：中华人民共和国物业管理师延续注册申请表；与聘用单位签订的劳动合同；达到注册期内继续教育要求的证明材料。

在注册有效期内，物业管理师变更执业单位，应按照本规定第14条规定的程序办理变更注册手续。变更注册后，其注册证在原注册有效期内继续有效。变更注册时需要提交下列材料：中华人民共和国物业管理师变更注册申请表；中华人民共和国物业管理师变更注册申请表；与新聘用单位签订的劳动合同；工作调动证明或者与原聘用单位解除劳动合同的证明，退休人员的退休证明。

8. 物业管理师执业

物业管理项目负责人应当由物业管理师担任。物业管理师只能在一个具有物业管理资质的企业负责物业管理项目的管理工作。

10.5.5 物业服务合同

1. 物业服务合同概念

物业服务合同是业主或业主团体与物业管理企业之间订立的明确双方权利义务关系的协议。依据我国《物业管理条例》的有关规定，在业主、业主大会选聘物业管理企业之前，建设单位选聘物业管理企业的，应当签订书面的前期物业服务合同。业主委员会应当与业主大会选聘的物业管理企业订立书面的物业服务合同。

物业管理是一种民事行为，物业管理的主体是企业，物业管理提供的是有偿服务。物业管理公司作为独立的法人，是按照公司法的规定组建，依照物业管理市场的运行规则参与市场竞争。因此，从本质上看，物业管理不同于房地产的行政管理，不存在管理与被管理的关系，而是在物业管理公司与业主之间形成的一种平等的民事法律关系。

2. 物业服务合同的类型

普通物业服务合同是物业服务合同的主要表现形式，是一个常态，而前期物业服务合同则是过渡性合同。

（1）前期物业服务合同。

前期物业服务合同，是指在业主、业主大会选聘物业管理企业之前，建设单位与其选聘的物业管理企业订立的物业服务合同。房地产项目竣工之后，物业的销售、业主的入住都有一个过程。从开始出售物业到符合成立业主大会条件之间存在一个时间差。这段时间建设单位仍拥有较多的所有权比例，而业主入住率较低尚不能成立业主大会，因而，对物业的管理不由业主或业主团体来行使，而由建设单位与其聘任的物业管理公司订立前期物业服务合同。

前期物业服务合同是一个过渡性合同。它存在于业主大会成立并选聘物业管理企业之前的过渡期间，当业主大会成立之后，业主或业主委员会可自主聘任物业管理企业，另行订立物业服务合同，而前期物业服务合同即终止。

前期物业服务的费用不应由购房人独自承担。因为在前期物业管理过程中，大部分业主尚未入住，如果物业服务合同约定由已经入住的小部分业主分摊前期物业管理费用则有欠公平，违背了诚实信用的基本原则。

（2）普通的物业服务合同。

普通的物业服务合同是由业主与物业管理企业订立的物业服务合同。由业主聘用并支付费用，物业管理企业接受委托对物业进行维修、养护、利用及相关区域生活秩序管理的合同。业主大会是业主意志的代表，物业管理企业与业主或业主委员会签订的合同是平等民事主体之间达成的一致协议，物业管理企业的管理权来自于业主的委托授权。这种授权通过物业服务合同进行，一旦合同成立，双方的法律关系即成立。

普通的物业服务合同又有两种形式：第一，业主与物业管理企业订立的物业服务合同，这种合同适用于小区物业只有一个业主的，或者业主人数较少且经全体业主一致同意，决定不成立业主大会，由业主共同履行业主大会、业主委员会的职责的情况；第二，业主大会的执行机构业主委员会与物业管理企业订立物业服务合同。

3. 物业服务合同的特征

物业服务合同除具有一般民事合同的法律特征外，其自身还具有以下特征：

（1）物业服务合同的当事人双方是特定的。在前期物业服务合同里，主要是物业的建设单位与物业管理企业；在普通物业服务合同里，合同主体是业主或业主大会与物业管理企业。物业管理企业，依现行《物业管理条例》第 32 条的规定是“具有独立的法人资格的企业”。我国住房与城乡建设部还专门对物业管理企业的资质进行了规定。因此，只能符合规定的资质条件、并经房地产行政主管部门批准且登记注册的专业物业管理公司才能成为物业服务合同的当事人。

(2) 物业服务合同的目的是为业主及业主团体处理物业管理事务。物业服务合同具有典型的人身信赖特征的合同，合同的签订时基于彼此的信任。物业服务合同法律关系的客体是服务的行为，其服务的对象是物业管理事务。

而物业管理事务具有综合性特征。物业管理事务主要可分为三类：一是物业管理的专项业务，它包括工程管理、治安保卫、消防安全、环境卫生、园艺绿化、车辆管理；二是物业管理的特色业务，它包括特约服务和便民服务；三是物业管理的多种经营业务。对这些物业管理事务的处理实质上是一种提供服务或付出劳务的过程。

(3) 物业服务合同是复合性合同。物业服务合同是由数个单一合同组成的，物业服务合同中包括承揽合同、租赁合同、保管合同、运输合同等合同的要素。对于复合合同的法律适用，一般采取类推适用的原则，即当法律没有明确规定时，应该就其各构成部分类推适用各典型合同的规定。

(4) 物业服务合同是诺成有偿合同。物业服务合同是有偿还是无偿，原则上由当事人约定。

(5) 物业服务合同的订立是以物权与管理权的分离为基础的。实现物业所有权与管理权的分离，是现代物业管理的趋势。物业所有权人，即业主，拥有对自己物业进行管理的权利，但是业主本身知识技能时间精力都有限，难以胜任物业管理，这使得将物业的所有权和管理权分离开来成为必要。

因此，通过专业公司管理，协调产权人关系，合理使用和定期养护公用设施，是一个合理的、科学的选择，成为了物业服务合同得以缔结并履行的重要前提。

(6) 物业服务合同受到较多的政府干预。物业管理涉及百姓日常生活、城市正常秩序，因此，对物业服务合同的签订、履行等过程受到国家较多干预。

10.5.6 物业管理资金问题

1. 物业服务费的法律问题

(1) 物业服务费的概念。

物业服务费是指物业服务企业按照物业服务合同的约定，对房屋及配套设施设备和相关场地进行维修、养护、管理，维护相关区域内的环境卫生和秩序，向业主收取的费用。

(2) 物业服务费的构成。

依据我国《物业服务收费管理办法》的规定，物业服务成本或者物业服务支出构成一般包括9方面：

1) 管理、服务人员的工资、社会保险和按规定提取的福利费。即物业服务企业向所聘用的管理、服务人员按月发放的工资和按工资14%提取的职工福利费。具体包括基本工资、津贴、福利基金、保险金、服装费及其他补贴等，不含奖金。

2) 物业共用部位、共用设施设备的日常运行、维护保养费。即指门厅、楼梯间、电梯间、走廊通道、室外墙面、屋面、供水管道、排水管道、照明灯具、电梯、邮政信箱、避雷装置、消防器具、道路、绿地、停车场库、化粪池、垃圾箱等的维修养护费用及公共照明费等。

3) 物业管理区域清洁卫生费。即物业管理区域内公共区域的清洁卫生费，包括清洁用具、垃圾清理、水池清洁、消毒灭虫等费用，有时还包括单项对外承包费，如化粪池清淘等。

4）物业管理区域绿化养护费用。即物业管理区域绿化的养护费用及开展此类工作所购置的绿化工具及绿化用水、农药、化肥、杂草清运、补苗等费用。

5）物业管理区域秩序维护费用。即物业管理公共区域的秩序维护费。包括安全监控系统、设备、器材的日常养护费等。

6）办公费用。即物业服务企业开展正常服务工作所需的有关费用，如交通费、通信费、低值易耗办公用品费、节日装饰费、公共关系费及宣传广告费。

7）物业服务企业固定资产折旧费。即物业服务企业拥有的各类固定资产如交通工具、通信设备、办公设备、工程维修设备等按其总额每月分摊提取的折旧费用。

8）物业共用部位、共用设施设备及公众责任保险费用。为从经济上保障物业管理区域内水电、电梯等设施遭受灾害事故后能及时进行修复和对伤员进行经济补偿，物业服务企业必须对这些建筑物及设备设施投财产保险和相关责任保险，对于险种的选择是由所管物业的类型、性质来决定的，但必须考虑业主的意愿和承受力。

9）经业主同意的其他费用。

特别需要注意的是，物业共用部位、共用设施设备的大修、中修和更新改造费用，应当通过专项维修资金予以列支，不得计入物业服务支出或物业服务成本。

2. 物业服务费的管理

物业费是物业管理企业提供服务的基础和报酬来源，做好服务收费的管理至关重要。物业服务收费及管理的主要依据是国家发展和改革委员会和原建设部制定的《物业服务收费管理办法》，该办法对物业服务收费的性质、范围 、成本或支出构成、定价形式、价格形式、监管以及收费应遵循的原则、账务公开与审计、服务费的交纳责任、空置物业交费、公用事业等单位收费责任作了明确的规定，为规范物业收费打下了很好的基础。依据《物业服务收费管理办法》的规定，交纳物业服务费的方式主要分为“包干制”和“酬金制”两种。

（1）“包干制”的相关内容。

在“包干制”的计费方式中，除代收的费用之外，物业服务费为物业公司所有。《收费管理办法》第 9 条规定，包干制指业主向物业公司支付固定的物业服务费用，盈余或者亏损均由物业管理企业享有或承担的物业服务计费方式。

在该计费方式中，业主向物业支付了物业服务费用之后，物业公司将所收取的物业服务费全部存入自己的账户，单独核算，独立管理。即该服务费转化为物业公司的财产，全部由物业公司支配、使用，业主不得就此费用主张权利。而业主依法进行的监督是对物业公司的物业管理服务的监督，而不是对物业服务费所有权的监督，也就是说业主对物业服务费的使用情况没有监督审核的权利。如物业公司收费后不适当履行服务义务，业主只能依债权原理提起违约之诉，而不能直接主张物业请求权之诉。

（2）“酬金制”的相关内容。

物业服务管理费是全体业主交付的用于物业管理的资金，其所有权属于业主团体，并由业主团体实行独立的会计核算，物业管理企业在约定范围内的合理使用须经业主团体核实后才能支出。

在此种计费模式下，酬金之外的物业服务费是专门用于支付或预支各项物业服务的费用支出，在决定、使用时，物业公司必须报请全体业主或业主委员会，由后者审议决定物业费的使用，费用的账目情况应当由后者制作或监控。这样更有利于对资金的管理，符合资金运用的一般规则。

3. 物业维修基金

物业维修基金，通常称之为“公共维修基金”，是指住宅楼房的公共部位和共用设施、设备的维修养护基金。其本金由售房单位和购房人共同筹集，所有权归交纳人，其利息用于售出住宅楼房公共部位和共用设施、设备的维修、养护，利息不足时由产权人分摊。

（1）关于调整物业维修基金的法律法规。

调整物业维修基金的法律法规较多，包括：2007 年颁布的《中华人民共和国物权法》；2003 年国务院颁布的《物业管理条例》；1998 年原建设部颁布的《住宅共用部位共用设施设备维修基金管理办法》；《物业管理企业财务管理规定》；各个地方法规、部门规章中涉及的物业管理基金的相关规定。以上法规、规章的适用关系是上位法效力优于下位法，同一级别的法规之间后法优先适用于前法。

其中，主要涉及以下两个法规：一个是国务院颁布的《物业管理条例》的第 5 条规定：“住宅物业、住宅小区内的非住宅物业或者与单幢住宅楼结构相连的非住宅物业的业主，应当按照国家有关规定交纳专项维修资金。”另外一个是《住宅共用部位共用设施设备维修基金管理办法》中第 5 条规定：“商品住房在销售时，购房者与售房单位应当签定有关维修基金缴交约定。购房者应当按购房款 2%～3%的比例向售房单位缴交维修基金。”

（2）物业维修基金的管理。

物业维修基金的管理涉及基金的安全问题，如果没有一个合理的管理制度设计，那么即使筹集了物业维修基金，也不可能产生相应的作用，最后将导致物业维修的滞后或不法使用者的获利。

依据《住宅共用部位共用设施设备维修基金管理办法》第 7 条的规定：“维修基金应当在银行专户存储，专款专用。为了保证维修基金的安全，维修基金闲置时，除可用于购买国债或用于法律、法规规定的其他范围外，严禁挪作他用。”开发商对基金的管理没有任何权限，只是在最初代为收缴物业维修基金，然后移送房地产管理部门指定的银行专户，由房地产管理部门对物业维修基金进行监管和管理。

（3）物业维修基金的使用。

物业维修基金的使用在法律制度的设计上是以业主委员会的成立为分界点而划分的，在《住宅共用部位共用设施设备维修基金管理办法》规定：“业主委员会成立后，经业主委员会同意，房地产行政主管部门将维修基金移交给物业管理企业代管。物业管理企业代管的维修基金，应当定期接受业主委员会的检查与监督。业主委员会成立前，维修基金的使用由售房单位或售房单位委托的管理单位提出使用计划，经当地房地产行政主管部门审核后划拨。业主委员会成立后，维修基金的使用由物业管理企业提出年度使用计划，经业主委员会审定后实施。”

（4）物业维修基金的归属。

物业维修基金款项所有权属于全体业主共有。根据物权法的相关规定，物业维修基金应该是按份共有，但是由于物业维修基金的特殊属性和用途，且业主缴纳基金的时候已经明确了物业维修基金的性质，所以可以视为全体共有人达成关于物业存续期间不分割维修基金的协议，所以各个业主在物业存续期间没有要求分割共有物的权利，也不可请求返还自己之份额。

同时，维修基金的管理实行的是专户存储，专款专用。该款一般由房管部门代管或经业主委员会同意由物业管理企业代管，故全体业主对该款项的所有权是有限制的所有权，业主一样也不能挪作他用。

10.6 房地产税费法律制度

随着我国房地产业的持续发展，房地产业已经成为对国民经济有重大影响的行业，而房地产税费制度对房地产的发展起着举足重轻的作用。我国房地产税费体系由两大部分构成，一部分为房地产税，另一部分为房地产费。

10.6.1 房地产税

1. 房地产税的概念

房地产税是以房产为对象而征收的税，即一切与房地产经济活动有直接关系的税收都属于房地产税收。目前，我国房产税包括房产税和契税，土地税主要有土地使用税、土地增值税、耕地占用税等，其他与房地产紧密相关的税种有固定资产投资方向调节税、营业税、印花税等。

2. 房产税纳税人和征税范围

(1) 纳税人。

包括产权所有人、经营管理单位、承典人、房产代管人或者使用人。其中，产权属国家所有的，由经营管理单位纳税；产权属集体和个人所有的，由集体单位和个人纳税；产权出典的，由承典人纳税；产权所有人、承典人均不在房屋所在地的或者产权未确定及租典纠纷未解决的，由房产代管人或者使用人纳税；个人所有的非营业用的房产免征房产税。外籍人员和华侨、我国港澳台地区同胞在内地拥有房产的，不缴纳房产税，而是需要缴纳房地产税。

(2) 征税范围。

房产税的征税范围为：城市、县城、建制镇和工矿区的房屋。

3. 计税依据、税率和应纳税额的计算

(1) 房产税的计税依据。

房地产税采用从价计证和从租计征两种计税依据。

1) 从价计证，是按照房产余值为计税依据。依照房产原值一次减除 10%～30%后的余值计算缴纳。所谓房产原值是指在账簿“固定资产”科目中记载的房产原价。账簿没有记载房屋原价的，按一定原则，参照同类房屋，确定房产原值，计征房产税。房产原值除包括房产原值之外，还应包括与房屋不可分割的各种附属设备或一般不单独计价的配套设施。纳税人对原有房屋进行改建、扩建的，要相应增加房屋的原值。

需要注意以下问题：对投资联营的房产，在计征房产税时应予以区别对待。共担风险的，按房产余值作为计税依据，计征房产税；对收取固定收入的，应由出租方按租金收入计缴房产税。

2）从租计征，是指房产出租的，以房产租金收入为房产税的计税依据。房产租金收入，包括货币收入和实物收入。

（2）税率。

现行房产税采用的是比例税率。对于从价计证的，按房产余值计征的，年税率为1.2%；对于从租计征，按房产出租的租金收入计征的，税率为12%。

（3）应纳税额的计算公式。

1）从价计征的计算

应纳税额＝应纳房产原值×(1－扣除比例）×1.2%

2）从租计征的计算

应纳税额＝租金收入×12%(或4%)

4. 典型例题

1. 某省一企业2005年度自有房屋10栋，其中8栋用于经营生产，房产原值2000万元，不包括冷暖通风设备60万元；2栋房屋租给某公司作经营用房，年租金收入50万元。该企业当年应纳的房产税是多少？（注：该省规定按房产原值一次扣除20%后的余值计税）。

解析：(1) 自用房产应纳税额＝[(2000＋60)×(1－20%)]×1.2% ＝ 19.776（万元）；

（2）租金收入应纳税额＝50×12%＝6（万元）；

（3）全年应纳房产税额＝19.776＋6＝25.776（万元）。

2. 某企业有原值为2800万元的房产，2004年1月1日将其中的30%用于对外投资联营，投资期限10年，每年固定利润分红60万元，不承担投资风险。已知当地政府规定的扣除比例为20%，该企业2004年度应纳房产税是多少？

解析：纳税人以房产联营投资，不承担联营风险，只收取固定收入的，房产税应由出租方按租金收入计缴；未投资的房产仍按房产余值计缴房产税。本年应纳房产税＝60×12%＋2800×70%×(1－20%)×1.2%＝7.2＋18.816＝26.016（万元）。

10.6.2　房地产费概述

1. 房地产费的概念

房地产具有管理性、服务性和补偿性的特征。房地产费，是指在房地产的开发、经营活动中所产生的税以外的其他费用，它是国家机关为房地产方面提供某种服务或者国家授予国家资源的开发利用而取得的报酬，也是国家从房地产方面取得的财政税收的一种形式。房地产具有管理性、服务性和补偿性的特征。

房地产费与房地产税不同。与房地产税相比，房地产费具有以下特征：

第一，主体不同。房地产费可以由各有关国家行政机关、事业单位收缴；房地产税只能由国家税务机关或国家税务机关委托房地产机关征收。

第二，目的不同。收取房地产费的目的是为了补充行政机关、事业单位的经费来源，因此所收取的费用一般由其自收自支，用于从事与其职能或义务相关的房地产管理、服务活动；而房地产税是为了调节社会关系、促进土地资源的合理配置和房地产的有效利用，同时也为了增加政府的财政收入，所以收取的税金必须全部上缴中央和地方财政，由政府统一支配。

第三，依据不同。房地产费一般根据国家法律、政策而实施，有的还是根据收缴主体的自行规定而收取，效力较低；房地产税一般都是根据国家专门的税收法律实施，效力较高。

2. 房地产费的种类

在我国，房地产费主要有房地产开发活动费、房地产交易费、房地产中介服务费三种类型。

（1）房地产开发活动费。目前我国在房地产开发活动中发生的收费项目主要有以下几项：

1）市政公用设施建设费。主要包括：综合开发市政费，按商品房销售收入的15%计收；分散建设市政费，其中住宅建设项目按照建筑面积每平方米价格的15%计收，并于开工前一次缴清；分散建设生活服务配套设施建设费，按照建筑面积每平方米价格的15%计收。

2）四源费。是用来兴建自来水、污水、煤气、供热等服务设施的费用。由于能源价格低于成本，政府部门每年要补贴大量资金来维持此类公共事业单位的运行。政府向开发企业收取四源费，是为了缓解城市发展对能源的需求，筹建建设资金。

3）其他费用项目。在房地产开发活动过程中，除了上述两项费用之外，还会发生多种较小费用项目，如立项管理费、城建综合开发项目管理费、规划管理费、征地管理费、拆迁管理费、工程预算审核费、土地权属地籍调查测量费、划红线费、建设工程许可执照费、投标管理费、消防设施费、防洪费、绿化建设费等。

（2）房地产交易费。即在房地产交易过程中发生的收费项目。在房地产交易过程中，除了向国家交纳契税和印花税外，还需要缴纳以下几种费用：

1）登记费。登记费分为房屋登记费和房地产权登记费。凡办理房地产买卖、租赁登记的，交易双方都要分别按件数缴纳登记费。另外，因买卖、赠与、交换、继承等发生房屋产权转移的，由房地产权利的承受人交付登记费。

2）手续费。进行房屋交易时，双方办理房地产权属登记，应向房地产管理部门缴纳手续费；办理房地产买卖手续的，双方当事人按照实际成交价的1%缴纳手续费；办理房地产赠与、继承、分割等手续的，房屋的承受人应按照评估价格的1%缴纳手续费。

3）房地产中介服务费。它是房地产交易市场重要的经营性服务收费。按照市场物价部门的规定，中介服务机构应当本着合理、公开、诚实信用的原则，严格执行收费原则和收费标准，切实提供质价相称的服务。此外，房地产中介服务收费实行明码标价制度，中介服务机构应当在其经营场所或交缴费用地点的醒目位置公布其收费项目、服务内容、计费方法、收费标准等事项。

10.6.3　我国现行房地产税费制度存在的主要问题

1. 税费种类繁多，税租费概念混淆不清

目前我国与房地产直接有关的税种多达14种，其中实际征收的有12种，占我国实际征收税种数量的一半。收费项目就更加繁杂，一般都在几十种，多的地方甚至超过百种。

税、租、费性质不同。我国目前房地产税费体系中租、税、费混杂，三者之间界限混淆，降低了税收的严肃性、规范性，滋长了乱收费的不良风气，也使得税收的宏观调控功能受到了限制和削弱。

2. 税制结构不合理，房地产保有环节税负畸轻而流转环节税负畸重

目前的税制基本上是不卖不税，不租不税，一旦租售，则数税并课，造成房地产保有环节税负畸轻而流转环节税负畸重。如对土地而言，取得环节的耕地占用税和使用环节的城镇土地使用税税额标准均较低，起不到调节土地级差收益，促进高效、集约用地的作用；对房产而言，保有环节的房产税对所有非营业用房一律免税，起不到作为财产税对收入分配进行调节的作用。而在房地产的流转环节，除了税费种类繁多以外，土地增值税的税率高达30%～60%，若再加上5%的营业税和33%的企业所得税，企业的实际平均税负水平达到40%以上，高于世界多数国家和地区的水平。流转环节的税负过高，不仅阻碍了房地产市场的形成和发展，也使逃税等规避和投机行为多发，使税收的严肃性受到挑战。

3. 税制本身存在有欠公平之处

主要体现在内外税制不统一和城乡税制不统一两个方面。内外税制的不统一使内资企业的税负高于外资企业，有悖于WTO的国民待遇原则和公平竞争的原则。城乡税制的不统一指的是城镇企业的房地产征税而农村企业的房地产不征税，同样造成不公平竞争，也不利于促进农村土地的集约化利用。

4. 计税依据不科学，征管漏洞大

由于我国尚未建立起房地产评估制度，使得房地产的占有、使用和转让交易等诸多方面的计税依据难以合理确定。目前也还缺乏对房地产的严格的注册登记制度，使纳税人在纳税申报时有弄虚作假的机会，而税务机关对此又无法查实。

5. 房地产行政事业收费体系混乱，重复收费，计征不规范

(1) 市政建设重复收费，如企业缴付了土地出让金，还要缴纳综合性的市政建设配套费、单向性的配套设施建设费，有的地方还要以实物向有关部门提供居委会、派出所、中小学校舍等设施，类似的配套设施费用往往占缴纳总费的70%～80%。

(2) 征地费与土地使用费重叠。

(3) 对土地转让收益重复计征。

(4) 某些管理费重复收取，部分收费项目不合理。

10.7 房地产法律责任

10.7.1 房地产法律责任概述

房地产法律责任，指公民、法人或者其他组织因违反有关房地产的法律、法规的行为而应当承担的对其不利的强制性法律后果。违反房地产法律规定，依法应承担相应的法律责任。

房地产违法责任按其性质来划分可分为房地产民事责任、房地产行政责任、房地产刑

事责任三类，按违法者的主体来划分可分为国家机关及其工作人员的违法责任、房地产企业或其他组织或个人的违法责任。

房地产法律责任与其他法律责任的不同之处在于，房地产法律责任以违反有关房地产相关法律、法规的行为为前提，这种行为可以是作为也可以是不作为。这种法律责任主要是一种民事法律责任，但同时也存在着行政责任和刑事责任等责任形式。

10.7.2　房地产法律责任的种类

1. 从房地产法律责任性质的不同进行分类

（1）民事责任。

民事责任指行为人违反民事法律规范，不履行民事义务而依法应承担的法律后果。房地产民事责任可以分为房地产侵权责任、违约责任和不履行房地产有关的其他民事义务的责任三种。

（2）行政责任。

行政责任是指违反行政管理秩序，依法应当承担的行政法律后果。违反房地产行政管理秩序的责任可以分为房地产行政管理相对人的责任、房地产行政主管部门的责任以及其他行政机关及工作人员、其他公民或组织的责任。追究责任的主要制裁形式是行政处罚。

（3）刑事责任。

刑事责任是指当事人的行为违反房地产法律、法规，并且情节严重，构成犯罪，依照刑法规定应当承担的刑事法律后果，是最严厉的一种法律责任形式。承担刑事责任的方式有拘役、有期徒刑等，并且可以适用罚金等附加刑。

2. 从房地产法律责任承担主体的不同进行分类

（1）国家机关及其工作人员的违法责任。

1）擅自批准出让或者擅自出让土地使用权用于房地产开发的，由上级机关或者所在单位给予有关责任人员行政处分。

2）没有法律、法规的依据，向房地产开发企业收费的，上级机关应当责令退回所收取的钱款；情节严重的，由上级机关或者所在单位给予直接责任人员行政处分。

3）房产管理部门、土地管理部门工作人员玩忽职守、滥用职权，构成犯罪的，依法追究刑事责任；不构成犯罪的，给予行政处分。

4）房产管理部门、土地管理部门工作人员利用职务上的便利，索取他人财物，或者非法收受他人财物为他人谋取利益，构成犯罪的，依照惩治贪污罪贿赂罪的补充规定追究刑事责任；不构成犯罪的，给予行政处分。

（2）房地产企业、其他组织或个人的违法责任。

1）未取得营业执照擅自从事房地产开发业务的，由县级以上人民政府工商行政管理部门责令停止房地产开发业务活动，没收违法所得，可以并处罚款。

2）违反本法第 39 条第 1 款的规定转让土地使用权的，由县级以上人民政府土地管理部门没收违法所得，可以并处罚款。

3）违反本法第 40 条第 1 款的规定转让房地产的，由县级以上人民政府土地管理部门责令缴纳土地使用权出让金，没收违法所得，可以并处罚款。

4）违反本法第 45 条第 1 款的规定预售商品房的，由县级以上人民政府房产管理部门责令停止预售活动，没收违法所得，可以并处罚款。

5）违反本法第 58 条的规定，未取得营业执照擅自从事房地产中介服务业务的，由县级以上人民政府工商行政管理部门责令停止房地产中介服务业务活动，没收违法所得，可以并处罚款。

10.8 案 例 分 析

【案例分析 1】

1. 案情

2010 年 10 月 8 日，某物业管理公司以本公司的名义把自己管理的一套房屋出租给李某。双方当事人签订了一份书面租赁合同，约定每月租金 300 元，租赁期限为 12 个月，并约定如果将来发生争议，提请仲裁委员会仲裁。房屋的产权人某房地产开发公司在合同签订以后，才知道此事。双方协商后，房地产开发公司对物业管理公司签订的租赁合同予以追认，并以书面形式作出了授权。物业管理公司随后即把追认事宜告诉了承租人李某。由于当时市场上房租普遍上涨，该物业公司要求上调房租金额，李某遂以“出租人非产权人”为理由请求仲裁委员会确认租赁合同无效。那么，该房屋租赁合同是否有效？

2. 分析

要解决该房屋租赁合同是否有效，就要理清本案主要涉及的以下四个方面的法律问题。

（1）物业管理公司的无权处分行为是否有效。

本案中物业管理公司不是出租房屋的产权人，在未征得产权人同意的情况下出租房屋显然是无权处分行为。无权处分他人的财产并不必然导致合同的无效。《合同法》第 51 条规定：“无处分权的人处分他人财产，经权利人追认或者无处分权人订立合同后取得处分权的，该合同有效。”本案中物业管理公司在签订合同以后得到了产权人房地产开发公司的授权和追认，故承租人并不能以“无权处分”为由主张合同无效。

（2）受托人以自己的名义签订合同是否有效。

无权处分行为经追认后，权利人与处分人之间便形成了一种委托代理关系，处分人代理权利人实施处分行为，其法律后果由权利人承担。本案中房地产开发公司作出追认意思表示后，便与物业管理公司在法律上形成了一种委托代理关系，即由物业管理公司作为受托人代理委托人房地产开发公司出租其房产。本案的关键问题是物业管理公司作为受托人以自己的名义签订了租赁合同，能否适用委托代理法律制度。《合同法》第 403 条第 1 款规定：“受托人以自己的名义与第三人订立合同时，第三人不知道受托人与委托人之间的代理关系的，受托人因第三人的原因对委托人不履行义务，受托人应当向委托人披露第三人，委托人因此可以行使受托人对第三人的权利，但第三人与受托人订立合同时如果知道该委托人就不会订立合同的除外。”可见法律是允许受托人物业管理公司以自己的名义与第三人签订合同的，所以承租人李某亦不能因此而主张合同无效。

（3）非所有权人以自己的名义出租房屋是否有效。

依据我国合同法和《城市房屋租赁管理办法》的有关规定，明确赋予了承租人在一定条件下的转租权。在转租法律关系中，承租人与次承租人之间是新的租赁合同关系，承租人以自己的名义与次承租人签订租赁合同，具有出租人的权利和义务。一般情况下，房屋租赁只能由产权人作为出租人与承租人租赁合同，当非产权人基于一定的事实而占有、使用产权人的房屋时，在征得产权人同意的情况下赋予其出租权。本案中物业管理公司管理他人房产，在征得产权人同意的情况下以出租人名义签订租赁合同，并不违背现行法律精神，不能因此而认定合同无效。

（4）房屋租赁合同未经登记是否有效。

《城市房屋租赁管理办法》规定，房屋租赁实行登记备案制度。房屋租赁当事人应当在租赁合同签订后 30 天内到房地产管理部门进行登记备案，由房管部门发给房屋租赁证，该证是租赁行为合法有效的凭证，体现了国家加强对合同的干预。本案当事人在租赁合同签订后虽并未办理登记手续，不能应此认定该合同无效。只有那些明确规定“登记备案”为合同生效条件的，才能在审判中作为合同有效与否的认定标准，如房屋买卖合同只有履行登记手续才能生效。本案当事人虽然没有办理房屋租赁登记，但是不能因而认定合同无效。

综上所述，该房屋租赁合同应为有效合同。

【案例分析 2】

1. 案情

2009 年 9 月初，天津市起亚联合发展有限公司（简称“起亚公司”）经政府有关部门批准，准备在某区一繁华地带建造一装饰材料批发市场。建造该市场的预算为 6000 万元人民币，因资金短缺，起亚公司决定出售其所拥有的办公大楼一幢及其附属设施，市场价值约 6500 万元。山东华夏工贸公司（简称“华夏公司”）得知此消息后，向起亚公司表示愿意购买此楼。但又提出价格过高，希望起亚公司能适当让步，促成交易。于是，起亚公司提出如果可以想办法避免一些转让税费的话，所得利益双方可以均分。于是，10 月 26 日双方订立协议（简称“10·26 协议”），约定：华夏公司于 10 月 28 日至 11 月 28 日分三笔支付 4000 万元给起亚公司，作为华夏公司对装饰材料批发市场的捐赠款。12 月 3 日，双方又订立房产转让合同一份，主要约定：①起亚公司将其所属的办公大楼以 2000 万元出让给华夏公司；②自合同订立之日起 10 天内，起亚公司一次支付 2000 万元购房款；③本合同以“10·26 协议”完全按约履行为生效的前提，如果所约定的捐赠款未如期到位，本合同不发生效力。此后，华夏公司按约支付了所有款项，并到房地产管理部门办理了相关的产权过户手续，并取得了产权证。

天津市国有资产管理局在得知本案有关情况后，于 12 月 24 日发出文件，认为此项房产交易违反法律规定，要求起亚公司和华夏公司协助调查、听候处理。为此起亚公司和华夏公司进行协商，因无法达成共识、相互推卸责任而引发纠纷，遂诉至法院，要求对方赔偿乙方因此所遭受的损失。

2. 分析

首先，我们从合同的形式来看，起亚公司与华夏公司之间的两份合同均是在自愿的前提下签定，也得到了有关房地产管理部门的批准，办理了相关法律手续并履行了全部合同义务。但是从案件的实质来看，双方之所以先后订立两份合同并且约定后一合同以前一合同的履行为其生效要件，就是为了通过赠与合同的履行来减少房产转让合同的价值，以此达到规避法律、逃避税收的非法目的。

其次，如何认定“合法形式”与“非法目的”之间的联系及其相互关系是正确适用法律的前提。经评估，该幢办公楼的市场价值约为6500万元，也就是说，我们可以明确双方在房产转让协议中约定的2000万元并非该房产的真实价值。可见，“10·26协议”所确定的4000万元捐款额并非出于真实的赠与目的，以2000万元转让房产也非起亚公司的真实意思表示，如果华夏公司最终不支付6000万元，起亚公司就不愿转让该房产。实际上双方的买卖合同是以赠与合同的存在及履行为前提，其真正的目的在于规避法律、逃避税费。对此，应依照《民法通则》第58条第1款第（七）项和《合同法》第52条第（三）项的规定，认定新明公司与华易公司和行为构成“以合法形式掩盖非法目的”。《民法通则》第58条第2款还规定：“无效的民事行为，从行为开始起就没有法律约束力。”故房产转让合同以及转让行为自始无效。法院应判令华夏公司将办公楼交还给起亚公司，同时由起亚公司退还所收取的6000万元款项。

第三，有必要探讨“以合法形式掩盖非法目的”的构成要件。传统的法学理论将其归纳为三点：①行为具有表面的合法形式；②行为具有隐蔽的非法目的；③行为的非法目的被合法形式所掩盖。除此，还应该把握“合法行为与非法目的之间存在实际联系”。也就是说，如果形式与目的之间缺少实际的、必要的、紧密的联系，即使形式是合法的、目的是非法的，也不应作此认定。因此，主张对方“以合法形式掩盖非法目的”的一方要承担更多的举证责任。

本案给我们的启示是深远的。房地产交易涉及的金额巨大，应缴纳的相关税费数额也较大，个别当事人常常会利用各种形式对其进行逃脱和规避。因此，各级房地产管理部门应加强对房地产交易合同的审查工作，以防止国家税收的流失，保障正常的房地产市场交易秩序。

思　考　题

1. 简述房地产法律关系的概念及构成要素。
2. 简述房地产法的调整对象。
3. 简述以出让方式取得的土地使用权的转让条件。
4. 简述商品房预售的概念和条件。
5. 房地产开发的特点有哪些？
6. 物业服务合同的特征有哪些？
7. 论述房地产法的基本原则。
8. 简述房地产转让的特点。
9. 论述房地产抵押的概念及特点。
10. 房屋租赁的原则有哪些？有哪些具体规定？

第 11 章　建设工程争议的处理

本章学习提示：重点掌握建设工程争议的处理方式；了解和解的概念、原则及需要注意的有关问题；了解调解的概念、原则、种类及需要注意的有关问题；掌握调解的程序以及仲裁的概念、程序及相关制度；了解诉讼的概念、原则及需要注意的有关问题；掌握 4 种调解的法律效力以及仲裁和诉讼的区别；熟悉行政复议和行政诉讼。

在工程建设过程中，争议是普遍存在的，产生的原因也十分复杂。由于建设法规主要调整行政管理机关和建设市场主体之间的行政管理关系、建设市场主体之间的经济（民事）协作关系。所以，建设工程争议主要有行政争议和民事争议。

建设工程民事争议，是指建设工程合同订立至完全履行前，当事人因对合同的条款理解产生歧义或因当事人违反合同的约定，不履行合同中应承担的义务等原因而产生的纠纷。常见的民事争议主要有工程价款支付主体争议；工程进度款支付、竣工结算及审价争议；工程工期拖延争议；安全损害赔偿争议；工程质量及保修争议；合同中止及终止等；工程实践证明：建设工程的争议呈现逐步上升的趋势，这是各种主客观原因综合形成，不以人的意志为转移。因此，当事人都应该高度重视、密切关注并研究解决争议的对策，从而促使争议尽快合理地解决。

《合同法》128 条规定，当事人可以通过和解或者调解解决合同争议。当事人不愿和解、调解或者和解、调解不成的，可以根据仲裁协议向仲裁机构申请仲裁。当事人没有订立仲裁协议民法院起诉。当事人应当履行发生法律效力的判决、仲裁裁决、调解书；拒不履行的，对方可以请求人民法院执行。

从上述规定可以看出，在我国，建设工程民事争议的解决方式主要有和解、调解、仲裁和诉讼。

建设工程行政争议，是国家行政管理机关在对建设市场进行行政管理过程中，相对人对行政管理机关的具体行政行为的异议。根据《行政复议法》和《行政诉讼法》的相关规定，行政争议的解决方式主要有行政复议和行政诉讼。

除法律、法规规定必须先申请行政复议的以外，行政纠纷当事人可以自由选择申请行政复议还是提起行政诉讼。行政纠纷当事人对行政复议决定不服的，除法律规定行政复议决定为最终裁决的以外，可以依照《行政诉讼法》的规定向人民法院提起行政诉讼。

11.1　和　　解

11.1.1　和解的概念和意义

1. 和解的概念

和解，是指当事人在自愿互谅的基础上，就已经发生的争议进行协商并达成协议，自行解决争议的一种方式。

建设工程争议的和解，是由当事人双方自己或由当事人双方委托的律师出面进行的。在协商解决争议的过程中，当事人双方依照平等自愿原则，可以自由、充分进行意思表示，弄清争议的内容、要求和焦点所在，分清责任是非，在互谅互让的基础上，使争议得到及时、圆满的解决。

和解达成的协议不具有强制执行的效力。但是可以成为原合同的补充部分。当事人不按照和解达成的协议执行，另一方当事人不可以申请强制执行，但是可以追究其违约责任。

2. 和解的意义

(1) 有利于双方当事人团结，便于以后的合作。当事人在平等自愿，互谅互让的基础上就建设工程争议的事项进行协商，气氛比较融洽，有利于缓解双方的矛盾，消除双方的隔阂和对立，加强团结和协作；同时，由于和解的结果是在双方当事人统一认识的基础上自愿达成的，所以可以使争议得到比较彻底的解决。

(2) 针对性强，便于抓住主要矛盾。当事人对事态的发展有亲身的经历，了解争议的起因、发展以及结果的全过程，便于双方当事人抓住关键原因，有针对性地加以解决。因当事人双方一旦关系恶化，常常会在一些枝节上纠缠不休，使问题扩大化、复杂化，而争议的和解就可以避免走这些不必要的弯路。

(3) 简便易行，便于及时解决纠纷。建设工程争议的和解解决不受法律程序的约束，没有仲裁程序或诉讼程序那样有一套较为严格的法律规定，当事人可以随时发现问题，随时要求解决，不受时间、地点的限制，从而防止矛盾的激化，便于对合同争议的及时处理。

(4) 减少诉累。建设工程发生争议后，往往合同当事人各方都认为自己有理，特别在诉讼中败诉的一方，会一直把官司打到底，牵扯巨大的精力，而且可能由此结下怨恨。如果和解解决，就可以避免这些问题，对双方当事人都有好处，而且也有利于减轻仲裁、审判机关的压力。

11.1.2 和解的适用

1. 未经仲裁和诉讼的和解

发生争议后，当事人可以自行和解。如果达成一致意见，就不需要进行仲裁或诉讼了。

2. 申请仲裁后的和解

当事人申请仲裁后，可以自行和解。达成和解协议的，可以请求仲裁庭根据和解协议作出裁决书，也可以撤回仲裁申请。当事人达成和解协议，撤回仲裁申请后反悔的，可以根据仲裁协议申请仲裁。

3. 诉讼后的和解

当事人在诉讼中和解的，应由原告申请撤诉，经法院裁定撤诉后结束诉讼。

4. 执行中的和解

在执行中，双方当事人在自愿协商基础上，达成的和解协议，产生结束执行程序的效力。如果一方当事人不履行和解协议或者反悔的，对方当事人只可以申请人民法院按照原生效法律文书强制执行。

11.1.3 和解应注意的问题

1. 分清责任

和解解决建设工程争议的基础是分清责任。尤其是在市场竞争中，当事人都坚持良好的形象和信誉。如果当事人都认为自己有理，责任在对方，则难以做到互谅互让，达成和解协议。

2. 坚持原则

双方当事人既要互相谅解，以诚相待，勇于承担各自的责任，又不能进行无原则的和解，要杜绝在解决纠纷中的损害国家利益和社会公共利益的行为，尤其是对解决合同纠纷中的行贿受贿行为，要进行揭发、检举；对于违约责任的处理，只要建设工程合同中约定的违约责任是合法的，就应当追究违约方的违约责任，违约方应当主动承担违约责任，受害方也应当积极向违约方追究违约责任，决不能以协作为名，假公济私、慷国家之慨，中饱私囊。

3. 及时解决

如果双方当事人在协商过程中出现僵局，争议迟迟得不到解决时，就不应该继续坚持和解解决的办法，当事人有故意不法侵害行为时，更应当及时采取其他方法解决。如有书面仲裁条款，可以申请仲裁机构对争议通过仲裁解决；双方当事人没有约定仲裁条款或仲裁协议无效，则可以向有管辖权的人民法院起诉，采取诉讼方式解决争议。

4. 注意把握和解的技巧

首先要求当事人双方坚持和解的原则，诚实信用，以礼相待，处处表现出宽容和善意。其次使主要问题及时得到解决。在某些场合下还要注意“得理让人”，对非原则问题，可以作一些必要的让步，以使对方当事人感到诚意，从而使问题及早得到彻底的解决。此外，自行和解有时也可以请第三人从中斡旋，但以双方当事人的意思一致作为达成协议的根据，第三人只在当事人之间起“牵线搭桥”的作用，并不实质上参与当事人之间的协商。

11.2 调　　解

11.2.1 调解的概念和意义

1. 调解的概念

调解，是指第三人（即调解人）应争议当事人的请求，依法或依合同约定，对双方当事人进行说服教育，居中调停，使其在互相谅解、互相让步的基础上解决争议的一种方式。

《合同法》规定了当事人之间首先可以通过自行和解来解决争议，同时也规定了当事人还可以通过调解的方式来解决争议，这两种方式当事人可以自愿选择其中一种或两种。调解与和解的主要区别在于：前者有第三人参加，并主要是通过第三人的说服教育和协调来达成解决争议的协议；而后者则完全是通过当事人自行协商来达成解决争议的协议。

2. 调解的意义

(1) 有利于化解当事人的对立情绪，迅速解决争议。当争议出现时，当事人会采取自行协商的方式去解决，但当事人意见不一致时，如果不及时采取措施，就极有可能使矛盾激化。在我国，调解之所以成为解决建设工程争议的方式，因为调解有第三人从中做说服教育和劝导工作，化解矛盾，增进理解。

(2) 有利于各方当事人依法办事。用调解方式解决建设工程争议，不是让第三人充当无原则的和事老，事实上调解建设工程争议的过程是一个宣传法律、加强法制观念的过程。它可以起到既不伤和气，又受到一定的法制教育的作用，有利于维护社会安定团结和社会经济秩序。

(3) 有利于当事人集中精力干好本职工作。通过调解解决建设工程争议，能够使双方当事人在自愿、合法的基础上，排除隔阂，达成调解协议，同时可以简化解决纠纷的程序花费的时间和精力，争取到更多的时间迅速集中精力进行经营活动。这不仅有利于维护双方当事人的合法权益，而且有利于促进社会主义现代化建设的发展。

11.2.2 调解的种类

1. 民间调解

民间调解亦称人民调解，是指合争议发生后，当事人共同协商，请有威望、受信赖的第三人，包括人民调解委员会、企事业单位或其他经济组织、一般公民以及律师、专业人士作为中间调解人，双方合理合法地达成解决纠纷的协议。

用这种方式解决建设工程争议，不失为一种积极、有效的方式。

例如，在监理机构主持下调解解决建设单位和施工单位的争议，由于监理工程师对当事人都比较熟悉，而且熟悉政策与规范，更有利于说服当事人，从而使当事人双方的纠纷在更加合乎法律和情理的情况下解决，这样有助于加强法律的宣传和教育作用，提高当事人的法制观念。另一方面，监理机构主持调解争议的方式方便当事人，省时省力，又能使问题得到及时合理的解决，免除了诉讼之累，不失为一种好方式。

民间调解属于诉讼外的调解，双方达成的调解协议，并不具有法律的强制力，它是依靠当事人自愿来履行的，如果当事人不愿调解、调解不成或者达成协议后又反悔的，可以向仲裁机构申请仲裁或向人民法院起诉。

2. 行政调解

行政调解，是指在有关行政机关的主持下，依据相关法律、行政法规、规章和政策，处理争议的方式。

建设工程争议的行政调解人一般是一方或双方当事人的业务主管部门。而业务主管部门对下属企业单位的生产经营和技术业务等情况比较熟悉和了解。他们能在符合国家法律政策的要求下，教育说服当事人达成调解协议。这样既能满足各方的合理要求，维护其合法权益，又能使争议得到及时而彻底的解决。

需要明确的是，业务主管部门调解解决争议不是法定的程序，因此必须在双方自愿的原则下进行。参加业务主管部门行政调解的有关人员也必须实事求是，秉公办事，平等待人，不能以行政命令和压服的方法迫使当事人达成调解协议。

同民间调解一样，行政调解达成的调解协议，也不具有法律的强制力。当事人可以不接受调解，直接向仲裁机构申请仲裁或向人民法院起诉。

3. 仲裁调解

仲裁调解是指由仲裁机构主持和协调下，对申请仲裁的当事人进行说服与调停，促使双方当事人互谅互让，自愿达成解决争议的调解协议。

我国《仲裁法》规定，仲裁庭在作出裁决前，可以先行调解，当事人自愿调解的，仲裁庭应当调解庭应当进行裁决。所谓先行调解，就是仲裁机构先于裁决之前，根据争议的情况或双方当事人自愿而进行说服教育工作，以便双方当事人自愿达成调解协议。《仲裁法》还规定，调解达成协议的，仲裁庭应当制作调解书。调解书由仲裁员签名，加盖仲裁委员会印章，送达双方当事人。调解书经双方当事人签收后，即发生法律效力，当事人不得反悔，必须自觉履行。在调解书签收前当事人一方或双方反悔的，仲裁庭应当及时作出裁决。调解书发生法律效力后，如果一方不履行时，另一方当事人可以向有管辖权的人民法院申请强制执行。

调解达成协议的，按照当事人的请求，仲裁庭也可以根据调解协议的结果制作裁决书。调解书与裁决书具有同等的法律效力，调解书经双方当事人签收后即发生法律效力。

4. 法院调解

法院调解又称诉讼调解，是指在人民法院的主持和协调下，在双方当事人自愿的基础上，以制作调解书的形式，从而解决争议的方式。

当事人因争议起诉到法院之后，法院在审理案件过程中，应根据自愿、合法的原则进行调解，当事人不愿调解或调解不成的，法院应当及时裁决。当事人也可以在诉讼开始后至裁决作出之前，随时向法院申请调解，人民法院认为可以调解时也可以随时调解。当事人自愿达成调解协议后，法院应当要求双方当事人在调解协议上签字，并根据情况决定是否制作调解书。对不需要制作调解书的协议，应当记入笔录，由争议双方当事人、审判人员、书记员签名或盖章后，即具有法律效力。多数情况下，争议双方达成协议后，法院应当制作调解书。调解书经双方当事人签收后，即具有法律效力。当事人必须履行调解书中确定的义务，否则，另一方当事人可以申请人民法院强制执行。对于已经生效的调解书，当事人不得提起上诉。调解未达成协议或者调解书送达前一方反悔的，调解即告终结，法院应当及时裁决而不得久调不决。

11.2.3　调解的程序

调解的程序是多样的，但调解过程都应有步骤地进行，通常可以按以下程序进行：

(1) 提出调解意向。当事人把自己的想法和方案提出来，由调解人向另一方当事人提出，另一方亦可将有关想法或方案告诉调解人。

(2) 调解准备。调解人初步审核合同的内容，发生争议的问题，确定主持调解的人员。选择调解的时间方式、方法。

(3) 协调和说服。调解人召集当事人说明争议的问题、原因和要求，并验明提供的证据材料，双方当事人进行核对，在弄清事实情况的基础上，以事实为依据，以法律和合同为准绳，分别做说服工作。

(4) 达成协议。如果双方当事人想法接近或经过做说服工作后缩短了差距，调解人可以提出调解意见，促使双方当事人达成协议，并制作调解书。

11.2.4　调解应注意的问题

1. 实事求是，查明起因

查清事实、查清起因，是搞好调解工作的基础。调解必须以事实为根据。所谓以事实为根据，就是反映事物的本来面目，调解人要采取实事求是的态度，深入到有关方面，进行认真的调查研究，查清工程合同纠纷发生的时间、地点、原因、双方争执的经过和执行后产生的结果，以及证据和证据的来源。在处理争议时，要虚心听取各方面的意见，并加以深入分析和研究。涉及专业技术问题，还需委托有关部门作出技术鉴定，或邀请他们参加质量技术问题的座谈会，提出意见，判明是非和责任所在。不注意这些就会作出错误的判断和错误的调解方案，调解也难以成功。

2. 分清责任，依法调解

法律、法规和政策以及当事人签订的合同是区分纠纷是非、明确责任的尺度和准绳。调解必须以法律和合同为准绳。这就要求调解人要熟悉法律和合同的有关规定，依照法律和合同办事。一方面是调解人在调解过程中必须严格按照法律规定的程序和原则进行；另一方面是协议的内容必须符合法律的规定，一定要依法调解。要做到有法必依，公正不徇私，这样才能分清是非，明确责任，才能使当事人信服，顺利达成协议。正确地执行法律，为解决疑难纠纷创造良好的条件，否则不仅调解不成，往往还会使原纠纷加重。

3. 协调说服，互谅互让

建设工程争议一般涉及各方的经济利益，有些纠纷还涉及企业的声誉。因此，一旦有了争议，不少当事人在调解过程中过分强调对方的过错，甚至隐瞒歪曲事实，谎报情况，这些都是对调解工作不利的因素。所以，调解人在调解工作中，要摆事实，讲道理，必须耐心做疏导工作，协调好双方的关系；促使双方当事人相互谅解，这样才能保证调解工作的顺利进行。

4. 及时调解，不得影响仲裁和诉讼

调解必须及时，这对于解决争议非常重要。如果纠纷得不到及时解决，就有可能使矛盾激化。同时，复杂化的问题。建设工程争议发生后，不论当事人申请调解还是不申请调解，也不论当事人在调解中没有达成协议还是达成协议后又反悔，均不影响当事人依照法律规定向仲裁委员会申请仲裁或向人民法院起诉。

11.3　仲　　裁

11.3.1　仲裁的概念和特点

1. 仲裁的概念

仲裁，是指当事人之间的争议由仲裁机构居中审理并裁决的活动。在国际上，仲裁是解决争议的常见方式。仲裁在我国已经成为解决纠纷的重要方式。

建设工程争议仲裁是指建设工程双方当事人发生争议，协商不成时，构依照法律对双方所发生的争议，在事实上作出判断，在权利义务上作出裁决。它是处理建设工程争议的一种方式。有别于劳动争议仲裁。

在我国境内履行的建设工程合同，双方当事人申请仲裁的，适用《仲裁法》的规定。实践证明，实行仲裁制度解决争议，可以减轻人民法院的办案压力，使其集中精力处理一些重大疑难案件，以保证和提高人民法院的办案质量；用仲裁方式解决建设工程争议与用诉讼方式解决争议相比较，手续方便，程序简易，方便灵活，处理及时，有利于迅速解决争议，巩固和发展双方当事人的合作关系，也有利于协议的执行。

2. 仲裁的特点

(1) 仲裁方式的选择以双方当事人自愿为前提。《仲裁法》第 4 条的规定，当事人采用仲裁方式解决纠纷，应当双方自愿，达成仲裁协议。没有仲裁协议，一方申请仲裁的，仲裁委员会不予受理。由此可以看出，仲裁机构的仲裁，必须以双方当事人的自愿为前提。如果发生争议的双方没有选择仲裁的方式，仲裁机构就没有权利对纠纷进行仲裁。如果双方当事人同意选择仲裁的方式解决纠纷，必须用书面的形式将这一意愿表达出来，即应在争议发生的前或后达成仲裁协议。没有书面的仲裁协议，仲裁机构就无权受理对该争议的解决。

(2) 仲裁机关是依法成立的专门机构。仲裁委员会是由人民政府组织有关部门和商会统一组建，但仲裁机关不是行政机关，也不是司法机关，属于民间团体。《仲裁法》第 14 条规定，仲裁委员会独立于行政机关，与行政机关没有隶属关系，仲裁委员会之间也没有隶属关系。

(3) 仲裁裁决具有强制执行力。根据《仲裁法》第 57 条的规定，裁决书自作出之日起发生法律效力。仲裁裁决当事人应该自觉履行。一方当事人不履行的，另一方当事人可以依照有关法律的规定向人民法院申请强制执行。

(4) 一裁终局制。根据《仲裁法》第 5 条的规定，当事人就同一争议再申请仲裁或者向人民法院起诉的，仲裁委员会或者人民法院不应受理。当然，仲裁裁决被法院裁定撤销或不予执行的除外。

11.3.2　仲裁协议

在民商事仲裁中，仲裁协议是仲裁的前提，没有仲裁协议，就不存在有效的仲裁。

1. 仲裁协议的概念和作用

仲裁协议是当事人自愿将他们之间已经发生或者可能发生的争议提交仲裁解决的协议。

仲裁协议是仲裁机构受理案件的唯一依据。没有仲裁协议，一方当事人申请仲裁的，仲裁机构不予受理：除非仲裁协议无效或者当事人放弃仲裁协议，否则，只要有仲裁协议，法院对案件就没有管辖权。也就是说，仲裁协议有排除法院管辖权的效力。同时，仲裁协议也是仲裁执行的前提。

2. 仲裁协议的种类和内容

(1) 仲裁协议的种类。

《仲裁法》第 16 条规定，仲裁协议包括合同中订立的仲裁条款和以其他方式在纠纷发生前或者发生后达成的请求仲裁的协议。由此可见，依据仲裁协议订立的时间和形式的不同，仲裁协议有三种类型：

1) 仲裁条款，这种类型的仲裁协议常常在合同订立的同时订立。

2）纠纷发生之前的协议，规定有关仲裁的事项。

3）纠纷发生之后，在合同之外单独订立的协议。

（2）仲裁协议的内容。

根据《仲裁法》第16条的规定，仲裁协议应当具有以下主要内容：

1）请求仲裁的意思表示。即双方当事人应当明确表示将合同争议提交仲裁机构解决。

2）仲裁事项。即双方当事人共同协商确定的提交仲裁的合同争议范围。

3）选定的仲裁委员会。双方当事人应明确约定仲裁事项由哪一个仲裁机构进行仲裁。

3. 仲裁协议的无效及其确定

在违背法律规定的情况下，双方当事人所订立的仲裁协议是无效的，没有法律效力。根据《仲裁法》第17条的规定，有下列情形之一的，仲裁协议无效：

（1）约定的仲裁事项超出法律规定的范围的。

（2）无民事行为能力的人订立的仲裁协议。

（3）一方采取胁迫手段，迫使对方订立仲裁协议的。

此外，仲裁协议对仲裁事项约定不明确的，当事人可以补充协议；达不成补充协议的，仲裁协议无效。

11.3.3 仲裁程序

1. 申请和受理

根据《仲裁法》第21条的规定，当事人申请仲裁应当符合以下条件：第一，有仲裁协议；第二，有具体的仲裁请求和事实、理由；第三，属于仲裁委员会的受理范围。在申请仲裁时，应当向仲裁委员会提交仲裁协议、仲裁申请书及副本。

仲裁委员会在收到仲裁申请书之日起5日内，认为符合条件的，应当受理，并通知当事人；认为不符合受理条件的，应当书面通知当事人不予受理，并说明理由。仲裁委员会在受理仲裁申请后，应当在仲裁规则规定的期限内将仲裁规则和仲裁员名册送达申请人，并将仲裁申请书的副本和仲裁规则、仲裁员名册送达被申请人。

2. 组成仲裁庭

仲裁委员会在受理仲裁申请后，应当组成仲裁庭进行仲裁活动。仲裁庭不是一种常设的机构，其组成的原则是一案一组庭。

仲裁庭有两种组成方式，一种是由3名仲裁员组成，即合议制的仲裁庭；一种则是由一名仲裁员组成，即独任制的仲裁庭。在具体的仲裁活动中，采取上述两种方法中的哪一种，由当约定合议制仲裁庭的，应当各自选定或者各自委托仲裁委员会主任指定1名仲裁员，第3名仲裁员，即首席仲裁员由当事人共同选定或者共同委托仲裁委员会主任指定。当事人约定独任制仲裁庭的，应当由当事人共同选定或者共同委托仲裁委员会主任指定。当事人没有在仲裁式或者选定仲裁员的，由仲裁委员会主任指定。仲裁庭组成后，仲裁委员会应当将仲裁庭的组成情况书面通知当事人。

3. 开庭和裁决

开庭，即开庭审理，是指仲裁庭按照法定的程序，对案件进行有步骤有计划的审理。开庭审理是仲裁庭对案件审理的中心环节，这是因为开庭审理前的一切准备工作是为了开庭予以揭示和审查核实，并据此对案件作出裁决，因此，《仲裁法》第39条规定，仲裁应当开庭进行。也就是当事人共同到庭，经调查和辩论后进行裁决。同时，该条还规定，当事人协议不开庭的，仲裁庭可以根据仲裁申请书、答辩书以及其他材料作出裁决。

仲裁不公开进行，即以不公开审理为原则。这是为了最大程度地保护当事人的商业形象以及可能会涉及的商业秘密。因此，除特别许可外，仲裁活动是不允许旁听的。但是，除涉及国家秘密的以外，当事人协议仲裁公开进行的，则可以公开进行。

在开庭审理以前，仲裁委员会应当在仲裁规则规定的期限内将开庭日期通知双方当事人；经书面通知后，申请人无正当理由不到庭或者未经仲裁庭许可中途退庭的，可正当理由不到庭或者未经仲裁庭许可中途退庭的，可以缺席裁决。

在仲裁过程中，原则上应由当事人承担对其主张的举证责任。证据应当在开庭时出示，当事人可以质证。在证据裁庭在作出裁决前，可以先行调解。而且，如果当事人自愿调解的，仲裁庭应当调解。当事人申请仲裁后，可以自行和解。

11.3.4　法院对仲裁的协助和监督

根据《民事诉讼法》和《仲裁法》的规定，我国在仲裁和诉讼的关系方面作了很大的改革，变过去的“既裁又审”为现在的“或裁或审”制度。在这种制度下，法院对仲裁活动不予干涉，但是，仲裁活动需要法院的协助和监督，以保证仲裁活动得以顺利地、合法地进行，从而保障当事人的合法权益。

1. 法院对仲裁活动的协助

(1) 财产保全。

财产保全是指为了保证仲裁裁决能够得到实际执行，以免利害关系人的合法利益受到难以弥补的损失，在法定条件下所采取的限制另一方当事人、利害关系人处分财物的保障措施。财产保全措施包括查封、扣押、冻结以及法律规定的其他方式。

(2) 证据保全。

证据保全是指在证据可能毁损、灭失或者以后难以取得的情况下，为保存其证明施加以确定和保护的制度。证据保全是保证当事人承担举证责任的补救方法，在一定意义上也是当事人取得证据一种手段。证据保全的目的就是保障仲裁的顺利进行，确保仲裁庭作出正确裁决。

(3) 强制执行仲裁裁力的判定。

《仲裁法》第 57 条明确规定，裁定书自作出之日起发生法律效力。除非人民法院依照法定程序和条件裁定撤销或者不予执行仲裁裁决。当事人应当自觉履行裁决。由于仲裁机构没有强制执行仲裁裁决的权力，因此，为了保障仲裁裁决的实施，防止负有履行裁决义务的当事人逃避或者拒绝仲裁裁决确定的义务，我国《仲裁法》规定，一方当事人不履行仲裁裁决的，另一方当事人可以依照民事诉讼法的有关规定向人民法院申请执行，受申请的人民法院应当执行。

2. 法院对仲裁活动的监督

为了发挥经济仲裁可以快捷、有效解决各种经济纠纷的特点，我国《仲裁法》不允许当事人在仲裁裁决作出后再向人民法院提起诉讼。但是，为了提高仲裁员的责任心，保证仲裁裁决的合法性、公的合法权益，我国《仲裁法》同时规定了人民法院对仲裁活动予以司法监督的制度。我国《仲裁法》有关司法监督的有关规定表明，对仲裁进行司法监督的范围是有限的而且是事后的。如果院对仲裁裁决采取不干预的作法；司法监督的实现方式主要是允许当事人向法院申请撤销仲裁裁决和不予执行仲裁裁决。

（1）撤销仲裁裁决。

根据《仲裁法》第58条规定，当事人提出证据证明裁决有下列情形之一的，可以在自收到仲裁裁决书之日起6个月内向仲裁委员会所在地的中级人民法院申请撤销仲裁裁决：没有仲裁协议的；裁决的事项不属于仲裁协议的范围或者仲裁委员会或者仲裁的程序违反法定程序的；裁决所根据的证据是伪造的；对方当事人隐瞒了足以影；仲裁员在仲裁该案时有索贿受贿、徇私舞弊、枉法裁决行为的。以上规定表明，当事人申请撤销裁决应当在法律规定的期限内向人民法院提出，并应提供证明有以上情裁决的申请，只有仲裁委员会所在地的中级人民法院对此享有专属管辖权。

（2）不予执行仲裁裁决。

根据《仲裁法》第63条的规定，在仲裁裁决执行过程中，如果被申请人提出证据规定的情形之一的，经人民法院组成合议庭审查核实，裁定不予执行该仲裁裁决。规定的情形有：当事人在合同中没有订有仲裁条款或仲裁的程序违反法定程序的；认定事实和主要证据不足的；适用法律有错误的；仲裁员在仲裁该案时有贪污受贿、徇私舞弊、枉法裁决行为的。

仲裁裁决被人民法院裁定不予执行的，当事人之间的纠纷并没有得到解决，因此，当事人就该纠纷可以根据双方重新达成的仲裁协议申请仲裁；也可以向人民法院起诉。

11.4 民事诉讼

11.4.1 诉讼的概念和特点

1. 诉讼的概念

诉讼是指当事人对双方之间发生的争议未通过自行和解、调解或仲裁的途径解决，而交由法院作出裁决。诉讼因案件性质不同依据也不同，主要有《民事诉讼法》、《行政诉讼法》和《刑事诉讼法》等。本节主要根据《民事诉讼法》来讲述我国的诉讼制度。

人民法院按照《民事诉讼法》规定的程序进行审理，查清事实，分清是非，明确责任，认定双方当事人的权利、义务关系，解决纠纷。诉讼是解决建设工程争议最有效的手段和方式，因为诉讼由国家审判机关依法进行审理裁判，最具有权威性；裁判发生法律效力后，以国家强制力保证裁判的实现。

通过诉讼解决建设工程争议，有利于增强当事人的法制观念；有利于及时、有效地打击违法犯罪活动；有利于维护社会经济秩序，保护当事人的合作关系的健康发展。

2. 诉讼的特点

（1）人民法院受理纠纷案件，任何一方当事人都有权起诉，而无须征得对方当事人的同意。

（2）当事人向人民法院提起诉讼，应当遵循地域管辖、级别管辖和专属管辖的原则。在不违反级别管辖和专属管辖的原则的前提下，可以选择管辖法院。

（3）人民法院审理经济纠纷案件，实行二审终审制度。当事人对人民法院作出的一审判决、裁定不服的，有权上诉。对生效判决、裁定不服的，尚可向人民法院申请再审。

11.4.2　法院对案件的管辖

管辖是指人民法院之间受理一审案件的分工和权限。建设工程争议案件的管辖主要有级别管辖、地域管辖和专属管辖。

1. 地域管辖

地域管辖是指同级人民法院对第一审案件的分工和权限。《民事诉讼法》第 22 条规定：“对公民提起的民事诉讼，由被告住所地人民法院管辖；被告住所地与经常居住地不一致的，由经常居住地人民法院管辖。对法人或者其他组织提起的民事诉讼，由被告住所地人民法院管辖。同一诉讼的几个被告住所地、经常居住地在两个以上人民法院辖区的，各该人民法院都有管辖权。”

因建设工程合同纠纷提起诉讼：

(1) 被告住所地的人民法院。即被告户籍所在地或被告经常居住地。

(2) 合同履行地人民法院。即合同标的物交接地，当事人履行义务和接受义务履行的地点的人民法院。

合同纠纷案件可以实行协议管辖，根据《民事诉讼法》第 25 条规定，合同的双方当事人可以在书面合同中协议选择被告住所地、合同履行地、合同签订地、原告住所地、标的物所在地人民法院管辖，但不得违反《民事诉讼法》对级别管辖和专属管辖的规定。

2. 级别管辖

级别管辖是指各级人民法院受理第一审经济纠纷案件的分工和权限。

我国人民法院按其级别分为最高、高级、中级和基层人民法院四级。

根据《民事诉讼法》第 18～21 条的规定中级人民法院管辖下列第一审民事案件：(一) 重大涉外案件；(二) 在本辖区有重大影响的案件；(三) 最高人民法院确定由中级人民法院管辖的案件。高级人民法院管辖在本辖区有重大影响的第一审民事案件。最高人民法院管辖下列第一审民事案件：(一) 在全国有重大影响的案件；(二) 认为应当由本院审理的案件。除上述案件外的其他案件都由基层人民法院管辖。

建设工程合同纠纷发生后，当事人应根据合同标的的大小、影响等确定向哪一级人民法院起诉。

3. 专属管辖

专属管辖是指按照诉讼标的特殊性与管辖的排他性而确定的管辖。《民事诉讼法》规定：“因不动产纠纷提起的诉讼，由不动产所在地人民法院管辖。”

值得注意的是，根据最高人民法院《关于审理建设工程施工合同纠纷案件适用法律问题的解释》的规定，建设工程合同纠纷不适用专属管辖，而应当按照《民事诉讼法》第 24 条规定，适用合同纠纷的地域管辖原则，即由被告住所地或合同履行地人民法院管辖。发包人和承包人也可以根据《民事诉讼法》第 25 条的规定，在发包人住所地、承包人住所地、合同签订地、施工行为地（工程所在地）的范围内，通过协议确定管辖法院。

11.4.3　第一审普通程序与简易程序

1. 起诉

起诉是指当事人请求人民法院通过审判保护自己合法权益的行为，提起诉讼的人为原告；被提起诉讼、经法院通知应诉的人为被告。《民事诉讼法》第108条规定，起诉必须符合下列条件：(一) 原告是与本案有直接利害关系的公民、法人和其他组织；(二) 有明确的被告；(三) 有具体的诉讼请求和事实、理由；(四) 属于人民法院受理民事诉讼的范围和受诉人民法院管辖。

起诉应在诉讼时效内进行。

2. 受理

《民事诉讼法》第112条规定，人民法院收到起诉状或者口头起诉，经审查，认为符合起诉条件的，应当在7日内立案，并通知当事人；认为不符合起诉条件的，应当在7日内裁定不予受理；原告对裁定不服的，可以提起上诉。

3. 审理前的准备

人民法院应当在立案之日起5日内将起诉状副本送达被告；被告在收到之日起15日内提出答辩状。人民将答辩状副本送达原告，被告不提出答辩状的，不影响审判程序的进行。

人民法院受理案件后应当组成合议庭，合议庭至少由3名审判员或至少由1名审判员和两名陪审员组3日内将会议庭组成人员告知当事人。

4. 开庭审理

审理经济纠纷案件，除涉及国家秘密或当事人的商业秘密外，均应公开开庭审理。开庭审理主要经历以下几个阶段：宣布开庭、法庭调查、法庭辩论、法庭辩论后的调解、合议庭评议、判决。经过法庭调查和法庭辩论后，在查清案件事实的基础上，当事人愿意调解的，可以当庭进行调解，经过调解，双方当事人达成协议的，应当在调解协议上签字盖章。调解不成的，应当及时作出判决。

《民事诉讼法》第135条规定，人民法院适用普通程序审理的案件，应当在立案之日起6个月内审结。有特殊情况需要延长的，由本院院长批准，可以延长6个月；还需要延长的，报请上级人民法院批准。

5. 简易程序

基层人民法院和它的派出法庭收到起诉状经审查立案后，认为事实清楚、权利义务关系明确，争议不大的简单民事纠纷案件，可以适用简易程序进行审理。在简易程序中可以口头起诉、口头答辩。原被告双方同时到庭的，可以当即进行审理，当即调解。可以用简易程序的由审判员一人独任审判，不用组成合议庭，在开庭通知、法庭调查、法庭辩论上不受普通程序有关规定的限制。《民事诉讼法》第146条规定，适用简易程序审理的经济纠纷案件，应当在立案之日起3个月内审结。

11.4.4 第二审程序

1. 上诉和二审终审

《民事诉讼法》第147条规定，当事人不服地方人民法院第一审判决的，有权在判决书送达之日起15日内向上一级人民法院提起上诉。当事人不服地方人民法院第一审裁定的，有权在裁定书送达之日起10日内向上一级人民法院提起上诉。

当事人提起上诉后至第二审法院审结前，原审法院的判决或裁定不发生法律效力。第二审法院的判决、裁定为终审的判决、裁定，当事人不得再上诉。

2. 审理

第二审人民开庭审理，但合议庭认为不需要开庭审理的，也可以直接进行判决、裁定。

第二审人民法院对上诉案件，经过审理，按照下列情形分别处理：

（1）原判决认定事实，判决驳回上诉，维持原判决。

（2）原判决适用法律错误的，依法改判。

（3）原判决认定事实错误，或者原事实不清，证据不足的，裁定撤销原判决，发回原审人民法院清事实后改判。

（4）原判决违反法定程序，可能影响案件正确判决的，裁定撤销原判决，发回原审人民法院重审。

当事人对重审案件的判决、裁定，可以上诉。

二审法院对判决、裁定的上诉分别在案件立案之日起 3 个月内和 1 个月内审结。

11.4.5　审判监督程序

审判监督程序又称再审程序，是指人民法院对已经发生法律效力的判决、裁定发现确有错误，依法再证审判的正确性，维护当事人合法权益，维护法律尊严的一项重要补救程序。

《民事诉讼法》第 177 条规定，各级人民法院院长对本院已经发生法律效力的判决、裁定，发现确有错误，认为需要再审的，应当提交审判委员会讨论决定。

最高人民法院对地方各级人民法院已经发生法律效力的判决、裁定，上级人民法院对下级人民法院已经发生法律效力的判决、裁定，发现确有错误的，有权提审或者指令下级人民法院再审。

《民事诉讼法》第 178 条规定，当事人对已经发生法律效力的判决、裁定，认为有错误的，可以向上一级人民法院申请再审，但不停止判决、裁定的执行。

所谓确有错误是指：

（1）原判决、裁定认定事实的主要证据不足。

（2）当事人有新的证据，足以推翻原判决、裁定的。

（3）原判决、裁定错误的。

（4）法院违反法定程序，可能影响案件正确判决、裁定的。

（5）审判人员在审理该案件时有贪污受贿、营私舞弊、枉法裁判行为的。

《民事诉讼法》第 186 条规定，人民法院按照审判监督程序再审的案件，发生法律效力的判决、裁定是由第一审法院作出的，按照第一审程序审理，所作的判决、裁定，当事人可以上诉；发生法律效力的判决、裁定是由第二审法院作出的，按照第二审程序审理，所作的判决、裁定，是发生法律效力的判决、裁定；上级人民法院按照审判监督程序提审的，按照第二审程序审理，所作的判决、裁定是发生法律效力的判决、裁定。

人民法院审理再审案件，应当另行组成合议庭。

11.4.6　督促程序

督促程序是指债权人请求人民法院不经审判，直接向债务人发出支付令，要求债务人给付金钱、有价证券，如果债务人在一定期间内没有提出异议，该支付令即是发生法律效力的一种特别程序。督促程序以债权人申请为基础发出支付令，无须答辩和庭审；债务人不提出异议，支付令即生效，与判决书具有同等法律效力。

1. 申请支付令的条件

根据《民事诉讼法》第 191 条的规定，债权人向人民法院申请支付令，必须具备以下条件：

1）债权人向债务人请求给付金钱、有价证券。

2）请求给付的金钱或者有价证券已经到期且数额确定。

3）债权人和债务人没有其他债务纠纷。

4）支付令能够送达债务人。

2. 支付令的受理与生效

债权人提出申请后，人民法院应当在 5 日内通知债权人是否受理。

人民法院受理申请后，经审查债权人提供的事实、证据，对债权债务关系明确、合法的，应当在受理之日起 15 日内向债务人发出支付令；申请不成立的，裁定予以驳回。

债务人应当自收到支付令之日起 15 日内清偿债务，或者向人民法院提出书面异议。

支付令经合法送达 15 日内不提出异议又不履行支付令的，债权人便可以向人民法院申请执行。

人民法院收到债务人提出的书面异议后，应当裁定终结督促程序，支付令自行失效，债权人可以起诉。

11.4.7　公示催告程序

公示催告程序是指人民法院依票据持有人的申请、以公示的方法、催告不明的利害关系人于一定期间申丧失权利的后果的程序。所谓“不明”是指利害关系人是否存在不得而知或利害关系人处于不确定状态。

1. 申请公示催告的条件

公示催告程序适用的范围是按照规定可以背书转让的票据，例如，《中华人民共和国票据法》规定的汇票、本票、《中华人民共和国公司法》规定的记名股票，等等。票据的背书是指在票据背面或粘单上记载有关事项并签章的行为。

2. 审查与受理

人民法院经审查，认为申请符合受理条件的，通知予以受理，并同时通知支付人停止支付该票据。如果在收到人民法院通知前，支付人已经支付了该票据，则应当裁定终结公示催告程序。对于不符合受理条件的，可以要求申请人补正或者在 7 日内裁定驳回申请。

3. 公告

人民法院决定受理申请，应当同时通知支付人停止支付，并在 3 日内发布公告，催促利害关系人申报权利。公告应当写明公示催告申请人的姓名或名称；票据的种类、票面金额、发票人、持票人、背书人等；申报权利的期间；在公示催告期间转让告的期间由人民法院根据票据的种类、流通范围和支付日期等具体情况确定，但最短不得少于 60 日。据持有人与第三人之间进行的票据转让或者票据质押等行为无效。公示催告期间，支付人应当停止支付。

4. 权利申报

公示催告的利害关系人在公示催告期间认为自己对该票据享有正当权利的，应当向人民法院申报权利并提交票据。人民法院收到利害关系人的申报后，应通知其出示票据，并通知公的期间察看该票据。公示催告申请人申请公示催告的票据与利害关系人出示的票据不一致的，人民法院应当裁定驳回利害关系人的申报。

利害关系人在公示催告期间向人民法院申报权利的，人民法院应当裁定终结公示催告程序，利害关系人在申报期满后、判决作出之前申报权利的，也应当裁定终结公示催告程序。

利害关系人出示的票后持有人的，人民法院应当裁定终结公示催告程序，申请人或申报人可以向人民法院起诉。人民法院裁定终结公示催告程序后，应当通知申请人和支付人。

5. 除权判决

人民法院根据当事人的申请，用判决宣告票据无效，使票据权利与原票据相分离，此种判决即为除权判人即可不凭票据而行使权利。

在没有人申报或申报被驳回的情况下，人民法院应当根据申请人申请作出判决，宣告票据无效。除权判决应当发给申的依据。判决还应当在法院所在地和支付人所在地进行公告，以免该票据进入正常流通，影响流通秩序，侵害他人的合法权益。同时应将公告情况通知支付人。除权判决自公告之日起生效，申请人有权凭除权判决向支付人请求支付，支付人负有义务按照除权判决向申请人兑现票据上的权利。利害关系人因正当理由不能在除权判决前向人民法院申报权利的，可以知道或者应当知道除权判决公告之日起 1 年内，向作出判决的人民法院起诉，人民法院立案后，按票据纠纷适用普通程序审理。

11.4.8　执行程序

执行是人民法院依照法律规定的程序，运用国家强制力，强制当事人履行已生效的判决和其他法律文书所规定的义务的行为，又称强制执行。执行所应遵守的规则，就是执行程序。

1. 执行申请

当事人向人民法院申请执行时，应提交申请书，说明要求执行的事实、理由、被执行人不履行的情况、执行根据、法律依据，并提交相应的法律文书。申请应在规定期限内提出。从法律规定的履行期限的最后一日起计算，双方或一方当事人是公民的该期限为 1 年，双方是法人或其他组织的为 6 个月，申请执行判决、裁定的，应当向第一审人民法院提出。申请执行支付令的，向制作支付令的人民法院提出。执行其他法律文书，应向被执行人住所地或者被执行人的财产所在地的人民法院提出。执行工作由人民法院执行部门负责。

2. 执行措施

人民法院执行部门接到申请执行书后，只要申请执行的标的物是财物或者行为，就应当向被执行人发出执行通知，责令其在指定的期间履行。在执行通知指定的期间被执行人仍不履行的，应当采取措施，强制执行。

强制执行的措施就是人民法院执行庭依法强制执行生效的法律文书时所采取的具体方法和手段。《民事诉讼法》规定的向银行、信用合作社和其他有储蓄业务的单位，查询被执行人的存款情况，冻结、划拨被执行人应当履行义务部分的收入；查封、扣押、冻结并依照规定拍卖变卖被执行人应当履行义务部分的财产；对隐瞒财产的被执行人及其住所或者财产隐匿地进行搜查；被执行人加倍支付迟延还债期间的债务利息；强制交付法律文书指定交付的财物或者票证；强制迁出房屋或退出土地；强制执行法律文书指定的行为；强制支付迟延履行期间的债务利息或迟延履行金；强制执行被执行人的到期债权。

3. 执行中止和终结

(1) 执行中止。在执行过程中，因某种特殊情况的发生而使执行程序暂时停止的为执行中止。《民事诉讼法》第232条规定，有下列情形之一的，人民法院应当裁定中止执行：申请人表示可以延期执行的；案外人对执行标的提出确有理由的异议的；作为一方当事人的公民死亡，需要等待继承人继承权利或者承担义务的；作为一方当事人的法人或者其他组织终止，尚未确定权利义务承受人的；人民法院认为应当中止执行的其他情形。

中止的情形消失后，恢复执行。

(2) 执行终结。在执行过程中出现了某些特殊情况，使执行程序无法或无须继续进行而永久停止执行的，为执行终结。《民事诉讼法》第233条规定，有下列情形之一的，人民法院裁定终结执行：申请人撤销申请的；据以执行的法律文书被撤销的；作为被执行人的公民死亡，无遗产可供执行，又无义务承担人的；只追索赡养费、抚养费、抚育费案件的权利人死亡的；作为被执行人的公民因生活困难无力偿还借款，无收入来源，又丧失劳动能力的；人民法院认为应当终结执行的其他情形。

中止和终结执行的裁定，送达当事人后立即生效。

11.5 行 政 复 议

行政复议，是指行政机关根据上级行政机关对下级行政机关的监督权，在当事人的申请和参加下，按照行政复议程序对具体行政行为进行合法性和适当性审查，并作出裁决解决行政侵权争议的活动。行政复议的基本法律依据是《中华人民共和国行政复议法》(以下简称《行政复议法》)。

11.5.1 行政复议范围

1. 可以申请行政复议的事项

行政复议保护的是公民、法人或其他组织的合法权益。行政争议当事人认为行政机关的行政行为侵犯其合法权益的，有权依法提出行政复议申请。根据《行政复议法》第6条的有关规定，当事人可以申请复议的情形通常包括：

(1) 行政处罚，即当事人对行政机关作出的警告、罚款、没收违法所得、没收非法财物、责令停产停业、暂扣或者吊销许可证、暂扣或者吊销执照、行政拘留等行政处罚决定不服的。

(2) 行政强制措施，即当事人对行政机关作出的限制人身自由或者查封、扣押、冻结财产等行政强制措施决定不服的。

(3) 行政许可，包括：当事人对行政机关作出的有关许可证、执照、资质证、资格证等证书变更、中止、撤销的决定不服的，以及当事人认为符合法定条件，申请行政机关颁发许可证、执照、资质证、资格证等证书。或者申请行政机关审批、登记等有关事项，行政机关没有依法办理的。

(4) 认为行政机关侵犯其合法的经营自主权的。

(5) 认为行政机关违法集资、征收财物、摊派费用或者违法要求履行其他义务的。

(6) 认为行政机关的其他具体行政行为侵犯其合法权益的。

2. 不得申请行政复议的事项

下列事项应按规定的纠纷处理方式解决，而不能提起行政复议：

(1) 行政机关的行政处分或者其他人事处理决定。当事人不服行政机关作出的行政处分的，应当依照有关法律、行政法规的规定（如《中华人民共和国国家公务员法》等）提起申诉。

(2) 行政机关对民事纠纷作出的调解或者其他处理。当事人不服行政机关对民事纠纷作出的调解或者处理，如建设行政管理部门对有关建设工程合同争议进行的调解、劳动部门对劳动争议的调解、公安部门对治安争议的调解等，当事人应当依法申请仲裁，或者向法院提起民事诉讼。

11.5.2　行政复议程序

根据《行政复议法》的有关规定，行政复议应当遵守如下程序规则：

1. 行政复议申请

当事人认为具体行政行为侵犯其合法权益的，可以自知道该具体行政行为之日起 60 日内提出行政复议申请，但法律规定的申请期限超过 60 日的除外。因不可抗力或者其他正当理由耽误法定申请期限的，申请期限自障碍消除之日起继续计算。

申请人对县级以上地方各级人民政府工作部门的具体行政行为不服的，申请人可以向该部门的本级人民政府申请行政复议，也可以向上一级主管部门申请行政复议。

2. 行政复议受理

行政复议机关收到复议申请后，应当在法定期限内进行审查。对不符合法律规定的行政复议中清，决定不予受理的，应书面告知申请人。行政复议期间具体行政行为不停止执行。但是，有下列情形之一的，可以停止执行：

(1) 被申请人认为需要停止执行的。

(2) 行政复议机关认为需要停止执行的。

(3) 申请人申请停止执行，行政复议机关认为其要求合理，决定停止执行的。

(4) 法律规定停止执行的。

3. 行政复议决定

申请人可以查阅被申请人提出的书面答复、作出具体行政行为的证据、依据和其他有关材料，除法律规定不得公开的情形外，行政复议机关不得拒绝。行政复议过程中，被申请人不得自行向申请人和其他有关组织或者个人收集证据。

根据《行政复议法》第 28 条的规定。行政复议机关负责法制工作的机构应当对被申请人作出的具体行政行为进行审查，提出意见。经行政复议机关的负责人同意或者集体讨论通过后，按照下列规定作出行政复议决定：

(1) 具体行政行为认定事实清楚，证据确凿。适用法律正确，程序合法，内容适当的，决定维持。

(2) 被申请人不履行法定职责的，决定其在一定期限内履行。

(3) 具体行政行为有下列情形之一的，决定撤销、变更或者确认该具体行政行为违法。

决定撤销或者确认该具体行政行为违法的，可以责令被申请人在一定期限内重新作出具体行政行为：

1) 主要事实不清、证据不足的。

2) 适用依据错误的。

3) 违反法定程序的。

4) 超越或者滥用职权的。

5) 具体行政行为明显不当的。

(4) 被申请人不按照法律规定提出书面答复，提交当初作出具体行政行为的证据、依据和其他材料的，视为该具体行政行为没有证据、依据，决定撤销该具体行政行为。

《行政复议法》还规定，申请人在申请行政复议时，可以一并提出行政赔偿请求。行政复议机关对于符合法律规定的赔偿要求。在作出行政复议决定时，应当同时决定被申请人依法给予赔偿。

除非法律另有规定，行政复议机关一般应当自受理申请之日起 60 日内作出行政复议决定。行政复议决定书一经送达，即发生法律效力。申请人不服行政复议决定的，除法律规定为最终裁决的行政复议决定外，可以根据《行政诉讼法》的规定，在法定期间内提起行政诉讼。

11.6 行 政 诉 讼

行政诉讼，是指人民法院应当事人的请求，通过审查行政行为合法性的方式，解决特定范围内行政争议的活动。行政诉讼的基本法律依据是《中华人民共和国行政诉讼法》(以下简称《行政诉讼法》)。行政诉讼、民事诉讼和刑事诉讼构成了我国基本诉讼制度。

11.6.1 行政诉讼受理范围

1. 应当受理的行政案件

人民法院受理公民、法人和其他组织对下列具体行政行为不服提起的诉讼：

(1) 对拘留、罚款、吊销许可证和执照、责令停产停业、没收财物等行政处罚不服的。

(2) 对限制人身自由或者对财产的查封、扣押、冻结财产等行政强制措施不服的。

(3) 认为行政机关侵犯法律规定的经营自主权的。

(4) 认为符合法定条件申请行政机关颁发许可证和执照，行政机关拒绝颁发或者不予答复的。

(5) 申请行政机关履行保护人身权、财产权的法定职责行政机关拒绝履行或者不予答复的。

(6) 认为行政机关没有依法发给抚恤金的。

（7）认为行政机关违法要求履行其他义务的。

（8）认为行政机关侵犯其他人身权、财产权的。

2. 不予受理的行政案件

人民法院不予受理公民、法人或者其他组织对下列事项提起的诉讼：

（1）国防、外交等国家行为。

（2）行政法规、规章或者行政机关制定、发布的具有普遍约束力的决定、命令。

（3）行政机关对行政机关工作人员的奖惩、任免等决定。

（4）法律规定由行政机关最终裁决的具体行政行为。

11.6.2 行政诉讼程序

行政诉讼程序是国家审判机关为解决行政争议，运用司法程序而依法实施的整个诉讼行为及其过程。它包括第一审程序、第二审程序和审判监督程序。但并非每个案件都必须全部经过三个程序。

1. 第一审程序

（1）起诉。

1）起诉的条件。根据《行政诉讼法》第 41 条的规定，提起行政诉讼应符合以下条件：原告是认为具体行政行为侵犯其合法权益的公民、法人或者其他组织；有明确的被告；有具体的诉讼请求和事实根据；属于人民法院受案范围和受诉人民法院管辖。

2）起诉的期限。申请人不服行政复议决定的，可以在收到行政复议决定书之日起 15 日内向人民法院提起诉讼。复议机关逾期不作决定的，申请人可以在复议期满之日起 15 日内起诉，法律另有规定的从其规定。公民、法人或者其他组织直接向人民法院提起诉讼的，应当在知道作出具体行政行为之日起 3 个月内提出，法律另有规定的除外。起诉应以书面形式进行。

（2）受理。

指人民法院对公民、法人或者其他组织的起诉进行审查，认为符合法律规定的起诉条件而决定立案并予审理的诉讼行为，对起诉审查的内容包括：法定条件、法定起诉程序、法定起诉期限、是否重复起诉等。

人民法院接到起诉状后应当在 7 日内审查立案或者裁定不予受理，原告对裁定不服的可以提起上诉。

（3）审理前的准备。

人民法院审理行政案件，由审判员组成合议庭，或者由审判员、陪审员组成合议庭。合议庭成员，应当是 3 人以上的单数，人民法院应当在立案之日起 5 日内，将起诉状副本发送被告，被告应当在收到起诉状副本之日起 10 日内向人民法院提交做出具体行为的有关材料，并提交答辩状。人民法院应当在收到答辩状之日起 5 日内，将答辩状副本发送原告，被告不提出答辩状的不影响人民法院审理。

（4）开庭审理。

开庭审理是指在审判人员的主持下，在当事人和其他诉讼参与人的参加下，依法定程序对行政案件进行审理并作出裁判的诉讼活动。开庭审理分为：审理开始阶段、法庭调查阶段、法庭辩论阶段、合议庭评议阶段、判决裁定阶段。

人民法院作出一审判决可分为四种形式：

1）维持原判。具体行政行为证据确凿，适用法律正确，符合法定程序的，判决维持。

2）撤销判决。即撤销或者部分撤销并责令重新作出具体行政行为。撤销判决的条件是：主要证据不足的；适用法律、法规错误的；违反法定程序的；超越职权、滥用职权的；有上述情况之一的，可作出撤销判决。

3）履行判决。即责令被告限期履行法定职责的判决。

4）变更判决。即变更显失公平的行政处罚的判决。当事人对第一审判决不服的，有权在判决书送达之日起15日内向上一级人民法院提起上诉，逾期不上诉的，一审判决即发生法律效力。

2. 第二审程序

第二审程序是人民法院对下级人民法院第一审案件所作出的判决、裁定在发生法律效力之前，基于当事人的上诉，依据事实和法律，对案件进行审理的程序。二审法院审理上诉案件，除《行政诉讼法》有特别规定外，均适用一审程序的规定。

（1）上诉期限。

当事人不服人民法院第一审判决的，有权在判决书送达之日起15日内向上一级人民法院提起上诉。当事人不服人民法院第一审裁定的，有权在裁定书送达之日起10日内向上一级人民法院提起上诉。逾期不提起上诉的，人民法院的第一审判决或者裁定发生法律效力。

（2）审理方式。

人民法院对上诉案件，认为事实清楚的可以实行书面审理。

（3）上诉的判决。

人民法院审理上诉案件，按照下列情形，分别处理：

1）原判决认定事实清楚，适用法律、法规正确的，判决驳回上诉，维持原判。

2）原判决认定事实清楚，但是适用法律、法规错误的，依法改判。

3）原判决认定事实不清，证据不足，或者由于违反法定程序可能影响案件正确判决的，裁定撤销原判，发回原审人民法院重审，也可以查清事实后改判。当事人对重审案件的判决、裁定，可以上诉。

第二审判决、裁定，是终审判决、裁定。当事人对已经发生法律效力的判决、裁定，认为确有错误的，可以提出申诉，申请再审，但判决、裁定不停止执行。

3. 执行

《行政诉讼法》第65条规定，当事人必须履行人民法院发生法律效力的判决、裁定。原告拒绝履行判决、裁定的，被告行政机关町以向第一审法院申请强制执行。或者依法强制执行。被告行政机关拒绝履行判决、裁定的，第一审法院可以采取以下措施：

（1）对应当归还的罚款或者应当给付的赔偿金。通知银行从该行政机关的账户内划拨。

（2）在规定期限内不履行的，从期满之日起，对该行政机关按日处以罚款。

（3）向该行政机关的上一级行政机关或者监察、人事机关提出司法建议。接受司法建议的机关，根据有关规定进行处理，并将处理情况告知人民法院。

（4）拒不履行判决、裁定，情节严重构成犯罪的，依法追究主管人员和直接责任人员的刑事责任。

11.7 案 例 分 析

【案例分析 1】

1. 案情

某施工单位与某办事处 2010 年 5 月 18 日签订了一份施工合同，工程项目为办事处建造 8 层楼的招待所，总造价 207 万元，后由于设计变更，建筑面积扩大，装修标准提高，双方于 2011 年 2 月 21 日又签订了补充合同，将造价条款约定为“预计 257 万元……”。施工单位按合同约定的时间完工，办事处前后共支付了工程进度款 205 万元，随后正式进行了竣工验收。双方将施工单位的结算书报送建行审定，办事处在送审的结算书上写明：“坚持按 2010 年 5 月 18 日合同，变更项目按规定结算，其他文件待后协商。”经建行审定，该工程最终造价为 289 万元，施工单位要求办事处按审定数目支付剩余的工程款，并承担从竣工日到支付日的未付款项的利息作为违约金。办事处对审价结果有异议，并拒绝支付余下的工程款，施工单位遂向人民法院起诉。

2. 分析

该案经法院一、二审，均以拖欠工程款为案由，判决办事处败诉，要办事处支付剩余款项的本金与利息。办事处不服，继续申诉，省高级人民法院认为该案确有不当之处，予以提审，高院判决书中认为：该案按工程款拖欠纠纷为案由审理不当，因按第一份合同，办事处已支付完了工程款，不存在拖欠，至于工程设计修改后，造价增加，对增加部分双方有分歧，在最终数量未定之前，不能算办事处违约，只能算工程款结算纠纷，该案案由应定为工程款结算纠纷，是确认之诉，不是给付之诉，所以违约金不能从竣工之日起算，只能从法院确认之日起算。最后高院将违约金计算时间定为从法院确认造价之日到办事处支付之日，判决办事处在此基础上支付施工余款本息。

【案例分析 2】

1. 案情

原告河南省商丘市某建筑公司诉被告青岛某建设集团公司、青岛某集团公司某高速公路第五合同项目部建设工程施工合同纠纷一案，法院于 2007 年 12 月 5 日受理，受理后，依法组成合议庭，公开开庭进行了审理。2008 年 1 月 18 日法院作出一审判决。被告青岛某集团公司不服判决，提起上诉。经商丘市中级人民法院审理，于 2008 年 8 月 6 日作出（2008）商民终字第 458 号民事裁定书，裁定：一、撤销梁园区人民法院（2008）商梁民初字第 79 号民事判决；二、发回商丘市梁园区人民法院重审。本院另行组成合议庭，公开开庭进行了审理。原告委托代理人王金号，被告青岛某集团公司委托代理人韩某、冯某到庭参加诉讼。被告青岛某集团公司某高速项目部经本院传票传唤未到庭参加诉讼。本案现已审理终结。

原告商丘市某建筑公司诉称，2004 年 2 月 7 日，原告与被告青岛某集团公司签订施工合同约定：工程名称及地点，某高速（商丘段）土方工程 SZTJ5 合同段；工程地点，商丘市柘城县；工程范围，合同内土方工程。原告按合同约定于2004年2月10日进入工地，上了大批机械，因被告的原因，造成原告的机械误工闲置2个多月，经济损失70多万元。在施工期间，原告多次要求被告青岛某集团公司某高速项目部赔偿，经双方协商，于2005年11月20日达成协议，被告赔偿原告机械进场误工费48万元，并保证于2006年12月30日前付清，否则付违约利息按月息一分计算，并同意在商丘市梁园区法院诉讼。被告承诺到期后，经原告催要，二被告至今未付款。被告青岛某集团公司某高速项目部是被告青岛某集团公司在该工程设立的项目部，不具备独立法人资格，被告青岛某集团公司对其设立的项目部应负连带责任。请求：判令二被告给付原告工程款48万元及利息12万元，并承担诉讼费用。在本次庭审中，原告变更诉讼请求，请求判令二被告给付欠款48万元及约定利息。

被告青岛某集团公司辩称：一、原告的诉讼请求没有事实依据。①原、被告在施工过程中没有工程延期，没有因为建设单位原因给原告造成机械闲置的情况。②被告从来没有给原告方出具过欠条，因此，被告认为该欠条是伪造的。③本案所签订的施工合同是采用综合单价承包的，因此不存在拖延工期，不存在机械闲置的情况。④施工合同之所以约定一个时间，是为了避免原告误工。⑤原告提出机械闲置2个月并没有说明具体什么时间段，属于事实不清。⑥原告诉状称多次找被告要求赔偿，找的谁、与谁协商的、是谁加盖的公章均不清楚，所以，该欠条没有事实依据。二、本案费用索赔不复合法定程序。①关于机械闲置费、误工费等索赔，具有严格的程序要求和应当具备的资料，如申请表，建立认可报告书。②关于费用的计算，按照要求应当按照当地定额机械设备的型号、实际误工的天数计算。③机械设备费用索赔必须有工程造价师计算认可的报告。三、我单位不应当是被告，是不适格的当事人。根据建设施工合同是建设单位与承包方的施工合同，作为分包合同中的承包人与我们总承包的法律地位是一样的，如果出现工程延期的情况，被索赔的主体应当是甲方建设单位。四、被告没有任何过错责任，原告也没有说明是什么原因造成的工程设备闲置。五、我单位将保留追究制造假欠条人的法律责任的权利。

争议焦点问题：原告诉请有无事实根据和法律依据。

原、被告对争议焦点问题均无异议。

原告商丘市某建筑公司为支持其诉讼主张，向本院提交下列证据：①欠条1份。②合同书1份。③原告向被告第五项目部打的关于再次报请处理障碍物的报告1份。上列3份证据证明原告的诉讼请求依法能够成立。④2004年4月25日施工指令函1份。证明曲某、周某都是被告单位的工作人员。⑤2004年9月6日9月份土方施工计划1份。证明这份计划也只有被告项目部的公章，它也代表了被告项目部的行为，也是没有经办人或者领导签字。⑥无锡中诚司法鉴定所司法鉴定意见书1份。证明欠条上的公章与被告刻制的某高速公路第五合同项目部的公章是一致的；欠条是先打印好后加盖的公章；签章形成的时间是2005年11月份。据此证明欠条是真实的。⑦商丘至周口高速公路商丘段土建工程SZTJ5标施工决算书1份，证明决算内容不包含机械闲置和误工的内容。⑧商丘市中级人民法院（2006）商民二初字第41号民事判决书1份。证明判决中不包含机械闲置和误工的内容；并证明本案两被告是适格的被告。⑨关于再次申请机械进场误工赔偿的报告1份。这份证据当时已提交给被告项目部了，这份是根据原告原来的一份草稿整理的。证明当时损失计算的依据和数额，以及形成窝工的原因。⑩证人×××、×××出庭作证，证明原告进入工地时有 3 台挖机，3 台推土机、2 台铲车、2 台压路机及其他机械等，原告机械进场存在误工的情况。

针对原告上列证据被告青岛某集团公司庭审质证认为：对证据 1，认为该欠条没有说明什么时间误工，没有经办人的签字，费用索赔要件不完备，是假欠条，没有证据效力。对证据 2，认为该合同采用的是综合单价承包，与工程延期、设备闲置无关；按照合同第 6 条第 1 款的约定，一切活动应当符合工程监理的要求；被告已经与原告全部决算所有的债权债务关系，所以不存在后来的欠款问题。对证据 3，认为该报告说明不了我单位给原告造成误工的情况。对证据 4，对原告证明的事项无异议，但认为与本案所争议的误工和工期拖延无关。对证据 5，认为与本案无关联性。对证据 6，认为误工费、机械闲置费等费用的索赔应当具备相关的索赔资料。对证据 7、证据 8，认为两个文件是在 2006 年以前就已经处理完结的债权债务关系，而在时隔 2 年之久后又提出本案的欠条是不正常的。对证据 9，认为是原告单方意思表示，我单位也没收到该报告，原告应当向法庭提交计算草稿来相互印证。类似该费用的赔偿，应当有监理机构的证明。对证据 10，认为两位证人的证言不能证明原告机械闲置的具体事实，没有证据效力。

被告青岛某集团公司为支持其辩解意见，向本院提交下列证据：①工程检验认可书 1 份。证明：原告施工中没有停工的事实。②通知 1 份。证明：原告施工中的名称。③地表清理和便道施工通知 1 份。证明：原告施工的路段。④索赔结算凭证 1 份。证明对建设工程费用索赔的格式要求的案例。⑤涵洞工程施工合同 1 份。证明：证人×××证言不属实。⑥×××证明 1 份。证明：×××不清楚欠条一事。

针对被告上述证据原告商丘市某建筑公司庭审质证认为：对证据 1 的真实性无异议，但对证明内容有异议。认为从被告提交的多份工程检验认可书看，在 2004 年 4 月 19 日前，仅有两天施工记录，分别是同年 3 月 12 日、3 月 13 日，施工内容是原地面清表，印证了原告陈述的 2004 年 2 月 10 日至 2004 年 4 月 18 日机械停工的事实。对证据 2，认为该证据是双方施工过程中，为了便于管理，被告方自己制作的，与案件事实无关。对证据 3 有异议，认为该通知中记载的施工路段不全面，还包括匝道没写上。对证据 4 有异议，认为与本案无关，且为复印件，不能作为证据使用。对证据 5，认为该合同为复印件，无法认定其真实性。殷朋进出庭时已经说明，他与被告签订的书面合同是补签的，实际上他开工早。对证据 6，认为证明内容不真实，周更江本人是被告的项目经理，与被告有直接利害关系，与其本人也有利害关系。

根据证据的真实性、合法性、关联性的认证原则，对原、被告提交的证据作出如下认证。

原告商丘市某建筑公司提交的证据 1，认证据形式合法，是原、被告争议的直接证据，被告虽然对其真实性提出异议，但该证据已经过无锡中诚司法检定所司法鉴定，且被告未对鉴定意见书作出的鉴定结论提出异议，因此具有客观真实性，可以作为认定本案事实的依据。证据 2、证据 3、证据 4、证据 5、证据 6、证据 7、证据 8、证据 10，系原、被告争议事实的旁证，被告虽然对其证明目的提出异议，但对其真实性未提出异议，本院确认上列证据形式合法，与本案具有关联性，能够与证据 1 相互印证，可以作为认定本案事实的依据。证据9关于再次申请机械进场误工赔偿的报告，系原告单方制作的文稿，无被告方负责人或工作人员签收的证据，故证据形式不合法，不能作为认定本案事实的依据。

被告青岛某集团公司提交的证据1、证据2、证据3，虽然是复印件，但原告对其真实性未提出异议，故认定该证据形式合法，内容真实可信，与本案具有关联性，可以作为认定本案事实的依据。证据4，与本案不具有关联性，且该索赔结算凭证并非法定形式，故不能作为认定本案事实的依据。证据5，与本案不具有关联性，不能作为认定本案事实的依据。证据6，证明人周更江系本案被告青岛某集团公司某高速项目部负责人，与本案争议事实具有法律上的利害关系，且未出庭接受质询，不具有证明效力，不能作为认定本案事实的依据。

依据上列有效证据，可以确认如下案件事实：原告与被告青岛某集团公司2004年2月7日签订1份土方工程施工合同，约定：工程名称，某高速（商丘段）土方工程SZTJ5合同段。工程地点，商丘市柘城县。承包范围，合同内土方工程。承包性质，劳务承包。承包方式，综合单价承包，一次性包死不再调整。工程期限，乙方（原告）人员、设备于2004年2月10日进场，2004年6月30日前必须完成所有施工任务（路基附属必须于2004年10月1日前完成）。如遇有人力不可抗拒的自然灾害（地震、洪水）和甲方原因引起的工期延误外，如乙方不能满足甲方进度要求或未按合同工期竣工或工程质量不合格，甲方有权随时辞退乙方、解除本合同、收回剩余功能工程并按乙方承包总造价的20%扣留误工费，且由此造成的一切损失由乙方承担。甲方（被告）负责协调乙方在施工过程中与工程监理人员及地方政府的关系。乙方委派边玉玺同志为工地代表，负责在本工程施工中与甲方进行联系。合同还对其他事项作出了约定。合同签订后，原告依据合同的约定于2004年2月10日将工程机械进入工地现场。2004年4月5日，原告施工队向被告青岛某集团公司某高速项目部发出关于再次报请处理障碍物的报告，报告称：原告施工地段地形复杂，障碍物较多，制约着施工的进展，急待解决，以免影响施工，形成延误工期。该项目部工作人员曲泉勇签收。由于被告未能及时解决施工现场障碍物等问题，致使原告工程机械不能按时施工，给原告造成机械误工损失。

2005年11月20日，被告青岛某集团公司某高速项目部给原告出具1份欠条，记载："今欠路基土方二队（边某施工队）机械进场误工赔偿费48万元，保证2006年12月30日前付清，否则付违约利息按月息1分，并同意在商丘市梁园区人民法院诉讼。"2006年3月17日，由于被告青岛某集团公司某高速项目部的原因，原告与被告青岛某集团公司所签订的土方工程施工合同终止履行。2006年7月6日，被告青岛某集团公司某高速项目部做出了商丘至周口高速公路商丘段土建工程SZTJ5标施工决算书，该决算书中未包含原告机械误工损失的内容。工程决算后，被告未能向原告偿清工程款，形成纠纷，原告于2006年9月25日向商丘市中级人民法院提起诉讼。经审理商丘市中级人民法院于2006年12月28日作出（2006）商民二初字第41号民事判决书。该判决亦未包含原告机械误工损失的内容。被告至今未向原告支付误工赔偿费，形成纠纷。

另查明，一、被告青岛某集团公司某高速项目部是被告青岛某集团公司为某高速公路工程设立的临时性机构，不具有独立法人资格及独立承担民事责任的能力。二、在本案二审诉讼期间，经商丘市中级人民法院委托，无锡中诚司法鉴定所作出锡诚文鉴字〔2008〕182号文书鉴定意见书，结论为：①上述“欠条”上“青岛某集团公司某高速公路第五合同项目部”印文与同名印文样本是用同一枚印章盖印。②上述“欠条”是先打印文字，后盖印印文。③上述“欠条”上文字用打印机打印形成，缺乏进行时间鉴定的条件。④上述检材上“青岛某集团公司某高速公路第五合同项目部”印文是2005年11月期间盖印形成。

本院认为，原、被告在履行某高速公路土方工程施工合同过程中，被告青岛某集团公司某高速项目部未按合同约定清理施工场地障碍物，造成原告进场机械误工损失，应当承担赔偿责任。被告青岛某集团公司某高速项目部2005年11月20日给原告出具的欠条，具有真实性，承诺向原告赔偿机械误工损失，是其真实意思表示，不违反法律禁止性规定，为有效民事行为。被告未按承诺履行自身的义务，是形成本案纠纷的原因，应承担全部责任。被告青岛某集团公司是某高速公路土方工程施工合同甲方主体，是企业法人单位，依照《中华人民共和国民法通则》第43条“企业法人对它的法定代表人和其他工作人员的经营活动，承担民事责任”的规定，应对被告青岛某集团公司某高速项目部所欠原告的机械误工费承担清偿责任。原告请求判令被告青岛某集团公司偿付欠款48万元及约定利息，符合法律规定，本院予以支持。被告青岛某集团公司某高速项目部是被告青岛某集团公司为某高速公路工程设立的临时性机构，不具有独立法人资格及独立承担民事责任的能力，故原告请求判令被告青岛某集团公司某高速项目部共同承担清偿责任不符合法律规定，本院不予支持。被告青岛某集团公司辩称理由不能成立，本院不予支持。依照《中华人民共和国民事诉讼法》第64条、第120条、第130条，《中华人民共和国民法通则》第43条、第84条、第106条第1款、第108条，《中华人民共和国合同法》第8条、第107条、第109条、第284条之规定，判决如下：

一、被告青岛某建设集团公司偿付原告河南省商丘市某建筑公司机械误工费48万元及利息，[利息按约定月息10‰（即：1分）计算，自2007年1月1日起计算至偿清欠款之日止]。于本判决生效后之日10内履行完毕。逾期按民诉法第229条规定执行。

二、驳回原告其他诉讼请求。

本案受理费11800元，财产保全费4520元，由被告青岛某建设集团公司承担。本案上诉费9800元，由被告青岛某建设集团公司承担。

思　考　题

1. 在我国，建设工程争议的解决方式主要有哪几种？
2. 和解有哪些意义？
3. 调解有哪几种？效力如何？
4. 仲裁有哪些特点？
5. 法院对仲裁活动的监督主要体现在哪些方面？
6. 对于民事诉讼案件的级别管辖都有哪些规定？
7. 简述第一审普通程序。
8. 简述执行程序。

第12章 建设工程相关法律法规

本章学习提示： 了解建设工程标准化法的概念、种类；了解工程建设环境保护法律制度；掌握劳动法律制度；了解土地法律制度；熟悉建筑节能方面的相关法律法规；熟悉我国工程建设标准工作的主要内容；掌握建设项目环境保护设施建设管理包含的内容；掌握土地所有权和使用权争议解决方式；掌握建设工程法律责任的类型等。

12.1 工程建设标准化法

12.1.1 工程建设标准的概念和种类

标准，是对重复性事物和概念所作的统一规定。工程建设标准是为在工程建设领域内获得最佳秩序，对工程建设活动或其结果规定共同的和重复使用的规则、导则或特性的文件。在我国，工程建设标准一般是由政府机关颁布的，对新建工程项目做最低限度技术要求的规定，是建设法律、法规体系的重要组成部分。标准化的含义，是在经济、技术、科学及管理等社会实践中，对重复性事物和概念通过制定、实施标准，达到统一，以获得最佳秩序和社会效益的过程。工程建设标准化是为在工程建设领域内获得最佳秩序，以实际或潜在的问题制定共同的和重复使用的规则的活动。标准立法一般是针对标准制定和实施的全过程，所以，1988年12月29日全国人大常委会制定了《中华人民共和国标准化法》（下称《标准化法》）。根据《标准化法》第2条的规定，对下列需要统一的技术要求，应当制定标准：

（1）工业产品的品种、规格、质量、等级或者安全、卫生要求。

（2）工业产品的设计、生产、试验、检验、包装、储存、运输、使用的方法或者生产、储存、运输过程中的安全、卫生要求。

（3）有关环境保护的各项技术要求和检验方法。

（4）建设工程的勘察、设计、施工、验收的技术要求和方法。

（5）有关工业生产、工程建设和环境保护的技术术语、符号、代号、制图方法、互换配合要求。

（6）农业（含林业、牧业、渔业，下同）产品（含种子、种苗、种畜、种禽，下同）的品种、规格、质量、等级、检验、包装、储存、运输以及生产技术、管理技术的要求。

（7）信息、能源、资源、交通运输的技术要求。

根据以上规定，可以将标准分为建设标准和产品标准两大类。工程建设标准则可以从以下不同角度进行分类。

1. 按照标准的适用范围进行分类，工程建设标准可以分为国家标准、行业标准、地方标准、企业标准和国际标准

(1) 工程建设国家标准。是指工程建设领域中需要在全国范围内统一，由国务院工程建设主管部门组织草拟、审批的标准。

(2) 工程建设行业标准。是指工程建设领域中没有国家标准而需要在全国某个行业范围内统一的，由国务院有关行政主管部门组织草拟、审批的标准。

(3) 工程建设地方标准。是指工程建设领域中没有国家标准、行业标准或者国家标准、行业标准规定不具体，且需要在本行政区域作出统一规定的工程建设技术要求，由省、自治区、直辖市建设行政主管部门组织草拟、审批的标准。

(4) 工程建设企业标准。是对工程建设企业生产、经营活动中的重复性事项所作的统一规定。

(5) 工程建设国际标准。国际标准是国际标准国际化组织（ISO)、国际电工委员会（IEC）和国际电信联盟（ITU）制定的标准，以及国际标准化组织确认并公布的其他国际组织制定的标准。国际标准化组织确认并公布的其他国际组织还包括国际计量局（BIPM)、国际建筑结构研究与改革委员会（CIB)、国际照明委员会（CIE)、因特网工程特别工作组（IETF)、国际煤气工业联合会（IGU）等。这些机构制定了许多工程建设标准，这些标准就是工程建设国际标准。

2. 按照标准的性质进行分类，工程建设标准可以分为强制性标准和推荐性标准。工程建设强制性标准是指直接涉及工程质量、安全、卫生及环境保护等方面的工程建设标准强制性条文。工程建设强制性标准以外的其他标准就是推荐性标准

3. 按照标准的专业进行分类，工程建设标准可以分为技术标准、管理标准和工作标准

(1) 技术标准。技术标准是对标准化领域中需要统一的技术事项所制定的标准。技术标准是一个大类，可以进一步分为基础技术标准、产品标准、工艺标准、检验和试验方法标准、设备标准、原材料标准、安全标准、环境保护标准、卫生标准等。其中每一类还可以进一步细分，比如技术标准可以再分为：术语标准、数系标准、图形符号标准、公差标准、环境条件标准、技术通则性标准等。

(2) 管理标准。管理标准是对标准化领域中需要协调统一的管理事项制定的标准。管理标准主要是对管理目标、管理业务、管理程序、管理办法和管理组织所作的规定。管理标准包括管理基础标准、技术管理标准、经济管理标准、行政管理标准和生产经营管理标准。

(3) 工作标准。工作标准是指对工作的责任、权利、范围、质量要求、程序、效果、检查方法、考核办法所制定的标准。

12.1.2 标准的制定

工程建设标准的制定，是指标准制定部门对需要制定工程建设标准的项目，编制计划，组织草拟，审批、编号、发布的活动。

1. 制定标准的基本要求

制定标准应当有利于促进对外经济技术合作和对外贸易，并发挥行业协会、科学研究机构和学术团体的作用；制定标准应当有利于保障安全和人民的身体健康，保护消费者的

利益，保护环境；制定标准应当有利于合理利用国家资源，推广科学技术成果，提高经济效益，并符合使用要求，有利于产品的通用互换，做到技术上先进，经济上合理，同时应做到有关标准的协调配套。

制定标准部门应当组织由专家组成的标准化技术委员会，负责标准的草拟，参加标准草案的审查工作；标准实施后，制定标准的部门应当根据科学技术的发展和经济建设的需要适时进行复审，以确认现行标准继续有效或者予以修订、废止。

2. 国家标准的制定

需要在全国范围内统一的下列技术要求，应当制定国家标准（包含标准样品的制作）：

（1）互换配合、通用技术语言要求。

（2）保障人体健康和人身、财产安全的技术要求。

（3）基本原料、燃料、材料的技术要求。

（4）通用基础件的技术要求。

（5）通用的试验、检验方法。

（6）通用的管理技术要求。

（7）工程建设的重要技术要求。

（8）国家需要控制的其他重要产品的技术要求。

国家标准由国务院标准化行政主管部门编制计划，组织草拟，统一审批、编号、发布。工程建设、药品、食品卫生、兽药、环境保护的国家标准，分别由国务院工程建设主管部门、卫生主管部门、农业主管部门、环境保护主管部门组织草拟、审批；其编号、发布办法由国务院标准化行政主管部门会同国务院有关行政主管部门制定。

3. 行业标准的制定

对没有国家标准而又需要在全国某个行业范围内统一的技术要求，可以制定行业标准（含标准样品的制作）；制定行业标准的项目由国务院有关行政主管部门确定。行业标准由国务院有关行政主管部门编制计划，组织草拟，统一审批、编号、发布，并报国务院标准化行政主管部门备案；行业标准在相应的国家标准实施后，自行废止。

4. 地方标准的制定

对没有国家标准和行业标准而又需要在省、自治区、直辖市范同内统一的工业产品的安全、卫生要求，可以制定地方标准；制定地方标准的项目，由省、自治区、直辖市人民政府标准化行政主管部门确定。

地方标准由省、自治区、直辖市人民政府标准化行政主管部门编制计划，组织草拟，统一审批、编号、发布，并报国务院标准化行政主管部门和国务院有关行政主管部门备案；法律对地方标准的制定另有规定的，依照法律的规定执行；地方标准在相应的国家标准或行业标准实施后，自行废止。

5. 企业标准的制定

企业生产的产品没有国家标准、行业标准和地方标准的，应当制定相应的企业标准，作为组织生产的依据。

企业标准由企业组织制定（农业企业标准制定办法另定），同时应充分听取使用单位、科学技术研究机构的意见，并按省、自治区、直辖市人民政府的规定备案。

对已有国家标准、行业标准或者地方标准的，鼓励企业制定严于国家标准、行业标准或者地方标准要求的企业标准，在企业内部适用。

12.1.3　标准的实施与监督

从事科研、生产、经营的单位和个人，必须严格执行强制性标准。不符合强制性标准的产品，禁止生产、销售和进口。

企业生产执行国家标准、行业标准、地方标准或企业标准，应当在产品或其说明书、包装物上标注所执行标准的代号、编号、名称；出口产品的技术要求由合同双方约定，出口产品若在国内销售，属于我国强制性标准管理范围的，应当符合强制性标准的要求；企业研制新产品、改进产品、进行技术改造，应当符合标准化要求。

国务院标准化行政主管部门统一负责全国标准实施的监督。国务院有关行政主管部门分工负责本部门、本行业的标准实施的监督。地方各级标准化行政主管部门统一负责本行政区域内的标准实施与监督。

县级以上人民政府标准化行政主管部门，可以根据需要设置检验机构，或者授权其他单位的检验机构，对产品是否符合标准进行检验和承担其他标准实施的监督检验任务。检验机构的设置应当合理布局，充分利用现有力量。

国家检验机构由国务院标准化行政主管部门会同国务院有关行政主管部门规划、审查。地方检验机构由省、自治区、直辖市人民政府标准化行政主管部门会同省级有关行政主管部门规划、审查。

国家机关、社会团体、企业事业单位及全体公民均有权检举、揭发违反强制性标准的行为。

12.1.4　违反《标准化法》的法律责任

有下列情形之一的，由标准化行政主管部门或有关行政主管部门在各自的职权范围内责令限期改进，并可通报批评或给予责任者行政处分：

(1) 企业未按规定制定标准作为组织生产依据的。

(2) 企业未按规定要求将产品标准上报备案的。

(3) 企业的产品未按规定附有标志或与其标志不符的。

(4) 企业研制新产品、改进产品、进行技术改造，不符合标准化要求的。

(5) 科研、设计、生产中违反有关强制性标准规定的。

生产不符合强制性标准的产品的；应当责令其停止生产，并没收产品，监督销毁或作必要技术处理；处以该批产品货值金额 20%～50%的罚款；对有关责任者处以 5000 元以下罚款。

销售不符合强制性标准的商品的，应当责令其停止销售，并限期追回已售出的商品，监督销毁或作必要技术处理；没收违法所得；处以该批商品货值金额 10%～20%的罚款；对有关责任者处以 5000 元以下罚款。

进口不符合强制性标准的产品的，应当封存并没收该产品，监督销毁或作必要技术处理；处以进口产品货值金额 20%～50%的罚款；对有关责任者给予行政处分，并可处以 5000 元以下罚款。

生产、销售、进口不符合强制性标准的产品，造成严重后果，构成犯罪的，由司法机关依法追究直接责任人员的刑事责任。

未获得认证证书的产品不符合认证标准而使用认证标志出厂销售的，由标准化行政主管部门责令其停止销售，并处以违法所得 2 倍以下的罚款。

产品未经认证或者认证不合格而擅自使用认证标志出厂销售的，由标准化行政主管部门责令其停止销售，处以违法所得 3 倍以下的罚款，并对单位负责人处以 5000 元以下罚款。

标准化工作的监督、检验、管理人员有下列行为之一的，由有关主管部门给予行政处分，构成犯罪的，由司法机关依法追究刑事责任：

1）违反本法规定，工作失误，造成损失的。

2）伪造、篡改检验数据的。

3）徇私舞弊、滥用职权、索贿受贿的。

12.1.5 工程建设标准化工作

1. 工程建设标准化的概念

工程建设标准是工程建设活动中需要共同遵守、可以重复使用的、统一的技术、经济和管理规定。是确保工程质量安全、规范市场秩序的重要技术依据，是落实国家技术经济政策、促进技术进步的重要途径，是保护生态环境、维护人民群众的生命财产安全和人身健康权益的有力工具，更是引导工程建设节约与合理利用能源资源，促使工程建设项目达到最佳的经济效益、环境效益和社会效益的有效手段。

工程建设标准化是国家实现对工程建设技术、经济等实行宏观调控和科学管理的一项基础工作，其目的就是在工程建设领域，对各种活动中的重复性事物和概念，通过制定、发布和实施标准，达到统一，以获得最佳秩序和社会效益。

2. 工程建设标准化的地位和作用

(1) 全面建设小康社会需要加强工程建设标准化工作。

全面建设小康社会重要之点在于可持续发展能力不断增强，生态环境得到改善，资源利用效率显著提高，促进人与自然的和谐，推动整个社会走上生产发展、生活富裕、生态良好的文明发展道路。生态环境恶化、污染严重、资源利用效率低、能源紧缺是我国在全面建设小康社会过程中需要面对和必须解决的问题。因此，迫切需要根据我国技术发展现状制定符合我国可持续发展战略的技术标准。从 20 世纪 80 年代开始建筑节能标准化工作从北向南逐步推进，目前，各气候区域的居住建筑已制定相关标准，《公共建筑节能设计标准》也即将出台，将促进建筑节能工作的全面推进。《城市污水再生利用》系列标准的制定，为有效利用城市污水资源和保障污水处理的质量安全，提供了技术依据。

(2) 完善社会主义市场经济体制要求加强工程建设标准化工作。

市场经济是法制经济，需要成千上万个标准对产品、工程、服务等进行规范。从工程建设来说，标准作为一项最基本的技术、经济规则，是判断建设各方责任主体行为，合理确定工程造价，有效发挥建设投资效益，处理各种工程事故，解决各类工程纠纷等的基本依据。完善市场经济体制需要完善这些规则，并运用这些规则规范市场秩序。

(3) 应对加入世界贸易组织必须加强工程建设标准化工作。

积极开拓国际市场、有效保护国内市场，用技术性措施促进出口，抑制不必要的产品进口，是国际上的通行做法。发达国家纷纷以技术标准，尤其是涉及国家安全、人身健康、环境保护的技术标准为依据，采用由技术法规、标准和合格评定程序设置的技术性贸易措施，强化其经济和技术在国际中的竞争地位。因此，我们一方面要大力推行采用国际标准和国外先进标准的工作，提高我国的标准水平和产品的竞争力；另一方面又要充分利用标准这个手段来合理地保护我国的正当目标。

（4）政府职能转变客观要求强化工程建设标准化工作。

政府部门真正履行起“经济调节、市场监管、社会管理和公共服务”的职能，减少行政审批，规范建设活动，关键就是要加强行政立法和技术立法。法规和标准健全，大家都按标准办事，行政审批就可以减少，就能推动政府职能的转变。《建设项目监理规范》、《建设工程项目管理规范》、《建设项目总承包管理规范》、《建筑施工安全检查标准》等标准的发布实施，将部分行政管理手段转化为技术手段，有效加强了市场监管力度，促进了政府职能转变。

（5）工程建设质量与安全的根本保障离不开工程建设标准化工作。

工程建设的质量，涉及国家和人民群众的生命财产安全，没有标准就没有工程的质量和安全，强制性条文的规定都是用经验教训换来的。施工图审查、竣工验收备案、工程质量监督以及工程监理等，都离不开各类标准、规范和规程。

3. 目前我国工程建设标准化的现状

多年来，特别是进入21世纪以来，工程建设标准化工作在各级建设主管部门以及广大工程技术人员的努力下，取得了很大的成绩，具体表现在：

（1）标准的数量和技术水平有了很大的提高。

截至2007年，经住房和城乡建设部批准和备案的工程建设标准已达到4700余项，比1980年的180余项增加了近30倍，涉及房屋建筑、城乡规划、城镇建设、交通运输、能源水利、航空航天、工业建设等各类工程建设领域，涵盖了工程建设活动的全方位、全过程和建设工程项目全寿命生命周期，形成了具有中国特色的、满足我国工程建设需要的技术标准体系。同时，标准的质量和技术水平已有了显著提高，在新一轮标准修订完成后，总体水平将达到20世纪90年代末21世纪初的工程建设技术发展水平，部分标准的技术水平接近或达到了国际先进水平。

（2）标准化工作的管理制度日趋完善。

自《中华人民共和国标准化法》和《标准化法实施条例》颁布后，国家又先后制定并颁布了《工程建设国家标准管理办法》、《工程建设行业标准管理办法》、《工程建设标准局部修订管理办法》、《工程建设标准编写办法》、《工程建设标准出版印刷规定》、《实施工程建设强制性标准监督规定》等规章和规范性文件，同时国务院各部门及各省市建设行政主管部门，根据本部门、本地区的实际情况，也相应组织起草并发布实施了配套的规章和规范性文件，形成了比较完善的工程建设标准化工作的管理制度体系。目前，住房与城乡建设部正在酝酿出台《工程建设标准化管理条例》，以进一步完善工程建设标准化管理。

（3）标准化的工作队伍日益壮大。

近年来，工程建设标准化作为一项政府职能得到了进一步明确，各专业部门、各地都设置或确定了标准的管理机构，配备了专门的管理人员。工程建设标准化管理机构面向全行业、团结和依靠从事工程建设勘察、规划、设计、施工、科研等专业技术人员，依靠专业机构、大专院校、科研单位和生产企业，培育并形成了一支水平高、门类全的标准化工作队伍。据不完全统计，目前，从事和参与工程建设标准化工作的人员约4万余人。另外，中国工程建设标准化协会也先后成立了43个分支机构（包括专业委员会34个，分会9个），发展会员近6000人。

但是，随着我国经济体制改革的深入，市场经济体制的逐步建立，特别是加入WTO以后，工程建设标准化工作中一些长期存在的问题，日益暴露出来，一些新的矛盾逐渐显现。如：工程建设标准体制上存有缺陷；各类标准的内容交叉重复，有时互相矛盾；标准的结构不规范、不统一；标准的制定、修订周期长、费用少，导致标准的质量低；标准的实施监督不力，强制性标准得不到强制执行等。

4. 工程建设标准化发展的方向和目标

(1) 做好标准化发展的基础性研究工作。

第一，要为技术控制体制的改革作好理论研究。世界上各经济发达国家和地区的技术控制体制已趋同于一种基本模式：技术法规与技术标准。技术法规是对涉及安全、卫生、环保、节能等事项提出强制性技术要求，技术标准都属于自愿采用。在结合我国工程建设实际的基础上，对技术法规的制修订、管理、发布及其主要内容，技术法规与技术标准的实施监督等进行充分研究，同时做好技术法规的试编制工作。第二，要研究建立技术法规和技术标准体系及其推行体系，不断修订完善技术标准体系，使其真正发挥有利于满足新技术的发展及推广，优化结构，以最小的资源投入获得最大标准化效果的作用。

(2) 推进工程建设标准化支撑体系建设。

开展技术支撑体系研究，筹建全国工程建设强制性标准技术咨询委员会和全国工程建设标准技术管理委员会等。完成《工程建设标准化管理条例》的修改论证和上报；完成《工程建设标准编写规定》的修订，印发《工程建设标准翻译出版管理办法》；开展《工程建设标准宣贯培训管理办法》、《工程建设标准化信息管理办法》论证。逐步建立健全标准计划、制修订过程、标准备案和强制性标准的网上管理制度。

(3) 进一步完善工程建设标准体系。

近期，应以能源资源节约和合理利用、城乡规划、建设工程安全、工业建设领域标准制定修订为重点，加大工作力度。并实施在编标准项目的动态管理，加快编制进度。进一步完善、细化原有标准的修订、审批。加强现行标准的修订，提高标准的水平。

(4) 适时推进强制性标准规范的法规化。

适应加入WTO和整顿规范建筑市场的需要，以促进工程建设标准化发展为目标，继续深化工程建设标准化工作的体制改革和机制创新。按照更严格、更科学、与国际接轨的要求，进一步完善《工程建设标准强制性条文》，开展房屋建筑、城镇燃气、城市轨道交通技术法规的编制试点，完成全文强制的《住宅建筑规范》的编制，逐步形成技术法规与技术标准相结合的标准体系。建立健全建设领域各行业的标准规范工作管理机构，初步形成以专家为依托、决策科学民主、运行灵活高效的工作管理机制。

(5) 强化工程建设标准的实施和监督。

围绕已发布的重点标准规范，开展强制性标准实施情况的监督检查，完善工程建设标准实施与监督的经常性管理运行机制。整合工程建设标准化信息资源，规范工程建设地方标准的制定与管理工作。提高管理水平。利用网络信息技术，构建工程建设标准化工作平台，加快信息交流，提高工作效率和透明度。按照《工程建设地方标准化工作管理规定》的要求，协调地方标准化工作，发挥地方标准化工作在完善标准体系。推进标准体制改革，强化标准实施与监督等方面的积极作用。

12.2　工程建设环境保护法律制度

12.2.1　建设项目环境影响评价制度

环境保护法是调整环境保护中各社会关系的法律规范的总称，是指国家、政府部门根据发展经济，保护人民身体健康与财产安全，保护和改善环境需要而制定的一系列法律、法规、规章等。环境保护法规迅速成为一门新兴的独立法律分支，是和近几十年来世界很多国家和地区环境严重恶化，以致需要国家和政府干预这种情况相联系的。

环境影响评价，是指对规划和建设项目实施后可能造成的环境影响进行分析、预测和评估，提出预防或者减轻不良环境影响的对策和措施，进行跟踪监测的方法与制度。2002 年 10 月 28 日全国人大常委会发布了《中华人民共和国环境影响评价法》，以法律的形式确立了规划和建设项目的环境影响评价制度。关于建设项目的环境影响评价制度，该法主要规定了如下内容。

对建设项目的环境影响评价实行分类管理。建设单位应当按照下列规定组织编制环境影响报告书、环境影响报告表或者填报环境影响登记表，即环境影响评价文件：

（1）可能造成重大环境影响的，应当编制环境影响报告书，对产生的环境影响进行全面评价。

（2）可能造成轻度环境影响的，应当编制环境影响报告表，对产生的环境影响进行分析或者专项评价。

（3）对环境影响很小、不需要进行环境影响评价的，应当填报环境影响登记表。

建设项目的环境影响报告书应当包括下列内容：①建设项目概况；②建设项目周围环境现状；③建设项目对环境可能造成影响的分析、预测和评估；④建设项目环境保护措施及其技术、经济论证；⑤建设项目对环境影响的经济损益分析；⑥对建设项目实施环境监测的建议；⑦环境影响评价的结论和附图。

12.2.2　建设项目各设计阶段环境保护

1. 项目建议书阶段

项目建议书中应根据建设项目的性质、规模、建设地区的环境现状等有关资料，对建设项目建成投产后可能造成的环境影响进行简要说明，主要内容如下：

（1）所在地区的环境现状。

（2）可能造成的环境影响分析。

（3）当地环保部门的意见和要求。

（4）存在的问题。

2. 可行性研究阶段

在可行性研究报告书中，应有环境保护的专门论述，其主要内容如下：

(1) 建设地区的环境现状。

(2) 主要污染源和主要污染物。

(3) 资源开发可能引起的生态变化。

(4) 设计采用的环境保护标准。

(5) 控制污染和生态变化的初步方案。

(6) 环境保护投资估算。

(7) 环境影响评价的结论或环境影响分析。

(8) 存在的问题及建议。

3. 初步设计阶段

建设项目的初步设计必须有环境保护篇，具体落实环境影响报告书（表）及其审批意见所确定的各项环境保护措施。环境保护篇包含下列内容：

(1) 环境保护设计依据。

(2) 主要污染源和主要污染物的种类、名称、数量、浓度和强度及排放方式。

(3) 规划采用的环境保护标准。

(4) 环境保护工程设施及其简要处理工艺流程、预期效果。

(5) 对建设项目引起的生态变化所采取的防范措施。

(6) 绿化设计。

(7) 环境管理机构及定员。

(8) 环境监测机构。

(9) 环境保护投资概算。

(10) 存在的问题及建议。

4. 施工图设计阶段

建设项目环境保护设施的施工图设计，必须按已批准的初步设计文件及其环境保护篇（章）所确定的各种措施和要求进行。

12.2.3 选址与总图布置

1. 建设项目的选址

(1) 必须全面考虑建设地区的自然环境和社会环境，对选址地区的地理、地形、地质、水文、气象、名胜古迹、城乡规划、土地利用、工农业布局、自然保护区现状及其发展规划等因素进行调查研究，并在收集建设地区的大气、水体、土壤等基本环境要素背景资料的基础上进行综合分析论证，制定最佳的规划设计方案。

(2) 凡排放有毒有害的废水、废气、废渣（液）、恶臭、噪声、放射性元素等物质或因素的建设项目，选址应遵循以下原则：

1) 严禁在城市规划确定的生活居住区、文教区、水源保护区、名胜古迹、风景游览区、温泉、疗养区和自然保护区等界内选址。

2) 应与生活居住区之间保持必要的卫生防护距离，并采取绿化措施。

3) 排放有毒有害气体的建设项目应布置在生活居住区污染系数最小的方向的下风侧。

4）排放有毒有害废水的建设项目应布置在当地生活饮用水水源的下游。

5）废渣堆置场地应与生活居住区及自然水体保持规定的距离。

6）铁路公路等的选线，应尽量减轻对沿途自然生态的破坏和污染。

(3) 环境保护设施用地应与主体工程用地同时选定。

2. 建设项目的总图布置

(1) 在满足主体工程需要的前提下，宜将污染危害最大的设施布置在远离非污染设施的地段，然后合理地确定其余设施的相应位置，尽可能避免互相影响和污染。

(2) 新建项目的行政管理和生活设施，应布置在靠近生活居住区的一侧，并作为建设项目的非扩建端。

(3) 建设项目的主要烟囱（排气筒）、火炬设施、有害有毒原料、成品的贮存设施、装卸站等，宜布置在厂区常年主导风向的下风侧。

(4) 新建项目应有绿化设计，其绿化覆盖率可根据建设项目的种类不同而异。城市内的建设项目应按当地有关绿化规划的要求执行。

3. 污染防治原则及措施

(1) 设置专用容器或其他设施，用以回收采样、溢流、事故或检修时排出的物料或废弃物。

(2) 设备、管道等必须采取有效的密封措施，防止物料跑、冒、滴、漏。

(3) 粉状或散装物料的贮存、装卸、筛分、运输等过程应设置抑制粉尘飞扬的设施。

(4) 废弃物的输送及排放装置宜装置计量、采样及分析设施。

(5) 废弃物在处理或综合利用过程中。

(6) 贮存、运输、使用放射性物质及放射性废弃物的处理，必须符合《放射性防护规定》和《放射性同位素工作卫生防护管理办法》等的要求。

(7) 建设项目的供热、供电及供煤气的规划设计应根据条件尽量采用热电结合，集中供热或联片供热，集中供应民用煤气的建设方案。

4. 环境保护设计管理

各设计单位应有一名领导主管环境保护设计工作，对本单位所承担的建设项目的环境保护设计负全面领导责任。同时，根据工作需要设置环境保护设计机构或专业人员，负责编制建设项目各阶段综合环境保护设计文件。

设计单位必须严格按国家有关环境保护规定做好以下工作：

(1) 承担或参与建设项目的环境影响评价。

(2) 接受设计任务书后，必须按环境影响报告书及其审批意见所确定的各种措施开展初步设计，认真编制环境保护篇。

(3) 严格执行“三同时”制度，做到防治污染及其他公害的设施与主体工程同时设计。

(4) 未经批准环境影响报告书的建设项目，不得进行设计。

建设单位向外委托设计项目时，应同时向设计单位提出环境保护要求。设计单位对没有污染防治方法或虽有方法但其工艺基础数据不全的建设项目不得开展设计；对有污染而没有防治措施的工程设计不得向外提供；对虽有治理措施，但不能满足国家或省、自治区、直辖市规定的排放标准的生产方法、工艺流程，不得用于设计。因工程设计需要而开发研制的环境保护科研成果，必须通过技术鉴定，确认取得了工程放大的条件和设计数据才能用于设计。

12.2.4 建设项目环境保护设施建设管理

建设对环境有影响的一切建设项目，须依法执行环境保护设施与主体工程同时设计、同时施工、同时投产使用的“三同时”制度。

1. 施工现场的环境保护

实行环保目标责任制，加强检查和监控工作，保护和改善施工现场的环境，并作综合治理。防止大气污染、水源污染和噪声污染。

2. 环境保护设施竣工验收管理

国务院环境保护行政主管部门可直接组织建设项目环境保护设施的竣工验收，也可委托下一级环境保护行政主管部门组织验收。接受委托的环境保护行政主管部门需将竣工验收材料报国务院环境保护行政主管部门备案。对委托验收结论有异议，由国务院环境保护行政主管部门裁定。对分期建设、分期受益的建设项目应根据实际情况对其相应的环境保护设施进行分期验收。

建设项目试生产前，建设单位应会同施工单位、设计单位检查其环境保护设施是否符合“三同时”要求，并将检查结果和建设项目准备试生产的开始时间报告当地地、市级或省级环境保护行政主管部门和国务院环境保护行政主管部门、行业主管部门，经当地地、市级环境保护行政主管部门检查同意后，建设项目方可进行试生产。

各级环境保护行政主管部门有权在试运行期间对环境保护设施运行情况进行检查，如发现不符合“三同时”要求，可由国务院环境保护行政主管部门责令停止试运行。

试运行期间建设单位应委托环境保护行政主管部门所属的地、市级以上（含地、市级）环境保护监测站，对建设项目排污情况及清洁生产工艺和环境保护设施运转效果进行监测。受委托的环境监测站可组织进入环境监测网的当地行业环境监测站参加监测，受委托的环境监测站应向建设单位提交《监测报告》。

建设项目在正式投入生产或使用之前，建设单位必须向国务院环境保护行政主管部门提出环境保护设施竣工验收申请。申请验收需具备下列条件：

（1）自检建设项目环境保护设施已具备规定的竣工验收合格的条件。

（2）按试车的有关规定组织环境保护设施联动试车，有试运转记录。

（3）完成《建设项目环境保护设施竣工验收申请报告》的编写，并提交《监测报告》。

建设单位向国务院环境保护行政主管部门提交《验收申请报告》，并抄送行业主管部门所在地各级环境保护行政主管部门。国务院环境保护行政主管部门自到报告之日起1个月内组织审查验收。

3. 保护设施竣工验收合格条件

（1）建设项目建设前期环境保护审查、审批手续完备，技术资料齐全，环境保护设施按批准的环境影响报告书和设计要求建成。

（2）环境保护设施安装质量符合国家和有关部门颁发的专业工程验收规范、规程和检验评定标准。

（3）环境保护设施与主体工程建成后经负荷试车合格，其防治污染能力适应主体工程的需要。

(4) 外排污染物符合经批准的设计文件和环境影响报告书(表)中提出的要求。

(5) 建设过程中受到破坏并且可恢复的环境已经得到修整。

(6) 环境保护设施能正常运转,符合交付使用的要求,并具备正常运行的条件,包括经培训的环境保护设施岗位操作人员的到位、管理制度的建立、原材料与动力的落实等。

(7) 环境保护管理和监测机构,包括人员、监测仪器、设备、监测制度、管理制度等符合环境影响报告书和有关规定的要求。

国务院环境保护行政主管部门在建设项目环境保护设施验收合格后,批准由建设单位提交的《验收申请报告》。经批准的《验收申请报告》是建设项目总体验收的主要依据之一。《验收申请报告》未经批准的建设项目,不能正式投入生产或使用。

4. 环境保护设施竣工验收管理和监督

建设项目试运行期间,污染物排放达不到规定排放标准的,负责验收的环境保护行政主管部门可根据建设项目的具体情况,要求建设单位限期达到规定的污染物排放标准;在实行污染物总量控制的地方,还应达到当地污染物排放总量控制的要求。试运行期间和限期达标期间内排放污染物的,应按规定缴纳排污费。

环境保护设施没有建成或经竣工验收不合格并经限期整改仍不合格的建设项目,擅自投入生产使用的,由国务院环境保护行政主管部门依法责令建设单位停止生产或使用,可以并处罚款。

环境保护设施未按规定申报竣工验收的建设项目,擅自投入生产或使用的,由国务院环境保护行政主管部门依法责令建设单位限期补办环境保护设施竣工验收申请手续,并处罚款。

12.3 土地管理法

12.3.1 土地管理法基本概念

1. 土地

土地是地球陆地表层,是人类赖以生存和发展的活动场所,它具有固定性、不可替代性和有限性的特征。所以,世界各国都把它视为最为重要的自然资源,尽量合理开发利用,不断提高其经济价值和社会价值。

根据土地的用途,我国将土地分为三类:农用地、建设用地和未利用土地。农用地是指直接用于农业生产的用地,包括耕地、林地、草地、农田水利用地、养殖水面等。建设用地是指建造建筑物、构筑物的土地,包括城乡住宅和公共设施用地、工矿用地、交通水利设施用地、旅游用地、军事设施用地等。未利用土地是指农用地和建设用地以外的土地。

2. 土地管理法

土地管理法是调整人们在开发、利用和保护土地过程中所形成的权利、义务关系的法律规范的总称。它是我国经济法律体系中重要的法律部门。

我国是一个人口大国,地少人多,人均占有土地仅为1.3亩,不及世界人均占有土地面积的1/3。我国国土中山地多、平原少，据初步统计，山地高原、丘陵面积约占69%，平地、盆地只占31%。尤其是我国还有近一半的国土面积还是戈壁荒漠及崇山峻岭或高原缺氧地区，生存条件恶劣，生态环境十分脆弱，难以承受人类生存所必须进行的相关活动。我国90%以上的人口都集中在另一半国土之上，使得人多地少的矛盾更为突出。不少地区人均耕地面积不足联合国规定的人类生存所需的最低耕地面积值（1亩）。随着人口增加，人地矛盾将更加尖锐。为了加强土地管理，保护有限的土地资源，切实保护耕地，合理利用和开发土地，促进社会经济的持续稳定发展，我国已先后颁行了一系列土地管理的法律法规。

3. 立法概况

现行的土地管理法律法规主要有：《中华人民共和国土地管理法》（1986年6月第六届全国人大常委会第16次会议通过，1988年2月第七届全国人大常委会第5次会议、1998年8月第九届全国人大常委会第4次会议和2004年8月第十届全国人大常委会第十一次会议三次重新修订）；《中华人民共和国土地管理法实施条例》（1998年12月27日国务院颁布，以下简称《实施条例》）；《基本农田保护条例》（1994年7月国务院发布）；《建设用地计划管理办法》（1996年9月国家计委和国家土地管理局联合发布）；国家土地管理局发布的《划拨土地使用权管理暂行办法》（1992年3月）、《土地监察暂行规定》（1995年6月）、《土地权属争议处理暂行办法》（1995年12月）、《土地利用总体规划编制审批规定》（1997年10月）、《确定土地所有权和使用权的若干规定》（1995年3月）；国务院发布的《关于加强国有土地资产管理的通知》（2001年5月）、《国务院关于深化改革严格土地管理的决定》（2004年10月）、《国务院关于加强土地调控有关问题的通知》（2006年8月）等。这些法律、法规的颁行，使我国的土地管理纳入了法制轨道。

12.3.2 土地的所有权和使用权

1. 土地的所有权

根据《中华人民共和国土地管理法》，土地所有权分为国家所有土地所有权和农民集体所有土地所有权。

城市市区的土地属于国家所有。农村和城市郊区的土地，除由法律规定属于国家所有的以外，属于农民集体所有；宅基地和自留地、自留山，属于农民集体所有。

国有土地和农民集体所有的土地，可以依法确定给单位或者个人使用。使用土地的单位和个人，有保护、管理和合理利用土地的义务。

农民集体所有的土地依法属于村农民集体所有的，由村集体经济组织或者村民委员会经营、管理；已经分别属于村内两个以上农村集体经济组织的农民集体所有的，由村内各该农村集体经济组织或者村民小组经营、管理；已经属于乡（镇）农民集体所有的，由乡（镇）农村集体经济组织经营、管理。

2. 土地的使用权

（1）土地使用权的确认。

农民集体所有的土地，由县级人民政府登记造册，核发证书，确认所有权。农民集体所有的土地依法用于非农业建设的，由县级人民政府登记造册，核发证书，确认建设用地使用权。

单位和个人依法使用的国有土地，由县级以上人民政府登记造册，核发证书，确认使用权；其中，中央国家机关使用的国有土地的具体登记发证机关，由国务院确定。

（2）土地使用权的变更。

依法改变土地权属和用途的，应当办理土地变更登记手续。依法登记的土地的所有权和使用权受法律保护，任何单位和个人不得侵犯。

3. 土地所有权和使用权争议的解决

当发生土地所有权与使用权争议时，可以按照下面的途径来解决纠纷，在土地所有权和使用权争议解决前，任何一方不得改变土地利用现状：

（1）土地所有权和使用权争议，由当事人协商解决；协商不成的，由人民政府处理。

（2）单位之间的争议，由县级以上人民政府处理；个人之间、个人与单位之间的争议，由乡级人民政府或者县级以上人民政府处理。

当事人对有关人民政府的处理决定不服的，可以自接到处理决定通知之日起 30 日内，向人民法院起诉。

12.3.3　土地利用总体规划

各级人民政府应当依据国民经济和社会发展规划、国土整治和资源环境保护的要求、土地供给能力以及各项建设对土地的需求，组织编制土地利用总体规划。

1. 土地利用总体规划编制原则

土地利用总体规划按照下列原则编制：

（1）严格保护基本农田，控制非农业建设占用农用地。

（2）提高土地利用率。

（3）统筹安排各类、各区域用地。

（4）保护和改善生态环境，保障土地的可持续利用。

（5）占用耕地与开发复垦耕地相平衡。

县级土地利用总体规划应当划分土地利用区，明确土地用途。

乡（镇）土地利用总体规划应当划分土地利用区，根据土地使用条件，确定每一块土地的用途，并予以公告。

2. 土地利用总体规划的作用

（1）指导编制下级总体规划。

土地利用总体规划的规划期限由国务院规定。下级土地利用总体规划应当依据上一级土地利用总体规划编制。地方各级人民政府编制的土地利用总体规划中的建设用地总量不得超过上一级土地利用总体规划确定的控制指标，耕地保有量不得低于上一级土地利用总体规划确定的控制指标。

省、自治区、直辖市人民政府编制的土地利用总体规划，应当确保本行政区域内耕地总量不减少。

（2）规范建设用地规模。

1）规范建设用地规模是土地利用年度计划制定的依据。

各级人民政府应当加强土地利用计划管理，实行建设用地总量控制。

土地利用年度计划，根据国民经济和社会发展计划、国家产业政策、土地利用总体规划以及建设用地和土地利用的实际状况编制。土地利用年度计划的编制审批程序与土地利用总体规划的编制审批程序相同，一经审批下达，必须严格执行。

2）规范建设用地规模是城市总体规划、村庄和集镇建设用地规模制定的依据。

城市建设用地规模应当符合国家规定的标准，充分利用现有建设用地，不占或者少占农用地。

城市总体规划、村庄和集镇规划，应当与土地利用总体规划相衔接，城市总体规划、村庄和集镇规划中建设用地规模不得超过土地利用总体规划确定的城市和村庄、集镇建设用地规模。

在城市规划区内、村庄和集镇规划区内，城市和村庄、集镇建设用地应当符合城市规划、村庄和集镇规划。

3. 土地利用总体规划的审批与修改

（1）土地利用总体规划的审批。

土地利用总体规划实行分级审批。省、自治区、直辖市的土地利用总体规划，报国务院批准。省、自治区人民政府所在地的市、人口在100万以上的城市以及国务院指定的城市的土地利用总体规划，经省、自治区人民政府审查同意后，报国务院批准。

上述规定以外的土地利用总体规划，逐级上报省、自治区、直辖市人民政府批准；其中，乡（镇）土地利用总体规划可以由省级人民政府授权的设区的市、自治州人民政府批准。

土地利用总体规划一经批准，必须严格执行。

（2）土地总体规划的修改。

省、自治区、直辖市人民政府应当将土地利用年度计划的执行情况列为国民经济和社会发展计划执行情况的内容，向同级人民代表大会报告。

经批准的土地利用总体规划的修改，须经原批准机关批准；未经批准，不得改变土地利用总体规划确定的土地用途。

经国务院批准的大型能源、交通、水利等基础设施建设用地，需要改变土地利用总体规划的，根据国务院的批准文件修改土地利用总体规划。

经省、自治区、直辖市人民政府批准的能源、交通、水利等基础设施建设用地，需要改变土地利用总体规划的，属于省级人民政府土地利用总体规划批准权限内的，根据省级人民政府的批准文件修改土地利用总体规划。

12.3.4 建设用地

1. 建设用地的审批与实施

（1）需要申请土地使用权的建设项目。

任何单位和个人进行建设，需要使用土地的，必须依法申请使用国有土地；但是，兴办乡镇企业和村民建设住宅经依法批准使用本集体经济组织农民集体所有的土地的，或者乡（镇）村公共设施和公益事业建设经依法批准使用农民集体所有的土地的除外。

上述所称依法申请使用的国有土地包括国家所有的土地和国家征用的原属于农民集体所有的土地。

建设项目可行性研究论证时，土地行政主管部门可以根据土地利用总体规划、土地利用年度计划和建设用地标准，对建设用地有关事项进行审查，并提出意见。

经批准的建设项目需要使用国有建设用地的，建设单位应当持法律、行政法规规定的有关文件，向有批准权的县级以上人民政府土地行政主管部门提出建设用地申请，经土地行政主管部门审查，报本级人民政府批准。

（2）农用地转为建设用地的审批与实施。

1）审批。

建设占用土地，涉及农用地转为建设用地的，应当办理农用地转用审批手续。

省、自治区、直辖市人民政府批准的道路、管线工程和大型基础设施建设项目、国务院批准的建设项目占用土地，涉及农用地转为建设用地的，由国务院批准。

在土地利用总体规划确定的城市和村庄、集镇建设用地规模范围内，为实施该规划而将农用地转为建设用地的，按土地利用年度计划分批次由原批准土地利用总体规划的机关批准。在已批准的农用地转用范围内，具体建设项目用地可以由市、县人民政府批准。

征收基本农田、基本农田以外的耕地超过 35 公顷的和其他土地超过 70 公顷的由国务院批准。

征收上述规定以外的土地的，由省、自治区、直辖市人民政府批准，并报国务院备案。征收农用地的，应当依照规定先行办理农用地转用审批。其中，经国务院批准农用地转用的，同时办理征地审批手续，不再另行办理征地审批；经省、自治区、直辖市人民政府在征地批准权限内批准农用地转用的，同时办理征地审批手续，不再另行办理征地审批，超过征地批准权限的，应当依照规定另行办理征地审批。

2）实施。

国家征收土地的，依照法定程序批准后，由县级以上地方人民政府予以公告并组织实施。

被征用土地的所有权人、使用权人应当在公告规定期限内，持土地权属证书到当地人民政府土地行政主管部门办理征地补偿登记。

2. 被征收土地的补偿

（1）补偿标准。

1）原用途补偿原则。

征收土地的，按照被征收土地的原用途给予补偿。

2）征收耕地补偿费的内容。

征收耕地的补偿费用包括土地补偿费、安置补助费以及地上附着物和青苗的补偿费。

a. 征收耕地的土地补偿费，为该耕地被征收前 3 年平均年产值的 6～10 倍。

b. 征收耕地的安置补助费，按照需要安置的农业人口数计算。需要安置的农业人口数，按照被征收的耕地数量除以征地前被征收单位平均每人占有耕地的数量计算。每一个需要安置的农业人口的安置补助费标准，为该耕地被征收前 3 年平均年产值的 4～6 倍。但是，每公顷被征收耕地的安置补助费，最高不得超过被征收前 3 年平均年产值的 15 倍。

c. 征收其他土地的土地补偿费和安置补助费标准，由省、自治区、直辖市参照征收耕地的土地补偿费和安置补助费的标准规定。

d. 附着物和青苗的补偿。被征收土地上的附着物和青苗的补偿标准，由省、自治区、直辖市规定。

征收城市郊区的菜地，用地单位应当按照国家有关规定缴纳新菜地开发建设基金。

3）土地补偿费和安置补助费的增加。

依照规定支付土地补偿费和安置补助费，尚不能使需要安置的农民保持原有生活水平的，经省、自治区、直辖市人民政府批准，可以增加安置补助费。但是，土地补偿费和安置补助费的总和不得超过土地被征收前3年平均年产值的30倍。

国务院根据社会、经济发展水平，在特殊情况下，可以提高征收耕地的土地补偿费和安置补助费的标准。

（2）征地补偿方案的公告与实施。

1）公告。

征地补偿安置方案确定后，有关地方人民政府应当公告，并听取被征地的农村集体经济组织和农民的意见。

2）实施。

被征地的农村集体经济组织应当将征收土地的补偿费用的收支状况向本集体经济组织的成员公布，接受监督。

禁止侵占、挪用被征用土地单位的征地补偿费用和其他有关费用。

地方各级人民政府应当支持被征地的农村集体经济组织和农民从事开发经营，兴办企业。

大中型水利、水电工程建设征收土地的补偿费标准和移民安置办法，由国务院另行规定。

3. 土地取得的方式

（1）划拨方式取得。

建设单位使用国有土地，应当以出让等有偿使用方式取得；但是，下列建设用地，经县级以上人民政府依法批准，可以以划拨方式取得：

1）国家机关用地和军事用地。

2）城市基础设施用地和公益事业用地。

3）国家重点扶持的能源、交通、水利等基础设施用地。

4）法律、行政法规规定的其他用地。

（2）出让方式取得。

1）缴纳费用是使用土地的必要条件。

以出让等有偿使用方式取得国有土地使用权的建设单位，按照国务院规定的标准和办法，缴纳土地使用权出让金等土地有偿使用费和其他费用后，方可使用土地。

自土地管理法施行之日起，新增建设用地的土地有偿使用费，30％上缴中央财政，70％留给有关地方人民政府，都专项用于耕地开发。

2）按照约定或规定的用途使用土地。

建设单位使用国有土地的，应当按照土地使用权出让等有偿使用合同的约定或者土地使用权划拨批准文件的规定使用土地；确需改变该幅土地建设用途的，应当经有关人民政府土地行政主管部门同意，报原批准用地的人民政府批准。其中，在城市规划区内改变土地用途的，在报批前，应当先经有关城市规划行政主管部门同意。

3）临时用地。

建设项目施工和地质勘查需要临时使用国有土地或者农民集体所有的土地的，由县级以上人民政府土地行政主管部门批准。其中，在城市规划区内的临时用地，在报批前，应当先经有关城市规划行政主管部门同意。土地使用者应当根据土地权属，与有关土地行政主管部门或者农村集体经济组织、村民委员会签订临时使用土地合同，并按照合同的约定支付临时使用土地补偿费。

临时使用土地的使用者应当按照临时使用土地合同约定的用途使用土地，并不得修建永久性建筑物。临时使用土地期限一般不超过 2 年。

4. 国家可以收回国有土地使用权的情形

可以收回国有土地使用权有下列情形之一的，由有关人民政府土地主管部门报经原批准用地的人民政府或者有批准权的人民政府批准，可以收回国有土地使用权：

(1) 为公共利益需要使用土地的。

(2) 为实施城市规划进行旧城区改建，需要调整使用土地的。

(3) 土地出让等有偿使用合同约定的使用期限届满，土地使用者未申请续期或者申请续期未获批准的。

(4) 因单位撤销、迁移等原因，停止使用原划拨的国有土地的。

(5) 公路、铁路、机场、矿场等经核准报废的。

依照第 (1) 项、第 (2) 项的规定收回国有土地使用权的，对土地使用权人应当给予适当补偿。

在土地利用总体规划制定前已建的不符合土地利用总体规划确定的用途的建筑物、构筑物，不得重建、扩建。

12.4 劳　动　法

12.4.1 劳动法概述

1. 劳动法的概念

劳动法是调整劳动关系以及与劳动密切联系的其他社会关系的法律规范的总称。

2. 劳动法的适用范围

《劳动法》第 2 条规定："在中华人民共和国境内的企业、个体经济组织和与之形成劳动关系的劳动者，适用本法。国家机关、事业组织、社会团体和与之建立劳动合同关系的劳动者，依照本法执行"。根据这一规定，《劳动法》适用于：

1）在中华人民共和境内的企业、个体经济组织和与之形成劳动关系的劳动者。

2）国家机关、事业组织、社会团体的工勤人员。

3）实行企业化管理的事业组织的非工勤人员。

4）其他通过劳动合同与国家机关、事业组织、社会团体、建立劳动关系的劳动者。

《劳动法》不适用于公务员和比照实行公务员制度的事业组织和社会团体的工作人员，

以及农村劳动者（乡镇企业职工和进城务工、经商和农民除外）、现役军人、家庭保姆、在中华人民共和国境内享有外交特权和豁免权的外国人等。

3. 劳动者的基本权利和义务

（1）劳动者的基本权利。劳动者享有平等就业和择业的权利。

（2）劳动者的义务。

12.4.2 劳动合同的订立

劳动合同是劳动者与用人单位确立劳动关系、明确双方权利和义务的协议。《劳动法》第16条规定："建立劳动关系应当订立劳动合同。"

1. 劳动合同当事人

劳动合同的当事人为用人单位和劳动者。《中华人民共和国劳动合同法实施条例》进一步规定了，劳动合同法规定的用人单位设立的分支机构，依法取得营业执照或者登记证书的，可以作为用人单位与劳动者订立劳动合同；未依法取得营业执照或者登记证书的，受用人单位委托可以与劳动者订立劳动合同。

2. 订立劳动合同的时间限制

已建立劳动关系，未同时订立书面劳动合同的，应当自用工之日起一个月内订立书面劳动合同。

（1）因劳动者的原因未能订立劳动合同的法律后果。

自用工之日起一个月内，经用人单位书面通知后，劳动者不与用人单位订立书面劳动合同的，用人单位应当书面通知劳动者终止劳动关系，无须向劳动者支付经济补偿，但是应当依法向劳动者支付其实际工作时间的劳动报酬。

（2）因用人单位的原因未能订立劳动合同的法律后果。

用人单位自用工之日起超过一个月不满1年未与劳动者订立书面劳动合同的，应当依照《劳动合同法》第82条的规定向劳动者每月支付2倍的工资，并与劳动者补订书面劳动合同；劳动者不与用人单位订立书面劳动合同的，用人单位应当书面通知劳动者终止劳动关系，并依照《劳动合同法》第47条的规定支付经济补偿。

这里，用人单位向劳动者每月支付2倍工资的起算时间为用工之日起满1个月的次日，截止时间为补订书面劳动合同的前1日。

用人单位自用工之日起满1年未与劳动者订立书面劳动合同的，自用工之日起满1个月的次日至满1年的前1日应当依照劳动合同法的规定向劳动者每月支付2倍的工资，并视为自用工之日起满1年的当日已经与劳动者订立无固定期限劳动合同，应当立即与劳动者补订书面劳动合同。

3. 劳动合同的生效

劳动合同由用人单位与劳动者协商一致，并经用人单位与劳动者在劳动合同文本上签字或者盖章生效。劳动合同文本由用人单位和劳动者各执1份。

12.4.3 劳动合同的类型

劳动合同分为固定期限劳动合同、无固定期限劳动合同和以完成一定工作任务为期限的劳动合同。

1. 固定期限劳动合同

固定期限劳动合同，是指用人单位与劳动者约定合同终止时间的劳动合同。用人单位与劳动者协商一致，可以订立固定期限劳动合同。

2. 无固定期限劳动合同

无固定期限劳动合同，是指用人单位与劳动者约定无确定终止时间的劳动合同。

用人单位与劳动者协商一致，可以订立无固定期限劳动合同。有下列情形之一，劳动者提出或者同意续订、订立劳动合同的，除劳动者提出订立固定期限劳动合同外，应当订立无固定期限劳动合同：

（1）劳动者在该用人单位连续工作满 10 年的。

（2）用人单位初次实行劳动合同制度或者国有企业改制重新订立劳动合同时，劳动者在该用人单位连续工作满 10 年且距法定退休年龄不足 10 年的。

（3）连续订立两次固定期限劳动合同，且劳动者没有本法第 39 条（即用人单位可以解除劳动合同的条件）和第 40 条第一项、第二项规定（即劳动者患病或者非因工负伤，在规定的医疗期满后不能从事原工作，也不能从事由用人单位另行安排的工作的；劳动者不能胜任工作，经过培训或者调整工作岗位，仍不能胜任工作的）的情形，续订劳动合同的。

若劳动者依据此处的规定提出订立零固定期限劳动合同的，用人单位应当与其订立无固定期限劳动合同。对劳动合同的内容，双方应当按照合法、公平、平等自愿、协商一致、诚实信用的原则协商确定。

对于这里的“10 年”的计算，《中华人民共和国劳动合同法实施条例》作出了详细的规定：

连续工作满 10 年的起始时间，应当自用人单位用工之日起计算，包括劳动合同法施行前的工作年限。

劳动者非因本人原因从原用人单位被安排到新用人单位工作的，劳动者在原用人单位的工作年限合并计算为新用人单位的工作年限。原用人单位已经向劳动者支付经济补偿的，新用人单位在依法解除、终止劳动合同计算支付经济补偿的工作年限时，不再计算劳动者在原用人单位的工作年限。

3. 以完成一定工作任务为期限的劳动合同

以完成一定工作任务为期限的劳动合同，是指用人单位与劳动者约定以某项工作的完成为合同期限的劳动合同。用人单位与劳动者协商一致，可以订立以完成一定工作任务为期限的劳动合同。

12.4.4　试用期

1. 试用期的时间长度限制

劳动合同期限 3 个月以上不满 1 年的，试用期不得超过 1 个月；劳动合同期限 1 年以上不满 3 年的，试用期不得超过 2 个月；3 年以上固定期限和无固定期限的劳动合同，试用期不得超过 6 个月。

2. 试用期的次数限制

同一用人单位与同一劳动者只能约定一次试用期。

以完成一定工作任务为期限的劳动合同或者劳动合同期限不满3个月的，不得约定试用期。

试用期包含在劳动合同期限内。劳动合同仅约定试用期的，试用期不成立，该期限为劳动合同期限。

3. 试用期内的最低工资

《劳动合同法》规定，劳动者在试用期的工资不得低于本单位相同岗位最低档工资或者劳动合同约定工资的80%，并不得低于用人单位所在地的最低工资标准。

2008年9月3日公布实施的《中华人民共和国劳动合同法实施条例》对此进一步解释道：劳动者在试用期的工资不得低于本单位相同岗位最低档工资的80%或者不得低于劳动合同约定工资的80%，并不得低于用人单位所在地的最低工资标准。

4. 试用期内合同解除条件的限制

在试用期中，除劳动者有本法第39条（即用人单位可以解除劳动合同的条件）和第40条第一项、第二项（即劳动者患病或者非因工负伤，在规定的医疗期满后不能从事原工作，也不能从事由用人单位另行安排的工作的：劳动者不能胜任工作，经过培训或者调整工作岗位，仍不能胜任工作的）规定的情形外，用人单位不得解除劳动合同。用人单位在试用期解除劳动合同的，应当向劳动者说明理由。

12.4.5 服务期

用人单位为劳动者提供专项培训费用，对其进行专业技术培训的，可以与该劳动者订立协议，约定服务期。劳动合同期满，但是用人单位与劳动者依照劳动合同法的规定约定的服务期尚未到期的，劳动合同应当续延至服务期满；双方另有约定的，从其约定。

劳动者违反服务期约定的，应当按照约定向用人单位支付违约金。违约金的数额不得超过用人单位提供的培训费用。用人单位要求劳动者支付的违约金不得超过服务期尚未履行部分所应分摊的培训费用。

《劳动合同法实施条例》对于这里的培训费用进一步作出了规定：包括用人单位为了对劳动者进行专业技术培训而支付的有凭证的培训费用、培训期间的差旅费用以及因培训产生的用于该劳动者的其他直接费用。

用人单位与劳动者约定了服务期，劳动者依照劳动合同法第38的规定（即下文中“劳动者可以解除劳动合同的情形”）解除劳动合同的，不属于违反服务期的约定，用人单位不得要求劳动者支付违约金。

有下列情形之一，用人单位与劳动者解除约定服务期的劳动合同的，劳动者应当按照劳动合同的约定向用人单位支付违约金：

（1）劳动者严重违反用人单位的规章制度的。

（2）劳动者严重失职，营私舞弊，给用人单位造成重大损害的。

（3）劳动者同时与其他用人单位建立劳动关系，对完成本单位的工作任务造成严重影响，或者经用人单位提出，拒不改正的。

（4）劳动者以欺诈、胁迫的手段或者乘人之危，使用人单位在违背真实意思的情况下订立或者变更劳动合同的。

(5) 劳动者被依法追究刑事责任的。

用人单位与劳动者约定服务期的，不影响按照正常的工资调整机制提高劳动者在服务期期间的劳动报酬。

12.4.6 保密协议与竞业限制条款

用人单位与劳动者可以在劳动合同中约定保守用人单位的商业秘密和与知识产权相关的保密事项。

对负有保密义务的劳动者，用人单位可以在劳动合同或者保密协议中与劳动者约定竞业限制条款，并约定在解除或者终止劳动合同后，在竞业限制期限内按月给予劳动者经济补偿。劳动者违反竞业限制约定的，应当按照约定向用人单位支付违约金。

竞业限制的人员限于用人单位的高级管理人员、高级技术人员和其他负有保密义务的人员。竞业限制的范围、地域、期限由用人单位与劳动者约定，竞业限制的约定不得违反法律、法规的规定。

在解除或者终止劳动合同后，前款规定的人员到与本单位生产或者经营同类产品、从事同类业务的有竞争关系的其他用人单位，或者自己开业生产或者经营同类产品、从事同类业务的竞业限制期限，不得超过 2 年。

除劳动合同法第 22 条（关于服务期的规定）和第 23 条（关于保密协议与竞业限制条款的规定）规定的情形外，用人单位不得与劳动者约定由劳动者承担违约金。

12.4.7 劳动合同的无效

下列劳动合同无效或者部分无效：

(1) 以欺诈、胁迫的手段或者乘人之危，使对方在违背真实意思的情况下订立或者变更劳动合同的。

(2) 用人单位免除自己的法定责任、排除劳动者权利的。

(3) 违反法律、行政法规强制性规定的。

对劳动合同的无效或者部分无效有争议的，由劳动争议仲裁机构或者人民法院确认。

劳动合同部分无效，不影响其他部分效力的，其他部分仍然有效。

劳动合同被确认无效，劳动者已付出劳动的，用人单位应当向劳动者支付劳动报酬。劳动报酬的数额，参照本单位相同或者相近岗位劳动者的劳动报酬确定。

12.4.8 劳动合同的解除与终止

用人单位与劳动者协商一致，可以解除劳动合同。用人单位向劳动者提出解除劳动合同并与劳动者协商一致解除劳动合同的，用人单位应当向劳动者给予经济补偿。

劳动者提前 30 日以书面形式通知用人单位，可以解除劳动合同。劳动者在试用期内提前三日通知用人单位，可以解除劳动合同。

1. 劳动者可以解除劳动合同的情形

《劳动合同法》规定，用人单位有下列情形之一的，劳动者可以解除劳动合同，用人单位应当向劳动者支付经济补偿：

(1) 未按照劳动合同约定提供劳动保护或者劳动条件的。

(2) 未及时足额支付劳动报酬的。

(3) 未依法为劳动者缴纳社会保险费的。

(4) 用人单位的规章制度违反法律、法规的规定，损害劳动者权益的。

(5) 因本法第26条第一款（即：以欺诈、胁迫的手段或者乘人之危，使对方在违背真实意思的情况下订立或者变更劳动合同的）规定的情形致使劳动合同无效的。

(6) 法律、行政法规规定劳动者可以解除劳动合同的其他情形。

用人单位以暴力、威胁或者非法限制人身自由的手段强迫劳动者劳动的，或者用人单位违章指挥、强令冒险作业危及劳动者人身安全的，劳动者可以立即解除劳动合同，不需事先告知用人单位。

在此基础上，《劳动合同法实施条例》进一步规定，具备下列情形之一的，劳动者可以与用人单位解除固定期限劳动合同、无固定期限劳动合同或者以完成一定工作任务为期限的劳动合同：

(1) 劳动者与用人单位协商一致的。

(2) 劳动者提前30日以书面形式通知用人单位的。

(3) 劳动者在试用期内提前3日通知用人单位的。

(4) 用人单位在劳动合同中免除自己的法定责任、排除劳动者权利的。

(5) 用人单位违反法律、行政法规强制性规定的。

2. 用人单位可以解除劳动合同的情形

用人单位单方解除劳动合同，应当事先将理由通知工会。用人单位违反法律、行政法规规定或者劳动合同约定的，工会有权要求用人单位纠正。用人单位应当研究工会的意见，并将处理结果书面通知工会。

除用人单位与劳动者协商一致，用人单位可以与劳动者解除合同外，下列情形，用人单位也可以与劳动者解除合同。

(1) 随时解除。

劳动者有下列情形之一的，用人单位可以解除劳动合同：

1) 在试用期间被证明不符合录用条件的。

2) 严重违反用人单位的规章制度的。

3) 严重失职，营私舞弊，给用人单位造成重大损害的。

4) 劳动者同时与其他用人单位建立劳动关系，对完成本单位的工作任务造成严重影响，或者经用人单位提出，拒不改正的。

5) 因本法第26条第1款第一项（即以欺诈、胁迫的手段或者乘人之危，使对方在违背真实意思的情况下订立或者变更劳动合同的）规定的情形致使劳动合同无效的。

6) 被依法追究刑事责任的。

(2) 预告解除。

有下列情形之一的，用人单位提前30日以书面形式通知劳动者本人或者额外支付劳动者1个月工资后，可以解除劳动合同，用人单位应当向劳动者支付经济补偿：

1) 劳动者患病或者非因工负伤，在规定的医疗期满后不能从事原工作，也不能从事由用人单位另行安排的工作的。

2) 劳动者不能胜任工作，经过培训或者调整工作岗位，仍不能胜任工作的。

3）劳动合同订立时所依据的客观情况发生重大变化，致使劳动合同无法履行，经用人单位与劳动者协商，未能就变更劳动合同内容达成协议的。

用人单位依照此规定，选择额外支付劳动者 1 个月工资解除劳动合同的，其额外支付的工资应当按照该劳动者上 1 个月的工资标准确定。

（3）经济性裁员。

有下列情形之一，需要裁减人员 20 人以上或者裁减不足 20 人但占企业职工总数 10％以上的，用人单位提前 30 日向工会或者全体职工说明情况，听取工会或者职工的意见后，裁减人员方案经向劳动行政部门报告，可以裁减人员，用人单位应当向劳动者支付经济补偿：

1）依照企业破产法规定进行重整的。

2）生产经营发生严重困难的。

3）企业转产、重大技术革新或者经营方式调整，经变更劳动合同后，仍需裁减人员的。

4）其他因劳动合同订立时所依据的客观经济情况发生重大变化，致使劳动合同无法履行的。

裁减人员时，应当优先留用下列人员：

1）与本单位订立较长期限的固定期限劳动合同的。

2）与本单位订立无固定期限劳动合同的。

3）家庭无其他就业人员，有需要扶养的老人或者未成年人的。

用人单位依照本条第一款规定裁减人员，在 6 个月内重新招用人员的，应当通知被裁减的人员，并在同等条件下优先招用被裁减的人员。

（4）用人单位不得解除劳动合同的情形。

劳动者有下列情形之一的，用人单位不得依照本法第 40 条、第 41 条的规定解除劳动合同：

1）从事接触职业病危害作业的劳动者未进行离岗前职业健康检查，或者疑似职业病病人在诊断或者医学观察期间的。

2）在本单位患职业病或者因工负伤并被确认丧失或者部分丧失劳动能力的。

3）患病或者非因工负伤，在规定的医疗期内的。

4）女职工在孕期、产期、哺乳期的。

5）在本单位连续工作满 15 年，且距法定退休年龄不足 5 年的。

6）法律、行政法规规定的其他情形。

3. 劳动合同终止

《劳动合同法》规定，有下列情形之一的，劳动合同终止。用人单位与劳动者不得在劳动合同法规定的劳动合同终止情形之外约定其他的劳动合同终止条件：

（1）劳动者达到法定退休年龄的，劳动合同终止。

（2）劳动合同期满的。除用人单位维持或者提高劳动合同约定条件续订劳动合同，劳动者不同意续订的情形外，依照本项规定终止固定期限劳动合同的，用人单位应当向劳动者支付经济补偿。

(3) 劳动者开始依法享受基本养老保险待遇的。

(4) 劳动者死亡，或者被人民法院宣告死亡或者宣告失踪的。

(5) 用人单位被依法宣告破产的；依照本项规定终止劳动合同的，用人单位应当向劳动者支付经济补偿。

(6) 用人单位被吊销营业执照、责令关闭、撤销或者用人单位决定提前解散的；依照本项规定终止劳动合同的，用人单位应当向劳动者支付经济补偿。

(7) 法律、行政法规规定的其他情形。

劳动合同期满，有本法第 42 条（即用人单位不得解除劳动合同的规定）规定情形之一的，劳动合同应当续延至相应的情形消失时终止。但是，本法第 42 条第二项规定丧失或者部分丧失劳动能力劳动者的劳动合同的终止，按照国家有关工伤保险的规定执行。

12.4.9 终止合同的经济补偿

1. 经济补偿的情形

(1) 以完成一定工作任务为期限的劳动合同终止的补偿。

以完成一定工作任务为期限的劳动合同因任务完成而终止的，用人单位应当依照劳动合同法第 47 条（即下文的补偿标准）的规定向劳动者支付经济补偿。

(2) 工伤职工的劳动合同终止的补偿。

用人单位依法终止工伤职工的劳动合同的，除依照劳动合同法第 47 条（即下文的补偿标准）的规定支付经济补偿外，还应当依照国家有关工伤保险的规定支付一次性工伤医疗补助金和伤残就业补助金。

(3) 违反劳动合同法的规定解除或者终止劳动合同的补偿。

用人单位违反劳动合同法的规定解除或者终止劳动合同，依照本法第 47 条规定的经济补偿标准的 2 倍向劳动者支付赔偿金的，不再支付经济补偿。赔偿金的计算年限自用工之日起计算。

2. 补偿标准

《劳动合同法》第 47 条规定了终止劳动合同的补偿标准，具体标准为：

经济补偿按劳动者在本单位工作的年限，每满 1 年支付 1 个月工资的标准向劳动者支付。6 个月以上不满 1 年的，按 1 年计算：不满 6 个月的，向劳动者支付半个月工资的经济补偿。

劳动者月工资高于用人单位所在直辖市、设区的市级人民政府公布的本地区上年度职工月平均工资 3 倍的，向其支付经济补偿的标准按职工月平均工资 3 倍的数额支付，向其支付经济补偿的年限最高不超过 12 年。

本条所称月工资是指劳动者在劳动合同解除或者终止前 12 个月的平均工资。按照劳动者应得工资计算，包括计时工资或者计件工资以及奖金、津贴和补贴等货币性收入。劳动者在劳动合同解除或者终止前 12 个月的平均工资低于当地最低工资标准的，按照当地最低工资标准计算。劳动者工作不满 12 个月的，按照实际工作的月数计算平均工资。

12.4.10 违约与赔偿

用人单位违反本法规定解除或者终止劳动合同，劳动者要求继续履行劳动合同的，用人单位应当继续履行；劳动者不要求继续履行劳动合同或者劳动合同已经不能继续履行的，用人单位应当依照本法第 87 条（用人单位违反本法规定解除或者终止劳动合同的，应当依照本法第 47 条，即经济补偿额的计算规定的经济补偿标准的 2 倍向劳动者支付赔偿金。）规定支付赔偿金。

12.4.11　劳动保护的规定

1. 劳动安全卫生

劳动安全卫生，又称劳动保护，是指直接保护劳动者在劳动中的安全和健康的法律保障。根据《劳动法》的有关规定，用人单位和劳动者应当遵守如下有关劳动安全卫生的法律规定：

（1）用人单位必须建立、健全劳动安全卫生制度，严格执行国家劳动安全卫生规程和标准，对劳动者进行劳动安全卫生教育，防止劳动过程中的事故，减少职业危害。

（2）劳动安全卫生设施必须符合国家规定的标准。新建、改建、扩建工程的劳动安全卫生设施必须与主体工程同时设计、同时施工、同时投入生产和使用。

（3）用人单位必须为劳动者提供符合国家规定的劳动安全卫生条件和必要的劳动防护用品，对从事有职业危害作业的劳动者应当定期进行健康检查。

（4）从事特种作业的劳动者必须经过专门培训并取得特种作业资格。

（5）劳动者在劳动过程中必须严格遵守安全操作规程。劳动者对用人单位管理人员违章指挥、强令冒险作业，有权拒绝执行；对危害生命安全和身体健康的行为，有权提出批评、检举和控告。

2. 女职工和未成年工特殊保护

（1）女职工的特殊保护。

根据我国《劳动法》的有关规定，对女职工的特殊保护规定主要包括：

1）禁止安排女职工从事矿山井下、国家规定的第四级体力劳动强度的劳动和其他禁忌从事的劳动。

2）不得安排女职工在经期从事高处、低温、冷水作业和国家规定的第三级体力劳动强度的劳动。

3）不得安排女职工在怀孕期间从事国家规定的第三级体力劳动强度的劳动和孕期禁忌从事的劳动。对怀孕 7 个月以上的女职工，不得安排其延长工作时间和夜班劳动。

4）女职工生育享受不少于 90 天的产假。

5）不得安排女职工在哺乳未满 1 周岁的婴儿期间从事国家规定的第三级体力劳动强度的劳动和哺乳期禁忌从事的其他劳动，不得安排其延长工作时间和夜班劳动。

（2）未成年工特殊保护。

所谓未成年工，是指年满 16 周岁未满 18 周岁的劳动者。根据我国《劳动法》的有关规定，对未成年工的特殊保护规定主要包括：

1）不得安排未成年工从事矿山井下、有毒有害、国家规定的第四级体力劳动强度的劳动和其他禁忌从事的劳动。

2）用人单位应当对未成年工定期进行健康检查。

12.5 建 筑 节 能

12.5.1 节能概述

能源，是指煤炭、石油、天然气、生物质能和电力、热力以及其他直接或者通过加工、转换而取得有用能的各种资源。

节约能源（以下简称节能），是指加强用能管理，采取技术上可行、经济上合理以及环境和社会可以承受的措施，从能源生产到消费的各个环节，降低消耗、减少损失和污染物排放、制止浪费，有效、合理地利用能源。

节约资源是我国的基本国策。

依据《节约能源法》，我国进行节能管理的基本思路包括。

1. 编制节能计划

国务院和县级以上地方各级人民政府应当将节能工作纳入国民经济和社会发展规划、年度计划，并组织编制和实施节能中长期专项规划、年度节能计划。

国务院和县级以上地方各级人民政府每年向本级人民代表大会或者其常务委员会报告节能工作。

2. 节能考核评价

国家实行节能目标责任制和节能考核评价制度，将节能目标完成情况作为对地方人民政府及其负责人考核评价的内容。

省、自治区、直辖市人民政府每年向国务院报告节能目标责任的履行情况。

3. 节能产业政策

国家实行有利于节能和环境保护的产业政策，限制发展高耗能、高污染行业，发展节能环保型产业。

国务院和省、自治区、直辖市人民政府应当加强节能工作，合理调整产业结构、企业结构、产品结构和能源消费结构，推动企业降低单位产值能耗和单位产品能耗，淘汰落后的生产能力，改进能源的开发、加工、转换、输送、储存和供应，提高能源利用效率。

国家鼓励、支持开发和利用新能源、可再生能源。

4. 节能技术创新

国家鼓励、支持节能科学技术的研究、开发、示范和推广，促进节能技术创新与进步。

国家开展节能宣传和教育，将节能知识纳入国民教育和培训体系，普及节能科学知识，增强全民的节能意识，提倡节约型的消费方式。

5. 节能监督

任何单位和个人都应当依法履行节能义务，有权检举浪费能源的行为。新闻媒体应当宣传节能法律、法规和政策，发挥舆论监督作用。

国务院管理节能工作的部门主管全国的节能监督管理工作。国务院有关部门在各自的职责范围内负责节能监督管理工作，并接受国务院管理节能工作的部门的指导。

县级以上地方各级人民政府管理节能工作的部门负责本行政区域内的节能监督管理工

作。县级以上地方各级人民政府有关部门在各自的职责范围内负责节能监督管理工作，并接受同级管理节能工作的部门的指导。

12.5.2　建筑节能的概念和原则性规定

建筑节能，是指建筑在规划、设计、建造和使用过程中，通过采用新型墙体材料，执行建筑节能标准，加强建筑物用能设备的运行管理，合理设计建筑围护结构的热工性能，提高采暖、制冷、照明、通风、给排水和通道系统的运行效率，以及利用可再生能源，在保证建筑物使用功能和室内热环境质量的前提下，降低建筑能源消耗，合理、有效地利用能源的活动。

《节约能源法》对于建筑节能作出了以下原则性规定：

1. 建筑节能的监督管理

国务院建设主管部门负责全国建筑节能的监督管理工作。

县级以上地方各级人民政府建设主管部门负责本行政区域内建筑节能的监督管理工作。

县级以上地方各级人民政府建设主管部门会同同级管理节能工作的部门编制本行政区域内的建筑节能规划。建筑节能规划应当包括既有建筑节能改造计划。

2. 建设主体的节能义务

建筑工程的建设、设计、施工和监理单位应当遵守建筑节能标准。不符合建筑节能标准的建筑工程，建设主管部门不得批准开工建设；已经开工建设的，应当责令停止施工、限期改正；已经建成的，不得销售或者使用。

建设主管部门应当加强对在建建筑工程执行建筑节能标准情况的监督检查。

房地产开发企业在销售房屋时，应当向购买人明示所售房屋的节能措施、保温工程保修期等信息，在房屋买卖合同、质量保证书和使用说明书中载明，并对其真实性、准确性负责。

3. 建筑节能制度

（1）室内温度控制制度。

使用空调采暖、制冷的公共建筑应当实行室内温度控制制度。具体办法由国务院建设主管部门制定。

（2）分户计量、按照用热量收费的制度。

国家采取措施，对实行集中供热的建筑分步骤实行供热分户计量、按照用热量收费的制度。新建建筑或者对既有建筑进行节能改造，应当按照规定安装用热计量装置、室内温度调控装置和供热系统调控装置。具体办法由国务院建设主管部门会同国务院有关部门制定。

（3）发展节能产品制度。

县级以上地方各级人民政府有关部门应当加强城市节约用电管理，严格控制公用设施和大型建筑物装饰性景观照明的能耗。

国家鼓励在新建建筑和既有建筑节能改造中使用新型墙体材料等节能建筑材料和节能设备，安装和使用太阳能等可再生能源利用系统。

12.5.3 民用建筑节能

1. 民用建筑节能的含义

民用建筑，是指居住建筑、国家机关办公建筑和商业、服务业、教育、卫生等其他公共建筑。

民用建筑节能，是指在保证民用建筑使用功能和室内热环境质量的前提下，降低其使用过程中能源消耗的活动。

国家鼓励和扶持在新建建筑和既有建筑节能改造中采用太阳能、地热能等可再生能源。在具备太阳能利用条件的地区，有关地方人民政府及其部门应当采取有效措施，鼓励和扶持单位、个人安装使用太阳能热水系统、照明系统、供热系统、采暖制冷系统等太阳能利用系统。

民用建筑节能项目依法享受税收优惠。

2. 新建建筑节能

(1) 节能材料与设备的使用。

国家推广使用民用建筑节能的新技术、新工艺、新材料和新设备，限制使用或者禁止使用能源消耗高的技术、工艺、材料和设备。国务院节能工作主管部门、建设主管部门应当制定、公布并及时更新推广使用、限制使用、禁止使用目录。

国家限制进口或者禁止进口能源消耗高的技术、材料和设备。

建设单位、设计单位、施工单位不得在建筑活动中使用列入禁止使用目录的技术、工艺、材料和设备。

(2) 建设节能主体的节能义务。

1) 城乡规划主管部门与建设主管部门的节能义务。

编制城市详细规划、镇详细规划，应当按照民用建筑节能的要求，确定建筑的布局、形状和朝向。

城乡规划主管部门依法对民用建筑进行规划审查，应当就设计方案是否符合民用建筑节能强制性标准征求同级建设主管部门的意见；建设主管部门应当自收到征求意见材料之日起十日内提出意见。征求意见时间不计算在规划许可的期限内。

对不符合民用建筑节能强制性标准的，不得颁发建设工程规划许可证。

2) 施工图审查机构的节能义务。

施工图设计文件审查机构应当按照民用建筑节能强制性标准对施工图设计文件进行审查；经审查不符合民用建筑节能强制性标准的，县级以上地方人民政府建设主管部门不得颁发施工许可证。

建设单位不得明示或暗示设计单位、施工单位违反民用建筑节能强制性标准进行设计、施工，不得明示或者暗示施工单位使用不符合施工图设计文件要求的墙体材料、保温材料、门窗、采暖制冷系统和照明设备。

3) 建设单位的节能义务。

建设单位不得明示或者暗示设计单位、施工单位违反民用建筑节能强制性标准进行设计、施工，不得明示或者暗示施工单位使用不符合施工图设计文件要求的墙体材料、保温材料、门窗、采暖制冷系统和照明设备。

按照合同约定由建设单位采购墙体材料、保温材料、门窗、采暖制冷系统和照明设备的，建设单位应当保证其符合施工图设计文件要求。

建设单位组织竣工验收，应当对民用建筑是否符合民用建筑节能强制性标准进行查验；对不符合民用建筑节能强制性标准的，不得出具竣工验收合格报告。

房地产开发企业销售商品房，应当向购买人明示所售商品房的能源消耗指标、节能措施和保护要求、保温工程保修期等信息，并在商品房买卖合同和住宅质量保证书、住宅使用说明书中载明。

4）设计单位、施工单位、工程监理单位的节能义务。

设计单位、施工单位、工程监理单位及其注册执业人员，应当按照民用建筑节能强制性标准进行设计、施工、监理。

施工单位应当对进入施工现场的墙体材料、保温材料、门窗、采暖制冷系统和照明设备进行查验；不符合施工图设计文件要求的，不得使用。

工程监理单位发现施工单位不按照民用建筑节能强制性标准施工的，应当要求施工单位改正；施工单位拒不改正的，工程监理单位应当及时报告建设单位，并向有关主管部门报告。

墙体、屋面的保温工程施工时，监理工程师应当按照工程监理规范的要求，采取旁站、巡视和平行检验等形式实施监理。

未经监理工程师签字，墙体材料、保温材料、门窗、采暖制冷系统和照明设备不得在建筑上使用或者安装，施工单位不得进行下一道工序的施工。

3. 既有建筑节能

（1）既有建筑节能的含义。

既有建筑节能改造，是指对不符合民用建筑节能强制性标准的既有建筑的围护结构、供热系统、采暖制冷系统、照明设备和热水供应设施等实施节能改造的活动。

既有建筑节能改造应当根据当地经济、社会发展水平和地理气候条件等实际情况，有计划、分步骤地实施分类改造。

（2）节能改造。

国家机关办公建筑、政府投资和以政府投资为主的公共建筑的节能改造，应当制定节能改造方案，经充分论证，并按照国家有关规定办理相关审批手续方可进行。各级人民政府及其有关部门、单位不得违反国家有关规定和标准，以节能改造的名义对前款规定的既有建筑进行扩建、改建。

此外的其他公共建筑和居住建筑不符合民用建筑节能强制性标准的，在尊重建筑所有权人意愿的基础上，可以结合扩建、改建，逐步实施节能改造。

实施既有建筑节能改造，应当符合民用建筑节能强制性标准，优先采用遮阳、改善通风等低成本改造措施。既有建筑围护结构的改造和供热系统的改造应当同步进行。

或者上级主管机关给予行政处分；构成犯罪的，依法追究刑事责任。

12.5.4　违反《节约能源法》的法律责任

1. 建设单位的法律责任

建设单位有下列行为之一的，由县级以上地方人民政府建设主管部门责令改正，处

20万元以上50万元以下的罚款。

(1) 明示或者暗示设计单位、施工单位违反民用建筑节能强制性标准进行设计、施工的。

(2) 明示或者暗示施工单位使用不符合施工图设计文件要求的墙体材料、保温材料、门窗、采暖制冷系统和照明设备的。

(3) 采购不符合施工图设计文件要求的墙体材料、保温材料、门窗、采暖制冷系统和照明设备的。

(4) 使用列入禁止使用目录的技术、工艺、材料和设备的。

建设单位对不符合民用建筑节能强制性标准的民用建筑项目出具竣工验收合格报告的，由县级以上地方人民政府建设主管部门责令改正，处民用建筑项目合同价款2%以上4%以下的罚款；造成损失的，依法承担赔偿责任。

2. 设计单位的法律责任

设计单位未按照民用建筑节能强制性标准进行设计，或者使用列入禁止使用目录的技术、工艺、材料和设备的，由县级以上地方人民政府建设主管部门责令改正，处10万元以上30万元以下的罚款；情节严重的，由颁发资质证书的部门责令停业整顿，降低资质等级或者吊销资质证书；造成损失的，依法承担赔偿责任。

3. 施工单位的法律责任

施工单位未按照民用建筑节能强制性标准进行施工的，由县级以上地方人民政府建设主管部门责令改正，处民用建筑项目合同价款2%以上4%以下的罚款；情节严重的，由颁发资质证书的部门责令停业整顿，降低资质等级或者吊销资质证书；造成损失的，依法承担赔偿责任。

施工单位有下列行为之一的，由县级以上地方人民政府建设主管部门责令改正，处10万元以上20万元以下的罚款；情节严重的，由颁发资质证书的部门责令停业整顿，降低资质等级或者吊销资质证书；造成损失的，依法承担赔偿责任。

(1) 未对进入施工现场的墙体材料、保温材料、门窗、采暖制冷系统和照明设备进行查验的。

(2) 使用不符合施工图设计文件要求的墙体材料、保温材料、门窗、采暖制冷系统和照明设备的。

(3) 使用列入禁止使用目录的技术、工艺、材料和设备的。

4. 工程监理单位的法律责任

工程监理单位有下列行为之一的，由县级以上地方人民政府建设主管部门责令限期改正；逾期未改正的，处10万元以上30万元以下的罚款；情节严重的，由颁发资质证书的部门责令停业整顿，降低资质等级或者吊销资质证书；造成损失的，依法承担赔偿责任。

(1) 未按照民用建筑节能强制性标准实施监理的。

(2) 墙体、屋面的保温工程施工时，未采取旁站、巡视和平行检验等形式实施监理的。

对不符合施工图设计文件要求的墙体材料、保温材料、门窗、采暖制冷系统和照明设备，按照符合施工图设计文件要求签字的，依照《建设工程质量管理条例》第67条的规定处罚。

12.6　建设工程法律责任

建设工程法律责任主要包括民事责任、行政责任和刑事责任。不适当的工程建设行为的后果可能或涉及这三种责任中的一种或几种。

12.6.1　民事责任

民事责任，是指行为人违反民事法律上的约定或者法定义务所应承担的对其不利的，法律后果，其目的主要是恢复受害人的权利和补偿权利人的损失。

1. 民事责任的种类

我国《民法通则》根据民事责任的承担原因将民事责任主要划分为两类，即违约责任和侵权责任。

（1）违约责任。

违约责任是指当事人不履行合同约定的义务而应承担的法律责任。

（2）侵权责任。

侵权行为是指民事主体违反民事义务，侵害他人合法的民事权益，依法应承担民事法律责任的行为。侵权责任是指由于侵权行为而应承担的民事责任。

侵权行为可分为一般侵权行为与特殊侵权行为。

一般侵权行为，是指行为人基于主观过错实施的，应适用侵权责任一般构成要件和一般责任条款的致人损害的行为。例如故意侵占、毁损他人财物、诽谤他人名誉等诸如此类的行为。

特殊侵权行为，是指由法律直接规定，在侵权责任的主体、主观构成要件、举证责任的分配等方面不同于一般侵权行为，应适用民法上特别责任条款的致人损害的行为。《民法通则》第 121～127 条规定了特殊侵权行为。其中，与工程建设密切相关的有：

1）违反国家保护环境防止污染的规定，污染环境造成他人损害的、应当依法承担民事责任。

2）在公共场所、道旁或者通道上挖坑、修缮安装地下设施等，没有设置明显标志和采取安全措施造成他人损害的，施工人应当承担民事责任。

3）建筑物或者其他设施以及建筑物上的搁置物、悬挂物发生倒塌、脱落、坠落造成他人损害的，它的所有人或者管理人应当承担民事责任，但能够证明自己没有过错的除外。

（3）侵权行为与违约行为的区别。

侵权行为与违约行为虽然都是民事违法行为，但亦存在显著区别：

1）侵权行为违反的是法定义务，违约行为违反的是合同中的约定义务。

法律赋予了公民人身权、财产权，也就意味着同时规定了尊重他人人身权法定义务。对别人的权力进行侵犯，就是违反了法定的义务。

违约行为实质上是违反了合同的约定。

2）侵权行为侵犯的是绝对权，违约行为侵犯的是相对权即债权。

绝对权是指义务人不确定，权利人无需通过义务人实施一定行为即可实现的权利。例如所有权、人身权。

相对权是指义务人为特定人，权利人必须通过义务人实施一定行为才能实现的权利。例如债权。

3）侵权行为的法律责任包括财产责任和非财产责任，违约行为的法律责任仅限于财产责任。

财产责任是指财产为责任内容的法律责任。违约行为发生后，违约方可能向守约方支付违约金、赔偿金等财产以为自己的违约承担责任。

非财产责任是指不以财产为责任承担内容，而是以人身、行为、人格等为责任内容的法律责任。例如性质严重的侵权可能会承担的刑事责任，就是非财产责任。

2. 承担民事责任的方式

根据《民法通则》第134条的规定，承担民事责任的方式主要有：

（1）停止侵害。

停止侵害，是指侵害人终止其正在进行或者延续的损害他人合法权益的行为。其目的在于及时制止侵害行为，防止损失的扩大。

（2）排除妨碍。

排除妨碍，是指侵害人排除由其行为引起的妨碍他人权利正常行使和利益实现的客观事实状态。其目的在于保证他人能够行使自己的合法权益。

（3）消除危险。

消除危险，是指侵害人消除由其行为或者物件引起的现实存在的某种有可能对他人的合法权益造成损害的紧急事实状态。其目的在于防止损害或妨碍的发生。

（4）返还财产。

返还财产，是指侵害人将其非法占有或者获得的财产转移给所有人或者权利人。返还的财产包括三种情形：

1）因不当得利所获得的财产。

2）民事行为被确认无效或者被撤销而应当返还的财产。

3）非法侵占他人的财产。

（5）恢复原状。

恢复原状，是指使受害人的财产恢复到受侵害之前的状态。使用这种责任形势需要具有两个前提条件：财产恢复的可能性与财产恢复的必要性。

（6）修理、重作、更换。

修理、重作、更换，主要适用于违反合同质量条款的民事责任形式。修理，是指使受损害的财产或者不符合合同约定质量的标的物具有应当具备的功能、质量。重作，是指重新加工、制作标的物。更换，是指以符合质量要求的标的物替代已交付的质量不符合要求的标的物。修理和重作可以适用于种类物或者特定物，而更换只能适用于种类物。

（7）赔偿损失。

赔偿损失，是指行为人因违反民事义务致人损害，应以财产赔偿受害人所受的损失。对于违约责任，赔偿额应当相当于对方因违约造成的损失。对于侵权责任，包括对财产损失和精神损失的赔偿。

（8）支付违约金。

（9）消除影响、恢复名誉。

消除影响，是指加害人在其不良影响所及范围内消除对受害人不利后果的民事责任。恢复名誉，是指加害人在其侵权后果所及范，围内使受害人的名誉恢复到未曾受损害的状态。

加害人拒不执行生效判决，不为受害人消除影响、恢复名誉的，人民法院可以采取公告、登报方式，将判决的内容和有关情况公布于众，达到消除影响、恢复名誉的目的。公告、登记的费用由加害人承担。

（10）赔礼道歉。

赔礼道歉，是指加害人以口头或者书面的方式向受害人承认过错、表示歉意。赔礼道歉一般应当公开进行，否则不足以消除影响；但是，受害人不要求公开进行的，也可以秘密进行。由法院判决加害人承担赔礼道歉责任的，赔礼道歉的内容应当经法院审查同意。

12.6.2 行政责任

1. 行政责任种类

（1）行政处罚。

行政处罚是指国家行政机关及其他依法可以实施行政处罚权的组织，对违反经济、行政管理法律，法规、规章，尚不构成犯罪的公民、法人及其他组织实施的一种法律制裁。

在我国工程建设领域，对于建设单位、勘察、设计单位、施工单位，工程监理单位等参建单位而言，行政处罚是更为常见的行政责任形式。《中华人民共和国行政处罚法》（以下简称《行政处罚法》）是规范和调整行政处罚的设定和实施的法律依据。

根据《行政处罚法》第8条的规定，行政处罚的种类包括：警告；罚款；没收违法所得、没收非法财物；责令停产停业；暂扣或者吊销许可证、暂扣或者吊销执照；行政拘留；法律、行政法规规定的其他行政处罚。

（2）行政处分。

行政处分是国家行政机关依照行政隶属关系对违法失职的公务员给予的惩戒；国家公务员有《公务员法》所列违纪行为，尚未构成犯罪的。或者虽然构成犯罪但是依法不追究刑事责任的，应当给予行政处分；违纪行为情节轻微，经过批评教育后改正的，也可以免予行政处分。

依据《公务员法》，行政处分分为：警告、记过、记大过、降级、撤职、开除。公务员在受处分期间不得晋升职务和级别，；其中受记过、记大过、降级、撤职处分的，不得晋升工资档次。受撤职处分的，按照规定降低级别。公务员受开除以外的处分，在受处分期间有悔改表现，并且没有再发生违纪行为的，处分期满后，由处分决定机关解除处分并以书面形式通知本人。解除处分后，晋升工资档次、级别和职务不再受原处分的影响。但是，解除降级、撤职处分的，不视为恢复原级别、原职务。

行政处分具有如下特点：

1）行政处分是国家行政法律规范规定的责任形式。这一点与一般的纪律处分不同。纪律处分是组织内部依照组织章程、决议等作出的。

2）行政处分的主体是公务员所在的行政机关；上级主管部门或监察机关。

3）行政责任是一种内部责任形式，不涉及行政相对人的利益。

2. 行政处罚程序

《行政处罚法》明确规定，公民、法人或者其他组织违反行政管理秩序的行为，应当根据法律、法规或规章给予行政处罚的，行政机关应当依法定程序实施，没有法定依据或者不遵守法定程序的，行政处罚无效。据此，具有法定依据和遵守法定程序，是行政机关实施的行政处罚具备合法性所必需满足的前提条件；另一方面，《行政处罚法》还明确规定，公民、法人或者其他组织对行政机关所给予的行政处罚，享有陈述权、申辩权。

对行政处罚不服的，有权依法申请行政复议或者提起行政诉讼的公民、法人或者其他组织因行政机关违法给予行政处罚造成损害的，有权依法提出赔偿要求。

为保障和监督建设行政执法机关有效实施行政管理，保护公民、法人和其他组织的合法权益，促进建设行政执法工作程序化、规范化，根据《行政处罚法》，原建设部发布实施了《建设行政处罚程序暂行规定》（1999 年 2 月 3 日原建设部令第 66 号发布）。结合《行政处罚法》和《建设行政处罚程序暂行规定》的有关规定，建设行政处罚程序应遵守如下规定：

（1）一般规则。

1）公民、法人或者其他组织违反行政管理秩序的行为行政机关必须查明事实。违法事实不清的，不得给予行政处依法应当给予行政处罚的。

2）行政机关在作出行政处罚决定之前，应当告知当事人作出行政处罚决定的事实理由和依据，并告知当事人依法享有的权利。行政机关及其执法人员违反该规定，未向当事人告知行政处罚的事实、理由和依据的，行政处罚决定不能成立。

3）当事人有权进行陈述和申辩。行政机关必须充分听取当事人的意见，对当事人提出的事实、理由和证据，应当进行复核；当事人提出的事实、理由或者证据成立的，行政机关应当采纳，不得因当事人申辩而加重处罚。行政机关及其执法人员违反该规定，拒绝听取当事人的陈述、申辩的，行政处罚决定不成立。

（2）程序种类。

《行政处罚法》和《建设行政处罚程序暂行规定》基于建设行政处罚的不同情况，规定了简易程序、一般程序和听证程序。

1）简易程序。

简易程序，是指针对违法事实确凿并有法定依据，对公民处以 50 元以下、对法人或者其他组织处以 1000 元以下罚款或警告的行政处罚而设定的行政处罚程序。适用简易程序可以当场作出行政处罚决定。

2）一般程序。

一般程序，是指普遍适用的行政处罚程序，适用于除适用简易程序的行政处罚以外的其他行政处罚。

3）听证程序。

听证程序，是指针对行政执法机关作出吊销资质证书、执业资格证书、责令停产停业、责令停业整顿（包括属于停业整顿性质的；责令在规定的时限内不得承接新的业务）、责令停止执业业务、没收违法建筑物、构筑物和其他设施以及处以较大数额罚款等行政处罚，而设定的行政处罚程序。对于适用听证程序的行政处罚，行政机关在作出行政处罚决定前，应当告知当事人有要求举行听证的权利；当事人要求听证的，行政机关应当组织听证；当事人不承担行政机关组织听证的费用。

（3）行政处罚的执行程序。

行政处罚的执行程序，是指确保行政处罚决定所确定的内容得以实现的程序。行政处罚决定一旦作出，就具有法律效力，当事人应当在行政处罚决定的期限内予以履行，当事人对行政处罚决定不服申请行政复议或者提起行政诉讼的，除法律另有规定的以外，行政处罚不停止执行。

12.6.3　刑事责任

1. 犯罪构成

犯罪，是指具有社会危害性、刑事违法性并应受到刑事处罚的违法行为。犯罪构成，则是指认定犯罪的具体法律标准，是我国刑法规定的某种行为构成犯罪所必须具备的主观要件和客观要件的总和。按照我国犯罪构成的一般理论，我国刑法规定的犯罪都必须具备犯罪客体、犯罪的客观方面、犯罪主体，犯罪的主观方面这四个共同要件。

（1）犯罪客体。

犯罪客体，是指我国刑法所保护的而被犯罪所侵害的社会关系。我国《刑法》第 13 条和分则的规定，具体指明了刑法所保护的社会关系的种类。例如，《刑法》第 137 条规定的工程重大安全事故罪，侵害的是公共安全和国家有关工程建设管理的法律制度。

（2）犯罪的客观方面。

犯罪的客观方面，是指刑法所规定的构成犯罪在客观上必须具备的危害社会的行为和由这种行为所引起的危害社会的结果。该要件说明了犯罪客体在什么样的条件下，通过什么样的危害行为而受到什么样的侵害，因此，犯罪客观方面也是犯罪构成不可缺少的要件。

（3）犯罪主体。

犯罪主体是指实施了犯罪行为，依法应当承担刑事责任的人。我国《刑法》对犯罪主体的规定包含了两种人：一种是达到刑事责任年龄，具有刑事责任能力，实施了犯罪行为的自然人；另一种是实施了犯罪行为的企业事业单位、国家机关、社会团体等单位，按照对犯罪主体是否有特定要求，又可分为一般主体和特殊主体。

（4）犯罪的主观方面。

犯罪的主观方面，是指犯罪主体对自己实施的危害社会行为及其结果所持的心理态度。根据我国《刑法》规定，一个人只有在故意或过失地实施某种危害社会的行为时，才负刑事责任。所以，故意或过失作为犯罪的主观方面，也是构成犯罪必不可少的要件之一。

2. 刑罚种类

根据我国《刑法》第 32 条规定，刑罚分为主刑和附加刑。主刑，只能单独使用，不能附加适用。一个罪只能适用一个主刑，不能同时适用两个以上主刑。附加刑（从刑），是指补充主刑适用的刑罚方法。附加刑可以附加主刑适用，也可以单独适用。

（1）主刑种类。

根据《刑法》第 33 条的规定，主刑的种类如下：

1）管制是对罪犯不予关押，但限制其一定自由，由公安机关执行和群众监督改造的刑罚方法。管制具有一定的期限，管制的期限为 3 个月以上 2 年以下，数罪并罚时不得扭转 3 年。管制的刑期从判决执行之日起计算，判决前先行羁押的，羁押 1 日抵折刑期应当数罪并罚是指人民法院对 1 人犯数罪分别定罪量刑，并根据法定原则与方法决定执行的刑罚。

2）拘役。

拘役是短期剥夺犯罪人自由，就近实行劳动的刑罚方法，拘役的期限为 1 个月以上 6 个月以下，数罪并罚时不得超过 1 年。拘役的刑期从判决执行之日起计算，判决执行行羁押的，羁押 1 日抵折刑期 1 日。

拘役由公安机关在就近的拘役所、看守所或者其他监管场所执行，在执行期间，受刑人每月可以回家 1～2 天。参加劳动的，可以酌量发给报酬。

3）有期徒刑。

有期徒刑是剥夺犯罪人一定期限的自由，实行强制劳动改造的刑罚方法；有期徒刑的犯罪人拘押于监狱或其他执行场所。有期徒刑的基本内容是对犯罪人实行劳动改造；《刑法》第 46 条规定，被判处徒刑的人凡有劳动能力的，都应当参加劳动，接受教育和改造。

有期徒刑的刑期为 6 个月以上 15 年以下，数罪并罚时不得超过 20 年。刑期从判决执行之日起计算，判决执行以前先行羁押的，羁押 1 日抵折刑期 1 日。

4）无期徒刑。

无期徒刑是剥夺犯罪人终身自由，实行强迫劳动改造的刑罚方法。无期徒刑的基本内容也是对犯罪人实施劳动改造，无期徒刑不可能孤立适用，即对于被判处无期徒册的犯罪分子，应当附加剥夺政治权利终身。而对于被判处管制、拘役、有期徒刑的犯罪分子，不是必须附加剥夺政治权利。

5）死刑。

死刑是剥夺犯罪人生命的刑罚方法，包括立即执行与缓期 2 年执行两种情况。死刑是刑法体系中最为严厉的刑罚方法。

（2）附加刑种类。

根据《刑法》第 34 条的规定，附加刑的种类如下：

1）罚金。

罚金是人民法院判处犯罪分子向国家缴纳一定数额金钱的刑罚方法。《刑法》第 52 条规定，判处刑罚，应当根据犯罪情节决定罚金数额。

2）剥夺政治权利。

剥夺政治权利，是指剥夺犯罪人参加管理国家和政治活动的权利的刑罚方法。剥夺政治权利是同时剥夺下列权利：选举权与被选举权；言论、出版、集会、结社、游行、示威自由的权利。

3）没收财产。

没收财产是将犯罪人所有财产的一部分或者全部强制无偿收归国有的刑罚方法。没收财产与没收犯罪物品有本质区别，没收财产是没收犯罪人合法所有并且没有用于犯罪的财产。

《刑法》第59条规定，判处没收财产时，既可以判处没收犯罪人的全部财产，也可以判处没收犯罪人所有的部分财产。没收全部财产的；应当对犯罪分子个人及其抚养的家属保留必要的生活费用。

3. 工程建设领域的犯罪

（1）重大责任事故罪。

根据《刑法》第134条及《刑法修正案》（八）的规定，重大责任事故罪，是指在生产、作业中违反有关安全管理的规定，或者强令他人违章冒险作业，因而发生重大伤亡事故或者造成其他严重后果的行为。重大责任事故罪的犯罪构成及其特征是：

1）犯罪客体。

本罪的客体，是生产安全。

2）犯罪的客观方面。

本罪的客观方面，表现为在生产、作业中违反有关安全管理的规定，或者强令他人违章冒险作业，因而发生重大伤亡事故或者造成其他严重后果的行为。

3）犯罪主体。

本罪的主体是一般主体，包括建筑企业的安全生产从业人员、安全生产管理人员以及对安全事故负有责任的包工头、无证从事生产、作业的人员等。

4）犯罪的主观方面。

本罪的主观方面表现为过失。这种过失不论是表现为疏忽大意，还是表现为过于自信，行为人在主观上的心理状态都是一样的，即在主观上都不希望发生危害社会的严重后果。但行为人对于在生产、作业中违反有关安全管理的规定，或者强令他人违章冒险作业行为本身，则可能是故意的。

（2）重大劳动安全事故罪。

根据《刑法》第135条及《刑法修正案》（八）的规定，重大劳动安全事故罪，主要指安全生产设施或者安全生产条件不符合国家规定，因而发生重大伤亡事故或者造成其他严重后果的行为。重大劳动安全事故罪的犯罪构成及其特征是：

1）犯罪客体。

本罪的客体，是劳动安全。

2）犯罪的客观方面。

本罪的客观方面，表现为安全生产设施或者安全生产条件不符合国家规定，因而发生重大伤亡事故或者造成其他严重后果的行为。

3）犯罪主体。

本罪的主体是特殊主体，即直接负责的主管人员和其他直接责任人员。其中，“直接负责的主管人员”包括生产经营单位的负责人、生产经营的指挥人员、实际控制人、投资人。“其他直接责任人员”包括对安全生产设施、安全生产条件负有提供、维护、管理职责的人。

4）犯罪的主观方面。

本罪的主观方面表现为过失，即在主观上都不希望发生危害社会的严重后果。但行为人对安全生产设施或者安全生产条件不符合国家规定，则可能是故意的，也可能是过失。

（3）工程重大安全事故罪。

根据《刑法》第 137 条的规定，工程重大安全事故罪，是指建设单位、设计单位、施工单位、工程监理单位违反国家规定，降低工程质量标准，造成重大安全事故的行为。工程重大安全事故罪的犯罪构成及其特征是；

1）犯罪客体。

本罪的客体，是公共安全和国家有关工程建设管理的法律制度。

2）犯罪的客观方面。

本罪的客规方面，表现违反国家规定，降低工程质量标准，造成重大安全事故的行为。

3）犯罪主体。

本罪的主体是特殊主体，仅限于建设单位、设计单位、施工单位、工程监理单位。

4）犯罪的主观方面。

本罪的主观方面表现为过失。至于行为人违反国家规定，降低质量标准则可能是故意，也可能是过失。

12.7　案　例　分　析

【案例分析 1】

1. 案情

2005 年 9 月 5 日 22 时 10 分左右，位于北京市西城区一大街西侧，由中国某冶金建设公司施工的某工程 4# 地项目，在进行高大厅堂顶盖模板支架预应力混凝土空心板现场浇筑施工时，发生模板支撑体系坍塌事故，造成 8 人死亡、21 人受伤的重大伤亡事故。

2. 分析

中国某冶金建设公司在模板施工中不按有关模板施工的法规和规范编制专项施工方案，不按有关法规规定履行审批手续就违章指挥施工，其更为严重的是，在全市进展为期 1 个月的安全大检查中，不按大检查要求检查模板施工的方案编制和方案的审批及专项施工的检查验收要求，最终导致这起重大事故的发生。北京某建设工程顾问有限公司在对该工程实施监理时，不按法规规定认真对模板专项施工方案审核查验。对在模板方案未审批就开始施工的行为不予制止，其最为严重的是在浇筑混凝土前本应有监理签字方可浇筑，但这一重要环节该监理公司也没有按规定实施。

3. 处理

鉴于中国某冶金建设公司和北京某建设工程顾问有限公司上述一系列违法违规行为，现决定对其处理如下：

（1）建议原建设部给予中国某冶金建设公司降低一级施工企业资质。

（2）建议原建设部对北京某建设工程顾问有限公司降低一级建设监理资质。

（3）提请河北省建设厅对中国某冶金建设公司安全生产许可证实施处理。

(4) 取消中国某冶金建设公司在北京市建筑市场招投标资格 12 个月。

(5) 责成中国某冶金建设公司立即对其在北京市所属的施工项目全面停工整顿。

(6) 取消北京某建设工程顾问有限公司在北京市建筑市场招投标资格 12 个月。

同时，经研究决定，对该起事故相关责任人作出如下处理：

(1) 中国某冶金建设公司某工程 4# 地工程土建总工程师李某作为方案审核人，在方案未经有关专家论证且未上报审批的情况下，要求劳务队按方案搭设模板支架；对事故发生负有重要技术责任。李某的行为涉嫌重大责任事故罪，建议移交公安机关处理。

(2) 中国某冶金建设公司某工程 4# 地工程项目部总工程师杨某，在对模板支架施工设计方案未组织专家论证、审查的情况下，对方案审查草率，未发现方案中的错误，且未将方案上报审批；对于模板支架设计存在严重安全问题仍在进行搭建的情况未采取措施，从而使模板支撑体系存在严重安全隐患，对事故发生负有主要技术管理责任。杨某的行为涉嫌重大责任事故罪，建议移交公安机关处理。

(3) 北京某建设工程顾问有限公司驻某工程 4# 地工程项目部监理员吴某，未认真履行职责，在明知施工设计方案未经审批、已搭建的模板支架存在严重安全隐患的情况下，未制止项目部进行混凝土浇筑，对事故发生负有重要责任。吴某的行为涉嫌重大责任事故罪，建议移交公安机关处理。

(4) 北京某建设工程顾问有限公司驻某工程 4# 地工程项目部总监吕某，未按《建设工程安全生产管理条例》第 14 条规定履行职责，在明知施工设计方案未经审批、已搭建的模板支架存在严重安全隐患的情况下，默许项目部进行混凝土浇筑，对事故发生负有重要责任。吕某的行为涉嫌重大责任事故罪，建议移交公安机关处理。同时，建议原建设部吊销其注册监理工程师执业资格证书。

(5) 中国某冶金建设公司某工程 4# 地工程项目经理胡某，在明知模板支架施工设计方案未上报审批且未经监理部门批准，已搭建的模板支架存在严重安全隐患的情况下，组织进行混凝土浇筑作业，对事故发生负有直接责任。胡某的行为涉嫌重大责任事故罪，建议移交公安机关处理。同时，建议原建设部吊销其项目经理资质证书。

(6) 责成中国冶金建设集团公司和中国某冶金建设公司对事故涉及的相关责任人进行责任追究和处理。望各有关单位认真吸取本次事故的教训，加强安全生产管理工作，彻底消除建筑施工现场安全隐患，坚决遏制因工伤亡事故的发生。

【案例分析 2】

1. 案情

为吸引外资，尝试开发性移民路径，1999 年 3 月初某县政府与某外商公司经考察、洽谈，决定在本县勤民镇选址建设“光明新村”。选址确定后，县政府与该外商公司于 1999 年 5 月签订关于创立光明移民事业项目及土地使用权出让合同书。合同规定，由县政府征收勤民镇土地共 1700 亩，并以每亩 1000 元价格出让给外商企业。出让土地用途：①移民新村住宅用地 200 亩；②移民耕地 500 亩；③农牧养殖出口基地及商贸、房地产、商业旅游设施等配套服务项目用地 1000 亩。为加快征地工作，同年 5 月 20 日，县政府向勤民镇政府及县有关单位发出《关于光明新村及其开发项目土地使用权转让和青苗补偿问题的通知》。《通知》指定勤民镇政府负责具体组织实施征地事宜，要求在 20 天内完成征地任务。至6月5日止，勤民镇政府已分别与有关生产大队签订了1580亩土地有偿转让协议书。勤民镇部分群众对县、镇政府征地行为极为不满，上访至该省国土厅。省国土厅派出调查组进行调查，核实群众反映情况基本属实，遂责令某县立即停止征地行为，赔偿群众当年损失，并向省检察部门提出对某县领导行政处分。

2. 分析

该县政府采取引进外资进行开发性移民的做法并无不妥，但在实施征地用地过程中存在严重的违法行为。

(1) 把移民安置用地与外商开发建设用地混为一体。两者是不同性质的用地，前者属移民扶贫安置用地，可采取征收划拨或土地调整的办法解决；后者属经营性用地，应采取出让方式供地。

(2)《土地管理法》第46条规定："国家征收土地的，依照法定程序批准，由县级以上地方人民政府予以公告并组织实施。"本案中，县政府不仅没有按法律程序向有关部门申请立项和建设用地申报审批，反而避开国土职能部门，擅自决定由镇政府实施征地，其行为严重违法。

(3)《土地管理法》第45条对批准征收土地的权限作了具体规定："征收下列土地的，由国务院批准：(一) 基本农田；(二) 基本农田以外的耕地超过35公顷；(三) 其他土地超过70公顷。"本案中，县政府征收土地1700亩，按照《土地管理法》规定应上报国务院批准，县政府没有如此大数量的土地征收审批权。

思考题

1. 我国工程建设标准工作包含哪些主要内容？
2. 建设项目环境保护设施建设管理包含哪些内容？
3. 我国土地管理法是怎么规定土地的所有权和使用权的？土地所有权和使用权争议怎么解决？
4. 劳动合同的类型包含哪些？《劳动合同法》对试用期有哪些具体规定？
5. 目前我国的建筑节能包含哪些具体方面？
6. 侵权行为与违约行为有哪些区别？
7. 承担民事责任有哪些方式？
8. 简述听证程序。
9. 简述刑罚的种类有哪些？
10. 分析重大责任事故罪、重大劳动安全事故罪和工程重大安全事故罪有哪些异同点。

附录 1

中华人民共和国建筑法

（第八届全国人民代表大会常务委员会第二十八次会议于 1997 年 11 月 1 日通过，自 1998 年 3 月 1 日起施行）

第一章　总　　则

第一条　为了加强对建筑活动的监督管理，维护建筑市场秩序，保证建筑工程的质量和安全，促进建筑业健康发展，制定本法。

第二条　在中华人民共和国境内从事建筑活动，实施对建筑活动的监督管理，应当遵守本法。

本法所称建筑活动，是指各类房屋建筑及其附属设施的建造和与其配套的线路、管道、设备的安装活动。

第三条　建筑活动应当确保建筑工程质量和安全，符合国家的建筑工程安全标准。

第四条　国家扶持建筑业的发展，支持建筑科学技术研究，提高房屋建筑设计水平，鼓励节约能源和保护环境，提倡采用先进技术、先进设备、先进工艺、新型建筑材料和现代管理方式。

第五条　从事建筑活动应当遵守法律、法规，不得损害社会公共利益和他人的合法权益。任何单位和个人都不得妨碍和阻挠依法进行的建筑活动。

第六条　国务院建设行政主管部门对全国的建筑活动实施统一监督管理。

第二章　建　筑　许　可

第一节　建筑工程施工许可

第七条　建筑工程开工前，建设单位应当按照国家有关规定向工程所在地县级以上人民政府建设行政主管部门申请领取施工许可证；但是，国务院建设行政主管部门确定的限额以下的小型工程除外。

按照国务院规定的权限和程序批准开工报告的建筑工程，不再领取施工许可证。

第八条　申请领取施工许可证，应当具备下列条件：

（一）已经办理该建筑工程用地批准手续；

（二）在城市规划区的建筑工程，已经取得规划许可证；

（三）需要拆迁的，其拆迁进度符合施工要求；

（四）已经确定建筑施工企业；

（五）有满足施工需要的施工图纸及技术资料；

（六）有保证工程质量和安全的具体措施；

（七）建设资金已经落实；

（八）法律、行政法规规定的其他条件。

建设行政主管部门应当自收到申请之日起十五日内，对符合条件的申请颁发施工许可证。

第九条 建设单位应当自领取施工许可证之日起三个月内开工。因故不能按期开工的，应当向发证机关申请延期；延期以两次为限，每次不超过三个月。既不开工又不申请延期或者超过延期时限的，施工许可证自行废止。

第十条 在建的建筑工程因故中止施工的，建设单位应当自中止施工之日起一个月内，向发证机关报告，并按照规定做好建筑工程的维护管理工作。

建筑工程恢复施工时，应当向发证机关报告；中止施工满一年的工程恢复施工前，建设单位应当报发证机关核验施工许可证。

第十一条 按照国务院有关规定批准开工报告的建筑工程，因故不能按期开工或者中止施工的，应当及时向批准机关报告情况。因故不能按期开工超过六个月的，应当重新办理开工报告的批准手续。

第二节 从业资格

第十二条 从事建筑活动的建筑施工企业、勘察单位、设计单位和工程监理单位，应当具备下列条件：

（一）有符合国家规定的注册资本；

（二）有与其从事的建筑活动相适应的具有法定执业资格的专业技术人员；

（三）有从事相关建筑活动所应有的技术装备；

（四）法律、行政法规规定的其他条件。

第十三条 从事建筑活动的建筑施工企业、勘察单位、设计单位和工程监理单位，按照其拥有的注册资本、专业技术人员、技术装备和已完成的建筑工程业绩等资质条件，划分为不同的资质等级，经资质审查合格，取得相应等级的资质证书后，方可在其资质等级许可的范围内从事建筑活动。

第十四条 从事建筑活动的专业技术人员，应当依法取得相应的执业资格证书，并在执业资格证书许可的范围内从事建筑活动。

第三章 建筑工程发包与承包

第一节 一般规定

第十五条 建筑工程的发包单位与承包单位应当依法订立书面合同，明确双方的权利和义务。

发包单位和承包单位应当全面履行合同约定的义务。不按照合同约定履行义务的，依法承担违约责任。

第十六条 建筑工程发包与承包的招标投标活动，应当遵循公开、公正、平等竞争的原则，择优选择承包单位。

建筑工程的招标投标，本法没有规定的，适用有关招标投标法律的规定。

第十七条 发包单位及其工作人员在建筑工程发包中不得收受贿赂、回扣或者索取其他好处。

承包单位及其工作人员不得利用向发包单位及其工作人员行贿、提供回扣或者给予其他好处等不正当手段承揽工程。

第十八条 建筑工程造价应当按照国家有关规定，由发包单位与承包单位在合同中约定。公开招标发包的，其造价的约定，须遵守招标投标法律的规定。

发包单位应当按照合同的约定，及时拨付工程款项。

第二节 发 包

第十九条 建筑工程依法实行招标发包，对不适于招标发包的可以直接发包。

第二十条 建筑工程实行公开招标的，发包单位应当依照法定程序和方式，发布招标公告，提供载有招标工程的主要技术要求、主要的合同条款、评标的标准和方法以及开标、评标、定标的程序等内容的招标文件。

开标应当在招标文件规定的时间、地点公开进行。开标后应当按照招标文件规定的评标标准和程序对标书进行评价、比较，在具备相应资质条件的投标者中，择优选定中标者。

第二十一条 建筑工程招标的开标、评标、定标由建设单位依法组织实施，并接受有关行政主管部门的监督。

第二十二条 建筑工程实行招标发包的，发包单位应当将建筑工程发包给依法中标的承包单位。建筑工程实行直接发包的，发包单位应当将建筑工程发包给具有相应资质条件的承包单位。

第二十三条 政府及其所属部门不得滥用行政权力，限定发包单位将招标发包的建筑工程发包给指定的承包单位。

第二十四条 提倡对建筑工程实行总承包，禁止将建筑工程肢解发包。

建筑工程的发包单位可以将建筑工程的勘察、设计、施工、设备采购一并发包给一个工程总承包单位，也可以将建筑工程勘察、设计、施工、设备采购的一项或者多项发包给一个工程总承包单位；但是，不得将应当由一个承包单位完成的建筑工程肢解成若干部分发包给几个承包单位。

第二十五条 按照合同约定，建筑材料、建筑构配件和设备由工程承包单位采购的，发包单位不得指定承包单位购入用于工程的建筑材料、建筑构配件和设备或者指定生产厂、供应商。

第三节 承 包

第二十六条 承包建筑工程的单位应当持有依法取得的资质证书，并在其资质等级许可的业务范围内承揽工程。

禁止建筑施工企业超越本企业资质等级许可的业务范围或者以任何形式用其他建筑施工企业的名义承揽工程。禁止建筑施工企业以任何形式允许其他单位或者个人使用本企业的资质证书、营业执照，以本企业的名义承揽工程。

第二十七条 大型建筑工程或者结构复杂的建筑工程，可以由两个以上的承包单位联合共同承包。共同承包的各方对承包合同的履行承担连带责任。

两个以上不同资质等级的单位实行联合共同承包的，应当按照资质等级低的单位的业务许可范围承揽工程。

第二十八条 禁止承包单位将其承包的全部建筑工程转包给他人，禁止承包单位将其承包的全部建筑工程肢解以后以分包的名义分别转包给他人。

第二十九条　建筑工程总承包单位可以将承包工程中的部分工程发包给具有相应资质条件的分包单位；但是，除总承包合同中约定的分包外，必须经建设单位认可。施工总承包的，建筑工程主体结构的施工必须由总承包单位自行完成。

建筑工程总承包单位按照总承包合同的约定对建设单位负责；分包单位按照分包合同的约定对总承包单位负责。总承包单位和分包单位就分包工程对建设单位承担连带责任。

禁止总承包单位将工程分包给不具备相应资质条件的单位。禁止分包单位将其承包的工程再分包。

第四章　建筑工程监理

第三十条　国家推行建筑工程监理制度。

国务院可以规定实行强制监理的建筑工程的范围。

第三十一条　实行监理的建筑工程，由建设单位委托具有相应资质条件的工程监理单位监理。建设单位与其委托的工程监理单位应当订立书面委托监理合同。

第三十二条　建筑工程监理应当依照法律、行政法规及有关的技术标准、设计文件和建筑工程承包合同，对承包单位在施工质量、建设工期和建设资金使用等方面，代表建设单位实施监督。

工程监理人员认为工程施工不符合工程设计要求、施工技术标准和合同约定的，有权要求建筑施工企业改正。

工程监理人员发现工程设计不符合建筑工程质量标准或者合同约定的质量要求的，应当报告建设单位要求设计单位改正。

第三十三条　实施建筑工程监理前，建设单位应当将委托的工程监理单位、监理的内容及监理权限，书面通知被监理的建筑施工企业。

第三十四条　工程监理单位应当在其资质等级许可的监理范围内，承担工程监理业务。

工程监理单位应当根据建设单位的委托，客观、公正地执行监理任务。

工程监理单位与被监理工程的承包单位以及建筑材料、建筑构配件和设备供应单位不得有隶属关系或者其他利害关系。

工程监理单位不得转让工程监理业务。

第三十五条　工程监理单位不按照委托监理合同的约定履行监理义务，对应当监督检查的项目不检查或者不按照规定检查，给建设单位造成损失的，应当承担相应的赔偿责任。

工程监理单位与承包单位串通，为承包单位谋取非法利益，给建设单位造成损失的，应当与承包单位承担连带赔偿责任。

第五章　建筑安全生产管理

第三十六条　建筑工程安全生产管理必须坚持安全第一、预防为主的方针，建立健全安全生产的责任制度和群防群治制度。

第三十七条　建筑工程设计应当符合按照国家规定制定的建筑安全规程和技术规范，保证工程的安全性能。

第三十八条　建筑施工企业在编制施工组织设计时，应当根据建筑工程的特点制定相应的安全技术措施；对专业性较强的工程项目，应当编制专项安全施工组织设计，并采取安全技术措施。

第三十九条　建筑施工企业应当在施工现场采取维护安全、防范危险、预防火灾等措施；有条件的，应当对施工现场实行封闭管理。

施工现场对毗邻的建筑物、构筑物和特殊作业环境可能造成损害的，建筑施工企业应当采取安全防护措施。

第四十条　建设单位应当向建筑施工企业提供与施工现场相关的地下管线资料，建筑施工企业应当采取措施加以保护。

第四十一条　建筑施工企业应当遵守有关环境保护和安全生产的法律、法规的规定，采取控制和处理施工现场的各种粉尘、废气、废水、固体废物以及噪声、振动对环境的污染和危害的措施。

第四十二条　有下列情形之一的，建设单位应当按照国家有关规定办理申请批准手续：

（一）需要临时占用规划批准范围以外场地的；

（二）可能损坏道路、管线、电力、邮电通信等公共设施的；

（三）需要临时停水、停电、中断道路交通的；

（四）需要进行爆破作业的；

（五）法律、法规规定需要办理报批手续的其他情形。

第四十三条　建设行政主管部门负责建筑安全生产的管理，并依法接受劳动行政主管部门对建筑安全生产的指导和监督。

第四十四条　建筑施工企业必须依法加强对建筑安全生产的管理，执行安全生产责任制度，采取有效措施，防止伤亡和其他安全生产事故的发生。

建筑施工企业的法定代表人对本企业的安全生产负责。

第四十五条　施工现场安全由建筑施工企业负责。实行施工总承包的，由总承包单位负责。分包单位向总承包单位负责，服从总承包单位对施工现场的安全生产管理。

第四十六条　建筑施工企业应当建立健全劳动安全生产教育培训制度，加强对职工安全生产的教育培训；未经安全生产教育培训的人员，不得上岗作业。

第四十七条　建筑施工企业和作业人员在施工过程中，应当遵守有关安全生产的法律、法规和建筑行业安全规章、规程，不得违章指挥或者违章作业。作业人员有权对影响人身健康的作业程序和作业条件提出改进意见，有权获得安全生产所需的防护用品。作业人员对危及生命安全和人身健康的行为有权提出批评、检举和控告。

第四十八条　建筑施工企业必须为从事危险作业的职工办理意外伤害保险，支付保险费。

第四十九条　涉及建筑主体和承重结构变动的装修工程，建设单位应当在施工前委托原设计单位或者具有应资质条件的设计单位提出设计方案；没有设计方案的，不得施工。

第五十条 房屋拆除应当由具备保证安全条件的建筑施工单位承担，由建筑施工单位负责人对安全负责。

第五十一条 施工中发生事故时，建筑施工企业应当采取紧急措施减少人员伤亡和事故损失，并按照国家有关规定及时向有关部门报告。

第六章 建筑工程质量管理

第五十二条 建筑工程勘察、设计、施工的质量必须符合国家有关建筑工程安全标准的要求，具体管理办法由国务院规定。

有关建筑工程安全的国家标准不能适应确保建筑安全的要求时，应当及时修订。

第五十三条 国家对从事建筑活动的单位推行质量体系认证制度。从事建筑活动的单位根据自愿原则可以向国务院产品质量监督管理部门或者国务院产品质量监督管理部门授权的部门认可的认证机构申请质量体系认证。经认证合格的，由认证机构颁发质量体系认证证书。

第五十四条 建设单位不得以任何理由，要求建筑设计单位或者建筑施工企业在工程设计或者施工作业中，违反法律、行政法规和建筑工程质量、安全标准，降低工程质量。

建筑设计单位和建筑施工企业对建设单位违反前款规定提出的降低工程质量的要求，应当予以拒绝。

第五十五条 建筑工程实行总承包的，工程质量由工程总承包单位负责，总承包单位将建筑工程分包给其他单位的，应当对分包工程的质量与分包单位承担连带责任。分包单位应当接受总承包单位的质量管理。

第五十六条 建筑工程的勘察、设计单位必须对其勘察、设计的质量负责。勘察、设计文件应当符合有关法律、行政法规的规定和建筑工程质量、安全标准、建筑工程勘察、设计技术规范以及合同的约定。设计文件选用的建筑材料、建筑构配件和设备，应当注明其规格、型号、性能等技术指标，其质量要求必须符合国家规定的标准。

第五十七条 建筑设计单位对设计文件选用的建筑材料、建筑构配件和设备，不得指定生产厂、供应商。

第五十八条 建筑施工企业对工程的施工质量负责。

建筑施工企业必须按照工程设计图纸和施工技术标准施工，不得偷工减料。工程设计的修改由原设计单位负责，建筑施工企业不得擅自修改工程设计。

第五十九条 建筑施工企业必须按照工程设计要求、施工技术标准和合同的约定，对建筑材料、建筑构配件和设备进行检验，不合格的不得使用。

第六十条 建筑物在合理使用寿命内，必须确保地基基础工程和主体结构的质量。

建筑工程竣工时，屋顶、墙面不得留有渗漏、开裂等质量缺陷；对已发现的质量缺陷，建筑施工企业应当修复。

第六十一条 交付竣工验收的建筑工程，必须符合规定的建筑工程质量标准，有完整的工程技术经济资料和经签署的工程保修书，并具备国家规定的其他竣工条件。

建筑工程竣工经验收合格后，方可交付使用；未经验收或者验收不合格的，不得交付使用。

第六十二条 建筑工程实行质量保修制度。

建筑工程的保修范围应当包括地基基础工程、主体结构工程、屋面防水工程和其他土建工程，以及电气管线、上下水管线的安装工程，供热、供冷系统工程等项目；保修的期限应当按照保证建筑物合理寿命年限内正常使用，维护使用者合法权益的原则确定。具体的保修范围和最低保修期限由国务院规定。

第六十三条 任何单位和个人对建筑工程的质量事故、质量缺陷都有权向建设行政主管部门或者其他有关部门进行检举、控告、投诉。

第七章 法 律 责 任

第六十四条 违反本法规定，未取得施工许可证或者开工报告未经批准擅自施工的，责令改正，对不符合开工条件的责令停止施工，可以处以罚款。

第六十五条 发包单位将工程发包给不具有相应资质条件的承包单位的，或者违反本法规定将建筑工程肢解发包的，责令改正，处以罚款。

超越本单位资质等级承揽工程的，责令停止违法行为，处以罚款，可以责令停业整顿，降低资质等级；情节严重的，吊销资质证书；有违法所得的，予以没收。

未取得资质证书承揽工程的，予以取缔，并处罚款；有违法所得的，予以没收。

以欺骗手段取得资质证书的，吊销资质证书，处以罚款；构成犯罪的，依法追究刑事责任。

第六十六条 建筑施工企业转让、出借资质证书或者以其他方式允许他人以本企业的名义承揽工程的，责令改正，没收违法所得，并处罚款，可以责令停业整顿，降低资质等级；情节严重的，吊销资质证书。对因该项承揽工程不符合规定的质量标准造成的损失，建筑施工企业与使用本企业名义的单位或者个人承担连带赔偿责任。

第六十七条 承包单位将承包的工程转包的，或者违反本法规定进行分包的，责令改正，没收违法所得，并处罚款，可以责令停业整顿，降低资质等级；情节严重的，吊销资质证书。

承包单位有前款规定的违法行为的，对因转包工程或者违法分包的工程不符合规定的质量标准造成的损失，与接受转包或者分包的单位承担连带赔偿责任。

第六十八条 在工程发包与承包中索贿、受贿、行贿，构成犯罪的，依法追究刑事责任；不构成犯罪的，分别处以罚款，没收贿赂的财物，对直接负责的主管人员和其他直接责任人员给予处分。

对在工程承包中行贿的承包单位，除依照前款规定处罚外，可以责令停业整顿，降低资质等级或者吊销资质证书。

第六十九条 工程监理单位与建设单位或者建筑施工企业串通，弄虚作假、降低工程质量的，责令改正，处以罚款，降低资质等级或者吊销资质证书；有违法所得的，予以没收；造成损失的，承担连带赔偿责任；构成犯罪的，依法追究刑事责任。

工程监理单位转让监理业务的，责令改正，没收违法所得，可以责令停业整顿，降低资质等级；情节严重的，吊销资质证书。

第七十条 违反本法规定，涉及建筑主体或者承重结构变动的装修工程擅自施工的，责令改正，处以罚款；造成损失的，承担赔偿责任；构成犯罪的，依法追究刑事责任。

第七十一条　建筑施工企业违反本法规定，对建筑安全事故隐患不采取措施予以消除的，责令改正，可以处以罚款；情节严重的，责令停业整顿，降低资质等级或者吊销资质证书；构成犯罪的，依法追究刑事责任。

建筑施工企业的管理人员违章指挥、强令职工冒险作业，因而发生重大伤亡事故或者造成其他严重后果的，依法追究刑事责任。

第七十二条　建设单位违反本法规定，要求建筑设计单位或者建筑施工企业违反建筑工程质量、安全标准，降低工程质量的，责令改正，可以处以罚款；构成犯罪的，依法追究刑事责任。

第七十三条　建筑设计单位不按照建筑工程质量、安全标准进行设计的，责令改正，处以罚款；造成工程质量事故的，责令停业整顿，降低资质等级或者吊销资质证书，没收违法所得，并处罚款；造成损失的，承担赔偿责任；构成犯罪的，依法追究刑事责任。

第七十四条　建筑施工企业在施工中偷工减料的，使用不合格的建筑材料、建筑构配件和设备的，或者有其他不按照工程设计图纸或者施工技术标准施工的行为的，责令改正，处以罚款；情节严重的，责令停业整顿，降低资质等级或者吊销资质证书；造成建筑工程质量不符合规定的质量标准的，负责返工、修理，并赔偿因此造成的损失；构成犯罪的，依法追究刑事责任。

第七十五条　建筑施工企业违反本法规定，不履行保修义务或者拖延履行保修义务的，责令改正，可以处以罚款，并对在保修期内因屋顶、墙面渗漏、开裂等质量缺陷造成的损失，承担赔偿责任。

第七十六条　本法规定的责令停业整顿、降低资质等级和吊销资质证书的行政处罚，由颁发资质证书的机关决定；其他行政处罚，由建设行政主管部门或者有关部门依照法律和国务院规定的职权范围决定。

依照本法规定被吊销资质证书的，由工商行政管理部门吊销其营业执照。

第七十七条　违反本法规定，对不具备相应资质等级条件的单位颁发该等级资质证书的，由其上级机关责令收回所发的资质证书，对直接负责的主管人员和其他直接责任人员给予行政处分；构成犯罪的，依法追究刑事责任。

第七十八条　政府及其所属部门的工作人员违反本法规定，限定发包单位将招标发包的工程发包给指定的承包单位的，由上级机关责令改正；构成犯罪的，依法追究刑事责任。

第七十九条　负责颁发建筑工程施工许可证的部门及其工作人员对不符合施工条件的建筑工程颁发施工许可证的，负责工程质量监督检查或者竣工验收的部门及其工作人员对不合格的建筑工程出具质量合格文件或者按合格工程验收的，由上级机关责令改正，对责任人员给予行政处分；构成犯罪的，依法追究刑事责任；造成损失的，由该部门承担相应的赔偿责任。

第八十条　在建筑物的合理使用寿命内，因建筑工程质量不合格受到损害的，有权向责任者要求赔偿。

第八章 附 则

第八十一条 本法关于施工许可、建筑施工企业资质审查和建筑工程发包、承包、禁止转包，以及建筑工程监理、建筑工程安全和质量管理的规定，适用于其他专业建筑工程的建筑活动，具体办法由国务院规定。

第八十二条 建设行政主管部门和其他有关部门在对建筑活动实施监督管理中，除按照国务院有关规定收取费用外，不得收取其他费用。

第八十三条 省、自治区、直辖市人民政府确定的小型房屋建筑工程的建筑活动，参照本法执行。

依法核定作为文物保护的纪念建筑物和古建筑等的修缮，依照文物保护的有关法律规定执行。

抢险救灾及其他临时性房屋建筑和农民自建低层住宅的建筑活动，不适用本法。

第八十四条 军用房屋建筑工程建筑活动的具体管理办法，由国务院、中央军事委员会依据本法制定。

第八十五条 本法自1998年3月1日起施行。

附录 2

中华人民共和国招标投标法

（第九届全国人民代表大会常务委员会第十一次会议于 1999 年 8 月 30 日通过，自 2000 年 1 月 1 日起施行）

第一章　总　　则

第一条　为了规范招标投标活动，保护国家利益、社会公共利益和招标投标活动当事人的合法权益，提高经济效益，保证项目质量，制定本法。

第二条　在中华人民共和国境内进行招标投标活动，适用本法。

第三条　在中华人民共和国境内进行下列工程建设项目包括项目的勘察、设计、施工、监理以及与工程建设有关的重要设备、材料等的采购，必须进行招标：

（一）大型基础设施、公用事业等关系社会公共利益、公众安全的项目；

（二）全部或者部分使用国有资金投资或者国家融资的项目；

（三）使用国际组织或者外国政府贷款、援助资金的项目。

前款所列项目的具体范围和规模标准，由国务院发展计划部门会同国务院有关部门制订，报国务院批准。

法律或者国务院对必须进行招标的其他项目的范围有规定的，依照其规定。

第四条　任何单位和个人不得将依法必须进行招标的项目化整为零或者以其他任何方式规避招标。

第五条　招标投标活动应当遵循公开、公平、公正和诚实信用的原则。

第六条　依法必须进行招标的项目，其招标投标活动不受地区或者部门的限制。任何单位和个人不得违法限制或者排斥本地区、本系统以外的法人或者其他组织参加投标，不得以任何方式非法干涉招标投标活动。

第七条　招标投标活动及其当事人应当接受依法实施的监督。

有关行政监督部门依法对招标投标活动实施监督，依法查处招标投标活动中的违法行为。

对招标投标活动的行政监督及有关部门的具体职权划分，由国务院规定。

第二章　招　　标

第八条　招标人是依照本法规定提出招标项目、进行招标的法人或者其他组织。

第九条　招标项目按照国家有关规定需要履行项目审批手续的，应当先履行审批手续，取得批准。

招标人应当有进行招标项目的相应资金或者资金来源已经落实，并应当在招标文件中如实载明。

第十条　招标分为公开招标和邀请招标。

公开招标，是指招标人以招标公告的方式邀请不特定的法人或者其他组织投标。

邀请招标，是指招标人以投标邀请书的方式邀请特定的法人或者其他组织投标。

第十一条 国务院发展计划部门确定的国家重点项目和省、自治区、直辖市人民政府确定的地方重点项目不适宜公开招标的，经国务院发展计划部门或者省、自治区、直辖市人民政府批准，可以进行邀请招标。

第十二条 招标人有权自行选择招标代理机构，委托其办理招标事宜。任何单位和个人不得以任何方式为招标人指定招标代理机构。

招标人具有编制招标文件和组织评标能力的，可以自行办理招标事宜。任何单位和个人不得强制其委托招标代理机构办理招标事宜。

依法必须进行招标的项目，招标人自行办理招标事宜的，应当向有关行政监督部门备案。

第十三条 招标代理机构是依法设立、从事招标代理业务并提供相关服务的社会中介组织。

招标代理机构应当具备下列条件：

（一）有从事招标代理业务的营业场所和相应资金；

（二）有能够编制招标文件和组织评标的相应专业力量；

（三）有符合本法第三十七条第三款规定条件、可以作为评标委员会成员人选的技术、经济等方面的专家库。

第十四条 从事工程建设项目招标代理业务的招标代理机构，其资格由国务院或者省、自治区、直辖市人民政府的建设行政主管部门认定。具体办法由国务院建设行政主管部门会同国务院有关部门制定。从事其他招标代理业务的招标代理机构，其资格认定的主管部门由国务院规定。

招标代理机构与行政机关和其他国家机关不得存在隶属关系或者其他利益关系。

第十五条 招标代理机构应当在招标人委托的范围内办理招标事宜，并遵守本法关于招标人的规定。

第十六条 招标人采用公开招标方式的，应当发布招标公告。依法必须进行招标的项目的招标公告，应当通过国家指定的报刊、信息网络或者其他媒介发布。

招标公告应当载明招标人的名称和地址、招标项目的性质、数量、实施地点和时间以及获取招标文件的办法等事项。

第十七条 招标人采用邀请招标方式的，应当向三个以上具备承担招标项目的能力、资信良好的特定的法人或者其他组织发出投标邀请书。

投标邀请书应当载明本法第十六条第二款规定的事项。

第十八条 招标人可以根据招标项目本身的要求，在招标公告或者投标邀请书中，要求潜在投标人提供有关资质证明文件和业绩情况，并对潜在投标人进行资格审查；国家对投标人的资格条件有规定的，依照其规定。

招标人不得以不合理的条件限制或者排斥潜在投标人，不得对潜在投标人实行歧视待遇。

第十九条 招标人应当根据招标项目的特点和需要编制招标文件。招标文件应当包括招标项目的技术要求、对投标人资格审查的标准、投标报价要求和评标标准等所有实质性要求和条件以及拟签订合同的主要条款。

国家对招标项目的技术、标准有规定的，招标人应当按照其规定在招标文件中提出相应要求。

招标项目需要划分标段、确定工期的，招标人应当合理划分标段、确定工期，并在招标文件中载明。

第二十条　招标文件不得要求或者标明特定的生产供应者以及含有倾向或者排斥潜在投标人的其他内容。

第二十一条　招标人根据招标项目的具体情况，可以组织潜在投标人踏勘项目现场。

第二十二条　招标人不得向他人透露已获取招标文件的潜在投标人的名称、数量以及可能影响公平竞争的有关招标投标的其他情况。

招标人设有标底的，标底必须保密。

第二十三条　招标人对已发出的招标文件进行必要的澄清或者修改的，应当在招标文件要求提交投标文件截止时间至少十五日前，以书面形式通知所有招标文件收受人。该澄清或者修改的内容为招标文件的组成部分。

第二十四条　招标人应当确定投标人编制投标文件所需要的合理时间；但是，依法必须进行招标的项目，自招标文件开始发出之日起至投标人提交投标文件截止之日止，最短不得少于二十日。

第三章　投　　标

第二十五条　投标人是响应招标、参加投标竞争的法人或者其他组织。

依法招标的科研项目允许个人参加投标的，投标的个人适用本法有关投标人的规定。

第二十六条　投标人应当具备承担招标项目的能力；国家有关规定对投标人资格条件或者招标文件对投标人资格条件有规定的，投标人应当具备规定的资格条件。

第二十七条　投标人应当按照招标文件的要求编制投标文件。投标文件应当对招标文件提出的实质性要求和条件作出响应。

招标项目属于建设施工的，投标文件的内容应当包括拟派出的项目负责人与主要技术人员的简历、业绩和拟用于完成招标项目的机械设备等。

第二十八条　投标人应当在招标文件要求提交投标文件的截止时间前，将投标文件送达投标地点。招标人收到投标文件后，应当签收保存，不得开启。投标人少于三个的，招标人应当依照本法重新招标。

在招标文件要求提交投标文件的截止时间后送达的投标文件，招标人应当拒收。

第二十九条　投标人在招标文件要求提交投标文件的截止时间前，可以补充、修改或者撤回已提交的投标文件，并书面通知招标人。补充、修改的内容为投标文件的组成部分。

第三十条　投标人根据招标文件载明的项目实际情况，拟在中标后将中标项目的部分非主体、非关键性工作进行分包的，应当在投标文件中载明。

第三十一条　两个以上法人或者其他组织可以组成一个联合体，以一个投标人的身份共同投标。

联合体各方均应当具备承担招标项目的相应能力；国家有关规定或者招标文件对投标人资格条件有规定的，联合体各方均应当具备规定的相应资格条件。由同一专业的单位组成的联合体，按照资质等级较低的单位确定资质等级。

联合体各方应当签订共同投标协议，明确约定各方拟承担的工作和责任，并将共同投标协议连同投标文件一并提交招标人。联合体中标的，联合体各方应当共同与招标人签订合同，就中标项目向招标人承担连带责任。

招标人不得强制投标人组成联合体共同投标，不得限制投标人之间的竞争。

第三十二条　投标人不得相互串通投标报价，不得排挤其他投标人的公平竞争，损害招标人或者其他投标人的合法权益。

投标人不得与招标人串通投标，损害国家利益、社会公共利益或者他人的合法权益。

禁止投标人以向招标人或者评标委员会成员行贿的手段谋取中标。

第三十三条　投标人不得以低于成本的报价竞标，也不得以他人名义投标或者以其他方式弄虚作假，骗取中标。

第四章　开 标 、 评 标 和 中 标

第三十四条　开标应当在招标文件确定的提交投标文件截止时间的同一时间公开进行；开标地点应当为招标文件中预先确定的地点。

第三十五条　开标由招标人主持，邀请所有投标人参加。

第三十六条　开标时，由投标人或者其推选的代表检查投标文件的密封情况，也可以由招标人委托的公证机构检查并公证；经确认无误后，由工作人员当众拆封，宣读投标人名称、投标价格和投标文件的其他主要内容。

招标人在招标文件要求提交投标文件的截止时间前收到的所有投标文件，开标时都应当当众予以拆封、宣读。

开标过程应当记录，并存档备查。

第三十七条　评标由招标人依法组建的评标委员会负责。

依法必须进行招标的项目，其评标委员会由招标人的代表和有关技术、经济等方面的专家组成，成员人数为五人以上单数，其中技术、经济等方面的专家不得少于成员总数的三分之二。

前款专家应当从事相关领域工作满八年并具有高级职称或者具有同等专业水平，由招标人从国务院有关部门或者省、自治区、直辖市人民政府有关部门提供的专家名册或者招标代理机构的专家库内的相关专业的专家名单中确定；一般招标项目可以采取随机抽取方式，特殊招标项目可以由招标人直接确定。

与投标人有利害关系的人不得进入相关项目的评标委员会；已经进入的应当更换。

评标委员会成员的名单在中标结果确定前应当保密。

第三十八条　招标人应当采取必要的措施，保证评标在严格保密的情况下进行。

任何单位和个人不得非法干预、影响评标的过程和结果。

第三十九条　评标委员会可以要求投标人对投标文件中含义不明确的内容作必要的澄清或者说明，但是澄清或者说明不得超出投标文件的范围或者改变投标文件的实质性内容。

第四十条　评标委员会应当按照招标文件确定的评标标准和方法，对投标文件进行评审和比较；设有标底的，应当参考标底。评标委员会完成评标后，应当向招标人提出书面评标报告，并推荐合格的中标候选人。

招标人根据评标委员会提出的书面评标报告和推荐的中标候选人确定中标人。招标人也可以授权评标委员会直接确定中标人。

国务院对特定招标项目的评标有特别规定的，从其规定。

第四十一条　中标人的投标应当符合下列条件之一：

（一）能够最大限度地满足招标文件中规定的各项综合评价标准；

（二）能够满足招标文件的实质性要求，并且经评审的投标价格最低；但是投标价格低于成本的除外。

第四十二条　评标委员会经评审，认为所有投标都不符合招标文件要求的，可以否决所有投标。

依法必须进行招标的项目的所有投标被否决的，招标人应当依照本法重新招标。

第四十三条　在确定中标人前，招标人不得与投标人就投标价格、投标方案等实质性内容进行谈判。

第四十四条　评标委员会成员应当客观、公正地履行职务，遵守职业道德，对所提出的评审意见承担个人责任。

评标委员会成员不得私下接触投标人，不得收受投标人的财物或者其他好处。

评标委员会成员和参与评标的有关工作人员不得透露对投标文件的评审和比较、中标候选人的推荐情况以及与评标有关的其他情况。

第四十五条　中标人确定后，招标人应当向中标人发出中标通知书，并同时将中标结果通知所有未中标的投标人。

中标通知书对招标人和中标人具有法律效力。中标通知书发出后，招标人改变中标结果的，或者中标人放弃中标项目的，应当依法承担法律责任。

第四十六条　招标人和中标人应当自中标通知书发出之日起三十日内，按照招标文件和中标人的投标文件订立书面合同。招标人和中标人不得再行订立背离合同实质性内容的其他协议。

招标文件要求中标人提交履约保证金的，中标人应当提交。

第四十七条　依法必须进行招标的项目，招标人应当自确定中标之日起十五日内，向有关行政监督部门提交招标投标情况的书面报告。

第四十八条　中标人应当按照合同约定履行义务，完成中标项目。中标人不得向他人转让中标项目，也不得将中标项目肢解后分别向他人转让。

中标人按照合同约定或者经招标人同意，可以将中标项目的部分非主体、非关键性工作分包给他人完成。接受分包的人应当具备相应的资格条件，并不得再次分包。

中标人应当就分包项目向招标人负责，接受分包的人就分包项目承担连带责任。

第五章　法　律　责　任

第四十九条　违反本法规定，必须进行招标的项目而不招标的，将必须进行招标的项目化整为零或者以其他任何方式规避招标的，责令限期改正，可以处项目合同金额千分之五以上千分之十以下的罚款；对全部或者部分使用国有资金的项目，可以暂停项目执行或者暂停资金拨付；对单位直接负责的主管人员和其他直接责任人员依法给予处分。

第五十条 招标代理机构违反本法规定，泄露应当保密的与招标投标活动有关的情况和资料的，或者与招标人、投标人串通损害国家利益、社会公共利益或者他人合法权益的，处五万元以上二十五万元以下的罚款，对单位直接负责的主管人员和其他直接责任人员处单位罚款数额百分之五以上百分之十以下的罚款；有违法所得的，并处没收违法所得；情节严重的，暂停直至取消招标代理资格；构成犯罪的，依法追究刑事责任。给他人造成损失的，依法承担赔偿责任。

前款所列行为影响中标结果的，中标无效。

第五十一条 招标人以不合理的条件限制或者排斥潜在投标人的，对潜在投标人实行歧视待遇的，强制要求投标人组成联合体共同投标的，或者限制投标人之间竞争的，责令改正，可以处一万元以上五万元以下的罚款。

第五十二条 依法必须进行招标的项目的招标人向他人透露已获取招标文件的潜在投标人的名称、数量或者可能影响公平竞争的有关招标投标的其他情况的，或者泄露标底的，给予警告，可以并处一万元以上十万元以下的罚款；对单位直接负责的主管人员和其他直接责任人员依法给予处分；构成犯罪的，依法追究刑事责任。

前款所列行为影响中标结果的，中标无效。

第五十三条 投标人相互串通投标或者与招标人串通投标的，投标人以向招标人或者评标委员会成员行贿的手段谋取中标的，中标无效，处中标项目金额千分之五以上千分之十以下的罚款，对单位直接负责的主管人员和其他直接责任人员处单位罚款数额百分之五以上百分之十以下的罚款；有违法所得的，并处没收违法所得；情节严重的，取消其一年至二年内参加依法必须进行招标的项目的投标资格并予以公告，直至由工商行政管理机关吊销营业执照；构成犯罪的，依法追究刑事责任。给他人造成损失的，依法承担赔偿责任。

第五十四条 投标人以他人名义投标或者以其他方式弄虚作假，骗取中标的，中标无效，给招标人造成损失的，依法承担赔偿责任；构成犯罪的，依法追究刑事责任。

依法必须进行招标的项目的投标人有前款所列行为尚未构成犯罪的，处中标项目金额千分之五以上千分之十以下的罚款，对单位直接负责的主管人员和其他直接责任人员处单位罚款数额百分之五以上百分之十以下的罚款；有违法所得的，并处没收违法所得；情节严重的，取消其一年至三年内参加依法必须进行招标的项目的投标资格并予以公告，直至由工商行政管理机关吊销营业执照。

第五十五条 依法必须进行招标的项目，招标人违反本法规定，与投标人就投标价格、投标方案等实质性内容进行谈判的，给予警告，对单位直接负责的主管人员和其他直接责任人员依法给予处分。

前款所列行为影响中标结果的，中标无效。

第五十六条 评标委员会成员收受投标人的财物或者其他好处的，评标委员会成员或者参加评标的有关工作人员向他人透露对投标文件的评审和比较、中标候选人的推荐以及与评标有关的其他情况的，给予警告，没收收受的财物，可以并处三千元以上五万元以下的罚款，对有所列违法行为的评标委员会成员取消担任评标委员会成员的资格，不得再参加任何依法必须进行招标的项目的评标；构成犯罪的，依法追究刑事责任。

第五十七条　招标人在评标委员会依法推荐的中标候选人以外确定中标人的，依法必须进行招标的项目在所有投标被评标委员会否决后自行确定中标人的，中标无效。责令改正，可以处中标项目金额千分之五以上千分之十以下的罚款；对单位直接负责的主管人员和其他直接责任人员依法给予处分。

第五十八条　中标人将中标项目转让给他人的，将中标项目肢解后分别转让给他人的，违反本法规定将中标项目的部分主体、关键性工作分包给他人的，或者分包人再次分包的，转让、分包无效，处转让、分包项目金额千分之五以上千分之十以下的罚款；有违法所得的，并处没收违法所得；可以责令停业整顿；情节严重的，由工商行政管理机关吊销营业执照。

第五十九条　招标人与中标人不按照招标文件和中标人的投标文件订立合同的，或者招标人、中标人订立背离合同实质性内容的协议的，责令改正；可以处中标项目金额千分之五以上千分之十以下的罚款。

第六十条　中标人不履行与招标人订立的合同的，履约保证金不予退还，给招标人造成的损失超过履约保证金数额的，还应当对超过部分予以赔偿；没有提交履约保证金的，应当对招标人的损失承担赔偿责任。

中标人不按照与招标人订立的合同履行义务，情节严重的，取消其二年至五年内参加依法必须进行招标的项目的投标资格并予以公告，直至由工商行政管理机关吊销营业执照。

因不可抗力不能履行合同的，不适用前两款规定。

第六十一条　本章规定的行政处罚，由国务院规定的有关行政监督部门决定。本法已对实施行政处罚的机关作出规定的除外。

第六十二条　任何单位违反本法规定，限制或者排斥本地区、本系统以外的法人或者其他组织参加投标的，为招标人指定招标代理机构的，强制招标人委托招标代理机构办理招标事宜的，或者以其他方式干涉招标投标活动的，责令改正；对单位直接负责的主管人员和其他直接责任人员依法给予警告、记过、记大过的处分，情节较重的，依法给予降级、撤职、开除的处分。

个人利用职权进行前款违法行为的，依照前款规定追究责任。

第六十三条　对招标投标活动依法负有行政监督职责的国家机关工作人员徇私舞弊、滥用职权或者玩忽职守，构成犯罪的，依法追究刑事责任；不构成犯罪的，依法给予行政处分。

第六十四条　依法必须进行招标的项目违反本法规定，中标无效的，应当依照本法规定的中标条件从其余投标人中重新确定中标人或者依照本法重新进行招标。

第六章　附　　则

第六十五条　投标人和其他利害关系人认为招标投标活动不符合本法有关规定的，有权向招标人提出异议或者依法向有关行政监督部门投诉。

第六十六条　涉及国家安全、国家秘密、抢险救灾或者属于利用扶贫资金实行以工代赈、需要使用农民工等特殊情况，不适宜进行招标的项目，按照国家有关规定可以不进行招标。

第六十七条　使用国际组织或者外国政府贷款、援助资金的项目进行招标，贷款方、资金提供方对招标投标的具体条件和程序有不同规定的，可以适用其规定，但违背中华人民共和国的社会公共利益的除外。

第六十八条　本法自 2000 年 1 月 1 日起施行。

附录 3

中华人民共和国合同法（摘选）

（第九届全国人民代表大会第二次会议于 1999 年 3 月 15 日通过，
自 1999 年 10 月 1 日起施行）

总 则

第一章 一 般 规 定

第一条 为了保护合同当事人的合法权益，维护社会经济秩序，促进社会主义现代化建设，制定本法。

第二条 本法所称合同是平等主体的自然人、法人、其他组织之间设立、变更、终止民事权利义务关系的协议。婚姻、收养、监护等有关身份关系的协议，适用其他法律的规定。

第三条 合同当事人的法律地位平等，一方不得将自己的意志强加给另一方。

第四条 当事人依法享有自愿订立合同的权利，任何单位和个人不得非法干预。

第五条 当事人应当遵循公平原则确定各方的权利和义务。

第六条 当事人行使权利、履行义务应当遵循诚实信用原则。

第七条 当事人订立、履行合同，应当遵守法律、行政法规，尊重社会公德，不得扰乱社会经济秩序，损害社会公共利益。

第八条 依法成立的合同，对当事人具有法律约束力。当事人应当按照约定履行自己的义务，不得擅自变更或者解除合同。依法成立的合同，受法律保护。

第二章 合 同 的 订 立

第九条 当事人订立合同，应当具有相应的民事权利能力和民事行为能力。当事人依法可以委托代理人订立合同。

第十条 当事人订立合同，有书面形式、口头形式和其他形式。法律、行政法规规定采用书面形式的，应当采用书面形式。当事人约定采用书面形式的，应当采用书面形式。

第十一条 书面形式是指合同书、信件和数据电文（包括电报、电传、传真、电子数据交换和电子邮件）等可以有形地表现所载内容的形式。

第十二条 合同的内容由当事人约定，一般包括以下条款：

（一）当事人的名称或者姓名和住所；

（二）标的；

（三）数量；

（四）质量；

（五）价款或者报酬；

（六）履行期限、地点和方式；

（七）违约责任；

（八）解决争议的方法。当事人可以参照各类合同的示范文本订立合同。

第十三条 当事人订立合同，采取要约、承诺方式。

第十四条 要约是希望和他人订立合同的意思表示，该意思表示应当符合下列规定：

（一）内容具体确定；

（二）表明经受要约人承诺，要约人即受该意思表示约束。

第十五条 要约邀请是希望他人向自己发出要约的意思表示。寄送的价目表、拍卖公告、招标公告、招股说明书、商业广告等为要约邀请。商业广告的内容符合要约规定的，视为要约。

第十六条 要约到达受要约人时生效。

采用数据电文形式订立合同，收件人指定特定系统接收数据电文的，该数据电文进入该特定系统的时间，视为到达时间；未指定特定系统的，该数据电文进入收件人的任何系统的首次时间，视为到达时间。

第十七条 要约可以撤回。撤回要约的通知应当在要约到达受要约人之前或者与要约同时到达受要约人。

第十八条 要约可以撤销。撤销要约的通知应当在受要约人发出承诺通知之前到达受要约人。

第十九条 有下列情形之一的，要约不得撤销：

（一）要约人确定了承诺期限或者以其他形式明示要约不可撤销；

（二）受要约人有理由认为要约是不可撤销的，并已经为履行合同做了准备工作。

第二十条 有下列情形之一的，要约失效：

（一）拒绝要约的通知到达要约人；

（二）要约人依法撤销要约；

（三）承诺期限届满，受要约人未作出承诺；

（四）受要约人对要约的内容作出实质性变更。

第二十一条 承诺是受要约人同意要约的意思表示。

第二十二条 承诺应当以通知的方式作出，但根据交易习惯或者要约表明可以通过行为作出承诺的除外。

第二十三条 承诺应当在要约确定的期限内到达要约人。要约没有确定承诺期限的，承诺应当依照下列规定到达：

（一）要约以对话方式作出的，应当即时作出承诺，但当事人另有约定的除外；

（二）要约以非对话方式作出的，承诺应当在合理期限内到达。

第二十四条 要约以信件或者电报作出的，承诺期限自信件载明的日期或者电报交发之日开始计算。信件未载明日期的，自投寄该信件的邮戳日期开始计算。要约以电话、传真等快速通信方式作出的，承诺期限自要约到达受要约人时开始计算。

第二十五条 承诺生效时合同成立。

第二十六条 承诺通知到达要约人时生效。承诺不需要通知的，根据交易习惯或者要约的要求作出承诺的行为时生效。

采用数据电文形式订立合同的，承诺到达的时间适用本法第十六条第二款的规定。

第二十七条 承诺可以撤回。撤回承诺的通知应当在承诺通知到达要约人之前或者与承诺通知同时到达要约人。

第二十八条 受要约人超过承诺期限发出承诺的，除要约人及时通知受要约人该承诺有效的以外，为新要约。

第二十九条 受要约人在承诺期限内发出承诺，按照通常情形能够及时到达要约人，但因其他原因承诺到达要约人时超过承诺期限的，除要约人及时通知受要约人因承诺超过期限不接受该承诺的以外，该承诺有效。

第三十条 承诺的内容应当与要约的内容一致。受要约人对要约的内容作出实质性变更的，为新要约。有关合同标的、数量、质量、价款或者报酬、履行期限、履行地点和方式、违约责任和解决争议方法等的变更，是对要约内容的实质性变更。

第三十一条 承诺对要约的内容作出非实质性变更的，除要约人及时表示反对或者要约表明承诺不得对要约的内容作出任何变更的以外，该承诺有效，合同的内容以承诺的内容为准。

第三十二条 当事人采用合同书形式订立合同的，自双方当事人签字或者盖章时合同成立。

第三十三条 当事人采用信件、数据电文等形式订立合同的，可以在合同成立之前要求签订确认书。签订确认书时合同成立。

第三十四条 承诺生效的地点为合同成立的地点。

采用数据电文形式订立合同的，收件人的主营业地为合同成立的地点；没有主营业地的，其经常居住地为合同成立的地点。当事人另有约定的，按照其约定。

第三十五条 当事人采用合同书形式订立合同的，双方当事人签字或者盖章的地点为合同成立的地点。

第三十六条 法律、行政法规规定或者当事人约定采用书面形式订立合同，当事人未采用书面形式但一方已经履行主要义务，对方接受的，该合同成立。

第三十七条 采用合同书形式订立合同，在签字或者盖章之前，当事人一方已经履行主要义务，对方接受的，该合同成立。

第三十八条 国家根据需要下达指令性任务或者国家订货任务的，有关法人、其他组织之间应当依照有关法律、行政法规规定的权利和义务订立合同。

第三十九条 采用格式条款订立合同的，提供格式条款的一方应当遵循公平原则确定当事人之间的权利和义务，并采取合理的方式提请对方注意免除或者限制其责任的条款，按照对方的要求，对该条款予以说明。

格式条款是当事人为了重复使用而预先拟定，并在订立合同时未与对方协商的条款。

第四十条 格式条款具有本法第五十二条和第五十三条规定情形的，或者提供格式条款一方免除其责任、加重对方责任、排除对方主要权利的，该条款无效。

第四十一条 对格式条款的理解发生争议的，应当按照通常理解予以解释。对格式条款有两种以上解释的，应当作出不利于提供格式条款一方的解释。格式条款和非格式条款不一致的，应当采用非格式条款。

第四十二条 当事人在订立合同过程中有下列情形之一，给对方造成损失的，应当承担损害赔偿责任：

（一）假借订立合同，恶意进行磋商；

（二）故意隐瞒与订立合同有关的重要事实或者提供虚假情况；

（三）有其他违背诚实信用原则的行为。

第四十三条 当事人在订立合同过程中知悉的商业秘密，无论合同是否成立，不得泄露或者不正当地使用。泄露或者不正当地使用该商业秘密给对方造成损失的，应当承担损害赔偿责任。

第三章 合同的效力

第四十四条 依法成立的合同，自成立时生效。

法律、行政法规规定应当办理批准、登记等手续生效的，依照其规定。

第四十五条 当事人对合同的效力可以约定附条件。附生效条件的合同，自条件成就时生效。附解除条件的合同，自条件成就时失效。

当事人为自己的利益不正当地阻止条件成就的，视为条件已成就；不正当地促成条件成就的，视为条件不成就。

第四十六条 当事人对合同的效力可以约定附期限。附生效期限的合同，自期限届至时生效。附终止期限的合同，自期限届满时失效。

第四十七条 限制民事行为能力人订立的合同，经法定代理人追认后，该合同有效，但纯获利益的合同或者与其年龄、智力、精神健康状况相适应而订立的合同，不必经法定代理人追认。

相对人可以催告法定代理人在一个月内予以追认。法定代理人未作表示的，视为拒绝追认。合同被追认之前，善意相对人有撤销的权利。撤销应当以通知的方式作出。

第四十八条 行为人没有代理权、超越代理权或者代理权终止后以被代理人名义订立的合同，未经被代理人追认，对被代理人不发生效力，由行为人承担责任。

相对人可以催告被代理人在一个月内予以追认。被代理人未作表示的，视为拒绝追认。合同被追认之前，善意相对人有撤销的权利。撤销应当以通知的方式作出。

第四十九条 行为人没有代理权、超越代理权或者代理权终止后以被代理人名义订立合同，相对人有理由相信行为人有代理权的，该代理行为有效。

第五十条 法人或者其他组织的法定代表人、负责人超越权限订立的合同，除相对人知道或者应当知道其超越权限的以外，该代表行为有效。

第五十一条 无处分权的人处分他人财产，经权利人追认或者无处分权的人订立合同后取得处分权的，该合同有效。

第五十二条 有下列情形之一的，合同无效：

（一）一方以欺诈、胁迫的手段订立合同，损害国家利益；

（二）恶意串通，损害国家、集体或者第三人利益；

（三）以合法形式掩盖非法目的；

（四）损害社会公共利益；

（五）违反法律、行政法规的强制性规定。

第五十三条 合同中的下列免责条款无效：

（一）造成对方人身伤害的；

（二）因故意或者重大过失造成对方财产损失的。

第五十四条 下列合同，当事人一方有权请求人民法院或者仲裁机构变更或者撤销：

（一）因重大误解订立的；

（二）在订立合同时显失公平的。

一方以欺诈、胁迫的手段或者乘人之危，使对方在违背真实意思的情况下订立的合同，受损害方有权请求人民法院或者仲裁机构变更或者撤销。

当事人请求变更的，人民法院或者仲裁机构不得撤销。

第五十五条 有下列情形之一的，撤销权消灭：

（一）具有撤销权的当事人自知道或者应当知道撤销事由之日起一年内没有行使撤销权；

（二）具有撤销权的当事人知道撤销事由后明确表示或者以自己的行为放弃撤销权。

第五十六条 无效的合同或者被撤销的合同自始没有法律约束力。合同部分无效，不影响其他部分效力的，其他部分仍然有效。

第五十七条 合同无效、被撤销或者终止的，不影响合同中独立存在的有关解决争议方法的条款的效力。

第五十八条 合同无效或者被撤销后，因该合同取得的财产，应当予以返还；不能返还或者没有必要返还的，应当折价补偿。有过错的一方应当赔偿对方因此所受到的损失，双方都有过错的，应当各自承担相应的责任。

第五十九条 当事人恶意串通，损害国家、集体或者第三人利益的，因此取得的财产收归国家所有或者返还集体、第三人。

第四章 合同的履行

第六十条 当事人应当按照约定全面履行自己的义务。

当事人应当遵循诚实信用原则，根据合同的性质、目的和交易习惯履行通知、协助、保密等义务。

第六十一条 合同生效后，当事人就质量、价款或者报酬、履行地点等内容没有约定或者约定不明确的，可以协议补充；不能达成补充协议的，按照合同有关条款或者交易习惯确定。

第六十二条 当事人就有关合同内容约定不明确，依照本法第六十一条的规定仍不能确定的，适用下列规定：

（一）质量要求不明确的，按照国家标准、行业标准履行；没有国家标准、行业标准的，按照通常标准或者符合合同目的的特定标准履行。

（二）价款或者报酬不明确的，按照订立合同时履行地的市场价格履行；依法应当执行政府定价或者政府指导价的，按照规定履行。

（三）履行地点不明确，给付货币的，在接受货币一方所在地履行；交付不动产的，在不动产所在地履行；其他标的，在履行义务一方所在地履行。

（四）履行期限不明确的，债务人可以随时履行，债权人也可以随时要求履行，但应当给对方必要的准备时间。

（五）履行方式不明确的，按照有利于实现合同目的的方式履行。

（六）履行费用的负担不明确的，由履行义务一方负担。

第六十三条 执行政府定价或者政府指导价的，在合同约定的交付期限内政府价格调整时，按照交付时的价格计价。逾期交付标的物的，遇价格上涨时，按照原价格执行；价格下降时，按照新价格执行。逾期提取标的物或者逾期付款的，遇价格上涨时，按照新价格执行；价格下降时，按照原价格执行。

第六十四条 当事人约定由债务人向第三人履行债务的，债务人未向第三人履行债务或者履行债务不符合约定，应当向债权人承担违约责任。

第六十五条 当事人约定由第三人向债权人履行债务的，第三人不履行债务或者履行债务不符合约定，债务人应当向债权人承担违约责任。

第六十六条 当事人互负债务，没有先后履行顺序的，应当同时履行。一方在对方履行之前有权拒绝其履行要求。一方在对方履行债务不符合约定时，有权拒绝其相应的履行要求。

第六十七条 当事人互负债务，有先后履行顺序，先履行一方未履行的，后履行一方有权拒绝其履行要求。先履行一方履行债务不符合约定的，后履行一方有权拒绝其相应的履行要求。

第六十八条 应当先履行债务的当事人，有确切证据证明对方有下列情形之一的，可以中止履行：

（一）经营状况严重恶化；

（二）转移财产、抽逃资金，以逃避债务；

（三）丧失商业信誉；

（四）有丧失或者可能丧失履行债务能力的其他情形。

当事人没有确切证据中止履行的，应当承担违约责任。

第六十九条 当事人依照本法第六十八条的规定中止履行的，应当及时通知对方。对方提供适当担保时，应当恢复履行。中止履行后，对方在合理期限内未恢复履行能力并且未提供适当担保的，中止履行的一方可以解除合同。

第七十条 债权人分立、合并或者变更住所没有通知债务人，致使履行债务发生困难的，债务人可以中止履行或者将标的物提存。

第七十一条 债权人可以拒绝债务人提前履行债务，但提前履行不损害债权人利益的除外。债务人提前履行债务给债权人增加的费用，由债务人负担。

第七十二条 债权人可以拒绝债务人部分履行债务，但部分履行不损害债权人利益的除外。债务人部分履行债务给债权人增加的费用，由债务人负担。

第七十三条 因债务人怠于行使其到期债权，对债权人造成损害的，债权人可以向人民法院请求以自己的名义代位行使债务人的债权，但该债权专属于债务人自身的除外。

代位权的行使范围以债权人的债权为限。债权人行使代位权的必要费用，由债务人负担。

第七十四条　因债务人放弃其到期债权或者无偿转让财产，对债权人造成损害的，债权人可以请求人民法院撤销债务人的行为。债务人以明显不合理的低价转让财产，对债权人造成损害，并且受让人知道该情形的，债权人也可以请求人民法院撤销债务人的行为。

撤销权的行使范围以债权人的债权为限。债权人行使撤销权的必要费用，由债务人负担。

第七十五条　撤销权自债权人知道或者应当知道撤销事由之日起一年内行使。自债务人的行为发生之日起五年内没有行使撤销权的，该撤销权消灭。

第七十六条　合同生效后，当事人不得因姓名、名称的变更或者法定代表人、负责人、承办人的变动而不履行合同义务。

第五章　合同的变更和转让

第七十七条　当事人协商一致，可以变更合同。

法律、行政法规规定变更合同应当办理批准、登记等手续的，依照其规定。

第七十八条　当事人对合同变更的内容约定不明确的，推定为未变更。

第七十九条　债权人可以将合同的权利全部或者部分转让给第三人，但有下列情形之一的除外：

（一）根据合同性质不得转让；

（二）按照当事人约定不得转让；

（三）依照法律规定不得转让。

第八十条　债权人转让权利的，应当通知债务人。未经通知，该转让对债务人不发生效力。

债权人转让权利的通知不得撤销，但经受让人同意的除外。

第八十一条　债权人转让权利的，受让人取得与债权有关的从权利，但该从权利专属于债权人自身的除外。

第八十二条　债务人接到债权转让通知后，债务人对让与人的抗辩，可以向受让人主张。

第八十三条　债务人接到债权转让通知时，债务人对让与人享有债权，并且债务人的债权先于转让的债权到期或者同时到期的，债务人可以向受让人主张抵销。

第八十四条　债务人将合同的义务全部或者部分转移给第三人的，应当经债权人同意。

第八十五条　债务人转移义务的，新债务人可以主张原债务人对债权人的抗辩。

第八十六条　债务人转移义务的，新债务人应当承担与主债务有关的从债务，但该从债务专属于原债务人自身的除外。

第八十七条　法律、行政法规规定转让权利或者转移义务应当办理批准、登记等手续的，依照其规定。

第八十八条　当事人一方经对方同意，可以将自己在合同中的权利和义务一并转让给第三人。

第八十九条　权利和义务一并转让的，适用本法第七十九条、第八十一条至第八十三条、第八十五条至第八十七条的规定。

第九十条　当事人订立合同后合并的，由合并后的法人或者其他组织行使合同权利，履行合同义务。当事人订立合同后分立的，除债权人和债务人另有约定的以外，由分立的法人或者其他组织对合同的权利和义务享有连带债权，承担连带债务。

第六章　合同的权利义务终止

第九十一条　有下列情形之一的，合同的权利义务终止：

（一）债务已经按照约定履行；

（二）合同解除；

（三）债务相互抵销；

（四）债务人依法将标的物提存；

（五）债权人免除债务；

（六）债权债务同归于一人；

（七）法律规定或者当事人约定终止的其他情形。

第九十二条　合同的权利义务终止后，当事人应当遵循诚实信用原则，根据交易习惯履行通知、协助、保密等义务。

第九十三条　当事人协商一致，可以解除合同。

当事人可以约定一方解除合同的条件。解除合同的条件成就时，解除权人可以解除合同。

第九十四条　有下列情形之一的，当事人可以解除合同：

（一）因不可抗力致使不能实现合同目的；

（二）在履行期限届满之前，当事人一方明确表示或者以自己的行为表明不履行主要债务；

（三）当事人一方迟延履行主要债务，经催告后在合理期限内仍未履行；

（四）当事人一方迟延履行债务或者有其他违约行为致使不能实现合同目的；

（五）法律规定的其他情形。

第九十五条　法律规定或者当事人约定解除权行使期限，期限届满当事人不行使的，该权利消灭。

法律没有规定或者当事人没有约定解除权行使期限，经对方催告后在合理期限内不行使的，该权利消灭。

第九十六条　当事人一方依照本法第九十三条第二款、第九十四条的规定主张解除合同的，应当通知对方。合同自通知到达对方时解除。对方有异议的，可以请求人民法院或者仲裁机构确认解除合同的效力。

法律、行政法规规定解除合同应当办理批准、登记等手续的，依照其规定。

第九十七条　合同解除后，尚未履行的，终止履行；已经履行的，根据履行情况和合同性质，当事人可以要求恢复原状、采取其他补救措施，并有权要求赔偿损失。

第九十八条　合同的权利义务终止，不影响合同中结算和清理条款的效力。

第九十九条　当事人互负到期债务，该债务的标的物种类、品质相同的，任何一方可以将自己的债务与对方的债务抵销，但依照法律规定或者按照合同性质不得抵销的除外。

当事人主张抵销的，应当通知对方。通知自到达对方时生效。抵销不得附条件或者附期限。

第一百条　当事人互负债务，标的物种类、品质不相同的，经双方协商一致，也可以抵销。

第一百零一条　有下列情形之一，难以履行债务的，债务人可以将标的物提存：

（一）债权人无正当理由拒绝受领；

（二）债权人下落不明；

（三）债权人死亡未确定继承人或者丧失民事行为能力未确定监护人；

（四）法律规定的其他情形。

标的物不适于提存或者提存费用过高的，债务人依法可以拍卖或者变卖标的物，提存所得的价款。

第一百零二条　标的物提存后，除债权人下落不明的以外，债务人应当及时通知债权人或者债权人的继承人、监护人。

第一百零三条　标的物提存后，毁损、灭失的风险由债权人承担。提存期间，标的物的滋息归债权人所有。提存费用由债权人负担。

第一百零四条　债权人可以随时领取提存物，但债权人对债务人负有到期债务的，在债权人未履行债务或者提供担保之前，提存部门根据债务人的要求应当拒绝其领取提存物。

债权人领取提存物的权利，自提存之日起五年内不行使而消灭，提存物扣除提存费用后归国家所有。

第一百零五条　债权人免除债务人部分或者全部债务的，合同的权利义务部分或者全部终止。

第一百零六条　债权和债务同归于一人的，合同的权利义务终止，但涉及第三人利益的除外。

第七章　违　约　责　任

第一百零七条　当事人一方不履行合同义务或者履行合同义务不符合约定的，应当承担继续履行、采取补救措施或者赔偿损失等违约责任。

第一百零八条　当事人一方明确表示或者以自己的行为表明不履行合同义务的，对方可以在履行期限届满之前要求其承担违约责任。

第一百零九条　当事人一方未支付价款或者报酬的，对方可以要求其支付价款或者报酬。

第一百一十条　当事人一方不履行非金钱债务或者履行非金钱债务不符合约定的，对方可以要求履行，但有下列情形之一的除外：

（一）法律上或者事实上不能履行；

（二）债务的标的不适于强制履行或者履行费用过高；

（三）债权人在合理期限内未要求履行。

第一百一十一条　质量不符合约定的，应当按照当事人的约定承担违约责任。对违约责任没有约定或者约定不明确，依照本法第六十一条的规定仍不能确定的，受损害方根据标的的性质以及损失的大小，可以合理选择要求对方承担修理、更换、重作、退货、减少价款或者报酬等违约责任。

第一百一十二条　当事人一方不履行合同义务或者履行合同义务不符合约定的，在履行义务或者采取补救措施后，对方还有其他损失的，应当赔偿损失。

第一百一十三条　当事人一方不履行合同义务或者履行合同义务不符合约定，给对方造成损失的，损失赔偿额应当相当于因违约所造成的损失，包括合同履行后可以获得的利益，但不得超过违反合同一方订立合同时预见到或者应当预见到的因违反合同可能造成的损失。

经营者对消费者提供商品或者服务有欺诈行为的，依照《中华人民共和国消费者权益保护法》的规定承担损害赔偿责任。

第一百一十四条　当事人可以约定一方违约时应当根据违约情况向对方支付一定数额的违约金，也可以约定因违约产生的损失赔偿额的计算方法。

约定的违约金低于造成的损失的，当事人可以请求人民法院或者仲裁机构予以增加；约定的违约金过分高于造成的损失的，当事人可以请求人民法院或者仲裁机构予以适当减少。

当事人就迟延履行约定违约金的，违约方支付违约金后，还应当履行债务。

第一百一十五条　当事人可以依照《中华人民共和国担保法》约定一方向对方给付定金作为债权的担保。债务人履行债务后，定金应当抵作价款或者收回。给付定金的一方不履行约定的债务的，无权要求返还定金；收受定金的一方不履行约定的债务的，应当双倍返还定金。

第一百一十六条　当事人既约定违约金，又约定定金的，一方违约时，对方可以选择适用违约金或者定金条款。

第一百一十七条　因不可抗力不能履行合同的，根据不可抗力的影响，部分或者全部免除责任，但法律另有规定的除外。当事人迟延履行后发生不可抗力的，不能免除责任。

本法所称不可抗力，是指不能预见、不能避免并不能克服的客观情况。

第一百一十八条　当事人一方因不可抗力不能履行合同的，应当及时通知对方，以减轻可能给对方造成的损失，并应当在合理期限内提供证明。

第一百一十九条　当事人一方违约后，对方应当采取适当措施防止损失的扩大；没有采取适当措施致使损失扩大的，不得就扩大的损失要求赔偿。

当事人因防止损失扩大而支出的合理费用，由违约方承担。

第一百二十条　当事人双方都违反合同的，应当各自承担相应的责任。

第一百二十一条　当事人一方因第三人的原因造成违约的，应当向对方承担违约责任。当事人一方和第三人之间的纠纷，依照法律规定或者按照约定解决。

第一百二十二条　因当事人一方的违约行为，侵害对方人身、财产权益的，受损害方有权选择依照本法要求其承担违约责任或者依照其他法律要求其承担侵权责任。

第八章　其　他　规　定

第一百二十三条　其他法律对合同另有规定的，依照其规定。

第一百二十四条　本法分则或者其他法律没有明文规定的合同，适用本法总则的规定，并可以参照本法分则或者其他法律最相类似的规定。

第一百二十五条　当事人对合同条款的理解有争议的，应当按照合同所使用的词句、合同的有关条款、合同的目的、交易习惯以及诚实信用原则，确定该条款的真实意思。

合同文本采用两种以上文字订立并约定具有同等效力的，对各文本使用的词句推定具有相同含义。各文本使用的词句不一致的，应当根据合同的目的予以解释。

第一百二十六条　涉外合同的当事人可以选择处理合同争议所适用的法律，但法律另有规定的除外。涉外合同的当事人没有选择的，适用与合同有最密切联系的国家的法律。

在中华人民共和国境内履行的中外合资经营企业合同、中外合作经营企业合同、中外合作勘探开发自然资源合同，适用中华人民共和国法律。

第一百二十七条　工商行政管理部门和其他有关行政主管部门在各自的职权范围内，依照法律、行政法规的规定，对利用合同危害国家利益、社会公共利益的违法行为，负责监督处理；构成犯罪的，依法追究刑事责任。

第一百二十八条　当事人可以通过和解或者调解解决合同争议。

当事人不愿和解、调解或者和解、调解不成的，可以根据仲裁协议向仲裁机构申请仲裁。涉外合同的当事人可以根据仲裁协议向中国仲裁机构或者其他仲裁机构申请仲裁。当事人没有订立仲裁协议或者仲裁协议无效的，可以向人民法院起诉。当事人应当履行发生法律效力的判决、仲裁裁决、调解书；拒不履行的，对方可以请求人民法院执行。

第一百二十九条　因国际货物买卖合同和技术进出口合同争议提起诉讼或者申请仲裁的期限为四年，自当事人知道或者应当知道其权利受到侵害之日起计算。因其他合同争议提起诉讼或者申请仲裁的期限，依照有关法律的规定。

参 考 文 献

[1] 中国建设监理协会．建设工程合同管理．北京：知识产权出版社，2008.

[2] 全国造价工程师执业资格考试培训教材编审组．工程造价管理基础理论与相关法规．北京：中国计划出版社，2009.

[3] 全国一级建造师执业资格考试用书编委会．建设工程法规及相关知识．北京：中国建筑工业出版社，2010.

[4] 全国城市规划执业制度管理委员会．城市规划原理．北京：计划出版社，2008.

[5] 全国城市规划执业制度管理委员会．城市规划管理与法规．北京：计划出版社，2008.

[6] 胡向真，肖铭．建设法规．北京：北京大学出版社，2010.

[7] 佘立中．建设工程合同管理．广州：华南理工大学出版社，2008.

[8] 金国辉．建设法规概论与案例．北京：北京交通大学出版社，2008.

[9] 何佰洲．工程建设法规与案例．北京：中国建筑工业出版社，2004.

[10] 李永福，史伟利．建设法规．北京：中国电力出版社，2009.

[11] 张俊杰．工程建设法律法规教程．北京：中国计量出版社，2007.

[12] 李长燕．工程建设法律实务．北京：中国水利水电出版社，2009.

[13] 顾永才，杨雪梅．建设法规．北京：科学出版社，2009.

[14] 张培新．建筑工程法规．北京：中国电力出版社，2008.

[15] 邹祖绪，陈金洪．建设法规．北京：中国电力出版社，2008.

[16] 喻岩．土木工程建设法规．北京：机械工业出版社，2010.

[17] 高玉兰．建设工程法规．北京：中国建筑工业出版社，2009.

[18] 唐茂华．工程建设法律与制度．北京：北京大学出版社，2008.

[19] 陈淳慧．建设工程安全生产监理的法律问题研究．广东：汕头大学，2006.

[20] 佘立中．建设类专业建设法规课程教学改革探索．高等建筑教育，2009.